Judith Weber
Das sächsische Strafrecht im 19. Jahrhundert
bis zum Reichsstrafgesetzbuch

Juristische Zeitgeschichte
Abteilung 3, Band 32

Juristische Zeitgeschichte
Hrsg. von Prof. Dr. Dr. Thomas Vormbaum

Abteilung 3:
Beiträge zur modernen deutschen Strafgesetzgebung
Materialien zu einem historischen Kommentar
Hrsg. von Prof. Dr. Dr. Thomas Vormbaum

Band 32

Redaktion: Sandra Kralik, Nadeschda Wilkitzki

W DE G
RECHT

De Gruyter Recht · Berlin

Judith Weber

Das sächsische Strafrecht im 19. Jahrhundert bis zum Reichsstrafgesetzbuch

W DE G
RECHT

De Gruyter Recht · Berlin

∞ Gedruckt auf säurefreiem Papier,
das die US-ANSI-Norm über Haltbarkeit erfüllt

ISBN 978-3-89949-730-4

Bibliografische Information der Deutschen Nationalbibliothek

Die Deutsche Nationalbibliothek verzeichnet diese Publikation in der Deutschen Nationalbibliografie; detaillierte bibliografische Daten sind im Internet über http://dnb.d-nb.de abrufbar.

Druck und Bindung: Hubert & Co., Göttingen

Printed in Germany

Vorwort

Die Arbeit wurde im April 2008 von der Rechtswissenschaftlichen Fakultät der FernUniversität in Hagen als Dissertation angenommen.

Mein ganz besonderer Dank gilt meinem Doktorvater Prof. Dr. Dr. Thomas Vormbaum, der mir die Möglichkeit eröffnete, die vorliegende Arbeit zu schreiben und zudem ihre Entstehung mit großem Engagement betreut und fachlichem Rat gefördert hat. Für diese Unterstützung danke ich ihm sehr herzlich. Herrn Prof. Dr. Dr. h.c. mult. Günter Bemmann danke ich für die Übernahme des Zweitgutachtens.

Den Mitarbeitern des Sächsischen Staatsarchivs, dem Hauptstaatsarchiv Dresden, möchte ich für ihre freundliche und kompetente Hilfe während meiner Recherchearbeiten danken.

Weiterer Dank gilt sämtlichen liebgewonnenen ehemaligen Kolleginnen und Kollegen des Lehrgebiets Strafrecht an der FernUniversität in Hagen, die mich während meiner beruflichen Tätigkeit und während der ganzen Dissertationsphase stets freundschaftlich unterstützt haben. Insbesondere Vera Große-Vehne sowie Kathrin Rentrop danke ich für ihre wertvollen Ratschläge bei der Fertigstellung der Arbeit. Dana Theil danke ich für die Redaktion des Buches.

Meinen Freunden, die stets für mich da waren und mir in dieser Zeit Rückhalt geboten haben, gilt ein großer Dank. In diesem Zusammenhang möchte ich vor allem meiner Schwester Anne-Katrin für ihr unermüdliches und zeitintensives Korrekturlesen der Arbeit sowie ihre stets aufmunternden und geduldigen Worte Danke sagen.

Widmen möchte ich diese Arbeit meiner Familie, insbesondere meinen Eltern und meinem Freund Thomas Güthoff, die mir auf meinem bisherigen Lebensweg fortwährend zur Seite gestanden und mich unterstützt haben.

Brakel, im Januar 2009 *Judith Weber*

Inhaltsverzeichnis

Vorwort V

Abkürzungsverzeichnis XVII

Erstes Kapitel: Einleitung 1

A) Problemstellung 1

B) Forschungsstand 4

C) Methoden und Fragestellungen 5

D) Darstellungshinweise 6

Zweites Kapitel: Entwicklung des Strafrechts bis zur Einführung des Criminalgesetzbuchs von 1838 7

A) „Überblick" über die Geschichte Sachsens 7

B) Sächsische Rechtsquellen bis zum Criminalgesetzbuch von 1838 9

I. Mittleres Strafrecht und neue Zeit 10

II. Neueste Zeit 12

1. Positive Rechtsquellen 12

2. Natürliche Rechtsquellen 14

C) Zusammenfassung und Fazit 14

Drittes Kapitel: Die Vorentwürfe zum Criminalgesetzbuch von 1838 17

A) Entwurf Tittmann 18

I. Zu Karl August Tittmann 18

II. Der Entwurf 19

1. Einleitung: Von den Verbrechen überhaupt 20

2. Von den Strafen 21

a) Allgemeines zum Strafensystem 21

b) Zur Todesstrafe ... 23
c) Straf(rahmen)bestimmung ... 24
3. Von der Bestrafung der Verbrechen ... 25
4. Milderung der Strafe ... 25
a) Unmündige ... 26
b) Rücktritt ... 26
c) Ersatz ... 26
B) Der Entwurf Erhards von 1813 ... 27
I. Die Person Christian Daniel Erhard ... 27
II. Der Entwurf ... 27
1. Begriff und Einteilung der Verbrechen ... 29
2. Milderungsgründe ... 30
a) Kinder ... 31
b) Versuch ... 31
c) (Teilweiser) Ersatz ... 32
3. Von den Strafen ... 33
a) Das Strafensystem allgemein ... 33
b) Lebensstrafen, insbesondere die Todesstrafe ... 35
c) Straf(rahmen)bestimmung ... 36
C) Der Entwurf Stübels ... 37
I. Zu Christoph Carl Stübel ... 37
II. Der Entwurf ... 37
1. Von den Verbrechen und deren Bestrafung im Allgemeinen ... 38
2. Von den Strafarten ... 39
a) Zu den einzelnen Strafen ... 39
b) Zur Todesstrafe ... 41
c) Straf(rahmen)bestimmung ... 41

3. Zurechnung der Verbrechen und Milderungsgründe ... 42
a) Allgemeine Bestimmungen ... 42
b) Ersatz ... 43
4. Versuch ... 43

Viertes Kapitel: Gesetzgebungsarbeiten ab 1831 ... 45
A) Der Entwurf von Johann Carl Groß ... 46
I. Einteilung der strafbaren Handlungen ... 46
II. Die Strafen und deren Vollziehung ... 47
1. Das Strafensystem allgemein ... 47
2. Zur Todesstrafe ... 49
3. Straf(rahmen)bestimmung ... 50
III. Von der Vollendung und dem Versuch verbrecherischer Handlungen ... 52
IV. Von der Zumessung der Strafe und den Schärfungs- oder Milderungsgründen ... 53
V. Von den Gründen, welche die Strafbarkeit ausschließen oder tilgen ... 54
1. Ausschließung der Strafbarkeit wegen mangelnder Zurechnungsfähigkeit bei Kindern ... 54
2. Antragsdelikte ... 55
B) Das Criminalgesetzbuch von 1838 ... 56
I. Beratungen in den Deputationen ... 56
1. Deputation der I. Kammer ... 56
a) Allgemeine, zugrundegelegte Grundsätze und Ansichten ... 57
aa) Ausschluss der Polizeivergehen ... 57
bb) Einteilung der strafbaren Handlungen ... 59

cc) Antragsdelikte und die Grenzen der gesetzlichen Strafbarkeit ... 59
b) Das Strafensystem ... 60
aa) Zum Strafensystem allgemein ... 60
bb) Zur Todesstrafe ... 62
cc) Straf(rahmen)bestimmung ... 67
c) Versuch und Vollendung ... 70
d) Zu den Strafzumessungsgründen ... 70
e) Strafausschließungsgründe ... 72
2. Deputation der II. Kammer ... 72
a) Grundsätze, die den Beratungen und dem Gesetzbuch zugrunde lagen ... 73
b) Zum Strafensystem ... 74
aa) Allgemeine Betrachtungen zum Strafensystem ... 74
bb) Zur Todesstrafe ... 75
cc) Straf(rahmen)bestimmung ... 82
c) Versuchte Verbrechen ... 84
d) Strafzumessungsgründe ... 85
e) Strafausschließungsgründe ... 86
II. Beratungen in den Kammern ... 86
1. Beratungen der I. Kammer ... 86
a) Allgemeine Beratung ... 86
aa) Allgemeine Überlegungen zum Criminalgesetzbuch ... 87
bb) Zur Abschaffung der Todesstrafe ... 87
cc) Allgemeines zum Strafensystem ... 90
b) Besondere Beratung ... 92

aa) Grenzen der gesetzlichen Strafbarkeit und Polizeivergehen ... 92

bb) Zur Todesstrafe ... 93

cc) Zum Strafensystem ... 96

dd) Straf(rahmen)bestimmung ... 99

ee) Ersatz bei Verbrechen gegen das Eigentum ... 99

2. Beratungen der II. Kammer ... 101

a) Von den Strafen und deren Vollziehung ... 103

aa) Zur Todesstrafe ... 104

bb) Zum Strafensystem ... 108

cc) Straf(rahmen)bestimmung ... 110

b) Rücktritt vom versuchten Verbrechen ... 111

c) Ersatz bei Verbrechen gegen das Eigentum ... 112

3. Nachträgliche Beratungen zu Art. 16 des Entwurfs ... 113

a) I. Kammer ... 113

b) II. Kammer ... 114

III. Die „anderweiten“ Kammerberatungen ... 114

1. Anträge zu Art. 6 des Entwurfs ... 114

2. Zum Strafensystem ... 114

3. Zu Art. 63 des Entwurfs ... 115

IV. Beschluss des Gesetzbuchs ... 115

V. Fazit ... 116

Fünftes Kapitel: Die Reformarbeiten nach 1838 und das Strafgesetzbuch von 1855 ... 119

A) Das Erläuterungsgesetz vom 16. Juni 1840 und die Verordnung vom 27. November 1846 ... 119

B) Die Verordnung vom 20. April 1849 ... 120

C) Die Verordnung vom 1. Dezember 1852 121
D) Gesetzgebungsarbeiten ab 1848 122
I. Auszüge aus dem Entwurf von 1850 124
II. Der Entwurf von 1853 128
1. Allgemeines 129
2. Das Strafensystem 130
a) Das Strafensystem allgemein 130
b) Die Todesstrafe 131
c) Straf(rahmen)bestimmung 133
3. Versuch 136
4. Unzurechnungsfähigkeit bei Kindern 138
5. Antragsverbrechen 138
6. Ersatz 139
III. Beratungen in den ständischen Deputationen 141
1. Hauptbericht der Deputation der I. Kammer 141
2. Allgemeine Fragen der Deputation der II. Kammer 143
3. Spezielle Änderungsvorschläge beider Deputationen 144
a) Zum Strafensystem im Allgemeinen 144
aa) Zur Todesstrafe 144
bb) Zum Strafensystem 145
cc) Zu den Straf(rahmen)bestimmungen 149
b) Versuch 149
c) Unzurechnungsfähigkeit bei Kindern 150
d) Antragsverbrechen 150
e) Ersatz 151
IV. Beratungen in den Kammern 153

1. Beratung in der I. Kammer 154
2. Beratung in der II. Kammer 155
3. Weitere Kammerberatungen 158

V. Annahme und Beschluss des Gesetzbuchs 159

VI. Zusammenfassung und Fazit 159

Sechstes Kapitel: Königlicher Befehl von 1862:
Die Beurlaubung Strafgefangener 163

Siebentes Kapitel: Das Revidierte Strafgesetzbuch von 1868 169

A) Dekret vom 25. Januar 1868 169

B) Ständische Beratungen 171

I. II. Kammer 171
1. Deputation der II. Kammer 171
2. Kammerberatungen 174

II. I. Kammer 177
1. Deputation der I. Kammer 177
2. Kammerberatungen 182

III. Nachträgliche Kammerberatungen 183

IV. Ständische Schrift und Landtagsabschied 184

C) Zusammenfassung und Fazit 184

Achtes Kapitel: Strafgesetzbuch für den Norddeutschen Bund und
Reichsstrafgesetzbuch 187

A) Entwurf Friedberg 187

I. Die Dreiteilung der Handlungen 188

II. Strafensystem 190
1. Todesstrafe 190
2. Adelsverlust 192
3. Beurlaubungssystem 192

4. Straf(rahmen)bestimmung ... 193

III. Versuch ... 194

IV. Strafausschließungs- und Strafmilderungsgründe ... 195

1. Strafrechtliche Verfolgbarkeit von Kindern ... 195

2. Mildernde Umstände ... 196

V. Antragsdelikte ... 197

B) Reaktionen auf den Entwurf Friedberg ... 198

I. Wissenschaft und Praxis ... 198

1. Dreiteilung, mildernde Umstände und Straf(rahmen)bestimmung ... 200

2. Das Strafensystem ... 204

a) Todesstrafe ... 205

b) Adelsverlust ... 207

c) Beurlaubungssystem ... 207

3. Versuch ... 208

4. Strafrechtliche Verfolgbarkeit von Kindern ... 209

5. Antragsdelikte ... 209

II. Der sächsische Landtag ... 210

1. Antrag des Abgeordneten Graf von Hohenthal ... 211

2. Antrag des Abgeordneten Petri ... 213

C) Revidierter Entwurf, Gutachten des Königreichs Sachsen und Reichstagsvorlage ... 215

I. Kommissionsberatungen ... 215

1. Dreiteilung und Übertretungen sowie mildernde Umstände und Straf(rahmen)bestimmung ... 216

2. Strafensystem ... 221

a) Todesstrafe ... 221

b) Beurlaubungssystem ... 222

c) Adelsverlust ... 223
3. Versuch ... 223
4. Strafrechtliche Verfolgbarkeit von Kindern und weitere Strafausschließungs- und Strafmilderungsgründe ... 225
5. Antragsdelikte ... 226
II. Abschließende Bemerkungen von Schwarzes ... 227
III. Stellungnahme des Königreichs Sachsens ... 228
D) Beratungen im Bundesrat und Reichstag ... 232
I. Bundesrat ... 232
II. Reichstag ... 235
1. Erste Lesung ... 235
2. Zweite Lesung ... 237
a) Einleitende Bestimmungen und die Todesstrafe ... 237
b) Strafensystem, Strafrahmenbestimmung sowie bedingte Entlassung ... 243
c) Versuch ... 244
d) Strafausschließungs- oder Strafmilderungsgründe ... 245
e) Übertretungen ... 246
III. Stellungnahme der Bundesstaaten und dritte Reichtagslesung ... 247
E) Strafgesetzbuch für den Norddeutschen Bund und Reichsstrafgesetzbuch ... 253

Neuntes Kapitel: Zusammenfassung und Würdigung ... 255
A) Allgemeine Betrachtungen ... 256
B) Besondere Überlegungen ... 258
I. Dreiteilung und Übertretungen sowie Antragsdelikte, mildernde Umstände und Straf(rahmen)bestimmung ... 258

II. Ersatz 260
III. Versuchte Tat 261
IV. Bedingte Entlassung sowie Schuldunfähigkeit von unter 14jährigen 262
V. Zur Todesstrafe 263
C) Resumee 266

ANHANG

Quellenverzeichnis 269

Literaturverzeichnis 275

Abkürzungsverzeichnis

a.a.O.	am angegebenen Ort
Abs.	Absatz
Abt.	Abteilung
ADB	Allgemeine Deutsche Biographie
AllgDtStrafRZ	Allgemeine deutsche Strafrechtszeitung
AllgLitZ	Allgemeine Literatur-Zeitung
Art.	Artikel
BArch	Bundesarchiv
Bd.	Band
Bl.	Blatt
bspw.	beispielsweise
bzw.	beziehungsweise
ders.	derselbe
Dr.	Doktor
etc.	etcetera
f., ff.	folgende
Fn.	Fußnote
GStA PK	Geheimes Staatsarchiv Preußischer Kulturbesitz
GS	Der Gerichtssaal
i.V.m.	in Verbindung mit
Kap.	Kapitel
NdbStGB	Strafgesetzbuch für den Norddeutschen Bund
Nr.	Nummer
o.ä.	oder ähnliche(s)
o.g.	oben genannte(r/n)
Prof.	Professor
resp.	respektive
S., s.	Seite, Satz, siehe
StGB	Strafgesetzbuch
u.a.	unter anderem
u.U.	unter Umständen
v.	von
Vgl., vgl.	vergleiche
z.B.	zum Beispiel

Erstes Kapitel: Einleitung

A) Problemstellung

Das Ziel der vorliegenden Arbeit liegt in der Darstellung der Entwicklung der Strafgesetzbücher Sachsens im 19. Jahrhundert. Diese soll insbesondere im Hinblick auf ihre Bedeutung für das Strafgesetzbuch für den Norddeutschen Bund vom 6. Juni 1870 bzw. das Reichsstrafgesetzbuch vom 15. Mai 1871 erschlossen werden.

Bis zum Inkrafttreten des Strafgesetzbuchs für den Norddeutschen Bund galten in allen Bundesländern eigene Strafgesetze, die inhaltlich mehr oder weniger voneinander abwichen. Für Sachsen galt jedoch:

> „Selten werden wohl zwei Gesetzgebungen zu einander in so starkem Gegensatze stehen, wie der Entwurf eines Strafgesetzbuchs für den norddeutschen Bund und das in Sachsen geltende Strafgesetzbuch.“[1]

Dem Strafgesetzbuch für den Norddeutschen Bund, dem ersten gemeinsamen deutschen Strafgesetzbuch, diente als Grundlage primär der Entwurf Friedberg von 1869, der seinerseits ganz nach seinem Vorbild, dem Preußischen Strafgesetzbuch von 1851, ausgearbeitet worden war. Dennoch hatte Sachsen versucht, auf die Beratungen zum Strafgesetzbuch für den Norddeutschen Bund Einfluss zu nehmen, indem es in entscheidenden Punkten abweichende Regelungen zum Entwurf von 1869 und zum späteren NdbStGB in seinen Gesetzbüchern normierte und entsprechende Anträge stellte. Tatsächlich fanden auch einige dieser Vorschläge Sachsens bei den Gesetzesberatungen zum NdStGB Berücksichtigung bzw. wurden sogar legislatorisch umgesetzt. Hierzu zählen beispielsweise die Regelungen über die „bedingte Entlassung Strafgefangener“, die Sachsen 1862 auf Königlichen Befehl als erstes deutsches Land – freilich noch als „Königlicher Gnadenakt“ verstanden – eingeführt hatte und die später in den Entwurf von 1869 und, mit einigen Modifikationen, in das Strafgesetzbuch für den Norddeutschen Bund aufgenommen wurden.

1 *Held*, Bemerkungen, S. 3.

Die strafrechtlichen Kodifikationen Sachsens wich in vielen Bestimmungen[2], sowohl des Allgemeinen als auch des Besonderen Teils, von den Regelungen des Entwurfs Friedberg und denen des Strafgesetzbuchs für den Norddeutschen Bund ab. Diese Abweichungen sollen hier nur insoweit in den Fokus der Untersuchung gerückt werden, als sie für die genannte Zielsetzung der Arbeit von Bedeutung sind. Die Darstellung erfolgt mithin selektiv: Zum einen wurde hinsichtlich des Allgemeinen Teils versucht, nur solche relevanten Grundsätze und Regelungen auszuwählen, die möglichst in einem inneren Zusammenhang stehen oder sich sonst besonders hervortun. Zum anderen lässt sich hinsichtlich der Bestimmungen des Besonderen Teils vielfach auf die im Kontext der Vorarbeiten zu einem Historischen Kommentar erschienenen Längsschnittuntersuchungen[3] zu einzelnen Rechtsinstituten sowie zu Normen und Normengruppen des Besonderen Teils des Strafgesetzbuchs Bezug nehmen. Diese Monographien enthalten, obgleich ihr inhaltlicher Schwerpunkt auf der Darstellung der Reformdiskussion und Gesetzgebung seit dem Jahre 1870 liegt, in der Regel einen mehr oder weniger ausführlichen Abriss der betreffenden Regelungsinhalte der Partikularstrafgesetzbücher des 19. Jahrhunderts; auch die sächsischen Regelungen werden dementsprechend beachtet und bewertet[4].

Besonderes Augenmerk widmet die vorliegende Arbeit dem Umstand, dass Sachsen bereits 1868 dem Vorschlag der Regierung folgend die Todesstrafe abgeschafft hatte und hiermit im Widerspruch zum Entwurf eines Strafgesetzbuchs wie auch dem Strafgesetzbuch für den Norddeutschen Bund stand.

Doch auch in weiteren wichtigen Fragen des Allgemeinen Teils wiesen die Strafgesetzbücher Sachsens andere Regelungen als das NdbStGB und das spätere Reichsstrafgesetzbuch auf: So hatten die sächsischen Strafgesetze weder die sogenannten polizeilichen Übertretungen aufgenommen noch die Dreiteilung der Straftaten in den Strafgesetzbüchern geregelt. Dies wiederum hatte Einfluss auf die Strafbarkeit des Versuchs, bei dem man in Sachsen, anders als im späteren Reichsstrafgesetzbuch, nicht zwischen Verbrechen und Vergehen unterschied, sondern grundsätzlich alle versuchten

---

2 Vgl. im Allgemeinen Teil u.a. die Bestimmungen über Täter und Teilnehmer, Strafausschließungsgründe, den Versuch, das Strafensystem, Vorsatz, Verbrechenskonkurrenz.

3 Schriftenreihe „Juristische Zeitgeschichte", Abt. 3, Beiträge zur modernen deutschen Strafgesetzgebung. Berlin.

4 Vgl. u.a. *Große-Vehne*, Tötung auf Verlangen, S. 28 ff.

Delikte unter Strafe stellte. Ebenfalls davon betroffen waren die sogenannten mildernden Umstände, die in den Entwurf von 1869 aufgenommen worden waren, um dem Richter in bestimmten Fällen die Möglichkeit zu gewähren, von der gesetzlich vorgeschriebenen Strafe abzuweichen. Sachsen hatte statt dessen häufig relative oder gar alternative Strafrahmen festgesetzt, was dem Strafgesetzbuch für den Norddeutschen Bund aufgrund der Einteilung der strafbaren Handlungen nicht immer möglich war. Zudem hatte Sachsen über die Jahre hinweg zahlreiche allgemeine Milderungsgründe zugelassen, die sich jedoch im späteren Strafgesetzbuch für den Norddeutschen Bund meist nicht durchzusetzen vermochten[5], und insbesondere bei den Eigentumsdelikten den Strafausschließungs- bzw. Strafmilderungsgrund des „Ersatzes" festgesetzt. Unter bestimmten Voraussetzungen konnte danach der Täter zeit- und teilweise von gänzlicher Strafe verschont bleiben, wenn er die entwendete Sache zurückgegeben und damit Reue gezeigt hatte.

Weiterhin war man in Sachsen stets bemüht gewesen, die Grenzen der gesetzlichen Strafbarkeit und den staatlichen Strafanspruch dort einzuschränken, wo es das Interesse des Verletzten erforderte, und hatte dementsprechend früh und häufig auf den Antrag des Verletzten zur Strafverfolgung zurückgegriffen. Auch insoweit versuchte man sodann von sächsischer Seite Einfluss auf das Strafgesetzbuch für den Norddeutschen Bund zu nehmen.

Schließlich hatte Sachsen bereits 1855 unter Rücksicht auf die besondere Entwicklung des Kindes den Zeitpunkt der Zurechnungsunfähigkeit auf 14 Jahre hoch gesetzt[6].

Den Schwerpunkt der nachfolgenden Abhandlung bildet somit die Darstellung der Kodifizierungsbestrebungen seit 1811, der jeweils geltenden Fassungen der sächsischen Strafgesetze, der Diskussionen der Gesetzesplanungsinstanzen und ihrer Entwürfen sowie der – teilweise kritischen – Stellungnahmen verschiedener Wissenschaftler und Behörden.

---

5 Das waren u.a. die Bestimmungen über den Befehl, Ersatz und andere tätige Reue.

6 Vgl. noch StGB heutiger Fassung: § 19 StGB: „Schuldunfähig ist, wer bei Begehung der Tat noch nicht vierzehn Jahre alt ist".

B) Forschungsstand

Im 19. Jahrhundert wurde zu dem jeweils geltenden sächsischen Strafgesetzbuch eine Vielzahl von Kommentaren[7] verfasst, die gelegentlich auch einen (ausführlichen) geschichtlichen Überblick zum Ablauf der Gesetzgebungsarbeiten und -beratungen enthielten. Zum Revidierten Strafgesetzbuch von 1868 verhält sich indes nur das von dem sächsischen Generalstaatsanwalt *v. Schwarze* geschriebene Werk, das verhältnismäßig knapp und ohne geschichtliche Einführung ausfällt – wohl, weil man bereits im Sommer 1868, kurz nachdem das Revidierte Strafgesetzbuch verabschiedet worden war, mit den Arbeiten zu einem Entwurf für das Strafgesetzbuch für den Norddeutschen Bund begonnen hatte. Neben diesen Kommentaren veröffentlichte *von Wächter* 1857 ein „Lehrbuch über das sächsische und thüringische Strafrecht“, in welchem er zudem ausführlich den Gang der Kodifizierung in Sachsen, die spätere Gesetzgebung bis zur Revision des Criminalgesetzbuchs und die Arbeiten zum Strafgesetzbuch von 1855 beschrieb. Auch *Albert Friedrich Berner* hatte in seinem 1867 erschienenen Buch „die Strafgesetzgebung in Deutschland vom Jahre 1751 bis zur Gegenwart (1861)“ die sächsischen Strafgesetzbücher von 1838 und 1855 bedacht. Dabei zeichnete er nicht nur deren geschichtliche Entwicklung nach, sondern setzte sich auch inhaltlich mit den Gesetzbüchern auseinander, indem er die jeweiligen Neuerungen und Besonderheiten (im Vergleich zu anderen deutschen Strafgesetzbüchern), seien es positive oder negative, herausstellte.

Explizit genannt sei noch die in den 1960er Jahren von *Friedhelm Krüger* verfasste Dissertation über Christian Daniel Erhard und dessen Entwurf eines Gesetzbuches über Verbrechen und Strafen für das Königreich Sachsen, einen der ersten Entwürfe zum Criminalgesetzbuch.

---

7 Zum Criminalgesetzbuch von 1838 bspw. (eine genaue Auflistung der Literatur zum CGB findet sich u.a. bei *v. Wächter*, Das sächsische und thüringische Strafrecht, S. 34 ff.): *v. Groß*, Criminalgesetzbuch für das Königreich Sachsen nebst einem Realregister und einigen gleichzeitig damit in Verbindung stehenden Gesetzen und Verordnungen, mit Anmerkungen zum practischen Gebrauche, Dresden 1838. Zum Strafgesetzbuch von 1855 z.B. (eine genauer Auflistung der Literatur zum Strafgesetzbuch findet sich u.a. bei *Berner*, Strafgesetzgebung, S. 317 ff.): *Krug*, Commentar zu dem Strafgesetzbuche für das Königreich Sachsen vom 11. August 1855 und den damit in Verbindung stehenden Gesetzen, Erste Abtheilung, Allgemeiner Theil, Leipzig 1855.

Untersuchungen und Abhandlungen allein zum Hergang und der Entwicklung der sächsischen Strafgesetzbücher, insbesondere im Hinblick auf das Strafgesetzbuch für den Norddeutschen Bund, fehlen jedoch: Es mangelt also an einer zusammenhängenden Darstellung der Entwicklung der sächsischen Strafgesetzbücher, die die Entwürfe nebst Motiven, Deputationsberatungen und Landtagsverhandlungen berücksichtigt und die der Frage des Einflusses der sächsischen Kodifizierungen auf das Strafgesetzbuch für den Norddeutschen Bund aus sächsischer Sicht nachspürt. Diese Lücke zu schließen und sich diesen Details zu widmen, ist das Anliegen der folgenden Untersuchung.

C) Methoden und Fragestellungen

Die vorliegende Arbeit zielt auf die Darstellung von Reformdiskussionen, Gesetzesinitiativen und Gesetzesänderungen innerhalb des 19. Jahrhunderts ab. Da es sich hierbei um eine strafrechtshistorische Arbeit handelt, bietet es sich an, chronologisch vorzugehen. Eine intensive Auseinandersetzung mit den sächsischen Regelungen soll allerdings erst zu Beginn der Gesetzgebungsarbeiten zum Criminalgesetzbuch von 1838 einsetzen.

Das erste Kapitel bildet eine historische Grundlegung, die einen Überblick über die Gesetzeslage vor Inkrafttreten des Criminalgesetzbuchs von 1838 und die bis dahin vorhandenen Grundgedanken und Schwierigkeiten gibt. Hieran schließt sich die Darstellung nebst einer kurzen Beurteilung der frühen ersten Entwürfe an.

Sodann wird der Entwurf, auf dem das Criminalgesetzbuch von 1838 beruht, mit seinen Motiven beleuchtet. Gegenstand der Erörterungen ist zudem eine ausführliche Wiedergabe der ausführlichen Deputationsberatungen und Landtagsverhandlungen bis zur Verabschiedung des Criminalgesetzbuchs von 1838. Dieser Teil bildet einen der Schwerpunkte der Untersuchung: Da hier erstmals legislative Arbeiten stattfanden, deren Zielsetzung darin bestand, in Sachsen das materielle Strafrecht in *einem* Gesetz zu regeln, drehte sich die Debatte um grundlegende Fragen und Streitstände.

Des weiteren werden im folgenden die Änderungs- und Ergänzungsgesetze ebenso wie das Strafgesetzbuch von 1855 und das Revidierte Strafgesetzbuch von 1868 berücksichtigt, soweit sie die hier zu behandelnden Bestimmungen grundlegend betrafen oder änderten.

Hieran schließt sich das Kernstück der vorliegenden Untersuchung an, das bei dem Entwurf eines Strafgesetzbuchs für den Norddeutschen Bund von 1869 beginnt und sich in bezug auf die späteren Gesetzgebungsarbeiten chronologisch vorarbeitet. Es sollen neben dem Fortgang der Beratungen zum Strafgesetzbuch für den Norddeutschen Bund insbesondere die sächsische Beteiligung sowie die Versuche, auf das „neue“ Gesetzbuch Einfluss zu nehmen, dargestellt werden. Dabei wird u.a. auch auf sächsische Zeitungen, wie die „Dresdner Nachrichten“ oder die „Dresdner Zeitung“ zurückgegriffen, um die Stimmung außerhalb der offiziellen Protokolle wiedergeben zu können.

Im letzten Teil der Arbeit soll ein Gesamtresümee gezogen und der Inhalt sowie die Entwicklung der Strafgesetzbücher bzw. Strafgesetzgebung Sachsens insgesamt bewertet werden.

Diese Darstellungsweise wurde gewählt, um die Entstehung, die Entwicklungsprozesse und die daraus resultierende Bedeutung der Gesetzesbestimmungen, für die sich Sachsen später in den Beratungen und Verhandlungen zum Strafgesetzbuch für den Norddeutschen Bund einsetzte, zu verstehen. Denn auch wenn sich Sachsen nicht in allen Punkten bei den Verhandlungen zum Strafgesetzbuch durchsetzen konnte, hatten sich schließlich die einzelnen Regelungen, für deren Übernahme ins NdStGB man plädiert hatte, in Sachsen im Laufe der Jahre mehr oder weniger bewährt.

D) Darstellungshinweise

Die Entwicklung der jeweiligen Tatbestände wird vorrangig anhand von Gesetzesentwürfen, Motiven und Protokollen der Landtagsverhandlungen aufgezeigt. Dabei erfolgt die Darstellung in historischen Abschnitten. Die jeweiligen Entwürfe sollen in direktem Zusammenhang mit ihren Motiven (soweit vorhanden) und den um sie geführten ständischen Debatten behandelt werden.

Von dem Abdruck der jeweiligen Tatbestände in den verschiedenen Konzeptionen und Gesetzen – ebenso wie von einer entsprechenden Synopse – wurde aufgrund der zahlreichen, unterschiedlichen verwendeten Bestimmungen abgesehen. Diese wurden jedoch, sofern sie einem besseren Verständnis dienen, (auszugsweise) in den Text oder in die Fußnoten aufgenommen.

Zweites Kapitel: Entwicklung des Strafrechts bis zur Einführung des Criminalgesetzbuchs von 1838

A) „Überblick" über die Geschichte Sachsens

Die sächsischen[1] Gebiete wurden über Jahrhunderte hinweg vom Geschlecht der Wettiner[2] als sächsische Markgrafen, Herzöge, Kurfürsten und Könige regiert. Diese und die Mark Meißen als zentraler Punkt in der Geschichte Sachsens bieten im Vergleich zu anderen deutschen Ländern ein hohes Maß an Kontinuität, sowohl in geopolitischer als auch in dynastischer Hinsicht[3]. Dennoch war Mitteldeutschland bereits seit geraumer Vorzeit aufgrund seiner Lage nicht nur in Deutschland, sondern auch in Europa, ein Land gewesen, in dem Völker- als auch Kulturbewegungen aufeinanderprallten[4].

Sachsen wurde im Lauf der Jahrhunderte von vielen Teilungen – u.a. vereinbarten 1485 die Brüder Ernst und Albrecht in Leipzig die Trennung des Gebietes, das sie bisher gemeinsam regiert hatten –, vorübergehenden Wiedervereinigungen – nach dem Sieg über den Schmalkaldischen Bund 1547 wurde das Gebiet größtenteils wieder zusammengeschlossen – und Auseinandersetzungen, begründet durch Krisen in der Landesherrschaft, geprägt. Dennoch konnten dem Land diese Krisen, ebenso wie der Dreißigjährige Krieg, wenig anhaben. Die Kriegsschäden konnten aufgrund der natürlichen und politischen Voraussetzungen verhältnismäßig schnell ausgeglichen werden. Zum einen gab es ertragreiche Böden und reiche Erzvorkommen, zum anderen verfügte das Land über eine gut organisierte Verwaltung.

Außenpolitisch war Sachsen stets von einer wankelmütigen Politik gekennzeichnet; mal kämpfte es mit bzw. für, mal gegen den Kaiser. So stand das Land nach Abschluss des Dreißigjährigen Krieges bis zum Ende des 17. Jahrhunderts an der Seite des österreichischen Kaiserhauses und leistete u.a. Truppenhilfe im Krieg gegen die Türken und gegen die französische Expansionspolitik.

1694 wurde Friedrich August I., der seit dem 19. Jahrhundert als August der Starke bekannt war, Kurfürst. Damit begann das sog. „Augusteische

---

1 Das sind die Landschaftsteile an der mittleren Elbe, die als die mittelalterlichen Vorgänger Sachsens und von Geographen als Mitteldeutschland bezeichnet werden.

2 Der Name der Wettiner bezieht sich auf den Stammsitz, die Burg Wettin an der Saale nordwestlich von Halle (Saale). Diese waren im 10. Jahrhundert in den Besitz einiger Burgwarde gelangt, vgl. *Rellecke*, Geschichte, S. 316.

3 *Rellecke*, Geschichte, S. 315.

4 *Schlesinger*, Sachsen, S. XVIII.

Zeitalter“, das auch noch unter der Herrschaft seines Sohnes Friedrich August II. andauerte, und Sachsen erblühte in Wissenschaft, Kunst und Kultur. Während dieser Zeit entstanden z.B. berühmte Bauwerke wie der Dresdner Zwinger und die Frauenkirche[5].

Um die polnische Königskrone[6] zu erwerben, trat Friedrich August I. zum katholischen Glauben über. Die Personalunion Sachsen-Polen bestand mit zwei kurzen Unterbrechungen bis zum Ende des Siebenjährigen Krieges 1763. In diesem Krieg wurde Sachsen zum Schauplatz großer Schlachten und Zerstörung. Nach dem Hubertusburger Frieden verlor es durch den von nun an bedeutsamen Dualismus zwischen Österreich und dem aufgerückten Preußen an außenpolitischem Gewicht und vermochte den vormaligen Rang nicht mehr zurückzugewinnen[7]. Innenpolitisch erfolgte die Wiederherstellung Sachsens im sog. Rétablissement[8], einer Staatsreform im wirtschaftlichen und politischen Bereich.

Nach dem Siebenjährigen Krieg war die sächsische Politik unter Friedrich August III., der bis zu seinem Tod 1827 regierte, durch Entschluss- und Tatenlosigkeit gekennzeichnet, obwohl die Auswirkungen der Französischen Revolution Entscheidungen notwendig machten. Mit dem Bayerischen Erbfolgekrieg (1778/89) verlor auch Sachsens Außenpolitik ihre Orientierung und bis 1813 wurden die Koalitionspartner häufig gewechselt. Während der Reichskriege gegen Frankreich beteiligte sich Sachsen zunächst nur mit einem Pflichtkontingent und wurde erst nach dem Zerfall des Alten Reiches aktiv, als es sich mit Preußen zusammenschloss. 1806 verloren sie die Schlacht bei Jena und Auerstedt und das Land geriet in die vollständige Abhängigkeit Frankreichs. Mit dem Vertrag von Posen mit Napoleon im Dezember 1806 schloss sich Sachsen dem Rheinbund an und wurde zum Königreich erhoben.

---

5 Vgl. hierzu: *Czok* (Hrsg.) / *Groß*, Geschichte Sachsens, Kap. VII, S. 270 ff.

6 Im Zeitalter des Absolutismus spielte der Herrschertitel eine wichtige Rolle unter den europäischen Fürstenhäusern. Den Königstitel erwarben neben August nur noch der brandenburgische Kurfürst als König in Preußen und die Kurfürsten von Hannover als Könige von England. Vgl. *Rellecke*, Geschichte, S. 331.

7 *Czok* (Hrsg.) / *Groß*, Geschichte Sachsens, Kap. VII, S. 287.

8 *Keller*, Landesgeschichte Sachsen, S. 154 f.

B) Sächsische Rechtsquellen bis zum Criminalgesetzbuch von 1838

Bis zur Einführung des Criminalgesetzbuchs[9] von 1838 galt in Sachsen gemeines Strafrecht, welches durch das sächsische Recht modifiziert wurde[10]. Dieses wurde zu jener Zeit auch Criminalrecht oder Peinliches Recht genannt, wobei der Begriff des Peinlichen Rechts geschichtlich eine engere Bedeutung, als der des Strafrechts hat[11]. *Erhard* beschreibt das Peinliche Recht, als „die systematische Kenntnis der Lehre von Verbrechen und deren Bestrafung"[12].

Das gemeine Recht, ius commune, bezeichnet zunächst „überhaupt das Allgemeinere, das dem Umfang nach Ausgedehntere im Gegensatz zum Beschränkteren, Besonderen"[13]. Unter dem gemeinen Strafrecht verstand man allseitig jenes Strafrecht, das sich aus den in ganz Deutschland geltenden, einheimischen als auch ausländischen Gesetzen und Gewohnheiten zusammensetzte[14].

Zum sächsischen Recht zählten neben dem Sachsenspiegel besondere Gewohnheitsrechte und einzelne mehr oder weniger umfassende Landesgesetze[15]. Im Laufe der verschiedenen Epochen, insbesondere aber auch im 18. Jahrhundert, wurde eine Vielzahl von Verordnungen und Mandaten erlassen[16], die die bestehenden Regelungen ergänzten oder änderten, ohne sie gänzlich aufzuheben. *Erhard* teilte in seinem Handbuch des Chursäch-

---

9 Das Strafgesetzbuch von 1838 wird im folgenden Criminalgesetzbuch genannt, was auch *v. Wächter* in seinem Buch: Das sächsische und thüringische Strafrecht, auf S. IX f. fordert.

10 *Berner*, Strafgesetzgebung § 98; *v. Wächter*, Sächsisches und thüringisches Strafrecht, S. 13.

11 *Marezoll*, Das deutsche Criminalrecht, S. 1 Fn. 2. Hiernach hat zwar jede Strafe etwas Peinliches, als dass dem Sträfling durch Beibringen des Übels auch Pein zugefügt wird, allerdings soll diese grammatische Bedeutung nicht dem hergebrachten Begriff des peinlichen Rechts zu Grunde liegen.

12 *Erhard*, Chursächsisches peinliches Recht, S. 3.

13 *v. Wächter*, Gemeines Recht Deutschlands, S. 4.

14 *Erhard*, Chursächisches Peinliches Recht, S. 3 f.; *Volkmann*, Lehrbuch, S. 1 f.

15 *v. Wächter*, Sächsisches und thüringisches Strafrecht, S. 13.

16 Die sächsischen Gesetze bestehen aus ungeschriebenen und geschriebenen Gesetzen. Die oben Genannten sind nur ein kleiner Ausschnitt von den geschriebenen Vorschriften, die zu jener Zeit galten. Diese hatten verschiedene und ziemlich willkürliche Namen, vgl. *Volkmann*, Lehrbuch, S. 5.

sischen Peinlichen Rechts diese Rechtsquellen in Ansehung ihrer verbindlichen Geltung in gemeines und besonderes sächsisches Strafrecht und im Hinblick auf ihre Entstehungszeit in das alte, mittlere, neuere und neueste Strafrecht ein[17]. Durch die zeitliche Unterscheidung sollte deutlich werden, dass in jedem Zeitabschnitt ein Fortschritt im Gegensatz zum Letzteren erzielt wurde. Dabei waren jedoch altes wie neues Recht nebeneinander stehende, gültige Rechtsquellen[18].

I. Mittleres Strafrecht und neue Zeit

In die Zeit des mittleren sächsischen Strafrechts fallen die von Karl dem Großen geordneten, aufgezeichneten und mit einigen christlichen Grundsätzen versehenen, sächsischen Rechtsgewohnheiten, die unter dem Namen *Lex Saxonum* bekannt sind.

Weiter sind dieser Periode der Sachsenspiegel, das Sächsische Weichbild bzw. Magdeburger Schöppenrecht zuzuordnen, in welchem das Gewohnheitsrecht des Magdeburger Schöppenstuhls, welches 1304 aufgezeichnet wurde, enthalten war[19]. Im Sachsenspiegel wurden Anfang des 13. Jahrhunderts die peinlichen sächsischen Rechtsgewohnheiten gesammelt. Er erlangte jedoch nie die Gültigkeit eines verkündeten Gesetzes, sondern diente als schätzbares Denkmal der peinlichen Vorschriften jener Zeit[20].

Das bedeutsamste deutsche Recht jener Zeit war die Constitutio Criminalis Carolina (CCC) von 1532. Ihre Grundlage war die 1507 von *Johann Freiherr v. Schwarzenberg* verfasste Halsgerichtsordnung von Bamberg, die bereits auf das humanistische Gedankengut italienischer Rechtsschulen fußte. Der Zweck der Strafe lag hier neben der Unschädlichmachung des zu bestrafenden Verbrechers vor allem in der Abschreckung der Allgemeinheit durch die Strafvollstreckung.

---

17 *Erhard*, Chursächisches Peinliches Recht, S. 4 f.; vgl. auch *Krüger*, Christian Daniel Erhard, S. 33 f. Eine ähnlich zeitliche Einteilung in verschiedene Abschnitte nimmt auch *v. Wächter*, Sächsisches und thüringisches Strafrecht, S. 13 ff. vor.

18 *Stübel*, System des peinlichen Rechts, S. 33 ff.

19 *Krüger*, Christian Daniel Erhard, S. 33.

20 *Erhard*, Chursächsisches Peinliches Recht, S. 21. Ergänzt und verändert wurde der Sachsenspiegel durch verschiedene Glossen aus dem 14. und 15. Jahrhundert.

In der „neuen Zeit“ wurden mehrere peinliche sächsische Gesetze erlassen. Durch die Erledigung der Landesgebrechen vom 1. October 1555 gab Kurfürst August dem sächsischen Recht eine neue und vollständigere Gestalt[21]. Hierin fanden sich sowohl die peinliche Gerichtsordnung Kaiser Karls des V. als auch andere Reichsgesetze wieder. Trotzdem war das sächsische Recht noch zu unbestimmt und unvollständig und stimmte nicht mit dem Zeitgeist überein, weswegen sich der Kurfürst veranlasst sah, ein neues Gesetzbuch zu verabschieden[22]. Dabei handelte es sich um die Constitutionen vom 21. April 1572, deren Vierter Teil das Strafrecht behandelte[23]. Deren Mittelpunkt bildeten die zehn Gebote, die den Leitfaden für das menschliche Handeln, als Äußerung einer protestantischen Lebenshaltung darstellten[24]. Damit förderte auch die evangelische Lehre den Gedanken der von Gott eingesetzten Obrigkeit. In der nachfolgenden Zeit bemühten sich fast ausschließlich Wissenschaft und Praxis diese Grundlage weiter auszubilden und so bestand bis zum 18. Jahrhundert seitens des Gesetzgebers kein Bedürfnis zu wesentlichen Änderungen, abgesehen von den einzelnen Ergänzungen[25], die erforderlich waren[26].

Einer der bedeutendsten Wissenschaftler dieser Zeit war *Benedikt Carpzov*, der, in Wittenberg geboren[27], in Sachsen lebte und lehrte. Sein Ruhm beruht auf seinen wissenschaftlichen Werken und seiner praktischen Tätigkeit u.a. als Beisitzer und Senior des Leipziger Schöppenstuhls sowie als Hofrat. 1635 erschien das berühmteste seiner Werke, die „Practica nova Imperialis Saxonica rerum criminalium“, die das gesamte materielle Strafrecht und Strafprozessrecht umfasste und eine umfangreiche Menge an Urteilen des angesehenen Leipziger Schöffenstuhls beinhaltete. Zuvor hatte er einen Kommentar zu den kursächsischen Konstitutionen von 1572 veröffentlicht. In seinem Werk von 1635 versuchte *Carpzov* vor allem,

---

21 *Erhard*, Chursächsisches Peinliches Recht, S. 40.

22 *Erhard*, Chursächsisches Peinliches Recht, S. 41.

23 *v. Wächter*, Sächsisches und thüringisches Strafrecht, S. 14. Laut *Erhard*, Chursächsisches Peinliches Recht, S. 46. Ebenso die fünf der neun sonderlichen Constitutionen.

24 *Oehler*, Wurzel, Wandel und Wert, S. 71.

25 Hierzu zählten u.a. die 91 Decisionen Johann Georgs II. vom 22. Juni 1661, wovon zumindest die letzten zwölf peinliche Rechtsfragen betreffen, wie auch die 40 neuen Decisionen von Friedrich August II. vom 2. Juli 1746.

26 *v. Wächter*, Sächsisches und thüringisches Strafrecht, S. 14.

27 Eine ausführliche Beschreibung seines Lebens, seiner Taten und Werke findet sich bei: *Schmidt*, Strafrechtspflege, S. 153 ff. Vgl. a.a.O. auch zum folgenden.

deutsches Recht, das bis dahin vielfältig und uneinheitlich war, auf der Grundlage der CCC und unter Berücksichtigung des kursächsischen Rechts und heimischen Gerichtsgebrauchs herauszuarbeiten. *Carpzovs* Anliegen bei der Practica nova war, den Gerichtsgebrauch, der seinerzeit eine wichtige Rechtsquelle darstellte, zu schildern und auf ihn eine stetige, sichere und gerechte Handhabung der Strafrechtspflege zu gründen[28]. Die staatliche Strafbefugnis beruhte nach *Carpzov* auf Anordnung und Willen Gottes, womit er das humanistische Denken, wonach inzwischen auch eine rein weltliche Begründung der Strafe zugelassen war, zurückgewiesen hatte. So war die Kriminalstraftat immer und zuerst eine Verletzung des göttlichen Willens[29].

Insgesamt beinhaltete *Carpzovs* Practica nova aus systematischer Sicht keinen Fortschritt gegenüber den Werken der älteren deutschen Rechtswissenschaft und auch die theokratische Staatsauffassung war bereits zu *Carpzovs* Zeit überholt. Doch er fasst gründlich und überlegt den vorhandenen Stoff in neuartiger Form zusammen. Da dieser bis in kleinste Detail in einen Gesamtplan eingebettet ist, wird das schnelle Auffinden erleichtert[30]. So ist alles auf den praktischen Gebrauch ausgerichtet. Zudem hat er vielfach die allgemeinen Strafrechtslehren, wie bspw. die Lehre des dolus indirectus, gefördert und ihre Ausbildung beeinflusst[31].

II. Neueste Zeit

1. Positive Rechtsquellen

In der neuesten Zeit des sächsischen Strafrechts unter Friedrich August III. (1768–1827) trat jedoch die Wende ein. Man schaffte die verstümmelnden Strafen, die durchaus noch bestanden, die Landesverweisungen und Staupenschläge ab und reduzierte die Anwendung von infamierenden Strafen. Weiter gelangte man zu der Überzeugung, dass sich die Todesstrafe nur in wenigen Fällen, in denen sie verhängt wurde, rechtfertigen lasse[32]. So wurde sie als Strafe für gewöhnliche Eigentumsverbrechen und Ehebruch abgeschafft. Dies erfolgte durch die *Instruction* vom 2. Dezember 1770, die

28 *Schmidt*, Strafrechtspflege, S. 154.

29 *Amelung*, Rechtsgüterschutz, S. 18.

30 *Oehler*, Wurzel, Wandel und Wert, S. 76.

31 *Schmidt*, Strafrechtspflege, S. 155 f.

32 *v. Wächter*, Sächsisches und thüringisches Strafrecht, S. 15.

insbesondere Folter und Landesverweisung betraf, die *fernerweite Instruction* vom 27. Mai 1783, u.a. betreffend Diebstahl, Unterschlagung, Betrug, Ehebruch und andere Unzuchtsverbrechen, und durch die *Bescheidung* vom 27. Mai 1783[33].

Die genannten Strafgesetze bezeugten die fortgeschrittene Bildung im Land und den aufgeklärteren Geist der Regierung[34]. Doch trotz alledem war das Strafrecht noch immer nicht vereinheitlicht und sowohl die Konstitutionen als auch die neueren Bestimmungen waren teilweise ungedruckt[35] oder nicht veröffentlicht und lediglich an Spruchkollegien geschrieben. Dies galt vor allem für die geheimen Instructionen und Bescheidungen der Dicasterien über die Interpretationen der Kriminalgesetze aus den Jahren 1770 und 1783. Sie standen allein den Räten in den Landeskollegien und den Beisitzern in den Dicasterien frei und waren nie förmlich publiziert worden[36]. Gleichwohl waren sie als authentische Erläuterungen des früher geltenden Rechts und in einzelnen Fällen als Anordnungen für Milderung oder Abschaffung harter angedrohter Strafen gültig und wichtig[37].

Nach den vorangegangenen Reformen gab es nur noch wenige Ergänzungen und Änderungen und ab 1810 beschränkte man selbst diese auf das Notwendigste, weil von da an der „Plan einer umfassenden Criminalgesetzgebung [...] [bestand], mit dessen Ausführung man begonnen hatte“[38]. Auch die wissenschaftliche und praktische Fortbildung des Strafrechts blieb bald allein den sächsischen Spruchbehörden überlassen, da sich die Wissenschaft mit der Zeit dem gemeinen Recht zuwandte und das Sächsische unbeachtet ließ[39].

Als letztes wichtiges Gesetz vor dem Criminalgesetzbuch galt jenes über die Bestrafung der fleischlichen Vergehen und einiger hiermit in Verbindung stehender Verbrechen vom 8. Februar 1834, das aufgrund der geän-

---

33 *v. Wächter*, Sächsisches und thüringisches Strafrecht, S. 16.

34 *Watzdorf / Siebrath*, Einleitung, S. 4.

35 *Krüger*, Christian Daniel Erhard, S. 34. Offiziell fortlaufend gesammelt und dadurch gleichzeitig publiziert wurden die sächsischen Gesetze erst ab dem Jahre 1818, vgl. *v. Wächter*, Sächsisches und thüringisches Strafrecht, S. 18 f., Fn. 18.

36 *Günther*, in: Volkmann, Lehrbuch, S. V.

37 *Günther*, in: Volkmann, Lehrbuch, S. V.

38 *v. Wächter*, Sächsisches und thüringisches Strafrecht, S. 18.

39 *Watzdorf / Siebrath*, Einleitung, S. 6.

derten Staatsverfassung erstmals mit den Ständen verabschiedet und inhaltlich größtenteils in das Criminalgesetzbuch übernommen wurde[40].

2. Natürliche Rechtsquellen

Neben diesen positiven Rechtsquellen bestanden die natürlichen peinlichen Gesetze weiter fort. Ihnen wurde zu dieser Zeit ein gleicher, wenn nicht sogar höherer Rang eingeräumt[41]. So sollten sie nach *Stübel* immer in den Fällen, in denen die positiven Rechtsquellen nichts bestimmten, zur Anwendung kommen; die Art und Weise sollte jedoch der Einsicht des jeweiligen Betroffenen, insbesondere des Richters, überlassen sein[42].

Gleichwohl beschränkte sich die Bedeutung dieser Grundsätze wegen ihrer Unbestimmtheit auf die Lehrbücher[43].

C) Zusammenfassung und Fazit

Bis zum Criminalgesetzbuch von 1838 gab es in Sachsen kein übersichtliches Strafrecht. Das geltende sächsische Recht setzte sich aus verschiedenen Konstitutionen, Mandaten und anderen Normen zusammen, die nirgends einheitlich zusammengefasst oder gesammelt und teilweise sogar weder gedruckt noch veröffentlicht waren. Zudem wurden durch die neuen Regelungen die alten Verordnungen nicht aufgehoben.

Bedingt durch diese Unübersichtlichkeit, die schon für manchen Rechtsgelehrten verwirrend[44] und schwer zu bewältigen war, entstand eine allgemeine Unsicherheit über die gültigen Rechtsquellen und die jeweils anzuwendenden Normen.

Doch drängt sich die Erforderlichkeit eines einheitlichen Gesetzbuches nicht allein aus diesem Grund auf, sondern insbesondere auch, weil die Art und Höhe der Strafen trotz zahlreicher Reformen dem Zeitgeist des 19. Jahrhunderts nicht mehr entsprachen. Teilweise bis ins 18. Jahrhundert bildete den ideellen Hintergrund eine Straftheorie, die die Strafbefugnis auf

---

40 *v. Wächter*, Sächsisches und thüringisches Strafrecht, S. 18.

41 *Krüger*, Christian Daniel Erhard, S. 34; *Stübel*, System des peinlichen Rechts, S. 54 f.

42 *Stübel*, System des peinlichen Rechts, S. 54.

43 *Krüger*, Christian Daniel Erhard, S. 34.

44 *Krüger*, Christian Daniel Erhard, S. 33.

göttliche Autorität gründete[45]. Erst das Naturrecht leitete eine Säkularisierung des Staatsdenkens ein, nach dem nicht Gottes Wille, sondern das gemeine Wohl das höchste Gesetz sein sollte. Desgleichen diente es nicht nur dem besseren Verständnis des bereits Bestehenden. Mit der Aufklärung wurde die kritische Funktion des Vernunftrechts entdeckt, das zum Beurteilungsmaßstab der gesellschaftlichen Institutionen berufen wurde[46].

Da sowohl das Strafrecht als auch die Strafrechtspflege des 17. und 18. Jahrhunderts auf theokratischen Vorstellungen beruhten, führte dies zu extremen Widersprüchen mit den Forderungen der aufklärten Vernunft.

> „Hier entstand für die Strafrechtswissenschaft die schwierige Frage, wie sich der Richter mit dem als veraltet empfundenen positiven Gesetzesrecht abzufinden habe."[47]

So wurde vielfach versucht, die Härte der älteren Gesetze in der Praxis dadurch abzuschwächen, indem die rechtsprechenden Richter auf gekünstelte Auslegungen zurückgriffen. Auch wenn man formell von dem Grundsatz ausging, dass der Richter durch das Gesetz gebunden sei, bildete sich unter den Kriminalisten das schweigende Einverständnis, dass die Rechtsprechung zu dieser Auslegung befugt sei. Dieses Ungebundensein des Richters an das Gesetz und die Notwendigkeit bei den teilweise überalteten Strafen hiervon abzuweichen, hatten in der Praxis einen unsicheren Zustand, der bis zur richterlichen Willkür reichte, geschaffen.

Insgesamt bedeutete das 18. Jahrhundert in Sachsen den Übergang zu einem menschlicheren Strafrecht, wobei sich der Gerichtsgebrauch und auch der landesherrliche Einfluss als fördernd erwiesen. Viele Verordnungen trugen der Humanisierungstendenz der Aufklärung Rechnung und die Kluft zwischen dem positiven Recht und den kulturellen Auffassungen der führenden Schichten verringerte sich im allgemeinen.

Dennoch waren gerade die in der ersten Hälfte des 18. Jahrhunderts entstandenen Gesetze meistens nur aus einem zu diesem Zeitpunkt besonders bedeutsamen politischen Bedürfnis heraus erlassen worden, das auf die größtmögliche Verminderung der Verbrechen gezielt und „auch nur diese im Auge"[48] gehabt hatte.

---

45 *Schmidt*, Strafrechtspflege, S. 161 f.

46 *Amelung*, Rechtsgüterschutz, S. 18.

47 *Schmidt*, Strafrechtspflege, S. 222.

48 *Watzdorf/Siebrath*, Einleitung, S. 3.

> „Solche vereinzelten Augenblicksgesetze taugen [jedoch] selten, weil sie in der Regel, statt von der legislatorischen Ruhe und Unparteilichkeit Zeugniß ablegen, die Spuren der subjektiven Erregtheit an sich tragen, welche das vorliegende einzelne Verbrechen bewirkt.“[49]

Die Gerichte standen folglich nach wie vor nicht unerheblichen Schwierigkeiten, die sie bei Anwendung der Gesetze zu lösen hatten, da die erlassenen Verordnungen wenig mit dem bestehenden Recht wie auch untereinander abgestimmt waren.

Wenn auch unter *König Friedrich August I.* einige fortschrittliche Veränderungen in Bezug auf die Strafen getroffen worden waren, so zeichnete sich doch aufgrund der voranschreitenden Entwicklung, gerade in den restlichen Ländern des Deutschen Bundes, die Notwendigkeit eines neuen, der Zeit entsprechenden, übersichtlichen Strafrechts ab.

---

49 *Berner*, Lehrbuch, S. 72.

Drittes Kapitel: Die Vorentwürfe zum Criminalgesetzbuch von 1838

Im Dezember 1806 war Kurfürst *Friedrich August III.* zu König *Friedrich August I.* erhoben worden, und mit den von Frankreich ausgehenden Reformbestrebungen entwickelte sich in Sachsen allmählich eine breite Diskussion über die Notwendigkeit staatlicher Reformen, die im Zusammenhang mit Debatten stand, die seit dem Landtag 1793 in einer größeren politischen Öffentlichkeit geführt wurden[1].

Die Niederlage Frankreichs in der Völkerschlacht bei Leipzig im Oktober 1813 hatte zugleich das Ende der napoleonischen Herrschaft in Deutschland besiegelt. Da König *Friedrich August I.* es nicht mehr geschafft hatte, sich rechtzeitig auf die Seite der gegen Frankreich Verbündeten zu schlagen, wurde er am 19. Oktober 1813 am Leipziger Marktplatz verhaftet. Auf dem Friedenskongress in Wien, der sich 1814 zusammenfand, sollte der deutschsprachige Raum politisch neu geordnet werden, wovon insbesondere Sachsen betroffen war. Eine völlige Beseitigung des sächsischen Staates[2] konnte durch den österreichischen Staatskanzler *Metternich* verhindert werden, jedoch bekam Preußen durch den gefundenen Kompromiss fast zwei Drittel des sächsischen Territoriums zugesprochen. Hiermit sank Sachsen „endgültig in die politische Bedeutungslosigkeit ab und wurde Mitglied des gleichzeitig gegründeten Deutschen Bundes“[3].

Etwa zu dieser Zeit wurden in Sachsen auch erste Schritte zu einer Kodifikation des Kriminalrechts unternommen[4]. Am 12. Oktober 1810 erhielten die Rechtsgelehrten *Christian Daniel Erhard* und *Karl August Tittmann*, die als solche allgemein geschätzt wurden, von König *Friedrich August I.* den Auftrag, unabhängig voneinander innerhalb von sechs Monaten ein Criminalgesetzbuch unter Einschluss des Prozessrechts auszuarbeiten. *Tittmann* konnte seinen Entwurf bereits 1811 vorlegen, während *Erhard* im April 1812 nur den ersten Allgemeinen Teil[5] übergab und über der Ausarbeitung des Besonderen Teils 1813 verstarb.

---

1 *Keller*, Landesgeschichte Sachsen, S. 161. Jedoch kam, im Gegensatz zu anderen deutschen Ländern, eine wirkliche Reform nicht zustande. Die Freiheitsbewegungen fassten hier erst viel später Fuß.

2 Preußens Ambitionen waren gewesen, Sachsen ganz anzugliedern. Vgl. *Groß*, in: Czok (Hrsg.), Geschichte Sachsens, Kap. VIII., S. 322 f.; *Schlesinger*, Sachsen, S. LVII.

3 *Groß*, in: Czok (Hrsg.), Geschichte Sachsens, Kap. VIII., S. 323.

4 1763 war bereits ein Plan zu einer umfassenden Ausarbeitung von Gesetzbüchern entworfen worden, jedoch blieb es hier bei Anfängen.

5 *Erhard* wollte, dass zunächst die von ihm aufgestellten Grundsätze des Allgemeinen Teils geprüft werden sollten und sich erst nach Genehmigung derselben an die Ausar-

Aufgrund der Freiheitskriege gegen *Napoleon* konnten die eingereichten Entwürfe erst 1815, nach der Freilassung *König Augusts*, bearbeitet werden. Die hierzu bestellte Kommission[6] übergab 1818 mit Jahresende den Allgemeinen Teil und einige Kapitel des Besonderen Teils. Zur weiteren Ausarbeitung befand man es jedoch für zweckmäßiger, diese nur noch einem Mitglied der Kommission, *Christoph Carl Stübel*, zu übertragen, der unter der Direktion des Konferenzministers *von Globig* stand und Rücksprache mit dem Appellationsrat *Schumann* halten sollte[7]. *Stübel* legte Ende 1824 seinen Entwurf nebst Motiven[8] den Landständen vor. Da man sich noch weiter über den Entwurf beraten und zusätzliche Gutachten von einzelnen Behörden und Beamten einholen wollte[9], sollte *Stübel* diesen unter Einschluss der Materialien einer Revision unterziehen. Er starb noch vor Vollendung der Revision, woraufhin *Tittmann* das umfangreiche Material zur weiteren Bearbeitung erhielt, der jedoch aufgrund einer Krankheit an der Weiterführung der Reformarbeiten gehindert wurde.

Da sich mittlerweile auch die verfassungsrechtlichen Verhältnisse in Sachsen geändert hatten – Sachsen war zu einer konstitutionellen Monarchie geworden und Wahlen zum Landtag sollten stattfinden – verstrich einige Zeit bis zur endgültigen Ausarbeitung eines entsprechenden Entwurfes.

A) Entwurf Tittmann

I. Zu Karl August Tittmann

Karl August Tittmann[10] war sächsischer Hof- und Justizrat sowie Kriminalist und zudem ein Schwager *Christoph Karl Stübels*[11]. Er wurde am 12. September 1775 in Wittenberg geboren und starb am 14. Juni 1834 in Dresden. Unterrichtet wurde er zunächst zu Hause, bis er sich 1793 in Leipzig als Hörer der Rechte einschrieb und zwei Jahre später nach Göttingen wechselte. Bereits zu dieser Zeit galt sein Interesse der Strafrechtswissenschaft. Nach Leipzig zurückgekehrt, bestand er

---

beitung des Besonderen Teils machen. Obwohl eine ausdrückliche Genehmigung nicht erfolgt ist, begann *Erhard* mit dem Besonderen Teil. Vgl. *Friedrici*, Entwurf, S. IV.

6 Die Mitglieder waren: *Karl August Tittmann*, der Präsident *Eisenstuck* und der Hof- und Justizrat *Christoph Karl Stübel.*

7 *v. Wächter*, Sächsisches und thüringisches Strafrecht, S. 7.

8 Die Motive füllten nach *Groß* sechs Aktenbände. Vgl.: *v. Wächter*, Sächsisches und thüringisches Strafrecht, S. 7.

9 *v. Wächter*, Sächsisches und thüringisches Strafrecht, S. 7.

10 Vgl. hierzu *Eisenhardt*, in: ADB, Bd. 38, S. 388 f.

11 *Ahrendts*, Christoph Carl Stübels Straftheorie, S. 65.

seinen juristischen Abschluss mit Auszeichnung, hielt dort fortan Vorlesungen und veröffentlichte verschiedene Abhandlungen über das peinliche Recht. Auf Wunsch seiner Eltern – sein Vater war zunächst Diakon und später Superintendent – ging er schließlich als Supernumerar-Oberkonsistorialrat[12] nach Dresden, wo er 1807 zum Justiz- und Hofrat und 1812 zum geheimen Referendar ernannt wurde. Trotzdem widmete er sich weiter dem Schreiben von unterschiedlichen Werken[13] und so erschien u.a. 1813 sein „Entwurf eines Strafgesetzbuches für das Königreich Sachsen". Nach Entlassung des Königs aus der Gefangenschaft wurde *Tittmann* für seine Königstreue mit dem sächsischen Zivilverdienstorden ausgezeichnet. 1832 wurde ihm, obwohl er aufgrund seiner Kränklichkeit schon ein Jahr zuvor in den Ruhestand versetzt worden war, die Direktion zum Entwurf für ein Pressegesetz übertragen.

II. Der Entwurf

Das von *Tittmann* 1811 eingereichte Werk enthielt zunächst einen Allgemeinen Teil und im Besonderen Teil die einzelnen Verbrechen ohne die Polizeiübertretungen. Diese und einen Entwurf zum Strafverfahrensrecht reichte er noch im selben Jahr nach.

Bei der Abfassung seines Entwurfs war *Tittmann* der Meinung, dass die Reformmandate, die seit 1770 ergangen waren, den Zustand im Strafrecht so bedeutend verbessert hatten, dass „zur Herstellung einer grösseren Unpartheilichkeit, Gewissenhaftigkeit und Gerechtigkeitsliebe, eine Veränderung mit den Sächsischen Strafgesetzen nicht erfordert werde"[14]. Demnach hielt er sich auch bei seinen Arbeiten zu dem Entwurf an das bestehende Recht und versuchte die Lücken nur auf seiner Grundlage zu ergänzen und den vorliegenden Stoff aus der Vernunft hinreichend zu erklären. Zudem stand sein Entwurf, ebenso wie der von *Erhard*, im Zeichen eines ängstlich reglementierenden polizeilichen Präventionsstrafrechts[15]. Dies und die

12 Konsistorialräte bzw. Oberkonsistorialräte sind Mitglieder des Konsistoriums, das eine kirchliche Verwaltungsbehörde ist. Konsistorien entstanden im 16. Jahrhundert zur Ausübung der landesherrlichen und bischöflichen Rechte der deutschen Fürsten über die protestantischen Kirchen und sind in etwa gleichgewichtig mit Theologen und Juristen besetzt. S. hierzu *Friedrich*, in: Brunotte / Weber (Hrsg.), Kirchenlexikon, S. 917 ff.

13 Aufgrund der damaligen Zeitverhältnisse mussten folgende Werke „Ueber die Vertheilung der Last der Einquartierung und Verpflegung fremder Truppen", Dresden 1813 und „Rechtliche Bemerkungen ueber das Recht der Eroberung und Erwerbung im Kriege", 1814, jedoch anonym erscheinen bzw. sogar heimlich gedruckt werden.

14 *Tittmann*, Entwurf, Bemerkungen und Beweggründe, S. 4.

15 *Schmidt*, Strafrechtspflege, S. 322.

übermäßige Breite des Entwurfs machten ihn als Grundlage für ein späteres Strafgesetz unbrauchbar.

1. Einleitung: Von den Verbrechen überhaupt

In den einleitenden Paragraphen seines Entwurfs, hatte *Tittmann* allgemeine Grundsätze und Bestimmungen entwickelt.

So bestimmte § $30_{1)}$ des Entwurfs, dass bei Kindern, die das siebte Lebensjahr noch nicht vollendet hatten, die Fähigkeit das Unrecht ihrer Handlung zu erkennen, nicht vorhanden war. Die Folge hiervon war Straflosigkeit.

Weiter hatte er die Verbrechen, rücksichtlich ihrer Gefährlichkeit, in drei Klassen[16] eingeteilt, die sich auf die Strafen auswirkten. Diese Einteilung hatte er auch noch nach der Sonderung der Polizeivergehen für notwendig gehalten,

> „theils um den allgemeinen Charakter ins Licht zu setzen, [...] theils zur Aufstellung derjenigen Bestimmungen Gelegenheit zu finden, welche sich weder ganz allgemein annehmen noch allgemein verwerfen lassen [...] und doch bei der Bestrafung mit Nutzen angewendet werden können.“[17]

Allerdings sollte „diese Classifikation mehr nur allgemeine Bestimmungen für den Maasstab der Strafe liefern [...], nicht aber das Strafmaass selbst angeben“[18]. Die Einteilung gestaltete sich jedoch als schwierig, zumal *Tittmann* von dieser nach Größe und Beschaffenheit der Strafen, wie es u.a. in Frankreich gehandhabt wurde, nicht überzeugt war. Schließlich legte er seinem Entwurf die Sächsische Instruction der Dicasterien aus dem Jahr 1770 zugrunde, die das Merkmal der „Gewalt“ als Unterscheidungskriterium wählte und nahm weitere Grenzziehungen vor, die sich insbesondere an der Moral bzw. dem Geist der jeweiligen Verbrecher„klasse“ orientierten[19]. So gehörten zur ersten Klasse die Verbrechen, „deren Unternehmung *in der Regel* die Fähigkeit, unter gleichen Umständen *jedes andere* Verbrechen begehen zu können, [...] verräth“[20]. Zur zweiten Klasse

16 Vgl. §§ 100b ff. *Tittmann*, Entwurf, S. 20 ff.

17 *Tittmann*, Entwurf, Bemerkungen und Beweggründe, S. 15.

18 *Tittmann*, Entwurf, Bemerkungen und Beweggründe, S. 19.

19 *Tittmann*, Entwurf, Bemerkungen und Beweggründe, S. 16 f.

20 Art. 101. *Tittmann*, Entwurf, S. 20.

zählte er nach Art. 102 die Delikte, die „den Täter [...] *nur in gewisser Rücksicht gefährlich* und *nur zu gewissen Arten geneigt*, darstellten“[21]. Als dritte Klasse bezeichnete er schließlich das Verbrechen, das „[...] nur auf die Verletzung der leichter wieder zu ersetzenden Rechte abzweckt“[22]. Nach der Bestimmung jeder Klasse folgte die Aufzählung der dazugehörigen Verbrechen.

Gleichwohl hatte *Tittmann* seinem Entwurf im Besonderen Teil die dem Naturrecht entsprechende Reihenfolge nach den Rechtsgütern Leben, Körper, Gesundheit, Freiheit, Ehre und Eigentum zugrunde gelegt. Dabei betrachte er, ebenso wie *Erhard*, die Reihenfolge der Delikte als eine Wertskala, an deren Spitze er die Privatverbrechen setzte[23]. Damit zeigte sich, dass *Tittmann*, wie auch *Erhard*, Anhänger der Naturrechtsphilosophie war, nach der der Schutz der Rechte des Individuums den Hauptzweck des Staates und der Gesellschaft darstellte.

2. Von den Strafen

a) Allgemeines zum Strafensystem

Nach *Tittmann* sollten keine „*quaalvollen Todesstrafen* und keine *verstümmelnde[n]* oder sonst *der Gesundheit nachtheilige[n]* Strafe[n]“[24] zugelassen sein.

Die Strafmittel in seinem Entwurf waren: Todesstrafe, freiheitsberaubende Strafen, die entweder im Festungsbau, Zuchthaus oder Gefängnis verbüßt werden sollten, Festungsstrafe, auf die allerdings nur im Wege der Begnadigung erkannt werden konnte, beschimpfende Strafen, Vermögensstrafen, Geldstrafen, Handarbeit und die Landesverweisung, die jedoch nur bei Ausländern stattfinden sollte. Damit hatte *Tittmann* im Sinne der Aufklärung die Freiheitsstrafe in ihren verschiedenen Durchführungsformen zur herrschenden Strafart gemacht, wenn auch über ihre Art und die verschiedenen Ausformungen übersichtliche Grundsätze fehlten. Da *Tittman* jedoch ein Anhänger der Spezialpräventionstheorie war, lag das Schwerge-

21 *Tittmann*, Entwurf, S. 21 f.

22 Art. 103. *Tittmann*, Entwurf, S. 23 ff.

23 *Tittmann*, Entwurf, Bemerkungen und Beweggründe, S. 8.

24 *Tittmann*, Entwurf, Bemerkungen und Beweggründe, S. 19.

wicht weniger auf der gesetzlichen Strafandrohung als auf dem Strafvollzug[25].

Festungsbau war nur für männliche und körperlich gesunde Verbrecher vorgesehen, da diese nach § 121 an dem Bau jener mitwirken sollten. Den Sträflingen wurde zudem ein Beineisen angekettet, wobei sich das Gewicht nach der Klasse des Festungsbaus – es gab drei – und nach ihrer körperlichen Beschaffenheit richtete.

Die Zuchthausstrafe unterschied nicht die Geschlechter und war ebenso unterteilt. Unterschiede bestanden sowohl in der Art der Verbüßung als auch in der Kleidung. Die Verbrecher der ersten Klasse wurden von aller Gesellschaft ferngehalten und waren mit einem Beineisen verkettet. Gelokkerte Bestimmungen trafen bereits die Häftlinge, die der zweiten Klasse angehörten, und insbesondere die Sträflinge der dritten Klasse. Allen war gemein und nur in der Anwendung unterschiedlich, dass sie zur Arbeit herangezogen und körperlich gezüchtigt wurden.

Gefängnisstrafe war, wenn sie unter sechs Monaten lag, als einfache vorgesehen und wurde im Gefängnis des Strafgerichts verbüßt. Bei längerer Dauer wurde sie im Besserungshaus vollstreckt und war wiederum in drei Klassen eingeteilt.

Beschimpfende Strafen sollten nach § 182 i.d.R. nur zur Schärfung anderer Strafen herangezogen werden. Möglich waren Staupenschläge, die Ausstellung an den Pranger, der Gehorsam bzw. das rothe Fenster[26], das Anschlagen des Namens an den Galgen, körperliche Züchtigung, die u.U. auch öffentlich durchgeführt werden konnte, der gerichtliche Verweis und der Verlust der öffentlichen Glaubwürdigkeit. Die Bedenken, die bereits zu jener Zeit gegen die körperliche Züchtigung dahingehend aufkamen, dass sie nachteilig für die Gesundheit und das Ehrgefühl des Volkes sei, waren für *Tittmann* nicht so überzeugend, dass er sich gegen dieselbe entschieden hätte[27].

---

25 So waren im Gesetzesentwurf detaillierte Bestimmungen zum Strafvollzug enthalten und zudem hatte *Tittmann* ein Gesetz über das Verfahren gegen Sträflinge in den Strafanstalten entworfen. Vgl. *Tittmann*, Entwurf, Beilage A, S. 528 ff.; s. auch *Schmidt*, Strafrechtpflege, S. 226.

26 Vgl. § 188; *Tittmann*, Entwurf, S. 41. Hierunter versteht man die Einsperrung des Verbrechers in kleine, mit Gittern versehene Behältnisse, in welchen er der Menge preisgegeben wird.

27 *Tittmann*, Entwurf, Bemerkungen und Beweggründe, S. 25 f.

Die Vermögensstrafen waren nur zulässig, solange der Täter hierdurch nicht großer Not augesetzt wurde, und bestanden entweder in der gesamten oder teilweisen Entziehung seines Vermögens.

b) Zur Todesstrafe

Die Todesstrafe hatte *Tittmann* in den §§ 104–117 geregelt. Sie sollte durch Enthauptung mit dem Beil vollzogen werden. Die Hinrichtung mit dem Schwert sei anerkanntermaßen zu unsicher[28] und der Tod durch Erhängen zu „schimpflich“[29].

Schärfungen der Todesstrafe sollten nach § 105 nur zulässig sein, solange sie den Tod selbst nicht qualvoller machten. Bei der Vollziehung sollte jedoch auf alles verzichtet werden, was diese zu einem Schauspiel für die Menge machte[30]. *Tittmann* selbst hielt zwar die einfache Todesstrafe für ausreichend, jedoch hatte er Rücksicht auf die Volksmeinung genommen, die ebenso wie bei den Verbrechen selbst einen Stufengang bei der Hinrichtung verlange[31]. Die Schärfungsmöglichkeiten hatte *Tittmann* in vier Grade eingeteilt. Im ersten und niedrigsten Grad sollte der Täter nach der Enthauptung auf ein Rad geflochten und sein Kopf über demselben aufgesteckt werden. Zum zweiten Grad kam außer dem o.g. das Schleifen auf einer Viehhaut zum Richtplatz hinzu. Der dritte Grad umfasste neben dem Schleifen zum Richtplatz und Aufstecken auf ein Rad zudem das zweistündige Ausstellen an einem Pfahl. Beim letzten und vierten Grad sollte der Verbrecher zusätzlich bei der Ausschleifung mit einem Strick um den Hals vom Scharfrichterknecht gehalten werden. Für den Anführer einer Bande o.ä. konnte zudem nach § 108 vorgesehen werden, dass jener bei der Hinrichtung seiner „Mitglieder“ zuschauen musste. Solcherlei Schärfungen widersprachen jedoch den seit Anfang des 19. Jahrhunderts in ganz Deutschland getätigten Bemühungen, besonders der Zurschaustellung des toten Verbrechers am Richtplatz ein Ende zu machen, und standen mit der

---

28 Man war sich bewusst, dass die meisten Tumulte, die bei öffentlichen Hinrichtungen ausgelöst wurden, auf einem schlecht gezielten Hieb des Scharfrichters beruhten. Fehler dieser Art scheinen sich damals gehäuft zu haben. *Evans*, Rituale, S. 269. Zur Entwicklung und Diskussion der Hinrichtungsinstrumente, insbesondere des Schwerts, in Deutschland, vgl. *Evans*, Rituale, S. 269 ff.

29 *Tittmann*, Entwurf, Bemerkungen und Beweggründe, S. 20.

30 *Tittmann*, Entwurf, Bemerkungen und Beweggründe, S. 21.

31 *Tittmann*, Entwurf, Bemerkungen und Beweggründe, S. 20 f.

nunmehr herrschenden Humanität nicht mehr im Einklang[32]. Dieses neue Verständnis entsprach einer sich wandelnden Sensibilität, denn dies

> „war die Zeit, in der die Schamhaftigkeit im Bürgertum ihren Höhepunkt erreichte: die Zeit, in der Sexualität und Ausscheidungen, Krankheit und Tod nicht nur als solche Privatsache wurden, sondern auch in der Öffentlichkeit nicht anders als in geschraubten Euphemismen erwähnt werden durften. Der Anblick der öffentlichen Richtstätte mit einem aufs Rad geflochtenen Körper beleidigte diese neue Empfindlichkeit zutiefst. Die bewusste entehrende Funktion dieser Strafe, [...] wurde jetzt obsolet."[33]

Dem kam dagegen der Vorschlag gleich, die hingerichteten Leichname grundsätzlich entweder bei Verlangen an anatomische Anstalten abzuliefern oder direkt auf dem Richtplatz zu begraben. Nur der geschärft hingerichtete Verbrecher wurde am Tag nach der Hinrichtung auf dem Richtplatz begraben.

c) Straf(rahmen)bestimmung

Auf Festungsbau konnte lebenslänglich oder mindestens für sechs Monate erkannt werden. Bei der Zuchthausstrafe hatte *Tittmann* in § 146 das Minimum bestimmt, das nicht unter sechs Monaten liegen sollte. Für die Gefängnisstrafe hatte er nur den Grundsatz aufgestellt, dass sie im Besserungshaus in der Regel zehn Jahre betragen sollte.

Der Richter konnte auf ordentliche und außerordentliche Strafen erkennen. Erstere waren nach § 258 zulässig, sobald ein Verbrechen, die im Entwurf aufgeführten Tatbestandsmerkmale erfüllte. Auf letztere sollte erkannt werden, wenn das Verbrechen nicht alle relevanten Merkmale erfüllte oder wenn Zweifel an der Erfüllung einzelner bestanden. Welche Strafmittel der Richter in diesen Fällen anwenden bzw. nicht anwenden durfte, hatte *Tittmann* u.a. in seinem Entwurf bestimmt[34]. Ansonsten gab § 261 vor, dass die außerordentliche Strafe im Verhältnis zu den nicht erfüllten und zweifelhaften Tatbestandsmerkmalen bestimmt werden sollte.

Die jeweils zu verhängenden Strafen bestimmte *Tittmann* – außer bei den einzelnen Delikten im Besonderen Teil – zudem nach den zuvor festge-

---

32 *Evans*, Rituale, S. 281.

33 *Evans*, Rituale, S. 283.

34 Beispielsweise sollte der gerichtliche Verweis nach § 200 nur als außerordentliche Strafe verhängt und auf Verlust der gerichtlichen Glaubwürdigkeit nie erkannt werden.

legten Verbrechensklassen[35] und ausführlichen Bestimmungen im Allgemeinen Teil. Auf Zuchthausstrafe ersten Grades sollte gemäß § 143 u.a. immer bei Verbrechen der ersten Klasse erkannt werden. Auf Festungsstrafe konnte nach § 180 nur bei Verbrechen der dritten Klasse erkannt werden, wenn es sich um Staatsdiener oder Personen anderer vornehmer Stände handelte[36]. Trotz dieser ausführlichen Regeln wollte er sich damit begnügen, „die *Hauptrücksichten* in Ansehung der Zurechnung anzugeben, bei den einzelnen Verbrechen die *hervorstechendsten Eigenheiten eines jeden* zu bezeichnen und einen *obersten und untersten Grad einer Strafe* festzusetzen“[37]. Denn es sei unmöglich, dem Richter alles genau vorzugeben, und man müsse ihm daher bei der Urteilsfassung eine bedeutende Freiheit lassen[38].

3. Von der Bestrafung der Verbrechen

Neben dem vollendeten Verbrechen strafte der Entwurf auch den Versuch, der gemäß § 285 vorlag, wenn die Wirkung der Handlung noch nicht eingetreten war. Der Entwurf differenzierte zwischen vorbereitendem, nahem und nächstem Versuch und stellte hierfür unterschiedliche Kriterien und Strafen auf, welche grundsätzlich für alle Delikte des Besonderen Teils galten.

Weiter bestimmte *Tittmann* in § 297 des Entwurfs, dass, sofern der Täter vom Versuch Abstand genommen und den Eintritt der Vollendung verhindert hatte, die vom Entwurf vorgesehene Strafe i.V.m. § 521[39] höchstens bis auf die Hälfte gemildert werden durfte.

4. Milderung der Strafe

Bei den Milderungsgründen hatte *Tittman* in seinem Entwurf u.a. die Unmündigkeit, die Reue nach §§ 519–522 und den Ersatz nach §§ 532–536 aufgeführt. Diese sollten nach §§ 543–545 nur nach der Beschaffenheit der Umstände und ihrem Verhältnis zur Tat bestimmt sein. Allgemeine Sätze hatte *Tittmann* nicht aufgestellt, da er davon ausging, „daß sie (sc.: die

35 S.u. II. 1.

36 Vgl. § 180, *Tittmann*, Entwurf, S. 40.

37 *Tittmann*, Entwurf, Bemerkungen und Beweggründe, S. 36.

38 *Tittmann*, Entwurf, Bemerkungen und Beweggründe, S. 36.

39 § 521 findet sich zur Reue im V. Kapitel (Schärfung und Milderung der Strafe).

Milderungsgründe) bei der einen Art von Verbrechen einen anderen *Werth* haben, als bei einer anderen"[40].

a) Unmündige

§ 491 bestimmte, dass die ordentliche Strafe bei Unmündigen erst mit dem zurückgelegten 16. Lebensjahr zugelassen werden sollte. Bis dahin bestand die Strafe aus körperlicher Züchtigung in der Schule oder im Gericht und aus Gefängnisstrafe von maximal vier Wochen. Bei schlimmeren Verbrechen sah § 492 auch einen Aufenthalt im Besserungshaus vor. Den Alterszeitpunkt begründete *Tittmann* damit, dass die römischen Gesetze das vierzehnte Lebensjahr als entsprechenden Zeitpunkt gewählt hatten, was dort jedoch mit dem wärmeren Klima des Landes zusammenhänge[41].

b) Rücktritt

Die Reue sollte, geschah sie während der Tat, nach den Vorschriften über den Versuch beurteilt werden, d.h. inwieweit der Versuch fortgeschritten war. In den übrigen Fällen sollte gemäß § 520 eine Milderung der Strafe nicht eintreten, es sei denn der Täter hatte noch vor Bekanntwerden der Tat Anstalten getroffen, die die Wirkung derselben ganz oder teilweise verhinderten. Dann durfte die Strafe maximal um die Hälfte gemildert werden. Hierzu reichten jedoch nach § 522 bloß unterstützende Tätigkeiten, die zur Verminderung Schadens getroffen wurden, nicht.

c) Ersatz

Der Ersatz, den *Tittmann* aus den älteren sächsischen Gesetzen übernommen hatte, konnte als Milderungsmöglichkeit berücksichtigt werden, wenn nach § 532 die Strafe der Tat nach der Größe des beschädigten Vermögens zu bestimmen war, wie beispielsweise beim Diebstahl. *Tittmann* hielt es hierbei für nötig, den Grund des Ersatzes nicht bei jedem mit Verletzung des Eigentums verbundenem Verbrechen anzunehmen. Dies war bisher der Fall gewesen, da man „[m]it keinem Milderungsgrunde [...] wohl je die Anwendung der gesetzlich bestimmten Strafen mehr vereitelt [hat]"[42]. Eine bloße Schuldverschreibung war nicht ausreichend. § 533 setzte zudem

40 *Tittmann*, Entwurf, Bemerkungen und Beweggründe, S. 36.

41 *Tittmann*, Entwurf, Bemerkungen und Beweggründe, S. 32.

42 *Tittmann*, Entwurf, Bemerkungen und Beweggründe, S. 34.

voraus, dass der Ersatz wirklich und durch den Täter geleistet worden war. Hierzu zählte nicht der im Namen des Täters durch andere Personen und anstelle des Verbrechers erfolgte Ersatz. Der Erlass konnte dem Täter auch als Milderung angerechnet werden, wenn die in § 532 beschriebenen Voraussetzungen vorlagen und er durch nahe Verwandte des Täters erfolgte.

B) Der Entwurf Erhards von 1813

I. Die Person Christian Daniel Erhard

Der Rechtsgelehrte *Christian Daniel Erhard*[43] wurde am 6. Februar 1759 in Dresden geboren. Er wurde von Privatlehrern unterrichtet und ging Ostern 1778 zum Studium der Rechte an die Universität Leipzig, wo ihn namhafte Gelehrte unterrichteten und förderten[44]. Nachdem er 1781 sein Studium mit dem Baccalaureus abgeschlossen hatte, widmete er sich zunächst der praktischen Laufbahn und ging nach Dresden. Wenig später entschloss er sich jedoch für die Wissenschaft und kehrte 1782 nach Leipzig zurück, wo er innerhalb kürzester Zeit die philosophische und juristische Doktorwürde erlangte. Noch im gleichen Jahr heiratete er die Tochter des Hofraths und Professors *Ritter*. Ihre Ehe war nur von kurzer Dauer, da sie bereits 1783 verstarb[45]. Trotz dieser privaten Tragödie ging es beruflich weiter aufwärts. *Erhard* war u.a. Oberhofgerichts-Advokat sowie Beisitzer am Niederlausitzer Landgericht und wurde 1787 zuerst zum außerordentlichen und schließlich sechs Jahre später zum ordentlichen Professor der Rechte ernannt. Ab 1787 widmete er sich zusätzlich dem Schreiben rechtlicher und philosophischer Werke[46]. 1810 wurde er mit dem Entwurf eines Strafgesetzbuchs für das Königreich Sachsen beauftragt. Über dessen Ausarbeitung starb er unvermutet am 17. Februar 1813 nach einem Nervenschlag in Leipzig. Der „Entwurf eines Gesetzbuchs über Verbrechen und Strafen für die zum Königreiche Sachsen gehörigen Staaten" wurde 1816 von *Friederici* veröffentlicht.

II. Der Entwurf

Erhards Entwurf war ebenso umfangreich wie der von *Tittmann*. Allein der Allgemeine Teil bestand aus 613 Vorschriften und der Besondere Teil,

---

43 Vgl. hierzu, *Friederici*, Entwurf, S. XI; *Steffenhagen*, ADB Bd. 6, S. 197.

44 Vgl. *Friederici*, Entwurf, S. XIII.

45 1788 heiratete *Erhard* ein zweites Mal und aus dieser Ehe ging eine Tochter hervor. Jedoch gedachte *Erhard* „noch in den spätesten Jahren des Verlustes der liebenswürdigsten Gattin, [...] deren Geist und Herz das Ideal aller seiner Wünsche gewesen war." *Friederici*, Entwurf, S. XVII.

46 Mit seinem Buch „System des Kursächsischen peinlichen Rechtes" von 1789, war er der erste, der das sächsische peinliche Recht in ein System gebracht hatte. *Friederici*, Entwurf, S. XIX.

unter Hinzunahme der von *Friederici* beigefügten Skizzen Erhards, bezifferte sich auf 1836 Paragraphen[47]. Der Umfang des Entwurfs hing jedoch mit dem Zweck desselben, den dieser nach dem Willen des Gesetzgebers erfüllen sollte, zusammen. So sollte das Gesetz nach *Erhard* primär dem Richter Belehrung und Anweisung geben und nur sekundär als Gesetzbuch dem Volk dienen. Dass sich der vorgeschlagene Entwurf zur Belehrung des Volkes nicht eignete, erkannte er und kündigte deswegen, um trotzdem das Gesetz als Mittel zur Strafrechtsbelehrung nutzen zu können, in Art. 2 des Entwurfs einen kurzen Begriff der Strafgesetze für den gemeinen Mann an, der in demselben Grade Gesetzeskraft erhalten sollte.

Wie *Tittmann* verstand auch *Erhard* den ihnen erteilten Auftrag und hielt sich vor weitreichenderen Zugeständnissen an den humanitären Zeitgeist zurück[48]. Im Gegensatz zu *Tittmann* befolgte er jedoch nicht die bestehenden Vorschriften, sondern änderte u.a. die Strafübel und setzte ferner besondere Verschärfungen derselben fest. Dem Entwurf lag ferner die umfassende Anerkennung des Naturrechts zugrunde, als *Erhard* diesen nach den Prinzipien des Vernunftrechts gestaltete. Vom Ideal dessen her, sollten die positiven Gesetze nach seiner Ansicht folgende Aufgaben erfüllen[49]: Die Gründe für die getroffenen Regelungen sollten in den Gesetzen mitgeteilt oder zumindest aus ihnen ersichtlich sein, um eine Überprüfung mit dem Vernunftrecht zu ermöglichen. Weiter sollten die grundlegenden Begriffe erläutert und soweit im Gesetz bestimmbar festlegt werden. Die Gesetze standen jedoch zuletzt unter der allgemeinen Bedingung, dass sie ihre Gültigkeit nur in Übereinstimmung mit der Vernunft behaupten konnten.

Zudem versuchte *Erhard* das Gesetz trotz seiner Länge kurz zu halten, indem er bereits bestimmte Ausdrücke entwickelte, um auf diese im Besonderen Teil zurückgreifen zu können und so im ganzen Wiederholungen zu vermeiden. Nach *Friederici* waren deswegen „Kürze und Bündigkeit im Stile ein Hauptvorzug des ganzen Werkes“[50].

---

47 Hierin enthalten sind ebenfalls die Polizeiübertretungen, nicht jedoch das Verfahrensrecht.

48 *Krüger*, Christian Daniel Erhard, S. 35.

49 Vgl. zum folgenden: *Krüger*, Christian Daniel Erhard, S. 66 ff.

50 *Friederici*, Entwurf, S. V.

1. Begriff und Einteilung der Verbrechen

Nach den einleitenden Bestimmungen nahm der Verfasser in den Art. 22 und 23 seines Entwurfs eine generelle Zweiteilung der Übertretungen[51] in „Verbrechen“ und „Polizeivergehungen“ vor. Sie unterschieden sich nach dem bedrohten Rechtsgut und der inneren Seite der strafbaren Handlung. Diese Bemühungen, das Verbrechens- und Polizeistrafrecht möglichst genau voneinander abzugrenzen, waren bei seinen Zeitgenossen wissenschaftlich anerkannt worden[52] und sollten den Richter über den „Zweck der Strafgesetzgebung“[53] sowie den Begriff und die Einteilung der Verbrechen unterrichten. Die „Verbrechen“ definierte *Erhard* in Art. 22. Hierunter fielen diejenigen strafbaren Handlungen, durch welche Rechte und die Sicherheit unmittelbar verletzt wurden. Damit entsprach er der nun allgemeinen Auffassung nach der der Angriff gegen subjektive Rechte Wesensmerkmal des Verbrechens war[54]. Weitere Voraussetzung, die an die innere Seite der Tat anknüpfte, war zudem, dass eine absichtliche Übertretung vorlag[55]. Hingegen stellten die „Polizeivergehungen“ nach Art. 23 nur solche Handlungen dar, die die Aufrechterhaltung der gesellschaftlichen Ordnung beeinträchtigten. Ein zusätzlicher, besonderer Wille wurde vom Täter nicht gefordert. Der letzte Halbsatz des Art. 23 lautete nur: „[...] so ist dessen Uebertretung ein Polizeivergehen“[56]. Unter die „Polizeivergehungen“ fielen also nach *Erhard* nur solche strafbaren Handlungen, die völlig aus dem Verbrechensbegriff ausgeschieden waren und daher ihrer Natur nach in keiner Begehungsform mehr als solches bestraft werden konnten[57]. Um das kriminelle vom polizeilichen Unrecht weiter zu unterscheiden, ergänzte er die beiden Abschnitte des Besonderen Teils „Von den Verbrechen wider die Rechte der Privatperson“ und „Von den Verbrechen wider die Rechte des Staates“ durch einen dritten „Von den Polizeivergehungen“. Damit machte sich *Erhard* zum Vorläufer einer Systematik,

51 Wie sich aus den Art. 21, 22 des Entwurfs erschließen lässt, wählt Erhard als Oberbegriff für alle strafbaren Handlungen den der „Übertretungen“.

52 *Krüger*, Christian Daniel Erhard, S. 106.

53 Vgl. Art. 21 des Entwurfs.

54 *Amelung*, Rechtgüterschutz, S. 20.

55 Art. 22: „Jede absichtliche Uebertretung eines Strafgesetzes, [...].“ *Friederici*, Entwurf, S. V.

56 *Friederici*, Entwurf, S. 5.

57 *Krüger*, Christian Daniel Erhard, S. 92.

die erst im Strafgesetzbuch für den Norddeutschen Bund ihren endgültigen Niederschlag fand[58].

In den Art. 24 ff. folgten weitere Unterteilungen der „Verbrechen“[59]. Soweit sie sich „nach dem inneren Antriebe“ unterschieden, lag ihnen die Bedeutung der Sittlichkeit, die *Erhard* dieser im Kampf gegen die Leidenschaften zusprach, zugrunde[60]. All diese Differenzierungen blieben für den Richter allerdings ohne Bedeutung und rein theoretischer Natur.

In den Art. 28 ff. nahm *Erhard* dagegen eine Abstufung der „Verbrechen“ in vier Klassen vor, die sich an den angedrohten Strafen orientierte. So gehörten zu den „Verbrechen erster Klasse“ diejenigen, für die die schärfsten Strafen, wie Todesstrafe, Beraubung der Freiheit zeitlebens oder Zuchthausstrafe erster Klasse, angedroht waren. Jedoch fehlte es hierfür an einem praktischen Bedürfnis.

Diese Einteilung, die sich an äußeren Gesichtspunkten der Tat, der Höhe der Strafe, orientierte, ähnelte bereits der in späteren Gesetzen oft eingefügten Dreiteilung der strafbaren Handlungen in Verbrechen, Vergehen und Übertretungen, die sich ebenfalls über Strafart und -höhe definierten.

2. Milderungsgründe

Unter dem Titel: „Von den Milderungs[...]ursachen“[61] hatte *Erhard* versucht, alle Gründe aufzulisten, die „die Milderung der [ordentlichen] Strafe rechtlich notwendig“[62] machten; u.a. die „mangelnde Vollendung der Tat“ und „die Reue, welche die Tat unschädlich macht oder deren Schädlichkeit mindert“[63]. Zusätzliche zu den im Entwurf genannten Milderungsgründen sollten jedoch nach den Art. 558 und 570 nicht zulässig sein. Eine genauere Ausarbeitung der jeweiligen Gründe hatte *Erhard* entweder allgemein oder für auch nur einzelne Delikte vorgenommen, da er auf feste Strafrahmen einer systematisch abgestuften Freiheitsstrafe nicht zurückgreifen

58 *Krüger*, Christian Daniel Erhard, S. 91.

59 Die Verbrechen waren nach den Gegenständen, den Rechten gegen Privatpersonen und den Staat, nach dem inneren Antrieb und nach den Strafen eingeteilt.

60 *Krüger*, Christian Daniel Erhard, S. 76.

61 Vierter Titel des dritten Abschnitts. *Friederici*, Entwurf, S. 134 ff.

62 Art. 563 des Entwurfs. *Friederici*, Entwurf, S. 136.

63 Art. 563 des Entwurfs. *Friederici*, Entwurf, S. 136.

konnte und sich so bemühen musste, alle Milderungsgründe im Gesetz möglichst abschließend aufzuzählen[64].

Diese Methode, alle denkbaren Fälle zu erschöpfen und dabei deduktiv vorzugehen, wurde ihm früh zum Vorwurf gemacht[65] und verlieh dem Entwurf eher den Charakter eines wissenschaftlichen Nachschlagewerks als den eines Strafgesetzentwurfs. So fanden sich im gesamten Allgemeinen Teil sehr eingehende Regelungen methodisch umstrittener Fragen, was aufgrund der Autorität des Gesetzes zu einer unerträglichen Einengung der Forschung geführt hätte, wäre der Entwurf Gesetz geworden[66].

a) Kinder

Den „Mangel an Vernunftthätigkeit bey Kindern" behandelte *Erhard* im dritten Teil des ersten Abschnitts bei den Umständen, die die Strafe ausschließen oder mildern sollten.

Dem Begriff „Kinder" wurden verschiedene Altersgruppen zugeordnet. Demnach sollten Kinder bis zum vollendeten siebten Lebensjahr strafbegründende Handlungen, wie von Art. 53 vorgeschrieben, nicht zugerechnet werden können. Dieser Artikel legte weiterhin fest, dass zwischen dem siebten und dem zwölften Lebensjahr die Möglichkeit eingeräumt wurde, die Eltern bei Vorliegen einer strafbaren Handlung von Gerichts wegen zu einer Züchtigung ihres Kindes anzuhalten. Eine Bestrafung i.S.d. Entwurfes erfolgte bis zu diesem Zeitpunkt nicht.

b) Versuch

Den fünften Teil seines ersten Abschnitts widmete *Erhard* u.a. Bestimmungen über den Versuch, das „unvollendete[...] Verbrechen"[67]. Die Artikel enthielten Definitionen über die bloße verbrecherische Absicht, die grundsätzlich straflos[68] war, die Vorbereitung eines Verbrechens und den

64 *Krüger*, Christian Daniel Erhard, S. 98.

65 *Anonym*, in: AllgLitZ, 1817, Sp. 693.

66 *Krüger*, Christian Daniel Erhard, S. 77.

67 Vgl. Art. 116 ff. des Entwurfs.

68 Es sei denn, der Angeschuldigte hatte die Absicht ein Verbrechen erster oder zweiter Klasse, vgl. Art. 29 und 30 des *Erhard'*schen Entwurfs, zu begehen. In diesen Fällen konnten trotz fehlenden Verbrechens nach Art. 360 unter gewissen Voraussetzungen Strafen verhangen werden.

Beginn einer strafbaren Handlung[69]. Die Straffolgen, die sich für ein versuchtes Verbrechen ergaben, waren in Grundsätzen in den Art. 360–371 „von der Anwendung der Strafgesetze“ des dritten Abschnitts geregelt[70]. Zwischen Vorbereitung und Beginn der Tat wurde bei diesen Grundsätzen nicht unterschieden. Jedoch sollte der Richter u.a. „auf die Natur [...] des beabsichtigten Verbrechens an sich“[71] abstellen. Weiter ging *Erhard* davon aus, dass sich „[d]ie Art und der Grad der Bestrafung unvollendeter Verbrechen, [...] im zweiten Theile, bey jedem einzelnen Verbrechen, am zweckmäßigsten bestimmen lasse [...]“[72].

Eine zusätzliche Milderungsmöglichkeit bot *Erhard* dem Verbrecher in den Art. 366 ff., der „das unternommene oder begonnene Verbrechen“ unterließ. Jedoch unterschied er nicht zwischen bloßer Vorbereitungs- oder Versuchshandlung, sondern danach, ob die Gefahr der Vollendung bzw. die Gefahr für andere ganz oder teilweise entfallen war. Die Strafe stellte *Erhard* wiederum in das Ermessen des Richters, wobei er diesem Strafobergrenzen und Bemessungsgrundlagen vorgab.

c) (Teilweiser) Ersatz

Im Besonderen Teil in der Abteilung „Von den verbrecherischen Beeinträchtigungen der Eigentumsrechte“ hatte *Erhard* in den Allgemeinen Verordnungen den (teilweisen) Ersatz in den Art. 1427 ff. geregelt. Die Strafe sollte gemildert werden, wenn der Täter vor oder bei der gerichtlichen Untersuchung freiwillig ganz oder teilweise Ersatz oder Vergütung geleistet oder zugesichert hatte. Die Zusicherung konnte auch durch Ausstellung eines Wechsels o.ä. geschehen bzw. konnte der Verletzte freiwillig den Erlass erklären. Wenn die Tat allerdings einen nicht vergütbaren Nachteil für den Beschädigten oder die Öffentlichkeit mit sich geführt hatte, sollte die Milderungsmöglichkeit dem Verbrecher nach Art. 1430 nur dann zugute kommen, wenn der Schaden aus Reue einigermaßen vermindert worden war.

69 *Friederici*, Entwurf, S. 27 f.

70 *Friederici*, Entwurf, S. 77 ff., 84 f.

71 Art. 363 a) des Entwurfs, *Friederici*, Entwurf, S. 85.

72 Art. 365 des Entwurfs, *Friederici*, Entwurf, S. 85.

3. Von den Strafen

a) Das Strafensystem allgemein

Insgesamt entfernt sich *Erhards* Entwurf zwar sowohl hinsichtlich der systematischen Einteilung als auch dem Inhalt seiner Normen von den absolutistischen Tendenzen anderer Gesetzbücher, wie beispielsweise dem Österr. StGB von 1803[73]. Zudem gehörte es mit seinem Bestreben, das Strafrecht von dem Gesichtspunkt des einzelnen Bürgers her aufzubauen, bereits zur rechtsstaatlich-liberalen Epoche. Gleichwohl bot der Entwurf kein der Zeit entsprechendes Strafensystem[74]. So sollte in einem gerechten System im Sinne der Aufklärung, Verbrechen und Strafen im richtigen Verhältnis zueinander stehen.

*Erhard*s Entwurf versuchte dabei durch eine besondere Vielfalt der Strafarten eine jeweils der Schwere der Tat angemessene Strafe darzubieten. So enthielt der Entwurf sowohl Zivil- als auch Kriminalstrafen[75] und die angedrohten Strafübel waren in Lebens-, Leibes-, Freiheits- und Ehrenstrafen, beschämende Strafen und Vermögensstrafen unterteilt, die teilweise entweder als Kriminal- oder als Zivilstrafe erlassen werden konnten.

Zu den Leibesstrafen zählten Zuchthaus, das sich in zwei Klassen gliederte, Festungsbau, in drei Klassen eingeteilt, öffentliche Arbeiten, die allerdings nur gegenüber Männern angeordnet werden konnten, und die Stäupung[76]. Gemeinsam waren diesen Strafen ihre körperlichen Auswirkungen auf den Häftling, die entweder in körperlicher Züchtigung oder harter (Hand-)Arbeit bestanden.

Die Freiheitsstrafen wurden im Besserungshaus oder Gefängnis verbüßt. Bei letzterem unterschied der Entwurf zwischen drei Gattungen des Kriminalgefängnisses und der Polizeigefängnisstrafe. Weiter erfasste der Entwurf Verfahrensregelungen und Bestimmungen zur Behandlung der Gefangenen.

---

73 *Krüger*, Christian Daniel Erhard, S. 95.

74 *Krüger*, Christian Daniel Erhard, S. 95.

75 Zivilstrafen durften durch den Zivil- oder Polizeirichter angeordnet werden, Kriminalstrafen nur vom Kriminalrichter. Im Entwurf inbegriffen waren u.a. auch Militär-, Konventional-, Gesellschafts- und Disziplinarstrafen, vgl. Art. 136 ff. des Entwurfs.

76 Diese sollte gemäß Art. 186 mit „mehr oder weniger starken Bündeln von Birkenreiß auf den bloßen Rücken geschehen".

Es war außerdem möglich, den Verbrecher kraft rechtlicher Erkenntnis oder landesherrlichen Befehls an einen bestimmten Ort zu verweisen, ihn unter polizeiliche Aufsicht zu stellen, vom Hoflager zu entfernen, des Landes zu verweisen oder ihm ein erlaubtes Gewerbe zu untersagen, wobei die nähere Ausgestaltung dieser Strafen durch die Art. 215–229 erfolgte.

Die Ehrenstrafen umfassten die Anrüchigkeit[77], die Ausstellung an den Schandpfahl oder Pranger, die Entsetzung von Ehrenstellen und Ämtern und die Degradation, den „solennen“[78], öffentlichen Widerruf einer absichtlichen Verleumdung und die Versagung des Begräbnisses. Einerseits waren sie als Folge[79] einer Lebens-, Leibes- oder Freiheitsstrafe vorgesehen, andererseits konnte der Richter auch unter bestimmten Voraussetzungen zusätzlich[80] hierauf erkennen, wobei die entsprechende Anwendung vom Entwurf genau vorgegeben war.

Unter den beschämenden Strafen befanden sich der Strafpfahl, die Amtssuspension und der Verweis, der entweder „solenn“ oder „nicht solenn“[81] ausgesprochen werden sollte.

Schließlich enthielt der Entwurf ausführliche Regelungen in den Art. 254 ff. zur Vermögensstrafe. So konnte unter bestimmten Voraussetzungen das komplette Vermögen an den Staat fallen bzw. von ihm ganz oder nur teilweise konfisziert werden. Ferner zählten die Geldstrafen zu den Vermögensstrafen.

Auch wenn das Strafensystem eine allgemeine Milderung gegenüber den alten Strafen und dem Pr. ALR bedeutete[82] sowie eine verbesserte Abstufung der Strafen kannte, konnte es, da es sich nicht von den in der Aufklärung bekämpften Leibes- und Ehrenstrafen trennte, nicht erfolgreich sein. Da *Erhard* von der allgemeinen Abschreckung als Zweck der Strafe aus-

---

77 Dem Bürger wurde das Vertrauen in seine Sittlichkeit, Rechtlichkeit und Wahrhaftigkeit entzogen, was wiederum mit dem Verlust von Ämtern, Würden, der Glaubwürdigkeit und anderen Auszeichnungen verbunden war; Art. 230 ff. des Entwurfs.

78 Bedeutungen von solenn u.a.: andächtig, erhaben, ernst, feierlich, würdevoll, zeremoniell.

79 Art. 236 und Art. 246 des Entwurfs.

80 Z.B. Art. 240 des Entwurfs.

81 Art. 251 ff. des Entwurfs.

82 Das Pr. ALR erkannte beispielsweise das Beil auf einfachen Totschlag, hingegen ordnete *Erhards* Entwurf lebenslängliches Zuchthaus an. Vgl. auch *Krüger*, Christian Daniel Erhard, S. 95.

ging, diese jedoch nicht in der Strafdrohung, sondern im Vollzug der Strafe sah, mussten die Leibes- und Ehrenstrafen mit ihren vielfältigen Abstufungen in der Intensität als zweckmäßigere Abschreckungsmittel als die bloß nach ihrer Dauer gestufte Freiheitsstrafe gesehen werden[83].

b) Lebensstrafen, insbesondere die Todesstrafe

Die Lebensstrafe erging entweder durch den natürlichen Tod des Verbrechers oder durch „Beraubung des Lebens in der menschlichen Gesellschaft"[84].

Letzteres galt bei lebenslanger Freiheitsstrafe, die erstens ohne Entehrung im Kerker oder durch Aufbewahrung auf dem Königssteine[85] oder zweitens im Zucht- bzw. Arbeitshaus oder dem Festungsbau vollzogen wurde, und dem bürgerlichen Tod. Dieser galt aber nicht als eigenständige Strafe, sondern war stets mit der entehrenden Todesstrafe oder der lebenslänglichen Entziehung der Freiheit verbunden.

Die Vollstreckung der Todesstrafe war in Art. 164 geregelt und sollte durch Enthauptung vollzogen werden.

Weiter standen dem Richter verschiedene Schärfungsmittel zur Verfügung. Diese konnten einmal im Schleifen zur „Feimstätte"[86] oder in verschiedenen entehrenden Maßnahmen vor und nach dem Tode bestehen. So durfte der Verbrecher vor der Hinrichtung an den Schandpfahl gestellt oder mittels Stäupung entehrt werden. Es war zudem möglich, den Adelstitel und akademische Würden des Verbrechers öffentlich zu vertilgen, indem entweder das Wappen und der Degen zerbrochen oder die Diplome vom Henker zerrissen wurden. Entehrende Mittel[87] nach dem Tod durften jedoch nur beim Hochverrat angewandt werden.

Sollte die Todesstrafe nicht unter Hinzunahme entehrender Methoden vollzogen werden, wurde der Leichnam des Hingerichteten der Familie oder Freunden nach Art. 167 zur Beerdigung übergeben. Diese durfte jedoch

---

83 *Krüger*, Christian Daniel Erhard, S. 99.

84 *Friederici*, Entwurf, S. 39.

85 9,5 ha große Bergfestung in der Sächsischen Schweiz mit mehr als 30 Bauwerken aus sieben Jahrhunderten. Bis 1922 war der Königsstein das gefürchtetste Staatsgefängnis Sachsens. http://www.festung-koenigstein.de/museum/de/geschichte/index.php?navid=22.

86 Hierunter wurde das Schleifen zum Richtplatz verstanden.

87 Anschlagung des Namens an eine Schandsäule, Entehrung des Namens und Aufhebung des Familiennamens.

nicht unter Feierlichkeiten abgehalten werden. War die Enthauptung hingegen mittels entehrender Maßnahmen vollstreckt worden oder trat nachträglich eine Entehrung ein, so ordnete Art. 246 ein anderes Verfahren an. Der Leichnam musste an eine anatomische Anstalt oder ähnliche Einrichtung zur Sektion abgeliefert werden. Bestand auch hierzu weder Zeit noch Gelegenheit, so musste derselbe außerhalb des Friedhofs an einem besonderen Ort vergraben werden.

c) Straf(rahmen)bestimmung

In Ergänzung der Forderung nach einem ausgewogenen Strafensystem und der damit in Verbindung stehenden Einschränkung des richterlichen Ermessens hatte *Erhard* in seinem Entwurf oftmals absolute[88] Strafen bestimmt. Um den jeweiligen Besonderheiten des einzelnen Falles gerecht zu werden, hatte er die unterschiedlichsten Begehungs-(Unterlassungs-) tatbestände bei den besonderen Delikten aufgeführt und, zusätzlich zu den im Allgemeinen Teil genannten, besondere Verschärfungs- und Milderungsgründe[89] festgesetzt.

Gleichwohl enthielt der Entwurf im Besonderen Teil auch relative[90] und seltener alternative[91] Strafen, da *Erhard* der Ansicht war, dass die Strafe nach dem Sinn des Gesetzes ausgelegt und bestimmt werden müsse[92]. Er hob hervor, dass die Gesetze selbst dem richterlichen Ermessen notwendigerweise einen Spielraum gewährten, dessen Grenzen unter dem Aspekt des Schutzes für die Bürger zu ziehen seien.

---

88 Vgl. z.B. Art. 645 ff., Art. 678 ff. (Verbrechen wider die Rechte der Privatpersonen). *Friederici*, Entwurf, S. 156 ff. So fiel beispielsweise auf die einfache Tötung lebenslängliche Freiheitsstrafe.

89 Vgl. zum Totschlag, Art. 680 ff. besondere Verschärfungs- und Milderungsfälle. *Friederici*, Entwurf, S. 268 ff.

90 Vgl. Ehebruch Art. 1875 ff., *Friederici*, Entwurf, S. 429.

91 Bestimmungen zu der Anwendung der alternativen Strafen enthielt sein Entwurf im Allgemeinen Teil in den Art. 288–293. Diese legten das Verhältnis der einzelnen Strafübel zueinander fest. Möglich war die Wahl zwischen mehreren Strafen, jedoch nur für bestimmte Freiheitsstrafen, beispielsweise Kriminal- oder Polizeigefängnis, Geldstrafen und einige Arbeitsstrafen, u.a. öffentliche Arbeit und Polizeihandarbeit.

92 *Krüger*, Christian Daniel Erhard, S. 98.

C) Der Entwurf Stübels

I. Zu Christoph Carl Stübel

Christoph Carl Stübel[93] wurde am 3. August 1764 in Pausitz als Sohn eines Pastors geboren. Einen Teil seiner Schulzeit verbrachte er auf einem Gymnasium in Torgau und studierte von 1785 bis 1788 Rechtswissenschaften an der Universität Wittenberg. 1789 habilitierte er sich dort zum Privatdozent und erlangte 1791 den Doktortitel. Nachdem er 1795 zum ordentlichen Professor berufen worden war, arbeitete er in Wittenberg bis zur Zusammenlegung dieser Hochschule mit der Universität Halle und ging 1815 an die Universität Leipzig. Seine Fächer waren u.a. sächsisches und deutsches Kriminalrecht. Weiter war er Beisitzer am Schöppenstuhl und beim Hofgericht und erhielt 1810, nachdem er die Rufe mehrerer Hochschulen abgelehnt hatte, den Titel des wirklichen Hofrates. 1815 beauftragte ihn der regierende König *Friedrich August I.*, den drei Prinzen *Friedrich*, *Clemens* und *Johann* juristische Kenntnisse zu vermitteln. Im gleichen Jahr wurde er in die Kommission zur Ausarbeitung des Entwurfs eines Criminalgesetzbuchs berufen. Seit 1819 arbeitete er hieran allein weiter, nachdem er durch Ministererlass von seinen Dienstgeschäften befreit worden war. Er verstarb am 5. Oktober 1828 in Dresden über der Revision seines Entwurfs, den er nach den Wünschen der Stände umzuarbeiten versuchte. Mit seinem Werk „System des allgemeinen Peinlichen Rechts mit Anwendung auf die in Chursachsen geltenden Gesezze“ veröffentlichte er 1795 als 31jähriger zum ersten Mal ein in sich geschlossenes System des Strafrechts, das auf einer einzigen Straffunktion, dem Gedanken der Spezialprävention, gegründet war[94].

II. Der Entwurf

Stübels Entwurf von 1824 war weniger umfangreich als die von *Tittmann* und *Erhard*, bestand doch das komplette Gesetz nur noch aus 932 Paragraphen, wovon 289 den Allgemeinen Teil betrafen. Der *Feuerbach'sche* Einfluss war unverkennbar,

> „insofern als die Begriffe der einzelnen Verbrechen scharf umrissen und deutlich sind, die Einteilung des Stoffes klar und übersichtlich und die Sprache einfach und klar“[95]

waren.

Gleichwohl war auch er in seinen Formulierungen sehr ausführlich[96], die eine kasuistische Aufzählung zahlreicher Qualifikationen des verbrecheri-

93 Vgl. hierzu, *Eisenhardt,* in: ADB Bd. 36, S. 704.

94 *Ahrendts*, Christoph Carl Stübels Straftheorie, S. 2.

95 *Ahrendts*, Christoph Carl Stübels Straftheorie, S. 65.

96 Vgl. nur die Bestimmungen über die Teilnahme, §§ 35–54. *Stübel*, Entwurf, S. 12–18.

schen Delikts enthielt und versuchte so, möglichst umfassend zu sein. Der Entwurf ist *Stübels* eigenstes Werk, da er aufgrund der von ihm angestrebten systematischen Geschlossenheit die Vorentwürfe *Tittmanns* und *Erhards* nicht benutzt hatte, sondern bestrebt gewesen war, einen neuen, selbstständigen Entwurf zu schaffen[97]. Dieser weist ihn indessen ebenfalls als Anhänger des Naturrechts aus, das Ausgangspunkt seiner Lehre war.

> „Das Strafrecht ist ihm 'ein Teil der Prävention und beruht mit ihr aus denselben Gründen', d.h. auf jedem dem Staate naturrechtlich gebührenden Schutzrecht, aus dem das Präventionsrecht hergeleitet wird."[98]

Auch wenn sich *Stübel* später von der Spezialprävention als einzigem Strafzweck entfernte und sich *Feuerbachs* generalpräventive Strafauffassung zu eigen machte, kamen Zweifel in ihm hoch, ob nicht doch ein Recht zur Prävention bestehen müsse. So lassen sich in *Stübels* Entwurf auch Spuren einer spezialpräventionstheoretischen Auffassung finden. Er ist deswegen auch weniger Ausdruck einer bestimmten Theorie. *Stübel* versuchte vielmehr, gerade, weil er in seiner Ausrichtung nicht einseitig sein wollte, den Anforderungen der Praxis zu genügen. Aufgrund dessen kam sein Entwurf jedoch als Grundlage für das Criminalgesetzbuch von 1838 nicht in Frage. Zwar hatte man sich bemüht, einen einseitig-doktrinären Standpunkt zu vermeiden, jedoch wurde der Spezial- neben der Generalprävention und der Idee der Tatvergeltung, die beide dem rechtsstaatlich-liberalem Denken der Zeit entsprachen, kaum (bis keine) Beachtung geschenkt.

1. Von den Verbrechen und deren Bestrafung im Allgemeinen

Weder in der Einleitung noch in den nachfolgenden Bestimmungen lässt sich eine ähnliche Klassifikation der Straftaten wie bei *Erhard* und *Tittmann* nach der Schwere der Tat oder anderen Kriterien wiederfinden. Vielmehr hatte *Stübel* die Worte „Verbrechen" und „Vergehen" als gleichbedeutende Ausdrücke gebraucht. Weder die Etymologie noch der Sprachgebrauch sprächen dagegen[99]. Letztlich bedeute das Wort „Verbrechen" jede Übertretung eines Strafgesetzes. Gleiches gelte für das Wort „Vergehen". „Das Wort: Verbrechen kommt her von dem Worte: brechen oder

97 *Ahrendts*, Christoph Carl Stübels Straftheorie, S. 65.

98 *Schmidt*, Strafrechtspflege, S. 226.

99 *Stübel*, Bemerkungen, S. 17.

verletzen. [...] Sich vergehen, heißt ursprünglich vom rechten Wege abgehen, sich verirren“[100].

Jedoch hatte *Stübel* die Verfolgung einer Tat auf Antrag des Verletzten oder seines bevollmächtigten Vertreters vorgesehen. Entsprechende Regelungen fanden sich im Besonderen Teil bei einzelnen Delikten, wie beispielsweise bei der Notzucht nach §§ 507 ff. in den §§ 516, 517 des Entwurfs oder bei der ehelichen Untreue gemäß den §§ 632 ff. in den §§ 648 ff. des Entwurfs, die das jeweilige Verfahren regelten. Der Allgemeine Teil enthielt in den §§ 287–289 lediglich Bestimmungen, die sich mit der Zurücknahme einer bereits erbrachten Anzeige beschäftigten.

Weiter hatte er im Anhang schwere Polizeiverbrechen aufgenommen.

2. Von den Strafarten

a) Zu den einzelnen Strafen

*Stübel*s Entwurf enthielt sieben selbständige Strafen: Todesstrafe, Zuchthausstrafe, Gefängnisstrafe, körperliche Züchtigung, Handarbeitsstrafe und den gerichtlichen Verweis[101]. Andere Strafmittel oder Schärfungen als die im Entwurf genannten waren nicht zulässig[102].

Die Zuchthausstrafe war in zwei Klassen eingeteilt, die sich insbesondere dadurch unterschieden, dass den männlichen Sträflingen der ersten Klasse Beineisen und den weiblichen hölzerne Klötze angelegt werden sollten. Bei den Verbrechern, die der zweiten Klasse angehörten, ordnete § 71 diese Maßnahme bei Fluchtversuchen und nur zeitlich begrenzt an. Die Zuchthausstrafe beider Klassen zog nach § 79 als Folge u.a. den Verlust des Adelsstandes mit sich. Weiter konnte diese durch die vorübergehende Ausstellung an den Pranger und durch körperliche Züchtigung geschärft werden. Die Ehrenstrafen waren allerdings nur hier als Schärfung vorgeschlagen worden. Insgesamt hatte *Stübel* die Zuchthausstrafe, sei es als zeitliche oder auch lebenslängliche, nicht allzu oft angewandt, da die Sträflinge ihrer Freiheit auf die ganze Strafzeit beraubt wurden, und die Strafart wegen ihrer harten bzw. wenigstens ungewohnten Arbeit zu den Leibesstrafen zählte und zuletzt mit Schande verbunden war. „Uebrigens

---

100 *Stübel*, Bemerkungen, S. 17 f.

101 S. §§ 63–150 des Entwurfs. *Stübel*, Entwurf, S. 21–40.

102 Vgl. § 63 f. des Entwurfs. *Stübel*, Entwurf, S. 21.

verliert diese Strafe, wenn man sie auch wegen geringer [...] Verbrechen anwendet, das Entehrende und Abschreckende“[103].

Die Gefängnisstrafe sollte, lag die Dauer bei oder unter drei Monaten, in Gerichts-, ansonsten in Landesgefängnissen verbüßt werden und stellte nach dem Entwurf die gewöhnliche Strafart dar. Sie konnte nach § 99 durch die Versagung warmer Speisen oder die Beschränkung auf Wasser und Brot geschärft werden. Dies durfte jedoch nie über ein halbes Jahr andauern und länger als drei Tage unausgesetzt sein. Des weiteren sollten die Gefängnissträflinge, ebenso wie Zuchthausinsassen, nach § 95 zu einer ihren Fähigkeiten und Kräften angemessenen Arbeit angehalten werden.

Die körperliche Züchtigung konnte eigenständig als subsidiäre Strafe anstelle von Gefängnis zwischen 14 Tagen und acht Wochen bestimmt werden und sollte als Möglichkeit besonders bei Vagabunden, Bettlern und Wiederholungstätern in Betracht gezogen werden. Sie war nach § 112 insbesondere dann zulässig, wenn der Richter überzeugt war, dass die auf ein solches Verbrechen verwirkte Gefängnisstrafe, den zur Abschreckung erforderlichen Eindruck auf den Verbrecher nicht machen würde. Daran wird deutlich, dass die Strafvollziehung vor allem auf den verurteilten Täter einen abschreckenden Eindruck machen und erst in zweiter Linie als Mittel zur Aufrechterhaltung des psychologischen Zwanges dienen sollte[104]. *Stübel* wollte demnach weiterhin durch die Strafvollstreckung auf den Verbrecher einwirken.

Geldstrafe konnte nach § 141 anstelle von Gefängnisstrafe festgesetzt werden, solange letztere unter drei Monaten lag. Die Wahl stand hierbei dem Richter zu, dem die Vollziehung der Strafe oblag, und sollte sich an Zweckmäßigkeitsgesichtpunkten orientieren. Davon zu unterscheiden waren die Fälle, in denen der Entwurf bei einzelnen Delikten bereits alternativ eine Geldstrafe vorgesehen hatte. Hier sollte der Richter nach § 147 regelmäßig auf verhältnismäßige Geldstrafe erkennen, solange der Täter nicht dem Bauern- oder gemeinen Bürgerstand angehörte.

---

103 *Stübel*, Bemerkungen, S. 28.

104 *Ahrendts*, Christoph Carl Stübels Straftheorie, S. 66. Vgl. auch §§ 243, 280 Nr. 3 des Entwurfs.

b) Zur Todesstrafe

Die Todesstrafe wurde durch Enthauptung mit dem Fallbeil vollzogen. Schärfungen derselben waren nicht zulässig. Dies entsprach ganz den zu Beginn des 19. Jahrhunderts vorherrschenden Vorstellungen, nach denen die Todesstrafe möglichst rasch und human vollzogen werden sollte. Man erwarte sich vom Beil größere Treffsicherheit, da seine Handhabung weniger Geschick und Kraft erforderten als das Schwert[105]. Schließlich erregten Missgriffe und Fehler bei der Exekution, Skandale und die Aufmerksamkeit des Volkes.

Weiter besagte § 66 des Entwurfs, dass mit dem Körper des Hingerichteten ebenso verfahren werden sollte wie mit einem vor der Enthauptung verstorbenen Verbrecher[106]. Unter bestimmten Voraussetzungen konnte der Leichnam an anatomische Anstalten bzw. medizinische Behörden abgeliefert werden oder, falls dies nicht möglich war, von einer ausgewählten Person an einem abgesonderten und vom gewöhnlichen Totenacker entfernten Ort begraben werden.

Als Strafmittel war die Todesstrafe u.a. für Hochverrat gemäß §§ 290, 291[107], für tätliche Majestätsverbrechen nach §§ 296, 298, für Mord gemäß §§ 421 ff., 428 und für Brandstiftung mit Todesfolge nach § 801 vorgesehen. Dabei hatte *Stübel* allerdings darauf geachtet, dass diese nur angedroht werden sollte,

> „wenn sich der Staat bey der bloßen Wahrscheinlichkeit der Abschreckung, welche Freyheits- und andere Strafen, als ein psychologischer Zwang begründen, und bey der bloßen wahrscheinlichen Sicherheit nicht beruhigen kann."[108]

c) Straf(rahmen)bestimmung

Die Zuchthausstrafe konnte zum einen als lebenslängliche ausgesprochen werden, zum anderen eine zeitliche sein. War sie als zeitliche Strafe festgesetzt, so durften beide Klassen der Zuchthausstrafe nicht unter einem Jahr und nicht über 15 Jahren liegen. Für Gefängnisstrafe sah *Stübel* lediglich

105 *Evans*, Rituale, S. 275.

106 Geregelt in den §§ 282–285 des Entwurfs.

107 Im Besonderen Teil definierte *Stübel* oftmals zunächst die entsprechende Handlung des jeweiligen Delikts und gab sodann in den folgenden Paragraphen die Strafen vor.

108 *Stübel*, Bemerkungen, S. 27.

ein Maximum von fünf Jahren vor. Die Handarbeitsstrafe sollte nicht über vier Wochen auferlegt werden.

Die Höhe der Strafen im Besonderen Teil sollte dabei von der wahrscheinlichen Erreichbarkeit des wesentlichen Zwecks oder Hauptzwecks derselben abhängen. Dieser bestand nach *Stübel* in der Abschreckung aller Bürger, der Abschreckung des einzelnen Täters vor Wiederholung und schließlich in der Sicherheit vor Rechtsverletzungen. Insgesamt sollte eine Strafe daher nicht größer und nicht kleiner sein, als es die Abschreckung von Verbrechen erforderte.

Stübe's Strafensystem war bei den einzelnen Delikten meist von relativen Strafbestimmungen geprägt. So war er der Meinung, dass die Justiz gefährdet war, wenn der Richter Gesetze auf Fälle anwenden sollte, auf die sie nicht passten, als durch eine zu große richterliche Willkür. Deswegen war dem Richter entweder ein rein zeitlicher Rahmen vorgegeben, etwa bei der Strafe für andere schwere Verletzungen nach § 451[109], oder ein zeitlicher Rahmen *mit* verschiedenen Strafmitteln, wie beispielsweise bei einer minder schweren Tötung nach § 430[110]. Gleichwohl richtete *Stübel* sich nach den politischen Forderungen seiner Zeit, indem der Richter nur strafen durfte, wenn die begangene Handlung vor ihrer Begehung mit Strafe bedroht war und *Stübel* die richterliche Willkür trotz der relativen Strafandrohungen durch verhältnismäßig enge Strafrahmen einzugrenzen versuchte[111].

3. Zurechnung der Verbrechen und Milderungsgründe

a) Allgemeine Bestimmungen

Kindern unter zwölf Jahren sollten tatbestandserfüllende Handlungen oder Unterlassungen[112] nicht zugerechnet werden. Jedoch sollte nach § 154 die Straflosigkeit wegen mangelnder Zurechnungsfähigkeit nicht solche Maßnahmen ausschließen, durch die die Zurechnungsunfähigen außer Stande gesetzt werden können, neue Verbrechen zu begehen. Dies veranschaulicht

---

109 „Wegen anderer schwerer Verwundungen, [...] soll auf 6 Monate bis 3 Jahre Gefängnis erkannt werden.“ *Stübel*, Entwurf, S. 133.

110 „Eine aus Uebereilung in einem heftigen Zorn verübte Tödtung ist mit Gefängnis von 2 Jahren bis zu Zuchthausarbeit von 10 Jahren zu bestrafen.“ *Stübel*, Entwurf, S. 126.

111 §§ 14 und 290 ff. des Entwurfs.

112 § 153 i.V.m. § 23 des Entwurfs. *Stübel*, Entwurf, S. 8, 41.

die doppelte Ausrichtung *Stübels*, nach dem das Präventionsrecht ergänzend neben das staatliche Strafrecht trat, wenn dieser der Sicherung vor dem Verbrecher bedurfte.

Zudem sah § 155 in jedem Falle die Zurechtweisung des Kindes und nach Befinden des Gerichts auch eine Züchtigung durch die Eltern oder der Personen vor, denen ihre Erziehung anvertraut war.

In § 241 waren weitere Milderungsgründe enthalten. Nach Nr. 3 konnte die Strafe gemildert werden, wenn der Täter durch „das Bestreben, die nachteiligen Folgen der Handlung abzuwenden, oder solche wider gut zu machen, ernstliche Reue zu erkennen gegeben hat“[113]. Jedoch durfte die bewiesene Reue, wenn sie nicht den Ausgleich der entstehenden Folgen bewirken konnte, gemäß § 242 nur dann berücksichtigt werden, wenn der Verbrecher dadurch den Erfolg abgewandt hatte.

b) Ersatz

Im Besonderen Teil im siebten Kapitel behandelte *Stübel* die „Verbrechen wider das Eigenthum und andere Rechte auf Sachen“. Hierzu zählten u.a. die verschiedenen Formen des Diebstahls und Betrugs.

In den §§ 794 und 795 hatte er den speziellen Milderungsgrund des Ersatzes geregelt, der zudem auf § 241 Nr. 3 verwies. So sollte die Strafe nach § 794 bis auf ein Drittel gemildert werden können, wenn der Verbrecher dem Opfer die Sache ganz oder größtenteils ersetzte oder dies durch einen Dritten veranlasste. Eine entsprechende Milderungsmöglichkeit für mehrere sah § 795 vor.

4. Versuch

Zunächst hatte *Stübel* den Versuch in § 25 definiert, der mit dem Beginn der Handlung vorlag. In dieser Ziffer, wie auch in § 175, der bestimmte, dass der Versuch stets strafbarer war als die bloß vorbereitende Handlung, unterschied *Stübel* nicht zwischen einzelnen Verbrechen, sondern setzte für alle die gleichen Regeln fest. Weiter sollte bei tatbestandlichen Handlungen, die ohne Erfolg geblieben waren, unter bestimmten Voraussetzungen auf zwei Drittel der vorgesehenen Strafe erkannt werden[114]. Teilweise

113 *Stübel*, Entwurf, S. 68.

114 § 177 des Entwurfs.

knüpfte *Stübel* hierbei zwar an den verbrecherischen Willen an, von dem der Täter Abstand genommen hatte, überwiegend handelte es sich jedoch um außerhalb des Täterwillens liegende Umstände. Hieran zeigt sich, dass *Stübel* nicht mehr nur spezialpräventiv ausgerichtet war, denn bei der Präventionstheorie sollte durch die Verbüßung der Strafe der geäußerte gesetzwidrige Wille abgeändert und von der Wiederholung des begangenen Verbrechens abgelenkt werden. Der Grund der Bestrafung sollte in der Äußerung eines gesetzwidrigen Willens liegen[115]. Ob der beabsichtigte Erfolg nun aber eingetreten war oder nicht, konnte hinsichtlich des Gefährlichkeitsgrads des geäußerten Täterwillens keinen Unterschied machen; beide Male musste eine gleich starke gefährliche Gesinnung angenommen werden.

Schließlich sah *Stübel* in § 183 für vorbereitete und bereits begonnene[116] Handlungen Straflosigkeit vor, wenn der Täter infolge von Reue, hervorgerufen durch Abscheu vor der Tat oder auch durch Furcht vor Strafe, von dem Beginn oder der Vollendung derselben Abstand nahm.

---

115 *Ahrendts*, Christoph Carl Stübels Straftheorie, S. 60. Ebenso zum folgenden.

116 Den „eigentlichen“ Versuch i.S.d. §§ 25 und 175. Vgl. *Stübel*, Entwurf, S. 9, 48.

Viertes Kapitel: Gesetzgebungsarbeiten ab 1831

Während der Zeit des Vormärzes hatten sich unter der Oberfläche des idyllisch-biedermeierlichen Lebens grundlegende Veränderungen angebahnt, die dazu führten, dass die bürgerlichen Eliten immer mehr auf Beteiligung an der politischen Macht drängten. Schließlich brachen auch in Sachsen Unruhen aus, nachdem die von Frankreich ausgehende Julirevolution im Jahre 1830 bereits in den verschiedensten Staaten und Ländern zu Ausschreitungen geführt hatte.

Der in Sachsen erwachte Aufstand richtete sich zunächst gegen die Stadträte von Dresden und Leipzig und betraf nachrangig nur eine Verfassungsänderung. Nachdem dieser sich 1831 in radikalerer Form wiederholt hatte, machte die Regierung politische Zugeständnisse, mit denen die Forderungen des liberalen Bürgertums jedoch nur teilweise aufgegriffen wurden. Am 4. September 1831 trat schließlich eine Änderung der Staatsverfassung durch die Verfassungsurkunde ein. Das Königreich Sachsen war von nun an eine konstitutionelle Monarchie, bürgerliche Freiheiten waren erstmals verfassungsrechtlich garantiert, und Wahlen zum Landtag sollten stattfinden.

Auf dem ersten sächsischen Landtag am 27. Januar 1833 sprach man sich wiederholt für die Fassung eines Criminalgesetzbuchs aus, denn „[z]ur Sicherheit des Rechts [...] [bedurfte] das Vaterland umfassendere[r] Gesetzbücher sowohl über das Civil- als Criminal-Recht“[1] und so sollte „die Vorlegung des Entwurfs zu einem Criminalgesetzbuch bis zum nächsten Landtage zu ermöglichen seyn“[2]. Zugleich wurde, um das Vorhaben zu beschleunigen, beschlossen, dass jede Kammer eine Deputation zur Vorberatung und Begutachtung des künftigen Entwurfs wählen sollte, die dann in der jeweiligen Kammer über diesen und ihrerseits gemachte Vorschläge referieren sollte. Mit der Ausarbeitung des neuen „Entwurfes eines Criminalgesetzbuchs“, diesmal ohne Prozessrecht, wurde der Geheime Justizrat *Dr. Groß* beauftragt. Dieser Entwurf sollte der erste sein, der „die schwierigen Stadien einer durch das Zweikammersystem getheilten Berathung“[3] durchschritt.

1 Sächsische Landtags-Acten 1833/34, Abt. 1, Bd. 1, S. 8.

2 *Groß*, Entwurf, Criminalgesetzbuch, S. 6.

3 *v. Holtzendorff*, Handbuch, S. 106.

A) Der Entwurf von Johann Carl Groß

Seit den Arbeiten zu den o.g. Entwürfen hatten sich immer mehr deutsche Länder mit der Kodifikation des Kriminalrechts befasst, weshalb *Groß*[4] einige dieser Entwürfe für die Ausarbeitung seines Entwurfs benutzen konnte. So zog er für seine Arbeiten die bayrischen Entwürfe von 1827 und 1831, die hannöverschen von 1826 und 1831, den württembergischen Entwurf von 1831 und, soweit es noch möglich war, auch den von 1835 heran[5]. Dieser Einfluss machte sich bereits im Umfang von *Groß*' Entwurf bemerkbar, der statt einer Vielzahl von Artikeln nur noch aus insgesamt 300 bestand, wovon sich 78 auf den Allgemeinen Teil bezogen. Im ganzen war *Groß* bestrebt gewesen, „nur solche Vorschriften, welche eine practische Anwendung gestatten, aufzustellen, und nicht Rechtssätze aufzunehmen, welche lediglich der Theorie angehören“[6]. Auch gab er keiner der damals bestehenden Straftheorien in seinem Entwurf den Vorzug, da er der Meinung war, dass dem Gesetzgeber lediglich die Aufgabe zufallen sollte, „aus jeder [dieser] [...] Theorien das Richtige und practisch Anwendbare in ihren einzelnen Bestimmungen“[7] zu gebrauchen.

I. Einteilung der strafbaren Handlungen

Groß' Entwurf enthielt keine Unterscheidung der Delikte in Verbrechen und Vergehen, die seit einiger Zeit Einzug in mehrere Gesetzbücher und Entwürfe gehalten hatte. In Nr. IV des Zweiten Teils der Motive zu seinem Entwurf äußerte sich *Groß* hierzu. Er begründete seine ablehnende Haltung zum einen mit der bisherigen sächsischen Gesetzgebung, die eine solche Einteilung nicht anerkannt hatte, und zum anderen damit, dass weder ein konkreter Einteilungs*grund* noch ein inneres Merkmal zur Differenzierung vorgewiesen werden könnte. Eine Abstufung nach den Strafen, wie es in den meisten Entwürfen und Gesetzbüchern gehandhabt worden war, lehnte er gleichfalls ab, „da nothwendigerweise viele Rechtsverletzungen nach

---

4 *Johann Carl Groß* wurde 1778 geboren und starb 1866. Er war u.a. Bürgermeister, Geheimer Justizrat und seit dem Tod *Carl August Tittmanns* 1834 Bearbeiter des sächsischen Criminalgesetzbuches. Im Jahre 1835 veröffentlichte er seinen umfassenden Entwurf für ein sächsisches Criminalgesetzbuch. Vgl., *Rieckenberg, Hans Jürgen*, in: NDB Bd. 12, S. 364 in dem Artikel Könneritz, Julius Traugott von.

5 *v. Wächter*, Sächsisches und thüringisches Strafrecht, S. 8.

6 *Groß*, Entwurf, Criminalgesetzbuch, S. 84.

7 *Groß*, Entwurf, Criminalgesetzbuch, S. 83.

ihren verschiedenen Graden sowohl mit schwerern als leichtern Strafübeln bedroht werden"[8] mussten und *Groß* sich in seinem Entwurf für die Aufnahme eines alternativen Strafensystems entschieden hatte, welches hiermit (zumindest teilweise) zwangsläufig kollidieren musste. Beispielsweise verstand man in Bayerns Entwurf von 1831 unter Verbrechen nach Art. 2 solche, die mit Todesstrafe, Zuchthaus, Arbeitshaus usw. bestraft wurden[9]. Hingegen fielen unter Vergehen diejenigen Handlungen, die nach Art. 3 mit Gefängnis usw. geahndet wurden[10]. *Groß* hatte jedoch als Alternative[11] zum Arbeitshaus oftmals die Gefängnisstrafe vorgesehen, was sich, ebenso wie die anderen Strafen zu den einzelnen Delikten, mit der o.g. Einteilung überschnitten hätte.

II. Die Strafen und deren Vollziehung

1. Das Strafensystem allgemein

Das zweite Kapitel widmete *Groß* dem Strafensystem. So enthielt sein Entwurf sieben Strafübel: die Todes- und Zuchthausstrafe, eingeteilt in zwei Grade, die Arbeitshaus- und Gefängnisstrafe, Handarbeit, Geldstrafe und den Verweis.

Nicht ausdrücklich geregelt, aber u.a. in Art. 27 seines Entwurfs erwähnt, hatte er die Möglichkeit, einen Verbrecher unter polizeiliche Aufsicht zu stellen.

Die nach seiner Ansicht bei einigen Verbrechen durchaus zweckmäßige Strafe der Deportation hatte *Groß*, wie er in den Motiven zum zweiten Kapitel des Allgemeinen Teils ausführte, nicht mit aufgenommen, da „von mehreren auswärtigen Regierungen die Anträge zu der Uebernahme solcher Verbrecher auf das Bestimmteste abgelehnt worden sind"[12]. Eine spätere Regelung wollte er jedoch bei einer sich bietenden Gelegenheit nicht ausschließen.

Ein großer Nachteil der bisherigen sächsischen Praxis offenbarte sich nach *Groß* in der Festsetzung der Freiheitsstrafen[13]. Eine Graduation war bisher in nahezu allen Fällen aufgehoben, da jede Gefängnisstrafe über acht Wochen im Zuchthaus verbüßt wurde und deswegen sowohl bei der Behandlung der Verbrecher während ihrer Strafzeit als auch in der öffentlichen

---

8 *Groß*, Entwurf, Criminalgesetzbuch, S. 95.

9 *Schubert / Regge / Schmid / Schröder*, Straf-Gesetzbuch, S. 6.

10 *Schubert / Regge / Schmid / Schröder*, Straf-Gesetzbuch, S. 6.

11 Vgl. u.a. Art. 83, 90, 97. *Groß*, Entwurf, Criminalgesetzbuch, S. 23 ff.

12 *Groß*, Entwurf, Criminalgesetzbuch, S. 85.

13 *Groß*, Entwurf, Criminalgesetzbuch, S. 85.

Meinung eine Abstufung nicht mehr bestand[14]. So hatte *Groß* bei seinem Entwurf darauf geachtet, (wieder) eine deutlichere Rangfolge zwischen den einzelnen Verbrechen durch die Abstufungen in Zuchthaus – Arbeitshaus – Gefängnis vorzunehmen.

Weiter wollte er die Freiheitsstrafen unter den Voraussetzungen der Art. 8 und 12 seines Entwurfs geschärft wissen. Zulässige Varianten bei der Zuchthausstrafe waren neben der körperlichen Züchtigung, die bei einer Zuchthausstrafe ersten Grades[15] ohnehin vorgesehen war, die Entziehung warmer Kost und öffentliche Ausstellung an den Pranger, bei der Arbeitshaus- oder Gefängnisstrafe die körperliche Züchtigung und die Beschränkung der Kost auf Brot und Wasser, wobei diese entweder alternativ oder kumulativ angewandt werden konnten. Die körperliche Züchtigung war jedoch durch Art. 8 des Entwurfs ausdrücklich auf die männlichen Insassen beschränkt.

An die vollzogene Zuchthausstrafe beider Grade war zudem nach Art. 9 des Entwurfs als notwendige Folge der Verlust der bürgerlichen Ehrenrechte, u.a. der des Adels, geknüpft. Dies sollte jedoch nur für den Verbrecher selbst und nicht etwa auch für die Ehefrau oder *vor* der Strafe gezeugte Kinder gelten.

Die in den Motiven enthaltene Begründung besagte, dass auf diese Weise die Zuchthausstrafe im Verhältnis zu den anderen Freiheitsstrafen stärker hervortreten sollte[16]. An das Arbeitshaus hatte *Groß* diese Folgen aus den Gründen, die für dessen Einführung maßgeblich waren, nicht geknüpft.

Aufgrund der als weniger verwerflich angesehenen Eigentumsverbrechen, *Groß* bezeichnete diese in seinen Motiven als „Fehltritte“[17], hatte er das Arbeitshaus als mittleren Grad eingefügt, denn Täter von Eigentumsdelikten, die wegen der Höhe des Schadens[18] die Strafe nicht in einem Gefängnis verbüßen konnten, mussten nach der damaligen Gesetzgebung zu

---

14 *Groß*, Entwurf, Criminalgesetzbuch, S. 85.

15 Für die männlichen Sträflinge war der „Willkomm“ vorgesehen, soweit es ihre körperliche Beschaffenheit zuließ. Ansonsten sollte, ebenso wie bei den Frauen, die warme Kost teilweise entzogen werden, vgl. Art. 7 des Entwurfs. *Groß*, Entwurf, Criminalgesetzbuch, S. 4.

16 *Groß*, Entwurf, Criminalgesetzbuch, S. 87.

17 *Groß*, Entwurf, Criminalgesetzbuch, S. 87.

18 In den bisherigen Gesetzen und in *Groß'* Entwurf war die Strafe bei Eigentumsverbrechen nach dem Betrag festzusetzen. Vgl. z.B. Art. 48 f. und Art. 214 ff. seines Entwurfs.

Zuchthausstrafe verurteilt werden. Dies konnte jedoch einerseits die bürgerliche Existenz der Täter vernichten oder sie andererseits aufgrund der Gemeinschaft „mit den größten und verdorbensten Verbrechern [...] auf eine Stufe der Immoralität [herabsinken lassen], von welcher sie nur in seltenen Fällen sich wieder erheben konnten“[19].

2. Zur Todesstrafe

Art. 6 des Entwurfs *Groß'* behandelte die Todesstrafe. Sie sollte durch Enthauptung vollzogen werden und war somit in Art und Weise der Vollstreckung humaner als die bisherigen gesetzlich bestimmten Modalitäten. Da *Groß* sich in seinen Bemerkungen zum Entwurf nicht dazu äußerte, warum er sich zur Beibehaltung der Todesstrafe entschlossen hatte, enthielten seine Ausführungen insbesondere keine Auseinandersetzung mit der Frage, ob die Todesstrafe rechtmäßig, notwendig und zweckmäßig sei.

Die Todesstrafe untergliederte sich als Lebensstrafe bis zur Einführung des Criminalgesetzbuches in eine qualifizierte und einfache. So zählten in Sachsen zur Qualifizierten solche, die mit besonderen Martern oder entehrender Behandlung verknüpft waren. In den Gesetzen erwähnt wurden damals noch das „Lebendig-Verbrennen“, worauf auch noch erkannt, aber nicht mehr vollzogen wurde[20], das Rädern und das Flechten auf ein Rad und Schleifen zur Richtstätte. Die einfache Todesstrafe bestand aus der Enthauptung durch das Schwert und dem Strang.

Als Gründe gegen die Aufnahme anderer Arten der Todesstrafe führte *Groß* aus, dass die in früheren Gesetzen angedrohten Todesstrafen „zum Theil grausam [...] und die Menschlichkeit verletzend [...]“[21] gewesen seien und zudem schon seit langer Zeit nicht mehr vollzogen, sondern ohnehin in die genannte Strafart verwandelt würden. Jedoch bemerkte er weiter, dass man seitens der Regierung in Betracht ziehe, die Enthauptung eventuell durch das Fallschwert zu ersetzen.

Eine Schärfung der Todesstrafe, etwa in Form einer Verstümmelung wie nach dem Französischen Strafgesetzbuch, lehnte er ebenfalls ab, da dies weniger zu der gewünschten Abschreckung führen, als den Zweck eher verfehlen würde, bestenfalls eine reine Formalität und zudem dem „Gefühl widerstrebend [...]“ sei[22].

---

19 *Groß*, Entwurf, Criminalgesetzbuch, S. 87.

20 *Volkmann*, Lehrbuch, S. 29, § 35.

21 *Groß*, Entwurf, Criminalgesetzbuch, S. 86.

22 *Groß*, Entwurf, Criminalgesetzbuch, S. 86.

Weiter hatte er in Anlehnung an die von ihm verwandten Entwürfe zu den Gesetzbüchern Bayerns, Hannovers und Württembergs die Todesstrafe auf weniger Delikte als in den älteren Gesetzen beschränkt. So sah sein Entwurf den Tod durch Enthauptung als Strafe für Hochverrat, Art. 79, Mord, Art. 116 f., Raub, Art. 155, erschwerende Umstände der Brandstiftung, Art. 161, und schließlich für qualifizierten Meineid, der zur Todesstrafe für den Unschuldigen geführt hatte, Art. 174 Abs. 2, vor.

Damit hatte Art. 6 des Entwurfs folgende Fassung:

> „Die Todesstrafe wird durch Enthauptung vollzogen; der Körper des Enthaupteten wird an die nächste öffentliche anatomische Anstalt abgeliefert, oder, wenn dies nicht thunlich ist, auf dem Richtplatze oder auf einem andern abgelegenen und von dem gewöhnlichen Todtenacker abgesonderten Orte vergraben."

3. Straf(rahmen)bestimmung

Hinsichtlich der Strafbestimmung der einzelnen Delikte hatte *Groß* allgemein relative Strafen gewählt, die er „an die Stelle der bisher gesetzlichen absoluten gesetzt"[23] hatte. Damit war die „Berücksichtigung der Spezialität des einzelnen Falles der richterlichen Beurtheilung"[24] überlassen.

In Deutschland wie in Frankreich „war [...] die Freiheit des richterlichen Ermessens bis zur völligen Willkür geführt worden"[25]. So gingen die damaligen Bemühungen zunächst dahin, das Ermessen der Richter soweit wie möglich einzuschränken[26], um so dem bisherigen Missbrauch entgegenzuwirken. Jedoch wurde hierdurch die richterliche Freiheit weitestgehend begrenzt und man erkannte bald, dass man mit einer übermäßigen Strenge der gesetzlichen Strafandrohungen nicht allen denkbaren Fällen gerecht werden konnte. Es musste eine Lösung dafür gefunden werden, einerseits „eine in die Funktion der Gesetzgebung übergreifende Freiheit des richterlichen Ermessens zu verhindern, aber auch eine Mechanisierung der richterlichen Aufgaben zu vermeiden"[27]. So entschloss man sich bei den neueren Entwürfen zu Strafgesetzen zur Aufnahme relativer Strafen, da man sich hiervon den

> „unzweifelhaften Vortheil [versprach], daß der erkennende Richter in den Stand gesetzt [war] [...], für das einzelne ihm vorliegende Verbrechen die den dabei concurrirenden eigenthümlichen Verhältnissen angemessenste,

---

23 *Groß*, Entwurf, Criminalgesetzbuch, S. 90.

24 *Groß*, Entwurf, Criminalgesetzbuch, S. 90.

25 *Feneber*, Die mildernden Umstände, S. 12.

26 S. auch *v. Holtzendorff*, Handbuch, S. 89.

27 *Feneber*, Die mildernden Umstände, S. 13.

> mithin in dem einzelnen Falle gerechteste Strafe zu bestimmen, welches bei absoluten Strafen niemals zu erreichen [war].“[28]

Der Richter sollte den Grad der Strafe objektiv nach der verbrecherischen Handlung mit den jeweils in Frage kommenden besonderen Umständen und subjektiv anhand des gesetzwidrigen Willens bestimmen. Speziellere Definitionen, die ihn bei der Zumessung der Strafe leiten sollten, hatte *Groß* hingegen grundsätzlich nicht aufgestellt, da er solche für bedenklich hielt. Er ging davon aus, dass

> „wohl mit Grund zu befürchten [ist], daß die Richter bei der Anwendung solcher spezieller Vorschriften zweifelhaft werden möchten, welchen Einfluß sie der einzelnen Bestimmung an sich, oder im Zusammenhange mit andern, oder im Zusammenhange mit entgegengesetzten zustehen, und ob sie überhaupt noch andre als die angegebenen Gesichtspunkte berücksichtigen soll[t]en [...].“[29]

Um dem konkreten Fall möglichst gerecht werden zu können, hatte sich *Groß* zudem zur Aufnahme des alternativen Strafensystems entschlossen. Dies eröffnete dem Richter bei der Findung der Strafe oftmals die Möglichkeit, zwischen zwei oder mehr Strafübeln zu wählen.

So konnte dieser nach *Groß'* Entwurf vielfach zwischen Gefängnis- und Arbeitshausstrafe oder zwischen Gefängnis- und Geldstrafe wählen[30]. Eine Wahlmöglichkeit zur Zuchthausstrafe zweiten Grades bestand in der Verurteilung zu einer Arbeitshausstrafe[31]. Weiterhin standen Gefängnis- und Geldstrafe[32] bzw. Gefängnis- und Handarbeitsstrafe[33] alternativ zueinander, wobei die Möglichkeit der Umwandlung in eine Geldstrafe grundsätzlich durch höchstens sechs Wochen Gefängnis begrenzt war, u.a. bei Art. 160, 171 und 183 des Entwurfs[34]. *Groß* begründete diese Beschränkung damit, dass „eine höhere Gefängnisstrafe eine gröbere Rechts-

---

28 *Groß*, Entwurf, Criminalgesetzbuch, S. 90.

29 *Groß*, Entwurf, Criminalgesetzbuch, S. 90.

30 Vgl. u.a. Art. 83, 90, 97, 120 und 147 des Entwurfs. *Groß*, Entwurf, Criminalgesetzbuch, S. 23 ff., 30 und 36.

31 Vgl. u.a. Art. 96 und 137 Nr. 3 des Entwurfs. *Groß*, Entwurf, Criminalgesetzbuch, S. 25 und 35.

32 So z.B. in Art. 160, 177, 184 des Entwurfs. *Groß*, Entwurf, Criminalgesetzbuch, S. 40, 43 und 45.

33 Vgl. Art. 13 des Entwurfs. Die Handarbeitsstrafe konnte allerdings nur bei einer Gefängnisstrafe bis zu drei Monaten und nicht über die Dauer von vier Wochen angeordnet werden. Der Rest musste als Gefängnisstrafe verbüßt werden. *Groß*, Entwurf, Criminalgesetzbuch, S. 6.

34 Art. 160 des Entwurfs: „ [...] Uebersteigt die Gefängnisstrafe nicht Drei Wochen, so ist auch Geldstrafe zulässig.“ *Groß*, Entwurf, Criminalgesetzbuch, S. 40.

verletzung voraussetz[e], welche [wiederum] eine empfindlichere Ahndung nach sich ziehen [...] [musste]“[35]. Keine Alternative hatte *Groß* zur Todesstrafe vorgesehen.

Größeren Ermessensspielraum boten neben diesen Wahlmöglichkeiten zudem solche Artikel, bei denen die Strafe von unbestimmteren Merkmalen abhängig war, wie etwa bei der Bedrohung nach Art. 160 oder bei der Verleumdung gemäß Art. 183. Bei Ersterer sollte der Richter zwischen Geldstrafe und Arbeitshaus oder Zuchthaus zweiten Grades, bei letzterer zwischen Geld-, Gefängnis- und Arbeitshausstrafe wählen können.

Nähere Ausführungen zu den Gründen, die *Groß* zur Aufnahme des alternativen Strafensystems bewegten, lassen sich weder in den Motiven zum Ersten Teil noch in denen zum Zweiten Teil finden. So steht zu den Strafen einzig in den Ausführungen zu Nr. V des Zweiten Teils folgende Anmerkung:

> „Man hat nicht für nöthig gehalten, [...] Motive zu geben, warum bei dem benannten Verbrechen gerade diese, und nicht eine härtere oder gelindere Strafe angedroht worden ist.“[36]

Auf weitere Bemerkungen, die über „die bereits angedeuteten allgemeinen Rücksichten [hinausgingen] [...], welche bei der Feststellung der Strafbestimmungen überhaupt befolgt [werden sollten]“[37], wurde verzichtet.

Art. 16 des Entwurfs regelte die Fristen der Freiheitsstrafen. Zeitliche Zuchthausstrafen ersten Grades durften nicht unter zwei und nicht über 20 Jahren liegen. Bei der Zuchthausstrafe zweiten Grades, die nur als zeitliche und nicht lebenslängliche möglich war, war die Untergrenze ein Jahr und die Obergrenze 15 Jahre. Das Arbeitshaus sollte nicht unter zwei Monaten und über zehn Jahren liegen und auf Gefängnisstrafe durfte nicht über drei Monate erkannt werden, es sei denn, einzelne Verbrechen sahen dies vor.

III. Von der Vollendung und dem Versuch verbrecherischer Handlungen

In Art. 24 seines Entwurfs behandelte *Groß* detailliert die Strafbarkeit des Versuchs, jedoch ohne nähere Ausführungen hierzu in seinen Motiven zu machen. Strafbar war danach der Versuch eines *jeden* vorsätzlichen Delikts

---

35 *Groß*, Entwurf, Criminalgesetzbuch, S. 88.

36 *Groß*, Entwurf, Criminalgesetzbuch, S. 96.

37 *Groß*, Entwurf, Criminalgesetzbuch, S. 96.

unter den Voraussetzungen des o.g. Artikels. Die Strafe des Versuchs sollte zu der gesetzlich angedrohten verhältnismäßig herabgesetzt werden. Eine unterschiedliche Behandlung der einzelnen Delikte kannte der Entwurf nicht.

Weiter bot der Verfasser in Art. 26 seines Entwurfs die Möglichkeit der Strafherabsetzung für die Fälle, in denen der Täter von der von ihm bereits begonnenen verbrecherischen Handlung, ohne durch äußere Umstände gehindert worden zu sein, freiwillig wieder Abstand nahm. Die Folge war aber nicht eine Straflosigkeit, sondern lediglich gemilderte Strafe, die nicht über einem Jahr Arbeitshaus liegen durfte. Dieses Maximum galt *einheitlich* für *alle* versuchten Handlungen, ohne Differenzierung nach dem geplanten Delikt.

IV. Von der Zumessung der Strafe und den Schärfungs- oder Milderungsgründen

Im sechsten Abschnitt des Ersten Teils bot *Groß* in Art. 63 die Möglichkeit einer Strafmilderung bei (teilweiser) Rückgabe oder (zum Teil) geleistetem Ersatz. Damit hielt er zunächst an der bisherigen sächsischen Praxis fest, die diesen Zumessungsgrund in ihren Gesetzen bereits vorgesehen hatte.

Geregelt war der Milderungsgrund des Ersatzes in § 6 der Instruction für die Dicasterien von 1783. Er bewirkte eine verhältnismäßige Herabsetzung der Strafe und galt bei einfachem Diebstahl. War zudem zeitige Reue vorhanden, so konnten die Gerichte aufgrund des Gesetzes vom 26. Oktober 1834 die Strafe noch weiter reduzieren.

In *Groß*' Entwurf war der Ersatz jedoch für alle Verbrechen, die sich gegen das Eigentum richteten, vorgesehen, insbesondere für Diebstahl, „Veruntrauung" und Betrug, und war nur solange möglich, wie die Behörde noch nicht eingeschritten war.

Nach Absatz 1 des Art. 63 des Entwurfs sollte eine Bestrafung *ganz* ausbleiben, wenn der Täter die Sache zurückgegeben oder vollständigen Wertersatz geleistet hatte, und nur eine Verpflichtung zur Erstattung der angefallenen Unkosten zulässig sein. Streng genommen, lag darin ein Straftilgungsgrund, da die Erstattung der Unkosten keine Strafe für den Täter bezweckte, sondern den Verletzten schadlos stellen sollte[38].

38 *Groß*, Entwurf, Criminalgesetzbuch, S. 92.

Eine wirkliche Strafmilderung sah der Absatz 1 aber auch vor: bei nur teilweiser Rückgabe bzw. teilweisem Ersatz des Erlangten, und, anders als in der bisherigen Praxis, wurde die Strafe sogar bei erschwerenden Umständen herabgesetzt, wie Absatz 2 belegte.

Eine weitere entscheidende Neuerung im Gegensatz zum alten System lag darin, dass eine zusätzliche Voraussetzung sowohl an die Straftilgungs- wie auch Milderungsmöglichkeit(en) geknüpft war. So musste der Täter aus eigenem Antrieb handeln und der Ersatz sollte sich „als die Folge einer bei dem Verbrecher wirklich und zeitig hervor[ge]tretenden Reue“[39] darstellen. Damit wollte *Groß* diejenigen Fälle ausgeschlossen wissen, bei denen sich der Täter bisher den bloßen Zufall zunutze gemacht hatte, ohne an dem Ersatz beteiligt gewesen zu sein[40].

V. Von den Gründen, welche die Strafbarkeit ausschließen oder tilgen

1. Ausschließung der Strafbarkeit wegen mangelnder Zurechnungsfähigkeit bei Kindern

Das siebte Kapitel des Ersten Teils befasste sich mit den Strafausschließungs- und Tilgungsgründen. Die Strafbarkeit wurde danach u.a. wegen mangelnder Zurechnungsfähigkeit bei Kindern ausgeschlossen. Art. 64 des Entwurfs lautete folgendermaßen:

> „[...]
> Kindern vor zurückgelegtem zwölften Jahre kann eine gesetzwidrige Handlung nicht als Verbrechen zugerechnet werden [...].“

Das Bemerkenswerte an dieser Vorschrift war, wie aus den Motiven zum siebten Kapitel des Ersten Teils hervorgeht, dass die bisherige sächsische Kriminalgesetzgebung eine umfassende gesetzliche Bestimmung nicht enthalten hatte. So bot zwar das „Mandate wider das vorsetzliche Feuerlegen vom 16. November 1741“ die Möglichkeit einer Milderung wegen des jugendlichen Alters, jedoch bestand Uneinigkeit darüber, inwieweit diese Vorschrift als Regel oder Ausnahme gelten sollte, und deswegen gab es

39 *Groß*, Entwurf, Criminalgesetzbuch, S. 92.

40 *Groß* führte in seinen Motiven zum sechsten Kapitel des Ersten Teils als Beispiel an, dass der entwendete Gegenstand bei einem Dritten aufgefunden und dem Eigentümer zurückgegeben worden war, der Täter aber wohlmöglich den Gewinn bereits aus der Sache gezogen hatte. *Ders.*, Entwurf, Criminalgesetzbuch, S. 92.

auch verschiedene Ansichten bei den einzelnen Kriminalgerichtsbehörden[41]. Diese Darstellung findet sich zwar in den Motiven zu einer strafmildernden Bestimmung für Jugendliche nach Art. 61 des Entwurfs wieder, jedoch galt nach *Groß* gleiches für Art. 64[42].

Gleichzeitig gestand *Groß*, das Alter willkürlich bestimmt zu haben, weil er davon ausging, dass bei Altersbestimmungen dergestalt „nothwendiger Weise eine gewisse Willkührlichkeit vorherrschen [musste]“[43] und dass deswegen diese Vermutung nicht für alle in Betracht kommenden Fälle adäquat sei.

Infolgedessen hatte der Entwurf den Begriff der Kindheit im Gegensatz zum gemeinen Recht[44], der diese nur bis zum siebenten Lebensjahr festsetzte, erweitert, die Grenze der Zurechnungsunfähigkeit jedoch herabgesetzt. Das gemeine Recht sah nämlich vor, dass dem Richter zwischen dem siebenten und 14. Jahr die Entscheidung oblag, ob ein „Jugendlicher“ für zurechnungsfähig erklärt werden konnte.

2. Antragsdelikte

Als Beschränkung des öffentlichen Strafanspruchs hatte *Groß* Antragsdelikte eingeführt. So konnten bestimmte Delikte[45] nur auf Antrag einer an der Tat beteiligten Person untersucht werden. Der Allgemeine Teil enthielt hierzu eine Regelung in Art. 73 des Entwurfs:

> „Bei gesetzwidrigen Handlungen, wegen welcher nicht von Amtswegen sondern nur auf Antrag einer dabei betheiligten Person eine Untersuchung anzustellen ist, fällt bei der Zurücknahme einer solchen Anzeige die Bestrafung weg, insofern darüber noch nicht erkannt ist, oder nicht die gleichmäßige Anzeige einer andern ebenfalls dabei betheiligten Person noch vorliegt, oder später angebracht wird.“[46]

Diese Ziffer befand sich in dem Abschnitt zu den Gründen, welche die Strafbarkeit ausschlossen oder tilgten, unter „II. Erlöschen der Strafbarkeit

---

41 *Groß*, Entwurf, Criminalgesetzbuch, S. 91.

42 *Groß*, Entwurf, Criminalgesetzbuch, S. 92.

43 *Groß*, Entwurf, Criminalgesetzbuch, S. 91 i.V.m. S. 92.

44 *v. Wächter*, Sächsisches und thüringisches Strafrecht, S. 340.

45 Vgl. die Entführung in besonderen Fällen, Art. 141 ff. oder auch den Ehebruch nach Art. 201 ff. des Entwurfs. Die Vorgaben zu den jeweils zu stellenden Anträgen standen im Art. 146 bzw. 204 des Entwurfs. *Groß*, Entwurf, Criminalgesetzbuch, S. 35 f., 49 f.

46 *Groß*, Entwurf, Criminalgesetzbuch, S. 20 f.

c. durch Zurücknahme der Anzeige". Erläuternde Anmerkungen sind in den Motiven zum Ersten Teil nicht vorhanden.

B) Das Criminalgesetzbuch von 1838

Der von *Groß* angefertigte Entwurf wurde zunächst im Justizministerium unter Hinzuziehung des Oberappellationsgerichts-Präsidenten *Dr. Schumann* vom 13. Juli 1835 bis zum 20. Januar 1836 begutachtet. Im Anschluss daran berieten sich *Prinz Johann*, Staatsminister *von Könneritz*, der Präsident *Dr. Schumann* und *Dr. Groß* über die von *Groß* hinzugefügten „Bemerkungen" zum Entwurf[47].

Sodann wurde der Entwurf den ständischen Deputationen vom Gesamtministerium am 19. März 1836 zugeleitet und von diesen, teilweise unter Hinzuziehung der königlichen Kommissarien, *von Könneritz* und *Dr. Groß*, besprochen. Diese hatten es sich dabei zur Aufgabe gemacht, die Verständigung zwischen den Deputationen zu fördern und hin und wieder Vorschläge abzugeben, „die sich auf die Beschlüsse der jenseitigen Deputation bezogen"[48]. Auf diese Weise sollten sich die jeweiligen Beratungen im zeitlichen Rahmen halten und allzu große Differenzen zu einzelnen Punkten vermieden werden. So erstatteten die Deputationen den ständischen Kammern noch im November desselben Jahres Bericht über ihre Beratungen.

I. Beratungen in den Deputationen

1. Deputation der I. Kammer

Die Deputation für die I. Kammer setzte sich aus *Prinz Johann*, Regierungsrat *von Carlowitz*, Bürgermeister *Hübler*, Geheimrat *von Zedwitz* und Bürgermeister *Ritterstädt* zusammen, wobei das Referat für das gesamte Gesetzbuch *Prinz Johann* übernahm. Ihre Beratungsergebnisse konnten sie der I. Kammer am 4. November 1836 vorstellen.

---

47 Der unter I. 2. besprochene Entwurf von *Groß* und der den Deputationen Ausgeteilte unterscheiden sich nicht in den hier zugrundeliegenden Paragraphen und Grundsätzen.

48 Sächsische Landtags-Acten 1836/37, Beilagen zu den Protokollen der I. Kammer, 1. Slg., S. 1.

a) Allgemeine, zugrundegelegte Grundsätze und Ansichten

Bei ihren Beratungen[49] ging die Deputation davon aus, dass ein Gesetzbuch weder die Auslegungskunst der Richter noch die Forschritte der Wissenschaft entbehrlich machen würde bzw. sollte und legte deswegen ihrer Prüfung des Entwurfs vier Grundsätze zugrunde. Das spätere Gesetz solle eine zu große Kasuistik ebenso wie ein Abschweifen in die Wissenschaft, die nur der Theorie angehöre, vermeiden[50]. Zugleich dürfe die Ästhetik des Werkes nicht zu Lasten der praktischen Zweckmäßigkeit erstrebt werden, und das Bestehende solle insoweit berücksichtigt werden, wie nicht entscheidende Gründe ein Abweichen fordern[51]. Letztere Regel sollte den bestehenden Mängeln Abhilfe schaffen, die die Deputation im bisher geltenden Kriminalrecht, insbesondere in der Härte und Unzweckmäßigkeit einiger Strafarten[52] mehrerer Strafbestimmungen und in der Unverhältnismäßigkeit einzelner Strafbestimmungen im Vergleich zu anderen sah[53].

aa) Ausschluss der Polizeivergehen

Die „Polizeivergehungen" kamen in der zweiten Hälfte des 18. Jahrhunderts auf. Dabei war die äußerliche Unterscheidung zwischen Kriminalverbrechen und polizeilichen Vergehen das Ergebnis eines langen Prozesses, der Jahrhunderte zurückreichte[54]. Seit Ende des Mittelalters schichteten sich zwei Wertbereiche gegeneinander ab: der eine, der auf der Gerechtigkeitsidee aufbaute und der andere, der auf der staatlichen Wohlfahrt beruhte. Vielfach wurden jedoch Tatbestände aus den Polizeiordnungen in das Kriminalstrafrecht übernommen. Mit dem Aufkommen des Polizeistaates rückte jedoch die Idee der Wohlfahrtsfunktion in den Vordergrund und die Gerechtigkeit trat hierhinter zurück. Dabei verwirklichte sich die allgemeine Wohlfahrt als oberstes Ziel des Polizeistaates einerseits über die Gerechtigkeit und andererseits über die Verwaltung. Im liberalen Rechtsstaat des 19. Jahrhunderts wurde diese Idee verworfen. So verletzten die Kriminalverbre-

49 Ein Vergleich des späteren Gesetzbuchs mit dem Entwurf zeigt, dass der größte Teil der Veränderungen hinsichtlich des ursprünglichen Entwurfs in den Deputationen vorgenommen und auch übernommen wurde.

50 Sächsische Landtags-Acten 1836/37, Beilagen zu den Protokollen der I. Kammer, 1. Slg., S. 2 f.

51 Sächsische Landtags-Acten 1836/37, Beilagen zu den Protokollen der I. Kammer, 1. Slg., S. 3.

52 So z.B. bei der geschärften Todesstrafe. Sächsische Landtags-Acten 1836/37, Beilagen zu den Protokollen der I. Kammer, 1. Slg., S. 4.

53 Unter den letzten Punkt fiel vor allem das Verhältnis des Diebstahls zu anderen Delikten, dessen Strafe nach der Höhe des erlangten Wertes festgestellt wurde.

54 *Oehler*, Wurzel, Wandel und Wert, S. 102 f., ebenso zum folgenden.

chen nunmehr zuerst immer die Gerechtigkeit und folglich auch die Wohlfahrt, während die polizeilichen Vergehen nur die Verwaltungsgüter angriffen. Dies war Ausgangspunkt für die Vorbereitungen und Beratungen zum Criminalgesetzbuch und der nachfolgenden Gesetzesänderungen und -entwürfe.

Weiter suchte die Deputiertenkammer in ihren Beratungen die Kriminalgesetzgebung von anderen Gesetzesmaterien abzugrenzen. Die strafbaren Handlungen, die in das Criminalgesetzbuch aufgenommen werden sollten, unterteilte man in zwei Arten: zum einen die, die sich gegen das natürliche Gesetz richteten, und zum anderen jene, welche die positiven Staatsgesetze verletzten. Von diesen Modalitäten waren kraft der §§ 2 und 11 der Publikationsverordnung speziellere strafbare Handlungen ausgeschlossen, u.a. die Polizeivergehungen[55]. Sie sollten jedoch dann in das Gesetzbuch aufgenommen werden, wenn sie, weil sie leicht zu Verbrechen führten, mit Strafe bedroht worden waren und man sie aufgrund dieser Zusammengehörigkeit auch dort behandelt sehen wollte[56]. Ansonsten ging die Deputation davon aus, dass diese Materien gesondert zu regeln waren[57].

Andere Abgrenzungssysteme hatten die „ausländischen“ Gesetzgebungen entwikkelt. Preußen hatte in seinem Landrecht einen großen Teil der o.g. Vergehen in die jeweils betreffenden Abschnitte mit aufgenommen. Im Code Pénal, in den Österreichischen und Bayrischen Gesetzbüchern waren die Verbrechen nicht nach ihrer inneren Natur, sondern den darauf gesetzten Strafen unterschieden worden und dann in verschiedenen Abschnitten bzw. Teilen aufgeführt.

Diesen Möglichkeiten stand die Deputation aber aus unterschiedlichen Gründen ablehnend gegenüber. So sprach gegen eine Aufnahme dieser Vergehen in das Gesetzbuch, dass sich die Polizeivergehen aufgrund ihrer stetig wechselnden Natur nicht zur Kodifikation eigneten[58]. Eine Trennung nach den Strafen hingegen hielt sie für eine „willkürliche [...] und widernatürliche Trennung des Zusammengehörigen“[59]. Insbesondere sei die Strafe bei Eigentumsverbrechen oftmals vom Wert des Entwendeten ab-

---

55 S. unter b) in den Sächsischen Landtags-Acten 1836/37, Beilagen zu den Protokollen der I. Kammer, 1. Slg., S. 9.

56 Zum Bsp.: die ordnungswidrigen Verbindungen, Art. 92 des Entwurfs.

57 Eine besondere Würdigung behielt sie sich jedoch hinsichtlich der Behandlung des Wuchers, Art. 275 ff. des Entwurfs, vor.

58 Sächsische Landtags-Acten 1836/37, Beilagen zu den Protokollen der I. Kammer, 1. Slg., S. 10.

59 Sächsische Landtags-Acten 1836/37, Beilagen zu den Protokollen der I. Kammer, 1. Slg., S. 10.

hängig, die Handhabung des Gesetzes werde unnötig erschwert und die Entscheidungsgründe des Gesetzgebers verrückt[60].

bb) Einteilung der strafbaren Handlungen

Die gleichen Gründe, die gegen eine Trennung der Verbrechen von den Polizeivergehen nach äußeren Gesichtspunkten angeführt wurden, brachten die Mitglieder der Deputation auch gegen eine Einteilung der Verbrechen nach Strafbestimmungen vor. Des weiteren beriefen sie sich auf die Bemerkungen von *Groß*, die dieser in seinen Motiven zum Entwurf hierzu getätigt hatte[61].

cc) Antragsdelikte und die Grenzen der gesetzlichen Strafbarkeit

Ebenso wie sie das Strafrecht zu anderen Rechtsgebieten abgrenzte, wollte die Deputation dieses auch bei den eigentlichen Rechtsverletzungen nicht ausarten lassen.

Das galt sowohl für strafbare Handlungen, die auf einer Rechtsverletzung beruhten, als auch insbesondere für solche Vergehen, die keine Rechtsverletzung bewirkten[62]. Der Gesetzgeber müsse eine angemessene Grenze zwischen der öffentlichen Moral und dem Staatswohl auf der einen, der Freiheit der Menschen auf der anderen Seite finden[63].

Die Deputation führte aus, dass der Staat, um „nicht störend in eine Menge Privatverhältnisse ein[zu]greifen [...], die Herstellung des Rechtszustandes in vielen Fällen dem civilrechtlichen Verfahren überlassen [müsse]“[64]. Dennoch enthielt der Entwurf Sachsens[65] mehr strafbare Delikte als die meisten anderen Gesetzbücher.

---

60 Sächsische Landtags-Acten 1836/37, Beilagen zu den Protokollen der I. Kammer, 1. Slg., S. 10.

61 Sächsische Landtags-Acten 1836/37, Beilagen zu den Protokollen der I. Kammer, 1. Slg., S. 10. Vgl. zu *Groß*' Motiven A) II. 1.

62 Sächsische Landtags-Acten 1836/37, Beilagen zu den Protokollen der I. Kammer, 1. Slg., S. 8 f., 11.

63 Sächsische Landtags-Acten 1836/37, Beilagen zu den Protokollen der I. Kammer, 1. Slg., S. 11.

64 Sächsische Landtags-Acten 1836/37, Beilagen zu den Protokollen der I. Kammer, 1. Slg., S. 11.

65 Vgl. z.B. die ausführlichen Regeln über den Ehebruch, Art. 201 ff. des Entwurfs, in: *Groß*, Entwurf, Criminalgesetzbuch, S. 49 ff.

Dieser Nachteil sollte durch die Einführung von „Antragsdelikten“ gemindert werden. Dabei trat „die Untersuchung und Bestrafung bei gewissen Vergehen nicht von Amtswegen, sondern nur auf Antrag eines Betheiligten ein [...]“[66]. Auf den ersten Blick mutete es ungewöhnlich an, das öffentliche Strafrecht dem Willen einzelner zu unterwerfen, doch wurde diese Beschränkung als Möglichkeit für die Fälle gesehen, in denen eine völlige Straflosigkeit nicht vertretbar erschien und die öffentliche Sicherheit allenfalls indirekt betroffen war[67]. So wurde das Institut der Antragsdelikte, abgesehen von einzelnen Änderungen, die die Deputation an der entsprechenden Stelle gesondert beantragen wollte, von ihr, u.a. bei Ehebruch, leichteren Fällen der Entführung und Beleidigung[68], angenommen.

b) Das Strafensystem

aa) Zum Strafensystem allgemein

Die Grundvoraussetzung für ein zweckmäßiges Strafensystem aus Sicht der Deputation der I. Kammer war, dass die Strafen im allgemeinen den Anforderungen der Gerechtigkeit, Humanität und Zweckmäßigkeit genügten. Sie sollten danach so verschiedenartig sein, dass sie den unterschiedlichen Arten und Graden der Tat wie auch dem Täter eigentümlichen Verhältnissen gerecht werden konnten und angemessene Strafmittel boten[69].

Die wichtigste Strafart war danach für die Deputation die Freiheitsstrafe, die in Verbindung mit der Zwangsarbeit[70] stand und an die Stelle unmenschlicher Bestrafung, wie z.B. der verstümmelnden Strafen, getreten war. Der Nachteil bestand aber darin, dass dieses Strafmittel zu wenig Vielfalt bot, um den einzelnen Delikten gerecht zu werden[71]. Aus diesem Grunde befürwortete die Deputation auch die von *Groß* vorgenommene

---

66 Sächsische Landtags-Acten 1836/37, Beilagen zu den Protokollen der I. Kammer, 1. Slg., S. 12.

67 Sächsische Landtags-Acten 1836/37, Beilagen zu den Protokollen der I. Kammer, 1. Slg., S. 12.

68 Eine Auflistung aller auf Antrag zu verfolgenden Delikte im Criminalgesetzbuch findet sich bei *Held / Siebdrat*, Criminalgesetzbuch, S. 136 f.

69 Sächsische Landtags-Acten 1836/37, Beilagen zu den Protokollen der I. Kammer, 1. Slg., S. 13.

70 Im Vergleich zu den „bloßen“ Freiheitsstrafen wurde hier die Arbeit als Strafe verlangt und der Ertrag dieser kam grundsätzlich dem Staat zu.

71 Sächsische Landtags-Acten 1836/37, Beilagen zu den Protokollen der I. Kammer, 1. Slg., S. 13. Vgl. auch bereits *Groß*, Entwurf, Criminalgesetzbuch, S. 85.

Einteilung der Freiheitsstrafe in drei unterschiedliche Klassen: die Zuchthausstrafe ersten und zweiten Grades sowie die Arbeitshausstrafe.

Uneinigkeit herrschte in Bezug auf die körperliche Züchtigung, die nach dem Entwurf beim Zuchthaus in Form von Empfangshieben wieder eingeführt worden war, jedoch letztlich mit der Majorität der Mitglieder der Deputation angenommen wurde[72], da sie „weder mehr noch weniger verwerflich erscheint, als andere Strafmittel, und für die Klasse von Verbrechern, welche hier getroffen wird, als geeignet betrachtet werden muß“[73]. So sprach sich ebenfalls die Mehrheit der Mitglieder für die körperliche Züchtigung als subsidiarische[74] Strafe, geregelt in Art. 20 f. des Entwurfs, aus, da sie in den Fällen vorteilhaft war, in denen eine Freiheitsstrafe von geringerem Erfolg war, wie z.B. bei Vagabunden und Bettlern, und für die Lebensverhältnisse des Täters als nicht so störend wie eine Freiheits- oder Arbeitshausstrafe empfunden wurde. Dem Argument der Ungleichheit dieses Strafmittels setzte die Deputation entgegen, dass dies in Bezug auf alle Strafmittel gelten müsse und eine „vollkommene Gleichheit in diesem Bezug daher wohl zu den unerreichbaren Dingen gehören dürfte“[75]. Dennoch wollte sie dem Richter Ermessen auch gegenüber Vagabunden und Bettlern bei Anwendung dieser Strafe überlassen, da eine derartige Bestrafung teilweise zu hart sein konnte und sie die körperliche Züchtigung nie „auf eine der Gesundheit nachtheilige Weise gehandhabt“ wissen wollte, weshalb sie das Wort „ist“ gegen „kann“ austauschte[76].

---

72 Eine abweichende Meinung vertrat *Hübler*, der ein separates Votum hierzu abgegeben hatte. Er stellte folgenden Hauptantrag: „die körperliche Züchtigung [...] als Strafschärfung wie als Strafart aus dem vorliegenden Gesetz-Entwurfe zu entfernen und sie nur bei männlichen [...] Verbrechern unter 15 Jahren, als Diciplinarstrafe [...] eintreten zu lassen [...]“. Sächsische Landtags-Acten 1836/37, Beilagen zu den Protokollen der I. Kammer, 1. Slg., S. 166.

73 Sächsische Landtags-Acten 1836/37, Beilagen zu den Protokollen der I. Kammer, 1. Slg., S. 24.

74 Der Untersuchungsrichter konnte diese entweder nach erfolgter wahlweiser Erkenntnis oder im Wege der Strafverwandlung statt der zuerkannten Strafe verhängen. Vgl. Sächsische Landtags-Acten 1836/37, Beilagen zu den Protokollen der I. Kammer, 1. Slg., S. 13.

75 Sächsische Landtags-Acten 1836/37, Beilagen zu den Protokollen der I. Kammer, 1. Slg., S. 26.

76 Sächsische Landtags-Acten 1836/37, Beilagen zu den Protokollen der I. Kammer, 1. Slg., S. 26.

Zur weiteren Klassifizierung schlugen zwei Mitglieder der Deputation vor, dem Richter die Möglichkeit einzuräumen, auf Festungsstrafe anstatt Zuchthaus zu erkennen, wenn die Zuchthausstrafe wegen Vorliegens besonderer Umstände unangemessen erschien[77]. Den Vorwurf der Rechtsungleichheit suchten sie zu entkräften, indem sie die Festungsstrafe zeitlich verlängerten und zudem darauf verwiesen, dass durch das System der subsidiarischen Strafen ohnehin eine Ungleichheit entstanden sei[78].

Einen großen Vorzug des Strafensystems sah die Deputation in der Abschaffung der Ehrenstrafen, die, abgesehen vom Verweis[79], in dem Entwurf als selbständige Strafe nicht mehr auftraten. So sah sie diese schon gar nicht als Strafmittel, wofür das Criminalgesetzbuch zuständig war, sondern vielmehr als Folgen der Strafe, welche allerdings in spezielleren Gesetzen geregelt werden sollten. Die Deputation war der Auffassung, dass selbst wenn man sie als Strafmittel ansehe, sie zum einen ungleich seien, da nur diejenigen davon betroffen sein könnten, die diese besonderen Ehrenrechte besäßen, und zum anderen ein Verlust dieser Rechte eher im Interesse der besonderen Institute stehe, auf die sich die Rechte bezögen[80].

Aus eben diesen Gründen und weil der Pranger sowohl bei dem Bestraften als auch bei den Beschauern unmoralische Gefühle erwecken müsse, hatte sich die Deputation gegen den im Entwurf zunächst vorgesehenen Pranger beim Zuchthaus ersten Grades erklärt.

bb) Zur Todesstrafe

Die Todesstrafe war seit jeher viel diskutiert worden, wobei zu ihren prominenteren Gegnern u.a. *Cesare Beccaria* oder aber *Gotthold Ephraim Lessing* zählten. Diese Haltung war jedoch auch unter den Vertretern der Aufklärung eher die Ausnahme. Erst im Zuge der Französischen Revolution, die sich verstärkt für die Menschenrechte einsetzte, sollten alle Bürger vor dem Gesetz gleich behandelt werden; ebenfalls im Hinblick auf die Todesstrafe, die von nun an ohne unnötige Grausamkeit ausgeführt werden sollte. Schließlich beschäftigten sich seit der Kodifikati-

---

77 Umgesetzt wurde dieser Vorschlag durch den neu eingefügten Art. 9b. Sächsische Landtags-Acten 1836/37, Beilagen zu den Protokollen der I. Kammer, 1. Slg., S. 44 f.

78 Sächsische Landtags-Acten 1836/37, Beilagen zu den Protokollen der I. Kammer, 1. Slg., S. 43 f.

79 Nähere Ausführungen hierzu, ebenso wie zu Art. 9 des Entwurfs, der sich die Folgen der Zuchthausstrafe regelte, enthält der Hauptbericht der Deputation nicht.

80 Sächsische Landtags-Acten 1836/37, Beilagen zu den Protokollen der I. Kammer, 1. Slg., S. 24.

onswelle der Strafgesetzgebung in Deutschland wie auch Europa die verschiedenen Legislationen mit der Androhung der Todesstrafe im Gesetz.

Schon während der Ständeversammlung 1833/34 bot die *Grohmann*'sche Schrift gegen die Todesstrafe Anlass, sich über die Recht- und Zweckmäßigkeit derselben auszulassen. Die Diskussion wurde jedoch, da man sich bereits mit dem Entwurf für ein Strafgesetzbuch befasste, bis zur Beratung über diesen ausgesetzt.

Die Frage, ob die Todesstrafe im Criminalgesetzbuch weiterhin zu den Strafmitteln gehören sollte, wurde von der Deputation ausführlich besprochen, letztlich jedoch bejaht. So ging die Kommission zunächst auf die Argumente ein, die gegen die Statthaftigkeit der Todesstrafe angeführt wurden: sie sei ungerecht, unnütz und zweckwidrig. Zugleich erklärte aber die Deputation, dass, sollte sich auch nur eine dieser Behauptungen genügend beweisen lassen, „man sich für den Wegfall einer solchen Strafart entscheiden müßte“[81].

Für die Ungerechtigkeit wurde von den Gegnern der Todesstrafe angeführt, dass das Leben unveräußerlich sei, es dem Menschen zur Vervollkommnung gegeben worden sei, und die Zurechnungsfähigkeit des Verbrechers nie so hoch ausfallen könne, die Todesstrafe zu begründen[82]. Die Deputation hielt jedoch alle drei Argumente für unzureichend oder gar widerlegt:

1. Da das Zusammenleben der Menschen und somit auch der Staat nicht auf einem Staatsvertrag[83] und der Willkür der Menschen, sondern einer höheren Ordnung der Dinge beruhte, war nach Ansicht der Deputation dem Argument der Unveräußerlichkeit des Lebens, welches auf die Hypothese vom Staatsvertrag aufbaute, die Grundlage entzogen.

2. Dass das Leben dem Menschen zur Vervollkommnung gegeben worden war, verstand die Deputation als Verpflichtung des Menschen sich und anderen gegenüber. Hieraus folgerte sie nicht nur die Erlaubnis, sondern vor allem das Gebot, das eigene Leben zur Erfüllung wichtiger Pflichten zu opfern, wie es z.B. im Falle der Verteidigung des Va-

81 Sächsische Landtags-Acten 1836/37, Beilagen zu den Protokollen der I. Kammer, 1. Slg., S. 14.

82 Sächsische Landtags-Acten 1836/37, Beilagen zu den Protokollen der I. Kammer, 1. Slg., S. 14 ff.

83 Diesen hielt die Deputation für historisch und theoretisch unhaltbar, vgl. Sächsische Landtags-Acten 1836/37, Beilagen zu den Protokollen der I. Kammer, 1. Slg., S. 15.

terlandes anerkannt war und was von ihr auf das Strafrecht des Staates übertragen wurde.

3. Schließlich wurde auch das Argument der fehlenden Angemessenheit der Todesstrafe von der Deputation bestritten. Da es dem Gesetzgeber wie auch dem erkennenden Gericht grundsätzlich nicht möglich sei, in das Innere eines Verbrechers zu schauen, was jedoch auch sonst nicht zu Bedenken gegen eine Bestrafung führe, müssten sich beide mit dem begnügen, was ihren Augen zugänglich sei[84]. Dies gelte ebenso wie das Argument, dass die Todesstrafe irreparabel sei, für *die meisten* bzw. *alle* Strafübel[85].

Der Behauptung der Nutz- und Zwecklosigkeit wurde seitens der Deputation entgegnet, dass die Todesstrafe von allen Strafübeln immer das abschreckendste Mittel bleibe, denn keine Freiheitsstrafe könne dergestalt sein, dass sie die gleiche Wirkung hervorrufe. Sollte sie doch ähnlich gestaltet werden, verwandele sie sich in eine langsame Todesstrafe[86]. Danach bringe nur ein Missbrauch der Todesstrafe Mitleid oder Rohheit mit sich, dem jedoch sowohl durch die Verordnung vom 27. Dezember 1834[87] als auch den Entwurf vorgebeugt worden sei.

Letztlich nahm die Deputation zu den Erfahrungen Stellung, die in anderen Ländern, wie Österreich, der Toskana und Russland, mit Abschaffung der Todesstrafe gemacht worden waren.

In der Toskana war die Todesstrafe zunächst unter Großherzog *Leopold* durch eine Instruktion entfallen und dann durch das Gesetz vom 30. November 1786 als unnötig abgeschafft worden. Vier Jahre später entschloss er sich jedoch infolge der Unruhen bei Prato für die Wiedereinführung der Strafe bei gewalttätigem Aufruhr, 1795 führte sein Nachfolger Großherzog *Ferdinand* die Todesstrafe durch Edikt als Strafmittel für zusätzliche (Privat-)Verbrechen wieder ein und seit 1816 wurde als weiteres Delikt der „Raub mit tödlichem Gewehr" mit dem Tod bestraft.

Ähnlich ereignete es sich in Österreich, wo sie 1787 zwar abgeschafft, aber durch ähnlich unmenschliche Strafen wie das Schiffziehen, die Anschmiedung und die öffentliche Brandmarkung ersetzt worden war. Zwar entfernte Kaiser *Leopold*

84 Sächsische Landtags-Acten 1836/37, Beilagen zu den Protokollen der I. Kammer, 1. Slg., S. 15.

85 Sächsische Landtags-Acten 1836/37, Beilagen zu den Protokollen der I. Kammer, 1. Slg., S. 15.

86 Sächsische Landtags-Acten 1836/37, Beilagen zu den Protokollen der I. Kammer, 1. Slg., S. 16.

87 Verordnung, das Verfahren bei der Todesstrafe betreffend.

1790 auch die Surrogate, führte jedoch noch vor Erlass des neuen Strafgesetzbuchs die Todesstrafe für Hochverrat und wenig später für einige Privat-Verbrechen wieder ein.

Einzig Russland, wo die Todesstrafe seit Kaiserin *Elisabeth* abgeschafft worden war, hatte diese nicht wieder eingeführt.

Die Deputation sah sich bereits durch die Ereignisse in den Ländern, die die Todesstrafe nach ihrer Abschaffung wieder eingeführt hatten, in ihrer Ansicht bestätigt. So ging sie am Beispiel der Toskana davon aus, „daß die Erfahrungen nach gänzlicher Abschaffung der Todesstrafe nicht ganz günstig gewesen seyn [konnten]“[88]. Russland hatte die Todesstrafe zwar nicht wieder eingeführt, jedoch nahm die Kommission an, dass sie trotzdem aufgrund späterer Bestimmungen in einzelnen Fällen bei politischen Verbrechen angeordnet werde. Zudem ließen sich die hierfür eingeführten Surrogate nicht auf Deutschland übertragen und in den neueren Entwürfen für das Russische Reich sei die Todesstrafe als Strafe wieder aufgeführt worden[89].

Als weiteren Grund gegen die Abschaffung der Todesstrafe führte die Deputation die damalige politische Situation an, die ihr „in Sachsen [...] zu einem solchen gewagten Versuche jedenfalls nicht günstig [erschien]“[90]. Die mit dem Tode bedrohten Verbrechen waren in den letzten Jahren angestiegen, so dass auch die Staatsregierung von ihrem Begnadigungsrecht weitaus weniger Gebrauch als zu früheren Zeiten gemacht hatte.

Dennoch sah sie die Todesstrafe als ein notwendiges Übel an, dessen Ziel die Abschaffung sein sollte, und schlug deswegen die Aufnahme folgenden Antrags in die zu erlassene Schrift vor:

> „Die hohe Staatsregierung möge diesen Gegenstand fortwährend im Auge behalten, und wenn die neue Gesetzgebung und die übrigen neuen Einrichtungen eine Verminderung der Verbrechen und insbesondere der bisher mit dem Tode bedrohten Verbrechen hervorbringen sollten, auf der eingeschlagenen Bahn allmählig fortschreiten, damit bei gemachten günstigen Erfah-

---

88 Sächsische Landtags-Acten 1836/37, Beilagen zu den Protokollen der I. Kammer, 1. Slg., S. 19.

89 Sächsische Landtags-Acten 1836/37, Beilagen zu den Protokollen der I. Kammer, 1. Slg., S. 20 f.

90 Sächsische Landtags-Acten 1836/37, Beilagen zu den Protokollen der I. Kammer, 1. Slg., S. 21.

> rungen vielleicht dereinst die allen Menschenfreunden erwünschte Abschaffung der Todesstrafe erfolgen könne."[91]

Kürzer hingegen wurde die Frage einer eventuellen Schärfung der Todesstrafe behandelt.

Diese konnte zum einen in einer schmerzlicheren Art der Hinrichtung und zum anderen in einem symbolischen Ausdruck höherer Missbilligung, z.B. durch das Tragen ausgezeichneter Kleidung oder der Ausstellung am Pranger, bestehen.

Hinsichtlich einer Schärfung in Form der schmerzlicheren Art der Ausführung verwies die Deputation darauf, dass diese schon seit Jahren in Sachsen nicht mehr vollzogen worden war und auch seit langem als unmenschlich angesehen wurde. Gegen die anderweitige, symbolische Schärfung sprach sie sich ebenfalls aus, da sie ihr allenfalls beim Verwandtenmord oder Hochverrat angemessen erschien. Diese Fälle wollte sie jedoch lieber diskret bzw. „ohne Alles auf die Phantasie Einwirkende"[92] behandelt wissen. Die Todesstrafe sollte den Tod bedeuten und sonst nichts.

Der Exekutionsakt wurde von der Deputiertenkammer kritisiert. Zwar hatte der Entwurf selbst die Tötung durch Enthauptung vorgesehen, jedoch befanden sich in den Motiven zum Entwurf zusätzliche Angaben über die versuchsweise Einführung der Hinrichtung durch Fallschwert. Die Deputation erkannte die Sicherheit dieser Vorgehensweise an, meinte allerdings zugleich, „daß der Exekutionsakt selbst durch ein solch rein mechanisches Verfahren an Ernst und Feierlichkeit und daher auch an seiner Wirkung leicht verlieren könne"[93]. Deswegen beantragte sie, dass die Ständeversammlung dieser Einführung nicht widersprechen, aber bei der Staatsregierung beantragen sollte, über den Fortgang in Württemberg informiert zu werden. Zudem sollte bei der Vollstreckung der Todesstrafe alle „unnütze" Grausamkeit vermieden und deswegen in der Ausführungsverordnung oder dem Gesetz über das Verfahren eine Regelung aufgenommen werden, die besagte, dass die Hinrichtung an Schwangeren erst nach überstandenem Wochenbett vollzogen werden durfte und bei mehreren Hinzurichtenden

---

91 Sächsische Landtags-Acten 1836/37, Beilagen zu den Protokollen der I. Kammer, 1. Slg., S. 22.

92 Sächsische Landtags-Acten 1836/37, Beilagen zu den Protokollen der I. Kammer, 1. Slg., S. 22.

93 Sächsische Landtags-Acten 1836/37, Beilagen zu den Protokollen der I. Kammer, 1. Slg., S. 39.

keiner die des anderen sehen sollte[94]. Von der Mehrheit der Mitglieder wurde jedoch ein Vorschlag abgelehnt, der vorsah, der Familie des Hingerichteten zu gestatten, den Leichnam in aller Stille anstatt außerhalb des „Totenackers“ zu begraben[95]. Dies widerspreche dem Volksgefühl, welches es zu schonen gelte[96].

cc) Straf(rahmen)bestimmung

In ihrem Hauptbericht bot die Deputation einen kurzen Überblick auf die bisherigen Strafrechtsversuche und -kodifikationen in Europa und insbesondere in Deutschland. Als Grundlage aller neueren legislatorischen Arbeiten in der Kriminalgesetzgebung sah sie das von *Feuerbach* entworfene bayrische Gesetzbuch aus dem Jahr 1813 an, das allerdings den Nachteil hatte, das richterliche Ermessen zu weit einzuschränken[97]. Eine Verbesserung bot dann bereits der bayrische Entwurf von 1822, der sowohl die in dem Gesetz von 1813 enthaltenen Bestimmungen zu vereinfachen suchte, also auch das Ermessen des Richters erweiterte, indem diesem z.B. statt der absoluten Strafen relative[98] zur Verfügung gestellt wurden.

Diese Linie war es auch, an der der von der Staatsregierung vorgelegte Entwurf im wesentlichen festhielt und die die Deputation im allgemeinen für die Richtige hielt, auch wenn sie gewisse Vorteile des absoluten Strafensystems in der völlig reduzierten Willkür des richterlichen Ermessens und der Kraft der Strafandrohungen sah. Doch sprachen die überzeugenderen Gründe für das System der relativen Strafen.

Zunächst sei es für den Richter leichter, im konkreten Fall das richtige Strafmaß zu bestimmen, als für den Gesetzgeber, der die verschiedenen Fälle unmöglich voraussehen und festsetzen könne[99]. Bei absoluten Strafen

---

94 Sächsische Landtags-Acten 1836/37, Beilagen zu den Protokollen der I. Kammer, 1. Slg., S. 40.

95 Der Antrag lautete von dem Wort „abgeliefert“ an: „Fordern jedoch die Angehörigen des Hingerichteten den Leichnam desselben zurück, so ist er an sie zu überlassen und in der Stille zu begraben.“ Sächsische Landtags-Acten 1836/37, Beilagen zu den Protokollen der I. Kammer, 1. Slg., S. 41.

96 Sächsische Landtags-Acten 1836/37, Beilagen zu den Protokollen der I. Kammer, 1. Slg., S. 41.

97 Sächsische Landtags-Acten 1836/37, Beilagen zu den Protokollen der I. Kammer, 1. Slg., S. 6.

98 „[M]it einem höchsten und niedrigsten Strafmaas, innerhalb welchem das richterliche Ermessen seinen Spielraum hat“, vgl. Sächsische Landtags-Acten 1836/37, Beilagen zu den Protokollen der I. Kammer, 1. Slg., S. 29.

99 Sächsische Landtags-Acten 1836/37, Beilagen zu den Protokollen der I. Kammer, 1. Slg., S. 30.

führe dieser Umstand dazu, dass der Richter die verschiedensten Milderungsgründe bedenken müsse, um dem einzelnen Fall gerecht zu werden, was sich aber negativ auf die Kraft des Gesetzes auswirke, oder die Begnadigungsfälle sich häuften[100]. Weiter war die Deputation überzeugt, dass allein die relativen Strafen der Rechtsfortbildung gerecht werden könnten, und wies letztlich darauf hin, dass sowohl die neueren Gesetzesentwürfe als auch das „Gesetz über die fleischlichen Vergehen [...]“ von 1834 bereits insoweit bearbeitet worden waren.

Kritisch hingegen stand die Deputation dem alternativen Strafensystem, das der Entwurf aufgenommen hatte und das dem Richter die Wahl zwischen zwei oder mehreren Strafmitteln überließ, gegenüber, da sie wollte, dass das Volk genau wisse, welches Delikt mit welcher Strafe bestraft werde.

So hatte sie zunächst versucht, in den Delikten nur eine Strafart anzudrohen, war aber hierbei „auf unüberwindliche Schwierigkeiten gestoßen“[101]. Sie hatte festgestellt, dass die Fälle, die ein Verbrechen erfassen sollten, viel zu verschieden seien, um eine Strafart dafür ausreichen zu lassen und fühlte sich infolgedessen gezwungen, das jeweilige Verbrechen in verschiedene Grade zu unterteilen. Doch gerade diese Einteilung musste zu größerer Unangemessenheit und Unsicherheit im Hinblick auf die allgemeine Strafbestimmung führen[102], weswegen die Deputiertenkammer endlich das alternative Strafensystem annahm, wenn auch mit Einschränkungen gegenüber dem Entwurf. Sie hatte die Möglichkeit des Richters, zwischen mehreren Strafarten zu wählen, gestrichen und ausschließlich die Wahl „von einer Strafart zu der benachbarten“[103] zugelassen, um das Gesetz nicht allzu vage erscheinen zu lassen und die Willkür zu beschränken. Ausnahmen hiervon ließ sie im Allgemeinen Teil, z.B. beim Versuch, zu, wo sie nur ein Maximum festlegte. Als Begründung führte sie an, dass hier die Grenze zur Straflosigkeit so fließend sei, „daß die Bestimmung eines

100 Sächsische Landtags-Acten 1836/37, Beilagen zu den Protokollen der I. Kammer, 1. Slg., S. 30.

101 Sächsische Landtags-Acten 1836/37, Beilagen zu den Protokollen der I. Kammer, 1. Slg., S. 30.

102 Sächsische Landtags-Acten 1836/37, Beilagen zu den Protokollen der I. Kammer, 1. Slg., S. 31.

103 Sächsische Landtags-Acten 1836/37, Beilagen zu den Protokollen der I. Kammer, 1. Slg., S. 31.

Minimums unthunlich wird"[104] und zudem bereits das jeweilige Verbrechen mit Strafe belegt worden sei.

Um dem Richter in Fällen, wo sich die Taten nur aufgrund von Zufällen unterschieden, wie bspw. bei dem nach Betrag abgestuften Delikten, die Wahl zu erleichtern, hatte man das Maximum der Strafe des niedrigen Grades der Tat stets höher als das Minimum des höheren Grades festgesetzt[105]. Weiter war Art. 16b des Entwurfs[106] von der Deputation entworfen worden, damit keine Zweifel aufkamen, von welchem Maximum der Richter ausgehen musste, wenn er die Wahl zwischen verschiedenen Strafarten hatte, gleichwohl nur die Dauer der höheren Strafart begrenzt war. Auch den umgekehrten Fall, bei dem nur für das niedrigste Strafmittel ein Minimum bestimmt war, regelte sie in Satz 2 von Art. 16b des Entwurfs.

Im Hinblick auf die Strafrahmenhöhe ging die Deputation davon aus,

> „daß die Strafe so zu fassen sey, daß sie für alle gewöhnlichen Fälle des Verbrechens angemessen erscheine, damit nicht durch allzuhäufige Begnadigung und auf andere Wege die Kraft des Gesetzes gelähmt werde."[107]

Jedoch hielt sie es für ratsam, die durch den Grundsatz gesetzte Grenze lieber etwas mehr nach oben als nach unten zu überschreiten, „weil in letzter Rücksicht das Begnadigungsrecht für außerordentliche Fälle vorhanden, in ersterer Hinsicht aber eine Abhülfe nicht möglich [sei]"[108]. So schärfte sie die Zuchthausstrafe zweiten Grades und änderte Art. 16 des Entwurfs dahingehend ab, dass auf lebenslängliches Zuchthaus auch im zweiten Grad erkannt werden konnte und das Maximum der Zuchthausstra-

---

104 Sächsische Landtags-Acten 1836/37, Beilagen zu den Protokollen der I. Kammer, 1. Slg., S. 31.

105 Sächsische Landtags-Acten 1836/37, Beilagen zu den Protokollen der I. Kammer, 1. Slg., S. 31 f.

106 „Wenn in diesem Gesetzbuche dem Richter die Wahl zwischen mehreren Strafarten gelassen, und nur für die höchste derselben ein Maximum der Dauer bestimmt worden ist, so darf der Richter auch die geringere Strafart in keiner längeren Dauer und jedenfalls nur unter Beobachtung der Bestimmungen Art. 16 zuerkennen [...]". Sächsische Landtags-Acten 1836/37, Beilagen zu den Protokollen der I. Kammer, 1. Slg., S. 49 f.

107 Sächsische Landtags-Acten 1836/37, Beilagen zu den Protokollen der I. Kammer, 1. Slg., S. 28.

108 Sächsische Landtags-Acten 1836/37, Beilagen zu den Protokollen der I. Kammer, 1. Slg., S. 29.

fe zweiten Grades dem Maximum der Zuchthausstrafe ersten Grades, also 20 Jahre, entsprach.

Die Deputation ging weiter davon aus, dass die Angemessenheit der Strafe ohnehin „stets eher durch einen gewissen richterlichen Tact, als nach scharf bezeichneten Grundätzen zu bestimmen seyn [müsse]“[109]. Um für dieses richterliche Gefühl die entsprechenden Bestimmungen aufzustellen, hatte sie verschiedene Anhaltspunkte zur Hilfe genommen. Sie zog die bisherige inländische Gesetzgebung i.V.m. der erfolgten Anpassung dieser durch den Gerichtsgebrauch und das Begnadigungsrecht, ebenso wie die verschiedenen ausländischen Gesetzgebungen, die Sachsen in Bezug auf die „Verhältnisse“ und das Nationalgefühl ähnlich waren, heran. Die Auswertung ergab für die Deputiertenkammer, dass der Entwurf im Mittelmaß zwischen den ausländischen Gesetzgebungen lag und im Vergleich zu den inländischen teilweise bedeutend milder auszufallen schien, was sie dazu veranlasste das Strafmaß bei den einzelnen Delikten eher zu erhöhen als zu verringern.

c) Versuch und Vollendung

Keine Anmerkungen machte die Deputiertenkammer zu den oben angesprochenen Punkten unter A) II) 3. zu Versuch und Vollendung, sondern war mit diesen Bestimmungen einverstanden.

d) Zu den Strafzumessungsgründen

Mit der Fassung des Art. 63 des Entwurfs, der den Ersatz als Strafzumessungsgrund aufgenommen hatte, erklärte sich die Mehrheit der Deputiertenkammer einverstanden. So hatte die Majorität Art. 63, der sich auf den „Rücktritt“ von der vollendeten Tat bezog, mit Art. 26, der den „Rücktritt“ vom Versuch regelte, für vereinbar erklärt. Dies wurde von *von Carlowitz*[110] in (s)einem Separatvotum bezweifelt, der sich daran stieß, für ein vollendetes Verbrechen bereits im voraus Straflosigkeit auszusprechen,

---

109 Sächsische Landtags-Acten 1836/37, Beilagen zu den Protokollen der I. Kammer, 1. Slg., S. 29.

110 *von Carlowitz* sprach sich für folgende Fassung des Art. 63 aus:
„Wenn bei den gegen ______ entschädigt, so ist auf eine Strafe zu erkennen, die ein Viertheil der ordentlichen Strafe nicht übersteigen darf. Ist unter der gleichen Voraussetzung _____.“ Vgl. auch Sächsische Landtags-Acten 1836/37, Beilagen zu den Protokollen der I. Kammer, 1. Slg., S. 175.

wie es Absatz 1 des Art. 63 des Entwurfs vorsah. Auch könne es nicht sein, dass beim versuchten Delikt der Verbrecher selbst nach getätigtem „Rücktritt“ noch bestraft werde, nicht hingegen beim vollendeten Delikt und später geleistetem Ersatz[111]. Diesen Kontrast hob er noch weiter hervor, indem er darauf hinwies, dass Art. 26 schließlich auch bei versuchten Verbrechen nach Art. 63 Anwendung fand, wonach der Täter i.d.R. besser stand, wenn er die Tat vollendete und vor seiner Entdeckung Ersatz leistete, als wenn er bereits vom Versuch zurücktrat.

Die Mehrheit der Deputierten legte ihren Überlegungen dagegen zugrunde, dass die allgemeine Bestimmung des Art. 26 zum einen durch eine besondere Bestimmung, hier Art. 63, beschränkt werden könne und dass das Reizmittel beim Versuch geringer ausfalle als bei der vollendeten Tat. Bei lezterer müsse der Täter seine Schuld bekennen und sich zudem in die Gefahr begeben, bestraft zu werden.

Um jedoch zu unterstreichen, dass der Ersatz aus freien Stücken geleistet werden musste und nicht etwa aufgrund von Drohungen mit einer Anzeige o.ä., wünschte die Deputation das Wort „freien“ in den Satz 1 im ersten Absatz einzufügen, so dass die Vorschrift: „Wenn [...] der Verbrecher aus eigenem *freien* Antriebe [...]“[112] lauten sollte.

Weiter sollten die Worte „von demselben“ in Satz 2 des ersten Absatzes und „von ihm geleistet“ in Satz 2 des dritten Absatzes eingefügt werden[113], um keine Zweifel aufkommen zu lassen, dass die/der Täter (auch beim teilweisen Ersatz) diesen selbst leisten mussten/musste[114].

Bestätigung fand des weiteren die Ausdehnung der Vorschrift auf qualifizierte Diebstähle, Veruntreuungen und Betrügereien, die die Deputation aus politischen Gründen für angemessen hielt. Anders urteilte sie aber über

111 Sächsische Landtags-Acten 1836/37, Beilagen zu den Protokollen der I. Kammer, 1. Slg., S. 174.

112 Sächsische Landtags-Acten 1836/37, Beilagen zu den Protokollen der I. Kammer, 1. Slg., S. 75.

113 Satz 2 des ersten Absatzes lautete demnach: „[…] Ist […] der Ersatz von demselben nur theilweise bewirkt worden […].“ Absatz 3 Satz 2: „Nach angestellter, gegen die Personen der Verbrecher gerichteter Untersuchung kann der von ihm geleistete Ersatz nur bei Bestimmung der Strafe innerhalb der gesetzlich vorgeschriebenen Grenzen berücksichtigt werden.“

114 Sächsische Landtags-Acten 1836/37, Beilagen zu den Protokollen der I. Kammer, 1. Slg., S. 76.

die Art. 222 und 223 des Entwurfs[115], bei denen die Gewalt gegen die Person so stark in den Vordergrund trat, dass eine Berücksichtigung des Ersatzes ihr nicht gerechtfertigt erschien.

Für bedenklich wurde gehalten, dass der Entwurf dem Richter in Art. 63 Absatz 2[116] nur ein Maximum und kein Minimum stellte, da neben dem Schaden des Verletzten gewöhnlich auch eine Störung der öffentlichen Ordnung vorliege[117], weshalb sie in Übereinstimmung mit den königlichen Kommissarien das Minimum auf ein Drittel der vorgesehen Strafe setzte und eine Begrenzung dieser nach oben strich.

e) Strafausschließungsgründe

In dem Hauptbericht der Deputiertenkammer finden sich keine Bemerkungen zu Art. 64 des Entwurfs. Folglich war sie mit der Festsetzung des Alters auf 14 Jahre als Beginn der, wenn auch gemilderten, Strafbarkeit einverstanden.

Bei Art. 73 des Entwurfs[118] verlegte sie den zeitlichen Rahmen nach hinten, indem sie anstelle von „insofern darüber noch nicht erkannt ist" einfügte: „insofern eine Erkenntnis darüber noch nicht publiziert ist".

2. Deputation der II. Kammer

In der Deputation für die II. Kammer befanden sich nach mehreren Umgestaltungen[119] der Obersteuerprokurator *Eisenstuck*, der Landesbestellte[120] *von Mayer*, der Geheime Finanzrat *von Friesen*, die Stadtrichter *Sachse*, *Häntzschel* und *Richter* und der Advokat *Schäffer*. Den Vorsitz der Deputiertenkammer übernahm *Eisen-*

115 Dabei handelte es sich um ausgezeichnete Fälle des Diebstahls, Art. 222 (Diebstahl unter Einsatz von Gewalt oder Drohungen beim Diebstahl oder auf der Flucht) und Art. 223 (Diebstahl mit/unter Einsatz von Waffen). *Groß*, Entwurf, Criminalgesetzbuch, S. 53 f.

116 Dieser lautete: „Bei ausgezeichneten Diebstählen, [...] ist auf eine willkürliche Strafe zu erkennen, welche jedoch die Hälfte des niedrigsten Grades der ordentlichen Strafe nicht übersteigen darf."

117 Sächsische Landtags-Acten 1836/37, Beilagen zu den Protokollen der I. Kammer, 1. Slg., S. 76.

118 Das Erlöschen der Strafbarkeit durch Zurücknahme der Anzeige.

119 So waren u.a. noch vor Beginn der Beratungen zwei Abgeordnete in den Staatsdienst eingetreten und konnten nicht mehr als Kammermitglieder fungieren.

120 In der Oberlausitz war er der Stellvertreter des Landesältesten, der ständischer Beamter war, an der Spitze der Kommunalstände stand und dem die Leitung aller ständischen Geschäfte unterlag.

stuck ebenso wie das Referat für den Allgemeinen Teil des Gesetzbuchs; das Referat für den Speziellen Teil bereitete *von Mayer* vor. Am 14. November 1836 stellte die Deputation der II. Kammer ihren Bericht vor.

a) Grundsätze, die den Beratungen und dem Gesetzbuch zugrunde lagen

In ihren Vorberatungen verglich die Deputation *Groß*' Entwurf insbesondere mit den Entwürfen von Hannover und Württemberg; teilweise zog sie auch den bayrischen, norwegischen und den *Strombeck*'schen Entwurf heran. Der Bericht für die II. Kammer wurde möglichst kurz gefasst, um damit entweder nur die Motive zum Entwurf zu vervollständigen oder möglichen Missverständnissen vorzubeugen[121]. Da die Prüfung der Fassung einzelner Sätze bei allen Gesetzen der Kammer zustand, hatte sich die Deputation darauf beschränkt,

> „den Herren Regierungscommissarien die gegen die Fassung einzelner Artikel auch gegen einzelne Sätze derselben, sich erhebenden Bedenken mitzutheilen und eine andere Fassung zu beantragen,"[122]

was wahrscheinlich dazu führte, dass der Hauptbericht der Deputation der II. Kammer stellenweise kürzer[123] ausfiel als der Bericht der Deputation der I. Kammer.

Zudem war die Deputation der II. Kammer überzeugt,

> „daß ihr, ohne den Werth der Theorie zu verkennen, hauptsächlich obliegen müsse den practischen Gesichtspunkt aufzufassen, da es ja wohl überhaupt einer der hauptsächlichen Vortheile der ständischen Wirksamkeit bei der Gesetzgebung ist, daß dadurch practischer Werth und erfolgreiche Ausführung der Gesetze erstrebt und erlangt werde."[124]

Die wesentlichen Vorzüge des Entwurfs sah die Deputation in der durchgängigen Kürze des Gesetzbuchs und den Vorschriften desselben, der vornehmlichen Meidung von Definitionen und Kasuistik und der Verständlichkeit und Klarheit der Bestimmungen.

---

121 Sächsische Landtags-Acten 1836/37, Beilagen zu den Protokollen der II. Kammer, 1. Slg., S. 28.

122 Sächsische Landtags-Acten 1836/37, Beilagen zu den Protokollen der II. Kammer, 1. Slg., S. 28.

123 So finden sich u.a. keine Bemerkungen zu einer eventuellen Einteilung der strafbaren Handlungen, den Polizeivergehen, den Antragsdelikten, usw.

124 Sächsische Landtags-Acten 1836/37, Beilagen zu den Protokollen der II. Kammer, 1. Slg., S. 28.

b) Zum Strafensystem

aa) Allgemeine Betrachtungen zum Strafensystem

Beim Strafensystem wurde von der Deputation der II. Kammer insbesondere das Erfordernis oder vielmehr die Angemessenheit der körperlichen Züchtigung diskutiert. So hatten sich zwei Mitglieder der Deputation, der Vorsitzende *Eisenstuck* und *Sachse*, gegen jegliche Anwendung der körperlichen Züchtigung erklärt und die Gründe gegen dieses Strafmittel der II. Kammer in einem Separatvotum[125] dargelegt.

Die Mehrheit der Deputiertenkammer konnte jedoch die Bedenken gegen die Zulässigkeit der körperlichen Züchtigung nicht teilen und erkannte deswegen diese als Schärfungsmittel grundsätzlich an. Nicht überzeugt war sie hingegen davon, die körperliche Züchtigung als selbständiges Strafmittel anzuwenden sowie davon, dass diese zweckmäßiges und charakteristisches Merkmal der Zuchthausstrafe ersten Grades sei. Da in dem Entwurf die Zuchthausstrafe ersten Grades auch dann angedroht wurde, wenn dem Delikt „nicht der höchste Grad von Ruchlosigkeit geradehin beigemessen werden [konnte]“[126] und die Täter zudem nicht immer notwendigerweise „verhärtete Verbrecher“[127] sein mussten, lehnte die Mehrheit die körperliche Züchtigung insoweit ab. Im übrigen solle der Unterschied zwischen der Zuchthausstrafe ersten und zweiten Grades in den entsprechenden Bestimmungen der Hausordnung und nicht im Criminalgesetzbuch niederlegt werden[128]. Ebenfalls war die Deputation gegen die körperliche Züchtigung als Schärfungsmittel bei den Arbeitshaus- und Gefängnisstrafen, da diese nur bei geringeren Verbrechen angeordnet werden sollten und deshalb „die härteste und das Ehrgefühl kränkende Schärfung nicht statt finden [könne]“[129]. Auch enthalte die körperliche Züchtigung immer etwas Beleidigendes; es solle jedoch nur die erlittene Zuchthausstrafe aufgrund

---

125 Sächsische Landtags-Acten 1836/37, Beilagen zu den Protokollen der II. Kammer, 1. Slg., S. 187 ff.

126 Sächsische Landtags-Acten 1836/37, Beilagen zu den Protokollen der II. Kammer, 1. Slg., S. 40.

127 Sächsische Landtags-Acten 1836/37, Beilagen zu den Protokollen der II. Kammer, 1. Slg., S. 40 f.

128 Sächsische Landtags-Acten 1836/37, Beilagen zu den Protokollen der II. Kammer, 1. Slg., S. 41.

129 Sächsische Landtags-Acten 1836/37, Beilagen zu den Protokollen der II. Kammer, 1. Slg., S. 44.

von Art. 9 mit dem Ehrenverlust verbunden sein[130]. Weitere Einschränkungen hinsichtlich dieses Strafmittels nahm die Kommission zudem bei Art. 20 des Entwurfs, der die Verwandlung von Arbeits- oder Gefängnisstrafe in körperliche Züchtigung regelte, vor.

Negativ äußerte sich die Deputiertenkammer auch zum Pranger, schon weil er zu den Ehrenstrafen gehörte und sie diese allgemein als „die unpassendsten"[131] ansah. Gegen den Pranger selbst führte sie an, dass dieser nur als Schauspiel für die rohe Menge diene und das Zuchthaus nicht abschreckkender mache, da der Täter entweder bereits so verdorben sei, dass er den Pranger lächerlich mache, oder im umgekehrten Fall, der Pranger dessen letztes sittliches Gefühl vernichte.

Bei Art. 9 des Entwurfs, der die Folgen der erlittenen Zuchthausstrafe regelte, wurden nur redaktionelle und keine inhaltlichen Änderungen vorgenommen.

bb) Zur Todesstrafe

Die Majorität der Deputation der II. Kammer sprach sich für eine Beibehaltung der Todesstrafe aus. Anderer Meinung war der Abgeordnete und Vorsitzende der Deputation *Eisenstuck*, der in einem umfassenden Separatvotum der II. Kammer seine Beweggründe zur Prüfung und Berücksichtigung darlegte.

Eisenstuck bemängelte die wenigen Sätze, die die Motive zum Entwurf über die Todesstrafe enthielten. Sie entbehrten einer Auseinandersetzung mit der Frage, ob die Todesstrafe rechtmäßig, notwendig und zweckmäßig sei[132]. Hiermit beschäftigte sich hingegen *Eisenstuck* in seinem Votum ausführlich. Zunächst bedachte er das oftmals angeführte Argument, dass das Recht des Einzelnen, sich zu wehren und dabei notfalls auch zu töten, im Staatsverband auf den Staat übergehe und damit die Zulässigkeit der Todesstrafe begründe. Diese Überlegung beruhte seiner Ansicht nach auf zwei Irrtümern: erstens verwechsele man hierbei das Recht der Abwehrung

130 Sächsische Landtags-Acten 1836/37, Beilagen zu den Protokollen der II. Kammer, 1. Slg., S. 44.

131 Sächsische Landtags-Acten 1836/37, Beilagen zu den Protokollen der II. Kammer, 1. Slg., S. 41.

132 Sächsische Landtags-Acten 1836/37, Beilagen zu den Protokollen der II. Kammer, 1. Slg., S. 173.

einer drohenden Strafe mit dem unzulässigen Recht nach Rache und zweitens ständen dem Staat durch Einsperrung und fester Verwahrung Mittel zur Verfügung, die der Einzelne nicht besitze. Gegen die Todesstrafe spreche und werde immer sprechen, „daß der Mensch sich seines Lebens nicht entäussern darf"[133]. Das dagegen geführte Argument, dass der im Staat zum Tode verurteilte Mensch sein Leben nur einsetzte, um es zu retten, hielt *Eisenstuck* für unerwiesen, da erst noch dargetan werden müsse, dass nur Todesstrafen abschreckend seien und eine Garantie gegen Verbrechen gewährten.

Sodann ging *Eisenstuck* auf drei weitere Argumente, die für die Rechtmäßigkeit der Todesstrafe genannt wurden, ein:

1. Bereits die mosaischen Gesetze und einige Stellen des Neuen Testaments sprächen sich für die Todesstrafe aus[134]. Diesem Einwand entgegnete er, dass selbst Gott Kain, der seinen Bruder Abel getötet hatte, *nur* mit Verbannung belegt habe, und dass „allein einer unbefangenen Schriftauslegung [...] aus beiden Stellen ein Beweis für die Rechtmäßigkeit der Todesstrafe nicht [entnommen könne]"[135].

2. Weiter bestätigte *Eisenstuck* zwar, dass die Todesstrafe in den meisten Völkern aller Zeit anerkannt werde, jedoch könne dieses Kriterium nicht als Begründung herhalten; es lasse ihn an der Vollkommenheit der Menschen zweifeln. Es sei fraglich, ob eine Einrichtung, die lange und in vielen Völkern bestanden habe, gerade aus diesem Grund ab hier immer bestehend anzuerkennen sei.
   Als Beispiel führte er Tahiti an, dessen Einwohner, nachdem sie missioniert worden waren, die Todesstrafe abgelehnt hatten, da sie diese mit den christlichen Grundsätzen für unvereinbar hielten.

3. Für die Rechtmäßigkeit spreche das moralische Gefühl der Entsühnung durch den Tod[136]. Dem entgegnete *Eisenstuck*, dass, wollte „man endlich von den Gefühlen die Entscheidung in der Criminalgesetzgebung

133 Sächsische Landtags-Acten 1836/37, Beilagen zu den Protokollen der II. Kammer, 1. Slg., S. 174.

134 Sächsische Landtags-Acten 1836/37, Beilagen zu den Protokollen der II. Kammer, 1. Slg., S. 174 f.

135 Sächsische Landtags-Acten 1836/37, Beilagen zu den Protokollen der II. Kammer, 1. Slg., S. 175.

136 Sächsische Landtags-Acten 1836/37, Beilagen zu den Protokollen der II. Kammer, 1. Slg., S. 176 f.

entnehmen, so [...] [würde] man dann auf einem sehr unsichern Boden stehen“[137].

Da jedoch die Fortschritte in der Strafgesetzgebung dazu geführt hatten, dass man sich weniger mit der theoretischen Begründung der Todesstrafe befasste, als mit der Frage nach der Notwendigkeit und Entbehrlichkeit derselben, ging *Eisenstuck* bald auf diese Begründung ein. Eine Häufung der Verbrechen, sollte die Todesstrafe als Strafmittel entfallen, hielt er nicht nur für unbewiesen, sondern zudem für widerlegt. Hierfür berief er sich auf Statistiken von Verbrechen, bei denen die Todesstrafe abgeschafft worden war, und nannte als Beispiel Rheinbayern[138], wo die Todesstrafe seit Jahren nicht mehr vollzogen worden, eine Mehrung der Verbrechen trotzdem nicht aufgetreten war.

Eisenstuck zählte schließlich die Gründe auf, die für eine Notwendigkeit der Todesstrafe herangezogen wurden und unterschied sie in solche, die absolut (1.–3.) und solche, die nur relativ (4.–6.) galten:

1. Die Todesstrafe stelle die stärkste Abschreckung dar, die durch nichts zu ersetzen sei[139].
   Dass die Liebe für das Leben, noch die Furcht es zu verlieren, den Täter abhalten sollten, eine Straftat zu begehen, konnte laut *Eisenstuck* weder aus der Natur des Menschen noch aus der Erfahrung belegt werden. Zudem müsse der Verbrecher, sollte er bei Begehung der Tat an die hierauf gesetzte Strafe denken, bei der Häufigkeit der Begnadigungen eher die Möglichkeit einer solchen als die Möglichkeit einer Hinrichtung vor Augen haben[140]. Überhaupt werde der Verlust der Freiheit auf Lebenszeit unter Vollbringung harter Arbeit oftmals als ebenso abschreckend empfunden[141]. Werde weiter die Strafanstalt gesichert,

137 Sächsische Landtags-Acten 1836/37, Beilagen zu den Protokollen der II. Kammer, 1. Slg., S. 177.

138 Das sind die linksrheinischen Besitzungen in Bayern, die auch Rheinkreise genannt werden.

139 Sächsische Landtags-Acten 1836/37, Beilagen zu den Protokollen der II. Kammer, 1. Slg., S. 178.

140 Sächsische Landtags-Acten 1836/37, Beilagen zu den Protokollen der II. Kammer, 1. Slg., S. 179 f.

141 Sächsische Landtags-Acten 1836/37, Beilagen zu den Protokollen der II. Kammer, 1. Slg., S. 180.

zweckmäßig beaufsichtigt und verwaltet, sei die Hoffnung auf Entkommen geringer als bei der Todesstrafe[142].

2. Die Volksmeinung spreche sich für diese Art von Strafe aus[143].
Dies konnte nach *Eisenstuck* als Argument nicht reichen, da die Volksmeinung hauptsächlich aus Rachegefühlen und Widervergeltung hervorgehe, was aber nicht Grundlage der Gesetzgebung sein könne. So war er davon überzeugt, dass

> „[d]ie Gesetzgebung dahin streben [muss], die Sitten zu veredeln, Roheit und Barbarei in den Sitten des Volkes zu mildern und verbannen; nie aber darf sie sich nachgiebig den Meinungen im Volke anschmiegen, nach ihnen sich regeln, wenn sie diese Meinungen als vor dem Richterstuhl der Religion, Moralität und des Rechts die Prüfung nicht bestehend anerkennt.“[144]

Zudem sprächen sich immer mehr Menschen aus dem Volk, die zu diesem Zweck Vereine gebildet hätten, gegen die Todesstrafe aus[145].

3. Die Todesstrafe sei das beste Sicherungsmittel und verursache die geringsten Kosten[146].
Dass man die beste Sicherung gegen den Täter erlange, der hingerichtet werde, könne man überall geltend machen und sei somit als Argument unbrauchbar; denn auch der Dieb könne nicht wieder stehlen, der Betrüger nicht wieder betrügen, würden sie hingerichtet[147]. Zudem seien in Rheinbayern viele Begnadigte nach ihrer Entlassung nicht rückfällig geworden; gleiches gelte für Genf, wo durch zweckmäßige Einrichtung der Strafanstalten die Rückfälle hätten bedeutend gemindert werden

---

142 Sächsische Landtags-Acten 1836/37, Beilagen zu den Protokollen der II. Kammer, 1. Slg., S. 181.

143 Sächsische Landtags-Acten 1836/37, Beilagen zu den Protokollen der II. Kammer, 1. Slg., S. 179.

144 Sächsische Landtags-Acten 1836/37, Beilagen zu den Protokollen der II. Kammer, 1. Slg., S. 176.

145 Sächsische Landtags-Acten 1836/37, Beilagen zu den Protokollen der II. Kammer, 1. Slg., S. 181.

146 Sächsische Landtags-Acten 1836/37, Beilagen zu den Protokollen der II. Kammer, 1. Slg., S. 179.

147 Sächsische Landtags-Acten 1836/37, Beilagen zu den Protokollen der II. Kammer, 1. Slg., S. 173.

können[148]. Die absolute Voraussetzung sei jedoch die zweckmäßige Einrichtung der Strafanstalten, von der u.a. sowohl die Abschreckung als auch Besserung der Verbrecher abhingen[149]. Dass hierfür teilweise bedeutende Summen an Geld aufgewandt werden mussten, hielt *Eisenstuck* für ein akzeptables Opfer, wenn doch die Verbrechen vermindert werden konnten; denn auch für z.B. unzweckmäßige Strafanstalten würden evtl. geringere Summen Geld aufgewandt, die dann jedoch als verloren gelten müssten.

4. Der intellektuelle und moralische Höhepunkt des Volkes, der vorausgesetzt werden müsse, um die Todesstrafe abzuschaffen, sei noch nicht erreicht[150].
   Dazu müsse man sich doch zuallererst fragen, „Welcher Höhepunkt der intellectuellen und sittlichen Ausbildung [...] denn derjenige seyn [sollte], neben welchem die Aufhebung der Todesstrafe bestehen kann?“[151] Es könne nicht derjenige sein, an dem der Mensch zu einem rein moralischen Wesen, frei von allen Verlockungen, geworden sei, da dieser den Menschen „hienieden nicht beschieden [sei]“[152]. Außerdem führte *Eisenstuck* an, dass der moralische Zustand unter der sächsischen Bevölkerung nicht schlechter, sondern sogar des öfteren besser als vielerorts sei; er sei verbessert worden und werde stetig besser.

5. Man könne bei der Abschaffung der Todesstrafe nicht mehr auf dieselbe zurückgreifen, bei Belassung derselben aber immer auf die Begnadigung[153].
   Diese stelle sich als ein unantastbares Recht des Königs dar und es sei bedenklich, die Strafgesetzgebung hierauf zu stützen, in der Hoffnung,

148 Sächsische Landtags-Acten 1836/37, Beilagen zu den Protokollen der II. Kammer, 1. Slg., S. 182. So war vor der Eröffnung der Strafanstalt in Genf unter drei Sträflingen einer rückfällig, im Jahre 1835 war es unter 50 Sträflingen ebenfalls einer.

149 Sächsische Landtags-Acten 1836/37, Beilagen zu den Protokollen der II. Kammer, 1. Slg., S. 182.

150 Sächsische Landtags-Acten 1836/37, Beilagen zu den Protokollen der II. Kammer, 1. Slg., S. 179.

151 Sächsische Landtags-Acten 1836/37, Beilagen zu den Protokollen der II. Kammer, 1. Slg., S. 183.

152 Sächsische Landtags-Acten 1836/37, Beilagen zu den Protokollen der II. Kammer, 1. Slg., S. 183.

153 Sächsische Landtags-Acten 1836/37, Beilagen zu den Protokollen der II. Kammer, 1. Slg., S. 179.

ein gerechter König möge sie überall dort nicht vollstrecken lassen, wo es unzweckmäßig erscheine.

6. Dort, wo die Todesstrafe bereits aufgehoben worden sei, habe man sich genötigt gesehen sie wieder einzuführen[154].
   Zwar sei dies in Österreich der Fall, jedoch könne man diese Tatsachen allein nicht zur Grundlage der Überlegungen machen, da zum einen der Zeitraum der Aufhebung zu kurz gewesen sei, als dass man hieraus Resultate hätte ziehen können, und zum anderen kein Beweis dafür vorliege, dass in dieser Zeit eine Vermehrung der Verbrechen stattgefunden habe[155].

Mit der Zweckmäßigkeit der Todesstrafe beschäftigte sich *Eisenstuck* kürzer. So führte er an, dass, auch wenn die Besserung des Verbrechers nicht Hauptzweck sein könne, sie trotzdem ein nicht unbeachtlicher Nebenzweck sei, der durch die Hinrichtung nicht verfolgt werden könne. Die Abschreckung anderer werde zudem durch eine öffentliche Hinrichtung eher verfehlt als erzielt, da man z.B. in England die Erfahrung gemacht habe, dass sehr häufig Diebstähle begangen würden, während ein Dieb gehängt werde[156]. Neuere Untersuchungen in Sachsen lieferten weiter den Beweis dafür, dass Angeschuldigte kurz vor der Begehung eines Kapitalverbrechens Zeugen einer Hinrichtung geworden seien, ohne sich hiervon abschrecken zu lassen[157]. Durch Anträge auf eine geheime Vollstreckung der Todesstrafe war für *Eisenstuck* endlich erwiesen, dass sich auch die Befürworter dieser Strafe von einer Abschreckungswirkung derselben auf andere verabschiedet hatten. In den verschiedenen Begnadigungsfällen könne das Volk außerdem nur allzu leicht Ungleichheit vermuten, was zum Verlust der Achtung vor dem Gesetz führe[158].

Zuletzt bleibe zu beachten, dass auch, wenn man davon ausgehe, dass die Gemeinschaft der Menschen als eine bestehende Einrichtung betrachtet

---

154 Sächsische Landtags-Acten 1836/37, Beilagen zu den Protokollen der II. Kammer, 1. Slg., S. 179.

155 Sächsische Landtags-Acten 1836/37, Beilagen zu den Protokollen der II. Kammer, 1. Slg., S. 184.

156 Sächsische Landtags-Acten 1836/37, Beilagen zu den Protokollen der II. Kammer, 1. Slg., S. 185.

157 Sächsische Landtags-Acten 1836/37, Beilagen zu den Protokollen der II. Kammer, 1. Slg., S. 185.

158 Sächsische Landtags-Acten 1836/37, Beilagen zu den Protokollen der II. Kammer, 1. Slg., S. 185.

werde, derer sich der Einzelne unterwerfe, diese Einrichtung und mit ihr die Todesstrafe mit den höchsten Gesetzen vereinbar sein müsse, was jedoch aufgrund der o.g. Ausführungen widerlegt worden sei[159]. So beantragte *Eisenstuck* schließlich am Ende seines Vortrags, bei allen Delikten, die auf Todesstrafe erkannten, lebenslängliche bzw. fünf bis 20 Jahre Zuchthausstrafe festzusetzen.

Trotz der grundsätzlichen Annahme der Todesstrafe als Strafmittel machte die Deputation mehrere Änderungs- und Ergänzungsvorschläge zu Art. 6 des Entwurfs, die die Vorschrift abmildern und präzisieren sollten.

Sie hielt es mit der Humanität, auf die die Gesetzgebung hinarbeiten sollte, für unvereinbar, dass der Leichnam des Enthaupteten nicht auf dem „Totenacker" beerdigt werden sollte, und sprach sich dafür aus, diesen auf einem abgesonderten Ort des Friedhofs zu begraben. So sei auch der Leichnam des Verbrechers immer noch der eines Menschen und man dürfe diesen nicht „wie den Leichnam eines Thieres behandeln"[160]. Des weiteren empfand es die Deputiertenkammer als unstimmig, wenn man zwar die Verschärfung der Todesstrafe ablehne, zugleich aber eine Verschärfung am Leichnam als zulässig erachte. Weiter führte es nach ihrer Ansicht zu Ungleichheiten, wenn es vom Zufall abhängig war, ob der Leichnam an eine anatomische Anstalt abgeliefert oder woanders begraben wurde[161]. Auch trete es in Kontrast mit der Religionspflicht, wenn der Täter seine Schuld mit dem Leben beim Staat büße, man aber dann dem Leichnam die letzte Anerkenntnis versage[162].

Weiterhin wollte die Deputation aus Gründen der Humanität, anders als die Deputation der I. Kammer, nach den Worten „durch Enthauptung vollzogen" die Worte „bei schwangern Weibspersonen nach überstandenem Wochenbette" und den Satz:

---

159 Sächsische Landtags-Acten 1836/37, Beilagen zu den Protokollen der II. Kammer, 1. Slg., S. 174.

160 Sächsische Landtags-Acten 1836/37, Beilagen zu den Protokollen der II. Kammer, 1. Slg., S. 39.

161 Der Entwurf lautete insoweit: [...] der Körper des Enthaupteten wird an die nächste öffentliche anatomische Anstalt abgeliefert, oder, wenn dieses nicht thunlich ist, auf dem Richtplatze oder auf einem andern abgelegenen und von dem gewöhnlichen Todtenacker abgesonderten Orte vergraben." *Groß*, Entwurf, Criminalgesetzbuch, S. 4.

162 Sächsische Landtags-Acten 1836/37, Beilagen zu den Protokollen der II. Kammer, 1. Slg., S. 39.

> „Wenn mehrere hingerichtet werden, darf keiner der hinzurichtenden Verbrecher bei der Hinrichtung des anderen zugegen seyn, daß nicht von mehreren der Todesstrafe verfallenen einer genöthigt sey, Zuschauer der Hinrichtung des anderen zu seyn."[163]

in den Entwurf *einfügen.*

Denn auch hierin sah sie eine abzulehnende Verschärfung der Todesstrafe. Nicht ausgeschlossen sollte allerdings die Möglichkeit der gleichzeitigen Verbringung zum Richtplatz werden[164].

cc) Straf(rahmen)bestimmung

Die Deputiertenkammer wies in ihrem Bericht auf die bisherige Strafgesetzgebung Sachsens hin, welche sich durch große Härte auszeichnete, und schilderte die (oftmals) negativen Folgen, die daraus resultierten. So sähen sich die Richter infolge dieses Übermaßes an Härte dazu genötigt, scheinbare Milderungsgründe anzunehmen und dadurch in die Aufgaben der Gesetzgebung einzugreifen. Sei auch dies nicht möglich, werde die Begnadigung als letztes Korrekturmittel angewandt, um nicht durch die Befolgung der Gesetze Ungerechtigkeit entstehen zu lassen. Dies müsse jedoch zu einer eingeschränkten Funktionsfähigkeit des Strafrechts führen und widerspreche zudem der damaligen Verfassung eines konstitutionellen Staates, nach der den Ständen die Mitwirkung an der Gesetzgebung obliege und dem König das Recht der Begnadigung zustehe und nicht den Richtern.

Aufgrund dieser Vorgeschichte der sächsischen Praxis legte die Deputation fest, dass es nicht darauf ankomme,

> „daß die Strafen sehr streng, hart, über alles Maas und ohne Unterschied der Fälle, der objectiven und subjectiven Verhältnisse angedrohet werden, um dann zur Anwendbarkeit gar nicht gebracht werden zu können, sondern darauf, daß das Strafmaas den strafbaren Handlungen entspreche, die gerechte Strafe aber auch den Verbrecher treffe und von ihm verbüßt werde."[165]

Eben weil es unmöglich sei, absolute Strafen für jedes einzelne Verbrechen so aufzustellen, dass es den Umständen des Einzelfalls gerecht werden könne, müsse man zudem dem erkennenden Richter ein Strafmaß geben,

---

163 Sächsische Landtags-Acten 1836/37, Beilagen zu den Protokollen der II. Kammer, 1. Slg., S. 40.

164 Sächsische Landtags-Acten 1836/37, Beilagen zu den Protokollen der II. Kammer, 1. Slg., S. 40.

165 Sächsische Landtags-Acten 1836/37, Beilagen zu den Protokollen der II. Kammer, 1. Slg., S. 32.

innerhalb dessen er sich bewegen könne[166]. Deswegen sah die Kammer einen zusätzlichen Vorzug des Entwurfs in der Aufstellung des relativen Strafensystems. Wahrscheinlich um etwaigen Einwänden, dass die Strafe dadurch willkürlicher ausfallen könne, vorzubeugen, wies die Deputation zusätzlich auf das Strafverfahren Sachsens, den Instanzenzug und die kollegiale Beratung in den höheren Gerichtshöfen hin, was die Rechte des Angeschuldigten ausreichend sichere.

In diesem Zusammenhang kam die Deputation weiter zu der Frage, ob dem Richter zudem die Möglichkeit des Herabsetzens der Strafe unter das Minimum auch außerhalb der im Gesetz vorgesehenen Milderungsgründe zu gestatten sei. Sie verneinte diese Frage jedoch, um nicht der Willkür Vorschub zu leisten. Zudem höre ansonsten das Minimum auf, ein solches zu sein[167]. Die Deputation hatte aber im Besonderen Teil bei den Delikten, wo ihr das Minimum noch zu hoch erschien, die Herabsetzung desselben beantragt und schließlich auf die Möglichkeit einer Begnadigung hingewiesen[168].

Endlich kam die Deputation auch zu der Frage[169], ob und wie im relativen Strafensystem die ordentliche und gesetzliche Strafe zu bestimmen sei. Sie gelangte zu der Ansicht, dass eine ordentliche Strafe, wie im absoluten Strafensystem anerkannt, bei relativen Strafen nicht möglich sei. Der gewissenhafte Richter müsse vielmehr nach Aufstellung und Abwägung aller Eigenarten des Einzelfalls erkennen und entscheiden und so könne sich einmal das Maximum, einmal die Mitte und einmal das Minimum als gesetzliche Strafe darstellen[170].

Um aber Gerechtigkeit (beim relativen Strafensystem) gewährleisten zu können, sprach sich die Deputation für die Einführung der Öffentlichkeit des Verfahrens in Untersuchungssachen aus, das, trotz seiner Zugehörig-

---

166 Sächsische Landtags-Acten 1836/37, Beilagen zu den Protokollen der II. Kammer, 1. Slg., S. 32.

167 Sächsische Landtags-Acten 1836/37, Beilagen zu den Protokollen der II. Kammer, 1. Slg., S. 32.

168 Sächsische Landtags-Acten 1836/37, Beilagen zu den Protokollen der II. Kammer, 1. Slg., S. 32.

169 Diese stellte sich ihr noch einmal bei Art. 23 (Vollendung des Verbrechens) des Entwurfs, der von „voller gesetzlicher Strafe“ sprach. Sächsische Landtags-Acten 1836/37, Beilagen zu den Protokollen der II. Kammer, 1. Slg., S. 48.

170 Sächsische Landtags-Acten 1836/37, Beilagen zu den Protokollen der II. Kammer, 1. Slg., S. 33, 48.

keit zum Strafverfahren und nicht zum materiellen Recht, bereits in ihrer Beratung an den entsprechenden Stellen Berücksichtigung finden sollte. Ihrer Ansicht nach ergab sich die Notwendigkeit einer Kontrolle durch die Öffentlichkeit allein schon aus dem relativen Strafensystem und dem damit für den Richter eröffneten Ermessensspielraum, wonach in der öffentlichen Meinung schnell der Vorwurf der Ungerechtigkeit entstehen konnte[171].

Hinsichtlich der Bestimmungen über die Fristen der Strafen, geregelt in Art. 16 des Entwurfs, kamen von Seiten der Deputation keine Vorschläge oder Ergänzungen. Sie schloss sich aber dem von der Deputation der I. Kammer vorgeschlagenen Zusatz des Art. 16b an[172], der von den königlichen Kommissarien vorgestellt worden war und von ihr als sachgemäß empfunden wurde.

c) Versuchte Verbrechen

Mit Art. 26 des Entwurfs konnte sich die Deputiertenkammer nicht einverstanden erklären. Sie war der Auffassung, dass gänzliche Straflosigkeit bei freiwilliger Abstandnahme vom bereits begonnenen Verbrechen eintreten müsse, solange der Täter dies nur aus eigener Motivation und ohne durch äußere Umstände gehindert worden zu sein tat. Nur das, was für sich allein schon eine strafbare Handlung darstelle, solle bestraft werden[173]. Deswegen sprach sie sich dafür aus, die Worte „ist höchstens mit einjähriger Zuchthausstrafe zu belegen“ durch „ist straflos“ zu ersetzen und damit auch die Worte „eine grössere Strafe“ durch „eine Strafe“ auszutauschen. Art. 26 des Entwurfs sollte hiernach wie folgt lauten:

> „Ein Verbrecher, der von einem bereits begonnenen verbrecherischen Unternehmen, ohne durch äussere Umstände gehindert worden zu seyn, freiwillig wieder absteht, *ist straflos*, insofern nicht dasjenige, was er zu der Ausfüh-

171 Sächsische Landtags-Acten 1836/37, Beilagen zu den Protokollen der II. Kammer, 1. Slg., S. 34.

172 Allerdings nahm sie eine Veränderung vor und änderte „die geringere Strafart“ in „geringere Strafarten“ ab; vgl. den Vorschlag der Deputation der I. Kammer unter B) I. 1. b) cc). Sächsische Landtags-Acten 1836/37, Beilagen zu den Protokollen der II. Kammer, 1. Slg., S. 45.

173 Sächsische Landtags-Acten 1836/37, Beilagen zu den Protokollen der II. Kammer, 1. Slg., S. 49.

rung des Verbrechens schon gethan, an und für sich eine verbrecherische Handlung in sich begreift, und als solche *eine Strafe* nach sich zieht."[174]

Die Deputation der II. Kammer hielt die Bedenken, dass der Täter eher zum Versuch verleitet werden konnte, wenn ihm der Rücktritt Straflosigkeit gewährte, für unverhältnismäßig. Sie war überzeugt davon, dass dieser Gefahr durch die Worte „ohne durch äussere Umstände beschränkt worden zu seyn"[175] ausreichend vorgebeugt werde.

Zu ihrer Begründung für die Straflosigkeit trug sie vor,

> „daß die Verhütung der Verbrechen durch Zusicherung der Straflosigkeit in dem angegebenen Falle werde befördert werden, während die Androhung einer, wenn auch gelinderen Strafe, nur zu leicht dazu führen kann, daß derjenige, welcher ein Verbrechen begehen will, es vorzieht, die Handlung zur Ausführung zu bringen, um deren Früchte zu geniessen, anstatt der Stimme der Reue Gehör zu geben und das Verbrechen zu unterlassen."[176]

Zudem wies sie, ebenso wie *von Carlowitz* in seinem Separatvotum, auf den Widerspruch hin, der sich bei Delikten gegen das Eigentum aufgrund der Straflosigkeit nach Art. 63 des Entwurfs stellte.

d) Strafzumessungsgründe

Zum Ersatz nach Art. 63 des Entwurfs vermerkte die Deputiertenkammer, wie zuvor die Deputation der I. Kammer, die Ergänzung der Worte „von demselben" am Ende des ersten Satzes und, sofern die II. Kammer sich hiermit einverstanden erklärte, im letzten Absatz die Worte „von ihnen geleistete"[177], um hervorzuheben, dass nur der vom Täter selbst geleistete Ersatz zu berücksichtigen war. Ebenfalls sollten die Fälle der Art. 222 und

---

174 Sächsische Landtags-Acten 1836/37, Beilagen zu den Protokollen der II. Kammer, 1. Slg., S. 49 f.

175 Sächsische Landtags-Acten 1836/37, Beilagen zu den Protokollen der II. Kammer, 1. Slg., S. 49 f.

176 Sächsische Landtags-Acten 1836/37, Beilagen zu den Protokollen der II. Kammer, 1. Slg., S. 49.

177 Die Worte der Deputation der I. Kammer sind jedoch nicht korrekt, da sie von der dritten Person im Singular ausgehen und nicht, wie die Worte der Deputation der II. Kammer, von der dritten Person im Plural. S. hierzu die Bemerkungen der I. Deputiertenkammer unter B) I. 1. e).

223 des Entwurfs wegen ihrer besonderen Gefährlichkeit nicht als Ausnahme des Art. 63 des Entwurfs berücksichtigt werden[178].

Die Ausdrücke „willkürliche Strafe“ und „ordentliche Strafe“ im zweiten Absatz des Art. 63 des Entwurfs fand sie nicht angemessen, da sie bereits bei der Diskussion um das relative Strafensystem festgestellt hatte, dass der Gebrauch dieser Begriffe nicht mehr so möglich war wie im absoluten Strafensystem. Sie sprach sich statt dessen für folgende Fassung aus, die auch ein Minimum statt eines Maximums festschrieb:

> „Bei ausgezeichneten Diebstählen, [...] *kann in den obigen Fällen die Strafe bis zu einem Drittheile der außerdem eintretenden Strafe herabgesetzt werden, jedoch ohne die Strafart zu verändern* [...].“[179]

e) Strafausschließungsgründe

Hinsichtlich Artikel 64, der den Eintritt der Zurechnungsfähigkeit von Kindern regelte, hatte die Deputation keine Erinnerungen gestellt, sondern sich mit *Groß'* Fassung für einverstanden erklärt.

Nach Abschluss ihrer Beratungen nahm die Kommission der II. Kammer den gesamten Entwurf, unter der Voraussetzung, dass ihre Änderungen von der Regierung gebilligt würden, an.

II. Beratungen in den Kammern

1. Beratungen der I. Kammer

a) Allgemeine Beratung

Nachdem die I. Kammer in einer Vorberatung das weitere Verfahren zur anstehenden Beratung besprochen hatte, begann sie am 9. Dezember 1836 mit der Allgemeinen Beratung zum Criminalgesetzbuch.

Dabei orientierte sie sich an dem ihr vorgelegten Hauptbericht ihrer Deputation[180] und folgte dem von *Prinz Johann* gemachtem Vorschlag, indem sie die Vorrede

178 Sächsische Landtags-Acten 1836/37, Beilagen zu den Protokollen der II. Kammer, 1. Slg., S. 63.

179 Sächsische Landtags-Acten 1836/37, Beilagen zu den Protokollen der II. Kammer, 1. Slg., S. 63.

180 Der Hauptbericht der Deputation der II. Kammer lag den Mitgliedern ebenfalls vor, doch war dieser nicht entscheidend für die Allgemeine Beratung.

des Deputationsgutachtens in mehrere Abschnitte[181] einteilte, mit denen sie sich dann jeweils befassen wollte.

aa) Allgemeine Überlegungen zum Criminalgesetzbuch

Zu den allgemeinen Überlegungen[182] der Deputation äußerten sich nur wenige Kammermitglieder und selbst diese hielten eine Erörterung der in dem Hauptbericht angesprochenen Punkte für unzweckmäßig, da sich nach dem Domherrn *Dr. Günther*:

> „[diese Erwägungen] trotz ihrer ungemeinen Wichtigkeit [...] nicht zur Verhandlung der hohen Kammer eign[en], sondern nur Gegenstand einer wissenschaftlichen Erörterung sein [...] [können], die [...] doch nie in einer ständischen Versammlung vorgenommen werden sollte, weil es unmöglich sein wird, irgend einen Beschluß auf eine solche Beratung zu gründen – unmöglich aus vielen theoretischen, unmöglich noch aus mehreren praktischen Gründen."[183]

So kam man überein, die jeweiligen Punkte gegebenenfalls „in specieller Beziehung [...] [bei den] einzelnen Paragraphen des Gutachtens"[184] zur Sprache zu bringen, um nicht „der Beschlußfassung über den praktischen Theil vor[zu]greifen"[185].

bb) Zur Abschaffung der Todesstrafe

Alsdann widmete sich die Kammer den im Hauptbericht der Deputation angestellten Überlegungen zur Todesstrafe. Der Abgeordnete *von Ziegler* stellte einen Antrag, der auf Abschaffung der Todesstrafe als Strafmittel gerichtet war. Zunächst beschäftigte er sich mit grundsätzlichen Erwägungen, die sich mit den Ursachen für die meisten Verbrechen und den Prinzipien eines Gesetzbuchs befassten. Dies seien allein Gerechtigkeit und christliche Milde, die aber nicht mehr gestatteten, als die Freiheit des Ver-

---

181 Hierzu gehörten: allgemeine Überlegungen der Deputation zu einem Gesetzbuch, das Strafensystem, insbesondere Todesstrafe und körperliche Züchtigung, allgemeine Grundsätze bei den Strafbestimmungen, das richterliche Ermessen und letztlich die Formalitäten im Verfahren. Vgl. Mittheilungen über die Verhandlungen des Landtags (Sachsen) – 1837, S. 177 f.

182 Dazu zählten die Grundsätze, die die Deputation der I. Kammer bei der Prüfung des Entwurfs zugrunde gelegt hatte, vgl. unter B) I. 1. a), wie auch die unter B) I. 1. a) aa)–dd) besprochenen Punkte.

183 Mittheilungen über die Verhandlungen des Landtags (Sachsen) – 1837, S. 179.

184 Mittheilungen über die Verhandlungen des Landtags (Sachsen) – 1837, S. 185.

185 Mittheilungen über die Verhandlungen des Landtags (Sachsen) – 1837, S. 186.

brechers soweit zu beschränken, dass er nicht in die Sphäre anderer Menschen eingreifen könne[186]. Weiter führte er an, dass eine lange Anwendungszeit die Todesstrafe nicht rechtfertige, da „hundertjähriges Unrecht nicht eine Stunde Recht sei"[187], dass es weitaus angemessenere Strafmittel gebe und dass die Frage, ob eine Hinrichtung weniger Geld koste als die Inhaftierung eines Verbrechers dort nicht zu stellen sei, wo es um Menschenleben gehe. Indessen erklärte sich Kammerherr *von Thilau* für die Beibehaltung der Todesstrafe, indem er u.a. darauf verwies, dass sich der Verbrecher beim Mord selbst der Menschenrechte entäußert habe. Bei der folgenden Abstimmung wurde *von Zieglers* Antrag die erforderliche Unterstützung versagt.

Gleichwohl sprachen sich noch andere Mitglieder[188] gegen den Tod als Strafe aus, wofür sie sich z.T. auf das Separatvotum und die Argumentation von *Eisenstuck* bezogen oder eigene Gründe anführten. *Freiherr von Biedermann*, der zum einen den Antrag gestellt hatte, das Separatvotum vor der Kammer verlesen zu lassen[189], und zum anderen, dass die Todesstrafe durch Zuchthausstrafe ersetzt werden solle, bemerkte, er habe letzteren gestellt „nicht weil [...] [er] in der Meinung gestanden habe, er werde Annahme finden, denn es [...] [schien] die Mehrzahl derer für die Todesstrafe gestimmt zu seyn"[190], sondern weil er hiervon überzeugt sei und es sich „nicht verhehlen konnte, daß es an der Zeit sei, diesen Gegenstand hier zur Sprache zu bringen, wo man beschäftigt [...] [war], ein neues Criminalgesetzbuch ins Leben zu rufen"[191]. Zur Verteidigung des Deputationsgutachtens traten *Dr. Günther*, *Prinz Johann* und Staatsminister *von Könneritz* an. Sie stützten ihre Auffassung u.a. auf die bereits im Gutachten vorgebrachten Argumente. *Dr. Günther* bemerkte zudem, dass es verwahrloste Menschen gebe, bei denen der Zeck der Strafe ohne die Todesstrafe nicht zu erreichen sei und berief sich hierzu auf die Gewaltverbre-

---

186 Sächsische Landtags-Acten 1836/37, Abt. II, 1. Bd., S. 56; Mittheilungen über die Verhandlungen des Landtags (Sachsen) – 1837, S. 189 f.

187 Mittheilungen über die Verhandlungen des Landtags (Sachsen) – 1837, S. 190.

188 In dieser Debatte kritisierte neben den o.G. noch *Dr. Großmann* die Beibehaltung der Todesstrafe. Sächsische Landtags-Acten 1836/37, Abt. II, 1. Bd., S. 57; Mittheilungen über die Verhandlungen des Landtags (Sachsen) – 1837, S. 191 ff.

189 Dieser Antrag wurde jedoch bei einer späteren Abstimmung abgelehnt, da allen Mitgliedern der Text schriftlich vorlag.

190 Mittheilungen über die Verhandlungen des Landtags (Sachsen) – 1837, S. 190.

191 Mittheilungen über die Verhandlungen des Landtags (Sachsen) – 1837, S. 190.

chen, die sich in Sachsen seit einiger Zeit vermehrt hatten. Diese Äußerung suchte *von Könneritz* zu unterstützen, indem er eine Tabelle vorlegte, aus welcher hervorging, dass seit 1831 mehr Verbrecher zum Tode verurteilt worden waren[192], als in den Jahren zuvor.

Hiernach wurde die Debatte offiziell geschlossen, in der nächsten Sitzung indessen, auf Anregung mehrerer Mitglieder wieder aufgenommen[193], die das Thema nicht für abschließend behandelt hielten, indem sie sich auf die von *von Könneritz* vorgelegte Statistik beriefen. Es fand eine erneute intensive Diskussion statt, in der sich neben Bürgermeister *Gottschalk* nur die Abgeordneten *von Ziegler* und *Dr. Großmann* wiederholt ausführlich gegen die Todesstrafe aussprachen. Ihre Begründungen beruhten jedoch mehr auf persönlichen Ansichten und der Wiedergabe bereits vorgetragener Äußerungen als auf neuen Argumenten.

Alle übrigen Diskussionsteilnehmer sprachen sich ebenso entschieden und wortreich für eine Beibehaltung der Entwurfsfassung aus. So äußerte sich *von Polenz* über das Wesen des Entwurfs, das für ihn von zu großer Milde zeugte, die allein Grund genug war, sich für die Beibehaltung der Todesstrafe zu erklären. Vizepräsident *von Ammon* wiederum gründete seine Auffassung insbesondere auf die bereits erwiesene Rechtmäßigkeit der Todesstrafe, die er abermals eingehend erörterte, sowie darauf, dass die Zeit für eine Abschaffung noch nicht reif sei[194]. Er war der Meinung, dass es ein außerordentliches Wagnis sei,

> „[a]llein ohne eine gewisse Bürgschaft für die öffentliche Sicherheit und Freiheit jetzt schon von der Abschaffung der Todesstrafe zu sprechen, oder sie gesetzlich auszusprechen."[195]

---

192 Der Zeitraum erstreckte sich von 1816 bis 1835 und bemaß jeweils fünf Jahre. Zwischen 1826 und 1830 waren es insgesamt 16 Verurteilte, von 1831 bis 1835 73, davon 31 im Jahr 1835.

193 Der Bürgermeister Gottschalk wollte diesen Antrag auf § 78 der Landtagsordnung stützen, der den Mitgliedern der Debatte die Möglichkeit bot, sich auch nach dem Schluss derselben zu äußern, falls durch die Schluss-Rede der Königl. Beauftragten neue Tatsachen bekannt geworden waren. Dies wurde abgelehnt, da der Paragraph nur das Widerlegen von Tatsachen gestattete, aber man einigte sich darauf, dass die Debatte als Ausnahme ohne Konsequenz für die Zukunft wieder aufgenommen wurde. Mittheilungen über die Verhandlungen des Landtags (Sachsen) – 1837, S. 197 f.

194 Sächsische Landtags-Acten 1836/37, Abt. II, 1. Bd., S. 65 f.

195 Mittheilungen über die Verhandlungen des Landtags (Sachsen) – 1837, S. 204.

Obendrein sei es „kein Mitleid, [...] [sondern] eine Grausamkeit gegen den größern Theil der menschlichen Gesellschaft [...]“[196].

Eine andere Befürchtung sprach Amtshauptmann *von Welk* aus. So argwöhnte er,

> „daß [...] [die Kammer sich] bei der heutigen Berathung weit tiefer in das Feld der Theorieen, der Religion, der Moral, der Psychologie und der Philosophie verl[iert], als gestern, und es [...] kaum abzusehen [ist], wie aus diesem unbegrenzten Feld die Diskussion zur Endschaft kommen kann.“[197]

Deswegen hielt er dazu an, die Entscheidung über die Rechtmäßigkeit der Regierung zu überlassen und sich in der Kammerberatung darauf zu beschränken, ob die Todesstrafe zur Verminderung der gewaltsamen Verbrechen notwendig sei. So ging man endlich zur Abstimmung über, bei der 31 gegen vier Mitglieder für die Todesstrafe stimmten. Gleichzeitig stimmten 34 Kammermitglieder dafür, dass die Regierung darauf hinwirken sollte, die Todesstrafe allmählich abzuschaffen.

cc) Allgemeines zum Strafensystem

Hierauf wurde der Teil des Deputationsberichtes vorgetragen, welcher sich mit den im Entwurf vorgesehenen Strafen beschäftigte. Zunächst diskutierten die Mitglieder, in welcher Weise diese Beratung durchgeführt werden sollte und einigten sich letztlich darauf, sich vorerst nur mit dem von Bürgermeister *Hübler* gestellten Hauptantrag[198] zur körperlichen Züchtigung zu befassen.

Um sein Separatvotum zu verteidigen, ergriff *Hübler* das Wort und wies (noch einmal) darauf hin, dass er die körperliche Züchtigung für ein gebildetes Volk „für unangemessen, entbehrlich, ungleich, und Leben und Gesundheit gefährdend“[199] halte. Im weiteren Vortrag machte er auf andere Staaten wie Hannover, Württemberg, Norwegen, Baden, Braunschweig und die Rheingegenden aufmerksam, welche allesamt diese Strafe nicht mehr aufführten. Einige Mitglieder der Kammer traten *Hübler*s Ansicht mit ähnlichen oder zusätzlichen Argumenten bei. Andere, wie etwa der Vizepräsident der Kammer *Dr. Deutrich*, sprachen sich nur bedingt für das Separatvotum aus und wollten die körperliche Züchtigung „als Strafschär-

---

196 Mittheilungen über die Verhandlungen des Landtags (Sachsen) – 1837, S. 204.

197 Mittheilungen über die Verhandlungen des Landtags (Sachsen) – 1837, S. 207.

198 S. Fn. 77. Über die übrigen Anträge sollte in der besonderen Beratung bei den jeweiligen Paragraphen abgestimmt werden, sofern der Hauptantrag scheiterte.

199 Mittheilungen über die Verhandlungen des Landtags (Sachsen) – 1837, S. 230.

fungsmittel in solchen Fällen, wo in der Tat etwas Anderes nicht übrig [bleibe]"[200], zulassen. Dazu zählten die Verbrecher „welche so tief gesunken [...] [waren], daß ihnen das Gefängnis gar keine Strafe mehr [...] [war]"[201]. So fand eine intensive Debatte nicht nur um den Hauptantrag *Hüblers*, sondern insbesondere um die körperliche Züchtigung allgemein statt, in der sich die Diskussionsteilnehmer teils für, teils gegen dieselbe aussprachen. Schließlich kam man zur Abstimmung über den Hauptantrag *Hüblers*, der mit 27 zu zehn Stimmen abgelehnt wurde.

Im weiteren Fortgang stellte Amtshauptmann *Freiherr von Biedermann* den erfolglosen Antrag, nie über 20 Jahre Zuchthaus zu erkennen und diese Strafe bei alten Leuten zu modifizieren, da er die lebenslange Zuchthausstrafe für bedenklich hielt. Ein hierauf erkennendes Urteil müsse den Verbrecher zur Verzweiflung bringen und zudem sei diese Strafe nicht notwendig, da auch 20jährige Zuchthausstrafe dem Zwecke der Abschreckung entspreche und als Sicherung gegen neue Verbrechen diene[202].

Anschließend äußerte sich *Dr. Günther* zu den Geldstrafen in den Fällen, in denen sie alternativ zur Gefängnisstrafe angedroht worden waren, und machte folgende Anmerkung. Bei der Redaktion des Gesetzbuchs sollte darauf geachtet werden, die Geldstrafe als eigentliche Strafe voranzustellen und das Gefängnis nur subsidiarisch anzudrohen[203]. Ansonsten glaube das Publikum, dass dort, wo der Reiche mit Geldstrafe, der Arme hingegen mit Gefängnis belegt werde, Ersterer begünstigt werde[204].

Schließlich wurde mit dem Vortrag des Hauptberichts fortgefahren, in dessen Fortgang *Dr. Günther* zum richterlichen Ermessen und alternativen Strafensystem bemerkte, dass zum Recht des Richters, das geeignete Strafmaß zu wählen, namentlich bei Freiheitsstrafen, nicht nur die Dauer, sondern auch die Art zähle[205]. So sei es wichtig, sich darüber zu verständigen,

> „was Strafmaß oder Größe der Strafe genannt wird, insofern es von der Art der Strafe unterschieden werden soll. Diese Unterscheidung gehört eigentlich einer früheren Zeit an, in der neueren Zeit [...] [hat man] sich überzeugt, daß

200 Mittheilungen über die Verhandlungen des Landtags (Sachsen) – 1837, S. 235.

201 Mittheilungen über die Verhandlungen des Landtags (Sachsen) – 1837, S. 235.

202 Mittheilungen über die Verhandlungen des Landtags (Sachsen) – 1837, S. 247 f.

203 Sächsische Landtags-Acten 1836/37, Abt. II, 1. Bd., S. 77; Mittheilungen über die Verhandlungen des Landtags (Sachsen) – 1837, S. 248.

204 Mittheilungen über die Verhandlungen des Landtags (Sachsen) – 1837, S. 248.

205 Mittheilungen über die Verhandlungen des Landtags (Sachsen) – 1837, S. 251.

> [...] erst die Gattung und das Maß der Strafe zusammen die Größe der Strafe aus[macht].“[206]

Obwohl *Dr. Günther* danach im Ergebnis mit dem Hauptbericht einverstanden war, äußerte sich *Prinz Johann* dahingehend, dass dies der Deputation nicht ganz so unbedenklich und unwichtig erschienen sei. Die verschiedenen Strafarten seien niemals so gleich, dass man sagen könne, dass zwei Jahre Arbeitshaus einem Jahr Zuchthaus gleich seien[207].

Schließlich ging man zum redaktionellen Teil des Deputationsgutachtens über und erklärte nach Behandlung desselben die Allgemeine Beratung für beendet.

b) Besondere Beratung

In der besonderen Beratung zum Allgemeinen Teil des Entwurfs befasste sich die I. Kammer mit den einzelnen Artikeln und den hierzu vorgebrachten Erinnerungen seitens der Deputation(en).

aa) Grenzen der gesetzlichen Strafbarkeit und Polizeivergehen

In der allgemeinen Debatte hatte *Dr. Günther* bereits angekündigt zu Art. 1 des Entwurfs[208] einen Antrag dahingehend zu stellen, „daß die Regierung in einigen Paragraphen ausdrückliche Bestimmungen darüber geben möge, was überhaupt in unserem Lande als strafbar angesehen werden solle“[209].

So hatte er den ersten Artikel in ein Kapitel, bestehend aus sechs Artikeln[210], verwandelt, um dem Richter leitende Prinzipien bei der Anwendung von höheren Grundsätzen an die Hand zu geben, die bereits durch die Regierung in der Fassung des Art. 1 des Entwurfs als Strafmaßstab anerkannt waren.

In der Auseinandersetzung mit dem Vorschlag *Günthers* erkannte man zwar die grundsätzliche Richtigkeit dieser Regelungen an, jedoch gingen diese nach Ansicht der meisten Diskussionsteilnehmer zu weit und gehör-

---

206 Mittheilungen über die Verhandlungen des Landtags (Sachsen) – 1837, S. 251.

207 Mittheilungen über die Verhandlungen des Landtags (Sachsen) – 1837, S. 251.

208 Dieser lautet: „Das gegenwärtige Gesetzbuch findet Anwendung auf solche Handlungen oder Unterlassungen, welche in den Bestimmungen desselben entweder ausdrücklich oder nach deren unverkennbaren Geist und Sinn mit Strafe bedroht sind.“ *Groß*, Entwurf, Criminalgesetzbuch, S. 3.

209 Mittheilungen über die Verhandlungen des Landtags (Sachsen) – 1837, S. 257.

210 Mittheilungen über die Verhandlungen des Landtags (Sachsen) – 1837, S. 258 ff.

ten eher in die Wissenschaft als in ein Gesetzbuch. *Prinz Johann* bemerkte weiter, dass es wohl Wunsch des Antragstellers gewesen sei, eine Grenze der Strafbarkeit zu ziehen und dies in wenigen allgemeinen Sätzen[211]. Jedoch wirkten die Artikel gegenteilig, da sie „dem Strafrecht eine zu weite und unbegrenzte Ausdehnung“[212] gäben. Sie umfassten nach dem Wortlaut das ganze Polizeirecht und gingen auch hinsichtlich des Strafrechts zu weit[213]. Man habe sich aber bei der Abfassung des Entwurfs bewusst gegen die Aufnahme von Polizeivergehen entschieden[214]. Auch wies *Groß* darauf hin, dass hauptsächlich das praktische Bedürfnis zu berücksichtigen gewesen sei und man diesem durch die Entwurfsfassung ausreichend gerecht werde[215].

In der abschließenden Abstimmung wurde der Antrag *Günthers* abgelehnt.

bb) Zur Todesstrafe

Bei Art. 6 des Entwurfs ging es vorerst um die Frage der versuchsweisen Einführung der Hinrichtung durch das Fallschwert[216], mit der die Deputation den Antrag verknüpft hatte, dass die Kammer sich über den Fortgang im Königreich Württemberg informieren lassen sollte.

Der Staatsminister *von Könneritz* erklärte, dass die geforderte Erkundigung zwar bereits eingezogen worden sei, jedoch zu keinem Ergebnis geführt hatte, da die Angelegenheit in Württemberg nicht weiter verfolgt worden sei.

Damit hatte sich eine Abstimmung über den zweiten Teil des Deputationsantrags erledigt; man ging aber trotzdem zu der Frage über, ob der versuchsweisen Einführung der Hinrichtung durch das Fallschwert zuzustimmen war.

Zunächst kam die Überlegung auf, ob nicht die Staatsregierung allein ohne die Kammer über solche Fragen zu entscheiden habe, da dies in den Auf-

---

211 Mittheilungen über die Verhandlungen des Landtags (Sachsen) – 1837, S. 266.

212 Mittheilungen über die Verhandlungen des Landtags (Sachsen) – 1837, S. 260.

213 Dahingehend äußerten sich sowohl *Prinz Johann* als auch *von Könneritz*; Mittheilungen über die Verhandlungen des Landtags (Sachsen) – 1837, S. 260, 263.

214 Mittheilungen über die Verhandlungen des Landtags (Sachsen) – 1837, S. 260.

215 Mittheilungen über die Verhandlungen des Landtags (Sachsen) – 1837, S. 266.

216 Zur Debatte standen dabei die Enthauptung durch das Schwert, das bis zu diesem Zeitpunkt als einzige Möglichkeit vorgesehen war, das Beil oder das Fallschwert.

gabenbereich der Verwaltung falle[217]. Dies wurde jedoch abgelehnt, da es zu den Befugnissen der Stände gehöre und die Zustimmung über einen so wichtigen Gegenstand nicht ohne eine Anhörung derselben getroffen werden dürfe[218].

von Ziegler bemerkte, dass er, da er sich schon für die Abschaffung der Todesstrafe ausgesprochen habe, sich deswegen zumindest „nun doch für eine solche Maßregel erklären [müsse], wodurch die Todesstrafe auf die leichteste, sicherste und schmerzloseste Art und Weise vollzogen werden kann"[219]. Die Enthauptung sei vom Zufall und der Geschicklichkeit des Henkers abhängig und könne unterdessen bei der Hinrichtung durch das Schwert schmerzvoller und ungewisser sein[220]. Zudem gab er zu bedenken, dass in Griechenland der Fall vorgekommen sei, dass sich niemand gefunden habe, der einige Mörder hinrichten wolle und dass dies auch in Sachsen passieren könne. Dieses Argument wurde jedoch schnell verworfen, da sich nichts anderes bei der Hinrichtung durch eine Maschine ergebe, die schließlich auch bedient werden müsse[221].

Überdies äußerten sich noch einzelne Mitglieder zum Stand des Scharfrichters, der für *von Carlowitz* „so ehrbar sei wie jeder andere [...], da sein Geschäft nur in Vollziehung der Urtheilssprüche des Richters besteh[e]"[222].

Gegen die Hinrichtung mit dem Fallschwert führte *Dr. Großmann* an, dass es herabwürdigender erscheine und an die Zeit der französischen Revolution erinnere[223].

Hiernach regte Staatsminister *von Könneritz* erneut an, die Art der Enthauptung der Staatsregierung zu überlassen, da dies zum einen in anderen Ländern bereits geschehen sei und zum anderen die bis dato kurze Debatte gezeigt habe, dass es schwierig sei, eine Entscheidung in der Kammer zu treffen[224]. Dies nahmen die Kammermitglieder sodann an, mit dem Hinweis darauf, dass die Ständeversammlung immerhin gehört worden sei.

---

217 Sächsische Landtags-Acten 1836/37, Abt. II, 1. Bd., S. 97.

218 Ebd.; Mittheilungen über die Verhandlungen des Landtags (Sachsen) – 1837, S. 316.

219 Mittheilungen über die Verhandlungen des Landtags (Sachsen) – 1837, S. 315.

220 Mittheilungen über die Verhandlungen des Landtags (Sachsen) – 1837, S. 315 f.

221 Mittheilungen über die Verhandlungen des Landtags (Sachsen) – 1837, S. 317.

222 Mittheilungen über die Verhandlungen des Landtags (Sachsen) – 1837, S. 316.

223 Sächsische Landtags-Acten 1836/37, Abt. II, 1. Bd., S. 97.

224 Sächsische Landtags-Acten 1836/37, Abt. II, 1. Bd., S. 97.

Man pflichtete weiter dem Vorschlag[225] der Deputation bei, einen gleichlautenden Antrag hinsichtlich der Hinrichtung schwangerer Frauen und mehrerer Täter in die Schrift aufzunehmen.

Eine lebhafte Debatte erregte hingegen die von der Minorität der Deputation ausgesprochene Empfehlung, der Familie des Hingerichteten denselben zur Beerdigung zu überlassen, falls dies gewünscht wurde. Dieser Antrag fand überwiegend Anklang, da, sollte eine solche Beerdigung gegen das Volksgefühl sprechen, diese Ansicht unchristlich sei und die Regierung diesem entgegenwirken müsse[226]. Es stelle weiterhin eine Verschärfung dar, die man aber abgelehnt habe, und die um so gehässiger sei, als sie die Angehörigen treffe[227]. Man berief sich zudem auf Argumente, die schon die Deputation der II. Kammer gegen die Entwurfsfassung vorgebracht hatte.

Gegen den Antrag trugen *Graf Hohenthal* und *von Carlowitz* u.a. vor, dass die Familie mehr durch die Hinrichtung selbst als durch die Art der Beerdigung getroffen werde, und dass man die ohnehin schon spärlichen Mittel für die anatomischen Anstalten durch eine solche Regelung nicht kürzen solle. Fraglich sei, welche Familie auf den Leichnam verzichten werde[228]. Zudem spreche doch vehement das Volksgefühl dagegen, was zu großen Schwierigkeiten bei der Durchsetzung führen könne[229].

Zur Einigung beider Ansichten wurde schließlich von *Dr. Günther* vorgeschlagen, den Antrag der Minorität so abzuändern[230], dass er lautete:

> „Fordern jedoch die Angehörigen des Hingerichteten den Leichnam desselben zurück, so ist er an sie zu überlassen und von ihnen *auf einem abgesonderten Platze auf dem Gottesacker des Ortes, wo die Hinrichtung statt gehabt hat,* in der Stille zu begraben.“[231]

Diese Formulierung wurde, ebenso wie der komplette Art. 6 des Entwurfs, von der Kammer angenommen.

225 S. oben unter B) I. 1. b) bb).

226 Sächsische Landtags-Acten 1836/37, Abt. II, 1. Bd., S. 98.

227 Mittheilungen über die Verhandlungen des Landtags (Sachsen) – 1837, S. 319.

228 Mittheilungen über die Verhandlungen des Landtags (Sachsen) – 1837, S. 320.

229 Sächsische Landtags-Acten 1836/37, Abt. II, 1. Bd., S. 98; Mittheilungen über die Verhandlungen des Landtags (Sachsen) – 1837, S. 321.

230 Dieses Unteramendement wurde von der Minorität angenommen.

231 Mittheilungen über die Verhandlungen des Landtags (Sachsen) – 1837, S. 323.

cc) Zum Strafensystem

Die Debatte über Art. 7 des Entwurfs[232] kam zunächst auf den im Separatvotum *Hüblers* enthaltenen Eventualantrag, der statt des Willkomms als Zusatz zur Zuchthausstrafe ersten Grades auf die Einsperrung im dunklen Kerker erkennen wollte, sollte es eines weiteren Kriteriums zwischen beiden Graden Zuchthaus bedürfen. Einen ähnlichen Antrag hatte Sekretär *Hartz* gestellt[233], der die körperliche Züchtigung nicht mit dem Zuchthaus ersten Grades verbunden wissen wollte. Sie stützten ihre Anträge genauso wie die anderen Mitglieder, die sich gegen die körperliche Züchtigung ausgesprochen hatten, auf die Meinung im Volk und vorzugsweise darauf, dass diese nur als Mittel gegen besonders verrohte und verstockte Verbrecher angewandt werden sollte. Aus dem Entwurf lasse sich jedoch entnehmen, dass „der Zuchthausstrafe 1. Grades auch solche Verbrechen anheimfallen [konnten], die von Leuten begangen werden [...] [konnten], von denen sich nicht behaupten [...] [lasse], daß sie der Klasse der verstockten Verbrecher angehören“[234].

Die Opponenten, unter ihnen *Prinz Johann* und *von Carlowitz*, wiesen darauf hin, dass der Unterschied zwischen beiden Graden der Zuchthausstrafe ein wichtiges Prinzip sei, das sich durch den gesamten Entwurf ziehe. Der Dunkelarrest als Surrogat sei jedoch bedenklich, da er bei kurzer Dauer unwirksam und bei längerer Dauer gesundheitsschädigend für die Augen sei[235]. Bei der Abstimmung waren 18 Stimmen für und genauso viele gegen den Antrag von *Hartz*, woraufhin die Entscheidung, ebenso wie eine Diskussion über Art. 8 des Entwurfs[236], bis zur nächsten Sitzung ausgesetzt wurde.

232 Dieser behandelte die Zuchthausstrafe.

233 Wortlaut: „Zu §. 7. und 8. wünsche ich die Vorschläge der Majorität der Deputation der zweiten Kammer angenommen zu sehen.“ Sächsische Landtags-Acten 1836/37, Abt. II, 1. Bd., S. 105; die hierfür wichtigen Anträge der II. Kammer wurden kurz unter B) I. 2. b) aa) angesprochen und befinden sich in den Sächsischen Landtags-Acten 1836/37, Beilagen zu den Protokollen der II. Kammer, 1. Slg., S. 40 ff.

234 Mittheilungen über die Verhandlungen des Landtags (Sachsen) – 1837, S. 325. Hierzu zählte Herr Hartz vor allem politische Verbrechen; Herr *Hübler* hingegen verwies auch auf den Angriff gegen verbündete Staaten, die Teilnahme an Aufruhr und sogar den Totschlag.

235 Sächsische Landtags-Acten 1836/37, Abt. II, 1. Bd., S. 100; Mittheilungen über die Verhandlungen des Landtags (Sachsen) – 1837, S. 326.

236 Dabei ging es um die Schärfung der Zuchthausstrafe.

Bei der erneuten Stimmabgabe sprachen sich 20 zu 18 Stimmen dagegen aus. Gleichwohl wurde *Hübler*s Amendement angenommen, ebenso der komplette Art. 7 des Entwurfs. Mit vereinzelt vorgenommenen Änderungen wurde der Antrag von *Hartz* zu Art. 8 des Entwurfs verabschiedet und auch das von der Deputation gestellte Amendement, lebenslange Zuchthausstrafe nicht zu schärfen.

Sodann wurden die Fassungsänderungen[237] der Deputation der II. Kammer zu Art. 9 des Entwurfs verlesen, die einstimmig angenommen wurden.

Weiter hatte *Dr. Günther* einen Antrag zu Art. 9 des Entwurfs gestellt:

> „Der Verlust des Adelsstandes sollte nicht Folge erlittener Zuchthausstrafe seyn. Der Adel ist ein Geburtsstand, der eigentlich nicht verloren gehen kann.
>
> Man beantragt: dem bestraften Edelmann nicht den *Adelstand*, sondern nur den Gebrauch und Genuß der politischen und Ehrenrechte des Adels für seine Lebenszeit zu entziehen, womit man auch die ärgerliche Frage vermeidet: ob ein mit Zuchthaus bestrafter Edelmann nun ein Bürger oder ein Bauer werde?“[238]

Er schlug danach für Art. 9 des Entwurfs folgende Formulierung vor:

> „Wirklich erlittene Zuchthausstrafe zieht als notwendige Folge den Verlust *des Genusses der politischen Ehrenrechte* (Anm.: Teil a. des Antrags) des Adelsstandes [...], und unbeschadet der Rechte seiner Ehegattin und der vor *und nach* (Anm.: Teil b.) dem Strafübel erzeugten Kinder [...] nach sich.“[239]

Der Adel sei ein europäisches Institut, welches nicht einem Staat allein gehöre und zudem meist ein Geburtsstand, den der Staat deswegen auch nicht ohne weiteres nehmen dürfe, sondern allenfalls in den Fällen, in denen er ihn selber erteilt habe[240]. Auch sei es fraglich, „welchen von beiden [...] (Anm.: Bürger- oder Bauernstand, die Günther als einzige neben dem Adel als Geburtsstand anerkannte) der Entadelte zugewiesen werden [solle]“[241]. Dieser werde zudem doppelt gestraft, indem er zusätzlich zivilrechtliche Nachteile hinnehmen müsse, z.B. bei Erbschaftsangelegenhei-

237 Vgl. B) I. 2. b) aa).

238 Sächsische Landtags-Acten 1836/37, Abt. II, 1. Bd., S. 106; Mittheilungen über die Verhandlungen des Landtags (Sachsen) – 1837, S. 329.

239 Mittheilungen über die Verhandlungen des Landtags (Sachsen) – 1837, S. 329.

240 Sächsische Landtags-Acten 1836/37, Abt. II, 1. Bd., S. 101; Mittheilungen über die Verhandlungen des Landtags (Sachsen) – 1837, S. 329.

241 Mittheilungen über die Verhandlungen des Landtags (Sachsen) – 1837, S. 329.

ten, die an den Adel knüpften[242]. Auch müsse es die Familienverhältnisse erheblich stören, wenn ein Teil der Kinder, nämlich die vor dem Verbrechen Gezeugten, adelig, der andere Teil der Kinder jedoch nichtadelig sei[243].

Die Gegenseite brachte vor, es solle ausreichend sein, dass die Entziehung des Adels sich auf den Bereich des sächsischen Staates erstrecke; zudem werde der Adelige bei Entziehung des Standes nur ein Nichtadeliger und müsse keineswegs einer der o.g. Gruppen angehören[244]. Weiter bemerkte *von Ziegler*, dass er „aus dem Gesichtspuncte einer constitutionellen Verfassung durchaus nicht annehmen [kann] [...], [d]aß der Adel noch als ein verschiedener Stand mit Ehrenrechten versehen [...] [gelte]“[245]. Entsprechend äußerten sich weitere Diskussionsteilnehmer. Um die privatrechtlichen Nachteile auszugleichen, schlug *von Könneritz* zuletzt vor, einen Zusatz zu entwerfen, dass die privaten Verhältnisse nicht beeinträchtigt würden.

Einen Kompromiss versuchte schließlich *Prinz Johann*, indem er empfahl, die Worte „vor dem Strafurteil“ in folgende abzuändern: „aus einer vor dem Strafurtheil geschlossenen Ehe“[246]. Er war der Ansicht, dass man die Fortsetzung der Ehe nach dem Strafurteil begünstigen müsse und die Folge des Art. 9 des Entwurfs nicht auf die Familie ausdehnen solle. Anders solle es hingegen mit Ehen sein, die nach dem Urteil geschlossen wurden, da hier die Verhältnisse hinreichend bekannt seien und damit ein Nachteil nicht entstehen könne[247].

Bei der folgenden Abstimmung hinsichtlich Teil a. des Antrags kam es zu einer Pattsituation, weswegen der Antrag bis zur nächsten Sitzung ausgesetzt wurde, jedoch dort keine Stimmenmehrheit erlangte. Das Amendement von *Prinz Johann* wurde, wie Art. 9 des Entwurfs selbst, mit Ausschluss einer Stimme von allen Abgeordneten angenommen.

---

242 Mittheilungen über die Verhandlungen des Landtags (Sachsen) – 1837, S. 329.

243 Sächsische Landtags-Acten 1836/37, Abt. II, 1. Bd., S. 102; Mittheilungen über die Verhandlungen des Landtags (Sachsen) – 1837, S. 330.

244 Mittheilungen über die Verhandlungen des Landtags (Sachsen) – 1837, S. 330.

245 Mittheilungen über die Verhandlungen des Landtags (Sachsen) – 1837, S. 330.

246 Sächsische Landtags-Acten 1836/37, Abt. II, 1. Bd., S. 102.

247 Mittheilungen über die Verhandlungen des Landtags (Sachsen) – 1837, S. 331.

Weitere Anträge zu Art. 9 des Entwurfs, gestellt von den Bürgermeistern *Bernhardi* und *Hartz*, forderten entweder zusätzlich den Verlust des bereits gewonnenen Meisterrechts oder das nach der erlittenen Zuchthausstrafe angestrebte Meisterrecht von der Zustimmung der Innung abhängig zu machen. Beide Amendements fanden jedoch wenig Rückhalt in der Kammer. So fand der Antrag von *Bernhardi* schon nicht die erforderliche Unterstützung[248] und der von *Hartz* wurde bei der abschließenden Abstimmung abgelehnt.

Keine Billigung fand auch der von der Minorität der Deputation formulierte Art. 9b, der wahlweise auf Festungsstrafe erkennen lassen wollte.

Für die körperliche Züchtigung als Schärfungsmittel beim Arbeitshaus, jedoch gegen dieselbe als Schärfung bei Gefängnisstrafe, stimmte die Mehrheit der Abgeordneten. Einverstanden erklärte man sich mit dem zu Art. 20 des Entwurfs gemachten Vorschlag der Deputation der I. Kammer, der dem Richter bei der Verwandlung der Gefängnis- oder Arbeitshausstrafe freies Ermessen bot.

dd) Straf(rahmen)bestimmung

Bei der Abstimmung zu Ziffer 16 des Entwurfs[249] nahm die I. Kammer die von der Deputation vorgeschlagenen Änderungen[250] an und auch der Artikel selbst wurde einstimmig akzeptiert.

Gleichfalls erklärte man sich einstimmig für Art. 16b, jedoch in der Fassung von der Deputation der II. Kammer, nachdem *von Könneritz* und *Prinz Johann* darauf hingewiesen hatten, dass diese wohl richtiger sei.

ee) Ersatz bei Verbrechen gegen das Eigentum

Bei der Debatte zu Art. 63 des Entwurfs befassten sich die Abgeordneten vorerst mit dem Separatvotum des *von Carlowitz*. Dieser führte zur Unterstützung seiner Auffassung an, dass der Entwurf in zweifacher Hinsicht widersprüchlich war. So strafe der Entwurf einmal den nach Art. 26 freiwilligen Rücktritt vom Verbrechen, lasse hingegen ein vollendetes Verbre-

---

248 Den Anträgen der I. Kammer musste noch vor einer Diskussion über dieselben zunächst die Unterstützung von einem Viertel bzw. der Hälfte der Mitglieder erklärt werden.

249 Hierbei handelt es sich um die Bestimmung über die Zeitfrist der Strafen.

250 S. unter B) I. 1. b) cc).

chen straflos und zum anderen werde dieses Prinzip nicht konsequent durchgeführt, indem man es z.B. auch beim Meineid nutze[251]. Weiter sei es für ihn nicht ersichtlich, dass es beim Versuch eines geringeren Reizmittels für den Täter bedürfe, um von demselben abzulassen, da doch oftmals der Verbrecher, der den Ersatz leiste, „in aller Eile nur deshalb den Ersatz leistet, weil er glaubt entdeckt zu werden“[252]. Diesem stimmten andere Abgeordnete zu, die den Verdacht äußerten, dass der Artikel hauptsächlich nur verschmitzten Verbrechern nutzen werde, die befürchteten, entdeckt zu werden[253].

Dem konnten jedoch viele Kammermitglieder, unter ihnen *Prinz Johann* und *Hübler*, die sich auf die Beweisführung der Mehrheit der Deputation bezogen, nicht beipflichten. Um einem eventuellen Missbrauch vorzubeugen, müsse der Ersatz völlig freiwillig geleistet werden; sobald sich nachweisen lasse, dass nur die Furcht vor einer nahestehenden Entdeckung den Täter zum Ersatz veranlasst habe, solle völlige Straflosigkeit nicht eintreten[254]. Weiter sei dieser Artikel auf raffinierte Verbrecher gar nicht anzuwenden, da laut *Hübler* diese,

> „[h]aben sie das Gestohlene nur erst in Sicherheit, [...] ruhig abwarten, ob die Gerichte einschreiten, und schreiten sie ein, zu dem gewöhnlichen Mittel frecher Leugnung ihre Zuflucht nehmen. Dafür spricht die tägliche Erfahrung.“[255]

Beim Meineid liege zudem eine hiervon unterschiedliche Konstellation vor, denn auch wenn der Täter den Schaden, den er dem Verletzten zugefügt habe, leicht wieder gut machen könne, so „mach[e] er nicht wieder gut, daß die öffentliche Treue und Glaube verletzt worden ist“[256]. *Dr. Groß* gab noch zu bedenken, dass man bei der Abfassung des Artikels vor allem das Interesse des Verletzten im Auge gehabt habe, dem man dadurch wieder öfter zu seinem Eigentum habe verhelfen wollen.

In der Abstimmung sprachen sich die Mitglieder sowohl für das Separatvotum von *von Carlowitz* als auch für die von der Deputation gemachten

---

251 Sächsische Landtags-Acten 1836/37, Abt. II, 1. Bd., S. 159; Mittheilungen über die Verhandlungen des Landtags (Sachsen) – 1837, S. 423 f.

252 Mittheilungen über die Verhandlungen des Landtags (Sachsen) – 1837, S. 424.

253 Sächsische Landtags-Acten 1836/37, Abt. II, 1. Bd., S. 159.

254 Sächsische Landtags-Acten 1836/37, Abt. II, 1. Bd., S. 160.

255 Mittheilungen über die Verhandlungen des Landtags (Sachsen) – 1837, S. 426.

256 Mittheilungen über die Verhandlungen des Landtags (Sachsen) – 1837, S. 425.

Änderungen[257] aus. Da wegen der Annahme des Separatvotums der Täter, der vollständigen Ersatz geleistet habe, u.U. härter bestraft würde als derjenige, der nur teilweise Ersatz geleistet habe, regte *Prinz Johann* an, den ersten Teil der Ziffer 63 des Entwurfs neu zu formulieren. Dies fand Zustimmung in der Kammer und man beschloss, dass die Deputation in der nächsten Sitzung einen entsprechenden Vorschlag überbringen solle. Gleichwohl wurde der komplette Art. 63, vorbehaltlich der noch anstehenden Abstimmung, angenommen. Die tags darauf von *Prinz Johann* vorgestellte Fassung[258] wurde einstimmig akzeptiert.

Zu den übrigen Artikeln[259] wurden keine Anträge seitens der Deputiertenkammer gestellt. Diese wurden unverändert angenommen.

2. Beratungen der II. Kammer

In der ständischen Schrift vom 28. Oktober 1834 wurde das Einverständnis beider Kammern dazu erteilt, dass die Deputation der zuletzt beratenden Kammer zu ihrem Hauptbericht eine nachträgliche Begutachtung über die in der anderen Kammer gefassten Beschlüsse erstellen sollte. Da die Staatsregierung sich dazu entschlossen hatte zuerst die I. Kammer beraten zu lassen, hatte die Deputation der II. Kammer deren Beschlüsse in Benehmen mit den Regierungskommissaren begutachtet und einen nachträglichen Deputationsbericht[260] angefertigt.

---

257 Vgl. B) I. 1. e).

258 Der Absatz 1 des letzten Satzes lautete: „Ist unter dergleichen Voraussetzung die Zurückgabe oder der Ersatz nur theilweise bewirkt worden, so ist bei Feststellung der Strafe der nicht ersetzte Ersatz voll und der ersetzte zu einem Viertheil in Rechnung zu bringen." Sächsische Landtags-Acten 1836/37, Abt. II, 1. Bd., S. 167.

259 Art. 26, Rücktritt vom Versuch, Art. 64, Eintritt der Zurechnungsfähigkeit bei Kindern, und Art. 73, Zurücknahme der Anzeige, des Entwurfs.

260 Sächsische Landtags-Acten 1836/37, Beilagen zu den Protokollen der II. Kammer, 2. Slg., S. 154 ff.

Die Deputation äußerte sich zunächst zu verfahrensrechtlichen Entscheidungen der I. Kammer, die von den Bestimmungen der Landtagsordnung abwichen, legte der II. Kammer jedoch nahe, diesen nicht im Voraus beizutreten, sondern gegebenenfalls an entsprechender Stelle hierüber zu entscheiden. Sodann entwickelte sie Empfehlungen zu den jeweiligen Paragraphen und unterteilte diese nach solchen,

1. die sowohl nach Ansicht der I. Kammer als auch der Deputation unverändert anzunehmen waren, u.a. Art. 64;
2. bei denen man nach Auffassung der Deputationen den Beschlüssen der I. Kammer folgen sollte, so auch Art. 73;
3. bei denen man es bei dem im Hauptbericht der Deputation abgegebenen Gutachten belassen sollte, z.B. Art. 26;

Die II. Kammer tagte über den Allgemeinen Teil vom 6.–25. April 1837.

In der Vorberatung stellte der Referent und Berichterstatter über den Allgemeinen Teil des Gesetzes *Eisenstuck* den ersten und den nachträglichen Teil des Deputationsberichts vor. Auf Beschluss der II. Kammer wurde die Abstimmung über Verfahrensbestimmungen bis zum Ende der Allgemeinen Beratung ausgesetzt.

Die allgemeine Beratung fiel hier deutlich kürzer aus als in der I. Kammer. So äußerten sich die Kammermitglieder über den Entwurf als Gesamtes und versuchten eher, die Aufgabe eines Strafgesetzes festzulegen und Vorzüge wie Nachteile zu bezeichnen, als sich mit allgemeinen Grundsätzen zu befassen.

Der Vizepräsident *Dr. Haase* sah es beispielsweise als entscheidend für ein Gesetz an, das Recht wiederherzustellen und das Unrecht auszugleichen. Es solle weiter sowohl die Handlungen entsprechend beurteilen als auch die Strafen richtig bemessen und „in der Regel von absoluten Strafen sich entfernt halten, möglichst relative bestimmen, und so weit thunlich, dem richterlichen Ermessen Raum geben“[261]. Zudem habe das Gesetz, wenn es human sei, die Besserung des Verbrechers vor Augen und vermeide solche Zusätze, die diesen von der Gesellschaft ausschlössen; letztlich solle es auch keine Handlungen zu Verbrechen machen, die keine seien[262].

Für mangelhaft erklärte u.a. *von Dieskau* das Fehlen eines erkennbaren Strafprinzips, mangelnde Bestimmtheit hinsichtlich des Strafensystems, die Todesstrafe, körperliche Züchtigung und den Pranger.

Nach dieser allgemeinen Debatte befasste sich die Kammer auf Anregung von *von Könneritz* wiederholt mit den zunächst ausgesetzten Verfahrensfragen[263]. Sie wich jedoch, vorbehaltlich einer späteren möglichen Änderung, nicht von dem in der

---

4. bei denen die Deputation entweder eine modifizierte Annahme des Beschlusses der I. Kammer riet oder bei denen die Deputation ihr Hauptgutachten abgeändert hatte, so u.a. Art. 6, 9, 16 und 63.

Im Anschluss an ihren Bericht verfasste die Deputation eine vergleichende Tabelle, in der sie ihren Hauptbericht und den der anderen Deputation, sowie die Beschlüsse der I. Kammer und ihren nachträglichen Bericht darstellte.

261 Mittheilungen über die Verhandlungen des Landtags (Sachsen) – 1837, S. 1772.

262 Sächsische Landtags-Acten 1836/37, II. Kammer, Abt. III, 1. Bd., S. 582; Mittheilungen über die Verhandlungen des Landtags (Sachsen) – 1837, S. 1772.

263 Zum Verfahren in der besonderen Beratung hatten die Mitglieder der II. Kammer sich darauf geeinigt, bei den einzelnen Paragraphen zunächst eine allgemeine Aussprache zuzulassen, so dass jeder die Möglichkeit hatte, einen entsprechenden Platz für seine Anträge zu entwickeln.

Landtagsordnung vorgesehenen Verfahren ab und behielt sich die Entscheidung über die Endredaktion bis zum Schluss ihrer Beratung vor.

a) Von den Strafen und deren Vollziehung

Bei Art. 6 des Entwurfs wurde zunächst die allgemeine Beratung über das zweite Kapitel, von den Strafen und deren Vollziehung, eröffnet.

Der Abgeordnete *von Thielau* bemängelte vor allem die Strafbestimmungen, die bei schweren Verbrechen häufig zu hart, bei leichteren hingegen zu mild ausfielen. So müsse man bei letzteren einen anderen Maßstab anlegen, „und zwar den der Gemeinschädlichkeit oder die Abschreckungstheorie“[264], als bei ersteren, wenn sie sich nicht so häufig wiederholen sollten, da gröbere Delikte nicht zur Nachahmung anreizten[265]. Kurze Einsperrung nützte nach seiner Ansicht oftmals wenig, weswegen die Strafe fühlbarer werden müsse; er wünsche zwar allgemein die körperliche Züchtigung entbehrlich zu machen, doch sollte dieselbe bei kleineren Vergehen öfter angewandt werden[266]. Hingegen sollten Strafschärfungen bei gewissen Vergehen, wie politischen Delikten, nicht in Betracht gezogen werden. Weiter sprach er dem Staat das Recht zu, denjenigen, der mit diesem nicht harmonisiere, mit dem Tod zu strafen.

Rou äußerte sich außer zur Ökonomie des Gesetzes auch zum allgemeinen Aufbau des zweiten Kapitels und stimmte mit *von Thielau* insoweit überein, „daß unverkennbar eine große Milde in diesem Bezuge im Gesetz vorwalte“[267]. Er beanstandete weiterhin, dass der Ehrenverlust Folge einer Strafe und nicht der Tat sei und dass diese Regelung gegen das Prinzip der christlichen Religion, die Versöhnlichkeit, verstoße[268]. Zudem sei dem richterlichen Ermessen ein zu großer Spielraum gegeben worden[269].

von Atenstädt hingegen nahm Anstoß an dem wieder eingeführten Pranger und an der körperlichen Züchtigung, sowohl bei beiden Graden der Zuchthausstrafe als auch beim Arbeitshaus, und war deswegen auch nicht mit der Ansicht von *von Thielau* einverstanden, dieselbe bereits bei kleineren Vergehen auszusprechen.

---

264 Mittheilungen über die Verhandlungen des Landtags (Sachsen) – 1837, S. 1827.

265 Sächsische Landtags-Acten 1836/37, II. Kammer, Abt. III, 1. Bd., S. 605 f.

266 Mittheilungen über die Verhandlungen des Landtags (Sachsen) – 1837, S. 1827.

267 Sächsische Landtags-Acten 1836/37, II. Kammer, Abt. III, 1. Bd., S. 607.

268 Sächsische Landtags-Acten 1836/37, II. Kammer, Abt. III, 1. Bd., S. 606.

aa) Zur Todesstrafe

An die Verlesung des Separatvotums von *Eisenstuck* zur Todesstrafe schloss sich „eine umständliche Debatte, in welcher für und wider die Todesstrafe Ansichten aufgestellt w[u]rden“[270], an.

Befürworter wie Gegner der Todesstrafe gaben sich insbesondere der Herleitung einer philosophischen Begründung für deren Zulässigkeit bzw. Unzulässigkeit hin. Ebenso wurden mehrfach Begründungen aufgeworfen, die die Notwendigkeit, Humanität und Zweckmäßigkeit derselben entweder beweisen oder widerlegen sollten. Weiter stritten die Diskussionsteilnehmer darüber, ob sowohl die im Volk vorhandene Meinung als auch der vorliegende Zeitpunkt eher für oder gegen eine Beibehaltung der Todesstrafe sprächen.

von Atenstädt bezog seine Erörterung insbesondere auf die vorgebliche Zunahme der todeswürdigen Verbrechen, die er mit den besonderen Umständen jener Zeit zu begründen suchte. So ständen die traurigen Erfahrungen aus dem Jahr 1815 im Zusammenhang mit den kriegerischen Ereignissen, hingegen fänden die überhand genommenen Brandstiftungen ihren Grund in der Gesetzgebung und den Staatseinrichtungen selbst[271]. Und letztlich

> „war das Jahr 1820 dasjenige, wo für die Criminalrechtspflege eine sehr bedeutende Veränderung gesetzlich angeordnete wurde, daß nämlich der Ort der begangenen That auch der Gerichtsstand des Verbrechers sein, und daß alle Teilnehmer und Begünstiger der That demselben Gerichtsstande angehören sollten. Dadurch [...] [war] die Entdeckung der Thäter wesentlich befördert worden. Nach diesem Zeitpuncte erschienen mehrere Bestimmungen, welche überhaupt eine größere Thätigkeit in der Criminalrechtspflege hervorriefen.“[272]

Häntzschel tat gegen die Abschaffung der Todesstrafe seine Überzeugung kund, dass „Widervergeltung allein die Quantität und Qualität der Strafe bestimme“[273]. Der Abgeordnete *aus dem Winckel*, der auch ein Fürsprecher derselben war, gab zu bedenken, dass, wenn man das Recht des Staates auf

---

269 Sächsische Landtags-Acten 1836/37, II. Kammer, Abt. III, 1. Bd., S. 606.

270 Sächsische Landtags-Acten 1836/37, II. Kammer, Abt. III, 1. Bd., S. 609.

271 Sächsische Landtags-Acten 1836/37, II. Kammer, Abt. III, 1. Bd., S. 611; Mittheilungen über die Verhandlungen des Landtags (Sachsen) – 1837, S. 1842.

272 Mittheilungen über die Verhandlungen des Landtags (Sachsen) – 1837, S. 1842.

273 Sächsische Landtags-Acten 1836/37, II. Kammer, Abt. III, 1. Bd., S. 612.

Todesstrafe erkennen zu lassen in Frage stelle, man sogleich die Strafbefugnis desselben hinterfragen müsse[274].

Zuletzt bemerkte *Eisenstuck*, dass die absolute Androhung der Todesstrafe inkonsequent gegenüber den anderen relativen Strafbestimmungen sei. Er beseitigte zugleich den Einwand, dass sich bei einer Wahlmöglichkeit zwischen Todes- und Freiheitsstrafe der Richter immer für Letztere entscheiden werde, durch die Bemerkung, „wie gerade in dieser Scheu des Richters ein Grund liege, dass auch der Gesetzgeber die Todesstrafe nicht vorschreiben dürfe"[275].

Schließlich wurde die Frage, ob die Todesstrafe noch stattfinden solle, mit 60 zu zehn Stimmen bejaht. Weiter schloss man sich dem Antrag der Deputation der I. Kammer an, der der Regierung anheim gab, diesen Gegenstand fortwährend im Auge zu behalten, und kam sodann zu den einzelnen Modifikationen des Art. 6 des Entwurfs.

Eisenstuck verlas zuerst den Beschluss der I. Kammer, der vorsah es der Regierung zu überlassen, die Hinrichtung durch das Fallschwert oder Beil einzuführen. Die Deputation hatte in ihrem nachträglichen Bericht die Annahme dieses Vorschlags unter Auslassung der Worte „oder durch das Beil" empfohlen. Das Fallschwert biete, wenn nun einmal die Todesstrafe weiter bestehen solle, eine ungleich größere Sicherheit als das Beil, „da man die Hinrichtung durch das Beil für eben so unsicher als widrig ansehen mußte"[276]. Nachdem die Kammer zunächst der Hinrichtung durch Enthauptung generell zugestimmt hatte, nahm sie auch den Vorschlag der Deputation an, den Körper des Enthaupteten an die nächste anatomische Anstalt abzuliefern.

Eine lebhafte Debatte entspann sich jedoch zum zweiten Teil desselben Satzes, der von der Deputation in ihrem nachträglichen Bericht wie folgt zu fassen vorgeschlagen war: „[...] und, wenn dieses nicht thunlich ist, auf einem abgesonderten Orte des Todtenackers begraben"[277].

---

274 Mittheilungen über die Verhandlungen des Landtags (Sachsen) – 1837, S. 1844 f.

275 Sächsische Landtags-Acten 1836/37, II. Kammer, Abt. III, 1. Bd., S. 615.

276 Sächsische Landtags-Acten 1836/37, Beilagen zu den Protokollen der II. Kammer, 2. Slg., S. 157.

277 Sächsische Landtags-Acten 1836/37, Beilagen zu den Protokollen der II. Kammer, 2. Slg., S. 171.

Hierzu gingen viele Wortmeldungen ein und ebenso wie in der I. Kammer beriefen sich die Gegner dieser Formulierung insbesondere auf eine vorgeblich vorhandene Volksmeinung gegen eine solche Bestimmung und auf mögliche Tumulte beim Begräbnis, indem sie Vergleiche zu Bestattungen von Selbstmördern zogen.

Hinsichtlich der Volksmeinung fragte *von Mayer*:

> „Warum sondert man denn die Diebe, [...] [usw.] und alle Diejenigen, welche ihr ganzes Leben in Freveln gegen den Staat [...] hingebracht haben, aber nicht durch das Schwert des Nachrichters gestorben sind, warum sondert denn man nicht auch *diese* auf dem Kirchhofe ab? Ist es für den ehrenwerten Bürger weniger unangenehm, neben einem Diebe und Räuber von Profession auf dem Kirchhofe zu liegen? Wo bleibt denn da das ehrenwerte Gefühl? Nein, [...] es ist die *unchristliche* Ansicht und das Vorurtheil der Anrüchigkeit und der Beschimpfung durch die Hand des *Kavillers*, welche die Ausschließung verlangt.“[278]

Er war der Auffassung, dass es nicht Aufgabe der Gesetzgebung sei solche Meinungen zu stützen, sondern ihnen entgegenzuwirken. Zudem sei diese Idee keine urchristliche, sondern erst später entstanden, als man dazu übergegangen sei, dem weltlichen Richter auch das Urteil über die Seligkeit zuzusprechen[279].

Die Gegner dieser Bestimmung beriefen sich jedoch darauf, dass es bei Ausführung einer solchen Anordnung außerdem zu Problemen mit einzelnen Gemeinden kommen könnte, sollte dieses ihnen widerstreben[280]. Auch könne man nicht auf religiöse Gründe stützen, dass jeder Leichnam auf dem Friedhof beerdigt werden müsse, da es genug brave Soldaten gebe, die auf dem Feld stürben und hiervon ausgeschlossen seien[281]. *von Thielau* bemerkte zudem, dass er

> „in der Veranstaltung des Begräbnisses auf einem *abgesonderten* Platze des Kirchhofes eine schimpfliche Auszeichnung, keineswegs aber die gehoffte Ausgleichung und Versöhnung vorbereitet sieht.“[282]

---

278 Mittheilungen über die Verhandlungen des Landtags (Sachsen) – 1837, S. 1857.

279 Sächsische Landtags-Acten 1836/37, II. Kammer, Abt. III, 1. Bd., S. 621.

280 Sächsische Landtags-Acten 1836/37, II. Kammer, Abt. III, 1. Bd., S. 619.

281 Sächsische Landtags-Acten 1836/37, II. Kammer, Abt. III, 1. Bd., S. 619; Mittheilungen über die Verhandlungen des Landtags (Sachsen) – 1837, S. 1854.

282 Sächsische Landtags-Acten 1836/37, II. Kammer, Abt. III, 1. Bd., S. 619.

Dr. Schröder war besorgt, dass bei Auslieferung des Leichnams an die Familie mit demselben abergläubische Missbräuche betrieben werden könnten, was *Eisenstuck* jedoch widerlegte, indem er darauf hinwies, dass dies auch beim Begräbnis des Leichnams außerhalb eines Friedhofs nicht ausgeschlossen sei.

Die Befürworter dieses Zusatzes wiesen wiederholt darauf hin, dass das Strafrecht des Staates mit dem Tod des Verbrechers aufhöre und in der Ablehnung des christlichen Begräbnisses eine Verschärfung der Todesstrafe sowie eine Strafe für die schuldlose Familie liege[283]. *von Könneritz* widersprach und betonte, dass es sich nicht um Rache handele; wurde doch auch der im Freien aufgefundene Leichnam an Ort und Stelle beerdigt.

Bei der abschließenden Abstimmung sprach sich die Kammer gegen diese Formulierung aus. Statt dessen nahm sie die von *von Könneritz* vorgeschlagenen Worte: „oder wenn dieses nicht thunlich ist, auf einem von dem gewöhnlichen Todtenacker abgesonderten Orte begraben“ trotz einiger Bedenken, ob man einen solchen Platz finden werde und der Staat die Mittel habe[284], an.

Zur Frage, ob der Leichnam auf Wunsch der Angehörigen an dieselben zurückzugeben sei, wiesen die Kammermitglieder, die für diese Regelung waren, zur Ausführbarkeit auf ausländische Gesetze hin, die diese Möglichkeit bescheinigten[285]. Dagegen wurde aber die Befürchtung geäußert, dass eine solche Regel zu Ausschreitungen führe, insbesondere, wenn der Verbrecher aus einer dem Richtplatz entfernten Provinz oder dem Ausland stamme. Auch sei der Begriff der „Angehörigen“ zu weit gestellt und deren Wünsche könnten ebenso im Wege einer Verordnung Berücksichtigung finden[286].

In der folgenden Abstimmung verwarf die Kammer den Zusatz und somit erledigte sich ebenfalls der zweite Teil desselben, der das weitere Verfahren geregelt hatte.

Weiter beschloss man einstimmig, die von der Deputation vorgeschlagene Passage in den Artikel aufzunehmen, die die Hinrichtung mehrerer betraf

283 Mittheilungen über die Verhandlungen des Landtags (Sachsen) – 1837, S. 1855.

284 Mittheilungen über die Verhandlungen des Landtags (Sachsen) – 1837, S. 1855.

285 So war es im Code Napoleon und in der englischen Gesetzgebung bestimmt und auch in anderen deutschen Staaten gebräuchlich.

286 Sächsische Landtags-Acten 1836/37, II. Kammer, Abt. III, 1. Bd., S. 623.

und die Worte „schwangeren Weibspersonen nach überstandenem Wochenbette“ hinter das Verb „vollzogen“ zu setzen.

bb) Zum Strafensystem

In den Abstimmungen zu den einzelnen Strafarten stimmten die Kammermitglieder nach längeren Debatten, ebenso wie die I. Kammer, gegen den Willkomm beim Zuchthaus ersten Grades, zugleich jedoch auch gegen den Dunkelarrest als Surrogat für die körperliche Züchtigung. Weiter sprachen sie sich überwiegend wie die I. Kammer für die Strafschärfungen beim Zucht- und Arbeitshaus aus, lehnten aber die Schärfung der lebenslänglichen Zuchthausstrafe nicht gänzlich, sondern nur hinsichtlich der körperlichen Züchtigung ab. Zudem stimmte die Kammer gegen den Pranger.

Des weiteren sprach man sich gegen die körperliche Züchtigung als Schärfungsmittel beim Arbeitshaus und Gefängnis aus.

Zu Art. 9 des Entwurfs lagen zwei schriftliche Amendements von Abgeordneten und mehrere Vorschläge seitens der Deputation vor. So empfahl *Haase*, den ersten Satz des Artikels abzuändern in:

> „Bei solchen Verbrechen, welche mit Zuchthaus- oder Arbeitshausstrafe belegt werden, *kann*, in Berücksichtigung der bei diesen Verbrechen von den Thätern bewiesenen ehrlosen Gesinnungen, von dem Richter der Verlust der politischen und Ehrenrechte erkannt werden.“[287]

Der Ehrenverlust sollte folglich nicht mehr zwingend mit erlittener Zuchthausstrafe verknüpft sein, sondern der Richter hatte die Möglichkeit fakultativ darauf zu erkennen, allerdings auch beim Arbeitshaus und unter der Voraussetzung, dass die Strafe noch nicht vollzogen worden war. Die anschließende Debatte bewegte sich insbesondere darum, welcher Strafart der Ehrenverlust folgen solle und ob dem Richter insoweit zu viel Ermessen gegeben werde. Schlussendlich lehnte die Kammer den Antrag *Haases* jedoch ab.

Der Vorschlag der Deputation, die Worte „beider Grade“ nach „Zuchthausstrafe“ wegfallen zu lassen, traten die Mitglieder der II. Kammer einstimmig bei.

An den nachträglichen Antrag der Deputation, statt der Worte „des Adelsstandes _____ erzeugten Kinder“ „aller politischen und Ehrenrechte“ zu

287 Sächsische Landtags-Acten 1836/37, II. Kammer, Abt. III, 1. Bd., S. 649.

setzen[288], schloss sich eine längere Diskussion. Viele befürworteten diese Fassung und argumentierten mit bereits in der I. Kammer angeführten Gründen.

> „Wenn man aufstellt, daß in einem constitutionellen Staate alle gleich seien, so [...] [kann man] nicht annehmen, daß durch die Zuchthausstrafe der Adel verloren gehe; denn dann statuiert man, daß ein Unterschied zwischen dem Adel-, Bürger- und Bauernstande stattfinde."[289]

Weiter müsse man Rücksicht auf die zusammenhängenden Privatrechte nehmen. Viele Altadelige benützten zudem das äußere Merkzeichen ihres Standes, das vorangesetzte Wort „von", nicht mehr und so könne der Staat dieses, auch nicht nehmen[290].

Dr. Groß, der diese Formulierung ablehnte, versuchte, die Diskussion umzulenken, indem er darauf verwies, dass es bei der Debatte in der I. Kammer hauptsächlich darauf angekommen sei, Ungleichheiten innerhalb der Familie zu vermeiden. Deswegen habe diese sich auch für die von *Prinz Johann* vorgeschlagene Fassung entschieden, womit i.Ü. auch die Staatsregierung einverstanden sei[291]. Ebenso argumentierte *von Könneritz* gegen den Antrag der Deputation und versuchte, einen Kompromiss zu finden. Er schlug vor, hinter dem Wort „Ehrenrechte" die „des Adels" einzuschalten, was aber abgelehnt wurde, da die Worte „politische und Ehrenrechte" bereits alle Stände umfassten.

Die Kammer nahm schließlich den Vorschlag der Deputation an und stimmte gleichfalls für den Wegfall der Worte „und aller bürgerlichen Ehrenrechte" aus der Entwurfsfassung[292].

---

288 So hatte sich die Deputation in ihrer ersten Beratung mit dem Adelsverlust noch nicht befasst. Durch die umfangreiche Debatte in der I. Kammer sah man sich jedoch veranlasst, sich mit dieser Frage auseinander zu setzen und entschloss sich für eine neue Fassung, durch die zum einen nicht die Familie des Verbrechers getroffen und zum anderen das Adelsrecht nur auf politische und Ehrenrechte beschränkt werden sollte. Sächsische Landtags-Acten 1836/37, Beilagen zu den Protokollen der II. Kammer, 2. Slg., S. 157 f.

289 Mittheilungen über die Verhandlungen des Landtags (Sachsen) – 1837, S. 1935.

290 Sächsische Landtags-Acten 1836/37, II. Kammer, Abt. III, 1. Bd., S. 653.

291 Sächsische Landtags-Acten 1836/37, II. Kammer, Abt. III, 1. Bd., S. 653.

292 *von Könneritz* bemerkte dazu, dass nach diesem Beschluss eine Umgestaltung in der Wortstellung des Artikels erforderlich sei und man einigte sich stillschweigend darauf diese Redaktionsveränderung der Regierung zu überlassen.

Des weiteren wurde der von der Deputation nachträglich vorgeschlagene Zusatz zu Art. 9 des Entwurfs, auf Festungsstrafe nur im Wege der Begnadigung zu erkennen, beschlossen.

cc) Straf(rahmen)bestimmung

Zwar hatte die Deputation der II. Kammer zu Art. 16 des Entwurfs zunächst keine Erinnerungen gestellt, doch war derselbe durch den Beschluss der I. Kammer mehrfach geändert worden. Die Kammer hatte u.a. für lebenslanges Zuchthaus zweiten Grades gestimmt und das Maximum der Zuchthausstrafe zweiten Grades dem Maximum der Zuchthausstrafe ersten Grades angepasst. Die Deputation der II. Kammer hatte von einer Annahme einer solchen Schärfung abgeraten und statt dessen in ihrem nachträglichen Bericht vorgeschlagen, für die Entwurfsfassung zu stimmen.

Weiter begehrte *von Thielau* zu Art. 16 des Entwurfs, den zweiten Satz wie folgt zu fassen: „Zeitliche Zuchthausstrafe kann nicht über 20 Jahre und nicht unter 4 Jahren erkannt werden“[293]. Damit hob er die bisher bestehende zeitliche Unterscheidung zwischen dem Zuchthaus ersten und zweiten Grades auf[294]. Es sei nachteilig, das Zuchthaus zu niedrig zu stellen und es so auf zu viele Verbrechen auszudehnen, da es immer die entehrenden Folgen nach sich ziehe, was oftmals jedoch zu hart erscheine[295]. Es leuchte nicht ein, warum man kurze Strafen im Zuchthaus verbüßen lassen müsse, zumal, wenn man sich für diese Strafart ausspreche, eine längere Dauer vonnöten sei[296]. Hinzu komme, dass das Zuchthaus dem Zweck der Besserung der Strafe entgegenstehe[297]. Weiter machte *von Thielau* darauf aufmerksam, dass man ebenso in dem Württembergischen Entwurf verfahren sei.

Es wurde entgegnet, dass die Annahme dieses Prinzips die nachteilige Folge mit sich führen würde, dass der gesamte Entwurf umgearbeitet und in demselben öfter auf Arbeitshaus statt auf Zuchthaus erkannt werden müs-

293 Sächsische Landtags-Acten 1836/37, II. Kammer, Abt. III, 1. Bd., S. 669.

294 Auch nach Abstimmung der I. Kammer unterschieden sich die beiden Grade in ihrem Minimum; so lag dieses beim Zuchthaus ersten Grades weiterhin bei zwei Jahren, beim Zuchthaus zweiten Grades bei einem Jahr, wie es im Entwurf von *Dr. Groß* vorgesehen war.

295 Sächsische Landtags-Acten 1836/37, II. Kammer, Abt. III, 1. Bd., S. 669.

296 Mittheilungen über die Verhandlungen des Landtags (Sachsen) – 1837, S. 1978.

297 Sächsische Landtags-Acten 1836/37, II. Kammer, Abt. III, 1. Bd., S. 670.

se, was aber oftmals zweifelhaft sei[298]. *von Könneritz* gab zu bedenken, dass es mehrfach zweckmäßiger sei, auf Zuchthaus statt auf die höchste Freiheitsstrafe zu erkennen, jedoch nicht immer mit langer Dauer. *Dr. Groß* erinnerte zudem daran, wie heikel es war, Verbrecher von großer moralischer Verdorbenheit in ein Arbeitshaus zu sperren.

Die Mehrheit der Kammer stimmte für den Antrag von *von Thielau* und verwarf damit zugleich den ihrer Deputation. Ebenso entschloss man sich, lebenslanges Zuchthaus zweiten Grades anzunehmen. Schließlich wurde aber der gesamte Artikel des Entwurfs abgelehnt, woraufhin *von Könneritz* vorschlug, sogleich ein Vereinigungsverfahren mit der I. Kammer einzuleiten, da notwendig etwas anderes substituiert werden müsse. Gleichwohl fuhr die II. Kammer mit der Beratung zum Allgemeinen Teil fort.

b) Rücktritt vom versuchten Verbrechen

Zu Art. 26 des Entwurfs hatte die Deputation in ihrem Hauptbericht vorgeschlagen, den Täter beim Rücktritt vom versuchten Verbrechen straflos zu lassen.

Dem Deputationsgutachten fügte *Eisenstuck* hinzu, dass hiermit auch der Entwurf Badens übereinstimme und sich diese Idee, die mehr auf Verhütung der Verbrechen als deren Bestrafung bedacht sei, bereits in den sächsischen Konstitutionen von 1572 wiederfinde[299].

von Mayer wies darauf hin, dass diese Regelung in der Kriminalpolitik gründe und bemerkte, dass

> „[...] sehr richtig [...] ein geistreicher Schriftsteller [sagt]: ‘wenn der Staat den Menschen sein böses Vorhaben nicht ungestraft bereuen läßt, so treibt er ihn selbst zur That’.“[300]

Alle Widerlegungen reduzierten sich letztlich auf die Besorgnis, dass ein Schuldiger einmal unbestraft bleiben könne, was jedoch den neueren Ansichten der Kriminalisten entgegenstehe; auch führe es zu weit sich auf das Begnadigungsrecht zu berufen[301].

---

298 Sächsische Landtags-Acten 1836/37, II. Kammer, Abt. III, 1. Bd., S. 669 f.

299 Mittheilungen über die Verhandlungen des Landtags (Sachsen) – 1837, S. 2046.

300 Mittheilungen über die Verhandlungen des Landtags (Sachsen) – 1837, S. 2046.

301 Sächsische Landtags-Acten 1836/37, II. Kammer, Abt. III, 1. Bd., S. 704.

Mehrere Mitglieder konnten sich damit nicht einverstanden erklären. Wiederholt wurde das Argument angeführt, worauf sich auch die Befürworter von Art. 63 des Entwurfs in der Diskussion um diesen beriefen, Art. 63 stelle die Ausnahme zur Regel, Art. 26 des Entwurfs, dar[302]. Der Abgeordnete *Rour* führte weiter aus, dass der kriminalpolitische Grund, der Verbrecher werde bei Straflosigkeit eher von der Vollendung ablassen, nicht greife, da dieser an die Bestimmung gewiss nicht denke und diese ihn deswegen auch nicht von der Vollendung des Verbrechens abhalte[303]. *Groß* bemerkte abschließend, dass zwar vorbereitende Handlungen straflos bleiben sollten, bereits unternommene hingegen nicht straffrei bleiben könnten.

Der Antrag der Deputation zu Art. 26 des Entwurfs wurde schließlich abgelehnt und die Vorschrift unverändert in der Entwurfsfassung angenommen[304].

c) Ersatz bei Verbrechen gegen das Eigentum

In der Debatte zu Art. 63 des Entwurfs sprachen sich mehrere Kammermitglieder, unter ihnen Vizepräsident *Dr. Haase, Attenstädt* und *Rour*, für den Beschluss der I. Kammer aus, die Strafe beim vollständig geleisteten Ersatz auf ein Viertel der gesetzlich vorgesehenen festzusetzen. Sie gingen davon aus, dass bei der Fassung des Artikels mehr die Idee des Rechts, das Opfer durch den Ersatz schadlos zu stellen, als die Verbrechenspolitik im Vordergrund gestanden habe. Zudem habe sich die Kammer bei Art. 26 des Entwurfs für einen strafbaren Versuch erklärt, weswegen das begangene Verbrechen jedoch um so weniger straflos sein dürfe[305]. Die Mitglieder äußerten weiter die Befürchtung, dass die Bestimmung wegen der vorgesehenen Straflosigkeit eher zu vollendeten Entwendungen verleiten werde als zum Abbruch des Vergehens[306]. Allein der Ersatz könne auch keine komplette Entschädigung leisten, da er z.B. die erlittene Angst des Verletzten und möglicherweise eine daraus resultierende Krankheit nicht beseitigen könne[307].

302 Sächsische Landtags-Acten 1836/37, II. Kammer, Abt. III, 1. Bd., S. 704.

303 Sächsische Landtags-Acten 1836/37, II. Kammer, Abt. III, 1. Bd., S. 704.

304 Einstimmige Genehmigungen fanden ferner die Art. 64 und 73 des Entwurfs.

305 Sächsische Landtags-Acten 1836/37, II. Kammer, Abt. III, 1. Bd., S. 734.

306 Sächsische Landtags-Acten 1836/37, II. Kammer, Abt. III, 1. Bd., S. 733.

307 Sächsische Landtags-Acten 1836/37, II. Kammer, Abt. III, 1. Bd., S. 733 f.

Hiergegen wandte *von Könneritz* ein, dass die Fälle, in denen Straflosigkeit eintrat, sehr beschränkt seien, da wirkliche Reue vorausgesetzt werde.

Bei der abschließenden Wahl stimmte die Kammer für die Fassung der I. Kammer und nahm zugleich redaktionelle Änderungen nach den Empfehlungen ihrer Deputation vor[308].

3. Nachträgliche Beratungen zu Art. 16 des Entwurfs

a) I. Kammer

Aufgrund der Beschlüsse in der II. Kammer zu Art. 16 des Entwurfs hatten sich die Deputationen der I. und II. Kammer beraten und geeinigt. So hatte sich die Deputation der II. Kammer in den Verhandlungen nicht nur zur Wiederaufnahme des Art. 16 des Entwurfs, sondern auch für die Bestimmung des Minimums auf ein Jahr bereit erklärt.

Daraufhin war der Bericht der Deputation an die I. Kammer gelangt und von *Prinz Johann* in derselben vorgestellt. Er bemühte sich die Gründe, die gegen diese Fassung sprachen, zu widerlegen.

Der Gesetzentwurf spreche keine Ehrlosigkeit aus, sondern nur den Verlust politischer Rechte, was jedoch auch bei kleineren Delikten erforderlich sein könne. Gehe man weiter davon aus, dass die Zuchthausstrafe den Verurteilten nicht bessere, so müsse man sich eher für kürzere als für längere Strafen aussprechen, eben weil diese nicht besserten[309]. Ein Vergleich mit Württemberg sei außerdem nicht möglich, da dort das komplette Strafensystem anders aufgebaut sei[310]. Auch sei es zweckmäßiger, „eine möglichste Mannichfaltigkeit der Dauer und der Arten der Strafe zu haben“[311].

In der Abstimmung bestätigte die Kammer schließlich einstimmig die von ihr ursprünglich beschlossene Fassung.

---

308 Die Deputation der II. Kammer hatte in ihrer nachträglichen Beratung keinen Anlass gesehen, weitergehende Anträge als die im Hauptbericht (s.u. B) I. 2. d), beschlossenen redaktionellen zu stellen, da sie wegen der Empfehlung zu Art. 26 des Entwurfs, das versuchte Verbrechen beim Rücktritt für straffrei zu erklären, keinen ausreichenden Grund gesehen hatte.

309 Mittheilungen über die Verhandlungen des Landtags (Sachsen) – 1837, S. 2054.

310 Mittheilungen über die Verhandlungen des Landtags (Sachsen) – 1837, S. 2054.

311 Mittheilungen über die Verhandlungen des Landtags (Sachsen) – 1837, S. 2054.

b) II. Kammer

Die II. Kammer trat dem Entschluss der I. Kammer einstimmig bei.

III. Die „anderweiten" Kammerberatungen

Da in den Kammerberatungen teilweise (sehr) unterschiedliche Beschlüsse gefasst worden waren, trat eine Vereinigungsdeputation[312] zusammen, um diese zu beseitigen und auf eine Vereinigung hinzuwirken.

Nach erfolgtem Austausch stellten die jeweiligen Deputationen ihre Ergebnisse mit den entsprechenden Anträgen in den Kammern vor, denen im Ergebnis beigetreten wurde.

1. Anträge zu Art. 6 des Entwurfs

Bei Art. 6 nahm die Vereinigungsdeputation im wesentlichen die Anträge der II. Kammer auf und beschloss diesen wie folgt zu fassen:

> „Die Todesstrafe wird durch Enthauptung vollzogen *an schwangern Weibspersonen nach überstandenem Wochenbette. Wenn Mehrere hingerichtet werden, darf die Hinrichtung des Einen, nicht vor den Augen der Andern vor sich gehen.* Der Körper des Enthaupteten wird an die nächste anatomische Anstalt abgeliefert, *oder wenn dies nicht thunlich ist, auf einem von dem gewöhnlichen Todtenacker abgesonderten Ort begraben.*"[313]

Zudem entschied man sich bei der in der Schrift aufzunehmenden Erklärung die Worte „oder das Beil" zu entfernen.

2. Zum Strafensystem

Hinsichtlich der Zuchthausstrafe einigte man sich darauf, den Dunkelarrest als Surrogat für die körperliche Züchtigung beizubehalten, allerdings die Voraussetzungen an eine Vollstreckung zu verschärfen, indem man u.a. das Erfordernis eines ärztlichen Gutachtens einfügte.

Weiter beschloss die Vereinigungsdeputation, das lebenslange Zuchthaus unter keinen Umständen zu schärfen.

Bei Art. 9 des Entwurfs einigte man sich auf die Fassung der II. Kammer, nahm jedoch eine redaktionelle Veränderung vor, indem man die Worte

---

312 Bestehend aus den königlichen Kommissarien und beiden Deputationen.

313 Sächsische Landtags-Acten 1836/37, Beilagen zu den Protokollen der I. Kammer, 2. Slg., S. 22.

„aller politischen und Ehrenrechte" durch die Worten „aller politischen Ehrenrechte" ersetzte. Zudem sollte der von der II. Kammer beschlossene Zusatz der Festungsstrafe in einem gesonderten Artikel geregelt werden.

3. Zu Art. 63 des Entwurfs

Die I. Kammer hatte in ihren Beratungen beschlossen den ersten Satz des Absatz 1 des Art. 63 des Entwurfs wie folgt zu fassen:

> „Wenn bei den gegen das Eigenthum anderer Personen aus gewinnsüchtiger Absicht begangenen Verbrechen, insbesondere bei Diebstahl, Veruntrauung und Betrug, insofern diese Verbrechen nicht wegen erschwerender Umstände als ausgezeichnet zu betrachten sind, der Verbrecher aus eigenem *freien* Antriebe, und ehe ein Einschreiten der Behörde gegen ihn stattgefunden hat, den Verletzten durch Rückgabe oder Wertherstattung vollständig entschädigt, *so ist auf eine Strafe zu erkennen, die ein Viertheil der ordentlichen Strafe nicht übersteigen darf* [...]."[314]

Diese Änderung war auch von der II. Kammer bejaht worden, allerdings sollte statt „ordentlichen" „sonst einzutretenden"[315] eingefügt werden, welchem auch die Vereinigungsdeputation zustimmte.

IV. Beschluss des Gesetzbuchs

Noch vor der Abfassung der ständischen Schrift[316] hatte sich auch die Regierung mit den Verhandlungen und Beschlüssen der Kammern auseinandergesetzt und die meisten Entschlüsse angenommen. Einigen Artikeln glaubte sie jedoch nicht zustimmen zu können und versagte entweder den beantragten Veränderungen ganz ihre Genehmigung oder nur mit Modifikationen. Dieser Regierungsbeschluss betraf insgesamt 19 Artikel und wurde den Ständen durch das Königliche Dekret vom 17. November 1837 zugebracht[317]. Es enthielt zugleich einen Hinweis auf den bevorstehenden

---

314 Sächsische Landtags-Acten 1836/37, Abt. II, 1. Bd., S. 175 f.

315 Die Gründe hierzu finden sich in dem Hauptbericht der Deputation der II. Kammer, hier behandelt unter B) I. 2. d).

316 Diese enthielt die Erklärung der Ständeversammlung über die Annahme des Entwurfs mit Ausführungen zu den von ihr beschlossenen einzelnen Abänderungen und Zusätzen.

317 Die hier behandelten Artikel waren von dem Dekret inhaltlich nicht betroffen, jedoch war die Stellung der Artikel teilweise verändert worden. So befand sich Art. 26 des Entwurfs in dem späteren Gesetzbuch in Art. 28, Art. 63 in Art. 65, Art. 64 in Art. 66 und Art. 73 in Art. 75.

Landtagsschluss und die Aufforderung, sich gemäß § 94 der Verfassungsurkunde unbedingt darüber zu erklären, ob die Stände den Entwurf mit den von der Regierung getätigten Änderungen und ihren eigenen annehmen wollten.

Die Mehrheit beider Kammern verabschiedete den Entwurf. Weiterhin einigten sich die Stände, die Redaktion des Gesetzbuchs von der Regierung in Verbindung mit einer ständischen Deputation von jeweils drei Mitgliedern aus jeder Kammer[318] nach Landtagsschluss noch einmal einer Revision zu unterwerfen und dass „[...] hierbei die bei einzelnen Artikeln etwa sich ergebenden Dunkelheiten, Mängel, Widersprüche oder Lücken verbessert, beseitigt oder ergänzt werden sollten“[319].

Sodann legten die Kammern ihre über das Gesetzbuch gefassten Beschlüsse der Regierung vor und wenige Zeit später wurde das *Criminalgesetzbuch für das Königreich Sachsen* am 30. März 1838 im Gesetzblatt mit 326 Artikeln und der Publikationsverordnung, bestehend aus sechs Paragraphen, verkündet.

V. Fazit

Von der Beauftragung zu den ersten Entwürfen eines Strafgesetzbuchs bis hin zur Verabschiedung des Criminalgesetzbuchs waren nicht weniger als 28 Jahre vergangen. Dies war zum einen auf die innerpolitischen Verhältnisse zurückzuführen, jedoch auch auf die grundsätzliche Bedeutung des Criminalgesetzbuchs. „Ein Strafgesetzbuch, das für den Staat von grundsätzlicher Bedeutung ist, soll Zeiten überdauern und darf nicht Objekt überstürzter Reformgedanken werden“[320]. So hatten sich sowohl die sächsische Regierung als auch die Stände als verantwortungsvoll gezeigt, indem sie den Entwurf zunächst in einer Kommission ausführlich und umfassend revidiert und später ebenso gründlich beraten hatten.

Dem Criminalgesetzbuch kam im Verhältnis zum früheren Rechtszustand und den vorherigen Entwürfen eine durchaus reformatorische Bedeutung

318 Dieser gehörten *Prinz Johann*, *von Carlowitz*, *Ritterstädt*, *von Mayer*, *Eisenstuck* und *Schäffer* an.

319 *v. Wächter*, Sächsisches und thüringisches Strafrecht, S. 11.

320 *Oehler*, Wurzel, Wandel und Wert, S. 90.

zu. Es wurde als Ausgangspunkt einer neueren deutschen, partikularrechtlichen Strafrechtkodifikation angesehen[321].

Man hatte sich nicht, wie bei den anfänglichen Entwürfen, an die „bequem dargebotene Ueberlieferung [gehalten], sondern ließ sich durch die Ergebnisse wissenschaftlicher Arbeit leiten“[322]. Auch die strenge gesetzliche Bestimmung der Voraussetzung sowie Art und Maß des rechtlichen Strafens entsprachen der liberalen Tendenz des 19. Jahrhunderts. Zudem hatten sich die Strafdrohungen den Forderungen der Gerechtigkeit genähert: qualifizierte Todesstrafen waren beseitigt. Gleichwohl war die körperliche Züchtigung beibehalten worden.

Zwar hatte man in den Motiven zum Entwurf geäußert, sich auf keinen Strafzweck festlegen zu wollen, jedoch hatte sich eine auf generalpräventive Tatvergeltung abzielende Strafauffassung verbreitet, die es nicht schwer hatte, mit der Vergeltungsidee verbunden zu werden. Der liberale Rechtsstaat setzte die Trennung von Recht und Moral voraus und versagte dem Staat jede spezialpräventive Einwirkung[323]. Diese Zwecke hatte man deswegen selten (bis gar nicht) berücksichtigt. Dies zeigte sich u.a. darin, dass zwischen Zuchthaus und Gefängnis Arbeitshaus eingeführt worden war. Die zur Gefängnisstrafe Verurteilten sollten dagegen nur dann zur Arbeit angehalten werden, wenn sie nicht imstande waren, ihren Unterhalt selbst zu bestreiten. Dabei sollte die Arbeit kein Resozialisierungsmittel, wie es vom spezialpräventiven Ansatz gesehen wird, darstellen, sondern war als Vergrößerung des Strafübels gedacht.

> „Gerechte Vergeltung, psychologischer Zwang durch die gesetzlich festgelegten Strafdrohungen, also generalpräventive Abschreckung, nüchterne Feststellung dessen, was bei Strafe verboten ist, und Bewährung des Rechts durch gleichmäßige, stetige, von richterlicher Willkür freie Anwendung des gesetzlichen Strafrechts, [...] sind die wichtigsten Tendenzen.“[324]

Diese Auffassung stimmte mit vielen deutschen Staaten überein.

---

321 So auch *v. Holtzendorff*, Handbuch, S. 106; *Schletter*, Entwurf, S. 285.

322 *v. Holtzendorff*, Handbuch, S. 106; *Schletter*, Entwurf, S. 285.

323 *Ahrendts*, Christoph Carl Stübels Straftheorie, S. 69.

324 *Schmidt*, Strafrechtspflege, S. 314.

Zudem war die Arbeit des Gesetzgebers von Maß- und Zurückhaltung geprägt, da der liberale Rechtsstaat nur der Aufrechterhaltung der Rechtsordnung dienen sollte[325].

Im übrigen sollte sich erst im Laufe der Zeit zeigen, ob das Criminalgesetzbuch den praktischen Anforderungen gerecht werden konnte und einen wirklichen Fortschritt zum früheren Recht darstellte.

325 *Schmidt*, Strafrechtspflege, S. 314.

Fünftes Kapitel: Die Reformarbeiten nach 1838 und das Strafgesetzbuch von 1855

> „Bald nach der Publikation des Sächsischen Criminalgesetzbuches von 1838 [...] tauchten Streitfragen über Streitfragen auf, von denen die intelligente Praxis Sachsens zwar manche zu erledigen verstand, andere und zwar sehr wichtige hingegen ungelöst ließ, indem sie in Betreff derselben in einem steten Schwanken blieb.“[1]

A) Das Erläuterungsgesetz vom 16. Juni 1840 und die Verordnung vom 27. November 1846

Die Regierung legte den Ständen bereits im Jahre 1840 ein Erläuterungsgesetz, das sechzehn Artikel betraf, vor und dieses wurde nach erfolgter Vereinbarung mit den Kammern am 16. Juni 1840 veröffentlicht. Das Gesetz enthielt zwar „erläuternde und ergänzende Bestimmungen, dagegen keine wahre Abänderung früherer Vorschriften“[2]. Im Allgemeinen Teil betraf es u.a. die Zuchthausstrafe, die Schärfung derselben sowie die Arbeitshaus- und Gefängnisstrafe. So war bei hartem Lager oder der Entziehung warmer Kost zu beachten, dass in die für diese Strafübel bestimmte Zeit, die Tage, an welchen diese Strafen ausgesetzt wurden, nicht mit einzurechnen waren[3]. Weitere Erläuterungen[4] bezogen sich auf die Handarbeitsstrafe, geregelt in Art. 14, die Vorschriften wegen alternativer Strafen gem. Art. 20 und die Verwandlung der Geldstrafen nach Art. 21.

---

1 *Berner*, Strafgesetzgebung, S. 304. Dieser zählt insbesondere Schwachstellen im Besonderen Teil des Criminalgesetzbuchs auf. Auch *v. Wächter* weist in seinem Buch: Sächsisches und thüringisches Strafrecht daraufhin, dass „bei dem grossen Schritte, der durch die Codifikation des Strafrechts gemacht worden war, die Erfahrung den wichtigsten Prüfstein bilden würde und daher den Lücken, Zweifeln und Unvollkommenheiten, die anhand der Erfahrung sich herausstellen würden, besondere legislative Aufmerksamkeit zu widmen sey.“, S. 31.

2 *Weiß*, Criminalgesetzbuch, S. 14.

3 Vgl. *Weiß*, a.a.O., S. 71 und *Held / Siebdrat*, Criminalgesetzbuch, S. 37.

4 Die übrigen Erläuterungsartikel berührten die hier interessierenden Gegenstände nicht. Gleiches gilt für das Gesetz vom 30. Juli 1846. Das nächste und zugleich letzte (Änderungs-) Gesetz. Es befasste sich mit dem Zusammentreffen verschiedenartiger Freiheitsstrafen und den anwendbaren Grundsätzen bei der Strafverwandlung.

Die Verordnung vom 27. November 1846 betraf das Verfahren bei den auf Antrag zu bestrafenden Verbrechen. Hiernach sollte der Untersuchungsrichter künftig in allen Fällen, in denen ihm ein Verbrechen bekannt wurde und unklar war, ob es von Amts wegen oder nur auf Antrag zu verfolgen war, die Beteiligten zu Beginn des Verfahrens befragen, ob sie den Täter bestraft wissen wollten und dies ggfs. in den Akten vermerken.

Die „Nachbesserungen" wurden vor allem als „ein erfreuliches Zeichen der fortschreitenden Entwicklung der sächsischen Gesetzgebung, als ein Beleg dafür, daß Theorie, Praxis und Legislation hierbei aufs Gedeihlichste Hand in Hand gingen"[5], angesehen.

B) Die Verordnung vom 20. April 1849

Die deutschen Grundrechte wurden in Sachsen durch die Verordnung vom 2. März 1849 verkündet und durch die Verordnung vom 20. April desselben Jahres ergänzt. Letztere bestimmte unter Nr. IV, dass von den Gerichten nicht mehr auf körperliche Züchtigung zu erkennen war und die einschlägigen Bestimmungen im Criminalgesetzbuch aufgehoben waren. Obwohl sowohl diese Verordnung als auch die Grundrechte durch ein Gesetz vom 12. Mai 1851 wieder abgeschafft wurden, blieb es doch bei der Abschaffung der körperlichen Züchtigung als Strafmittel. Als Disziplinarstrafe wurde sie dennoch weiterhin angewandt[6].

Die deutschen Grundrechte, die zwar die Todesstrafe grundsätzlich abgeschafft hatten, übten gleichwohl auf die Gesetzgebung des Königreich Sachsens keinen Einfluss aus[7]. Dieses Strafmittel blieb weiter gesetzlich bestehen. Allerdings beschloss die Regierung am 5. Januar 1849, dass vorläufig die von Gerichten ausgesprochenen Todesstrafen nicht vollstreckt, sondern in eine andere Strafart verwandelt werden sollten[8].

Die Entscheidung widerrief die Königliche Regierung jedoch bereits im Juni 1850 und befand sich damit in Gesellschaft vieler größerer deutscher Staaten, Königen und Fürsten, die sich bemühten, die abolitionistische Gesetzgebung schnellstmöglich wieder rückgängig zu machen.

---

5 *Schletter*, Hitzig's Annalen der deutschen und ausländischen Criminalrechtspflege, Bd. 37, S. 284.

6 *v. Wächter*, Sächsisches und thüringisches Strafrecht, S. 236.

7 Ebd., S. 178.

8 Mittheilungen über die Verhandlungen des Landtags (Sachsen) – 1849/50, I. Kammer, S. 90.

C) Die Verordnung vom 1. Dezember 1852

Die Verordnung vom 1. Dezember 1852 bestimmte, dass die Todesstrafe nicht mehr durch das Schwert, sondern durch das Fallschwert vollzogen werden sollte. Damit kam die Regierung dem zum Criminalgesetzbuch von 1838 aufgestellten Antrag der Stände nach. Weiter wurde durch die Art. 425–427 der Strafprozessordnung vom 11. August 1855 angeordnet, die Hinrichtung im umschlossenen Raum unter Zulassung eines bestimmt vorgesehenen Publikums[9], soweit Platz vorhanden war, zu vollziehen.

Ausschlaggebend für diese Entscheidung[10] war vermutlich die zunehmende Gefahr von gewalttätigen Ausschreitungen des Volkes bei solchen Anlässen gewesen. Öffentliche Hinrichtungen lockten eine Menge Menschen an und die Gefühle, die sich nach Ansicht der Behörden erregten, schätzte man als unberechenbar und daher gefährlich ein[11].

> „Der immer seltenere Vollzug der Todesstrafe, verbunden mit einem rapiden Bevölkerungswachstum, führte in den 1840er Jahren zu gewaltigen Zuschauermassen bei Hinrichtungen. [...] Aber nicht nur der 'Pöbel' machte der Verwaltung Sorge, sondern auch der Deliquent auf dem Schafott."[12]

Früher war die Hinrichtung von Elementen eines christlich-gemeinschaftlichen Rituals geprägt gewesen[13], die jedoch nach und nach aus der Hinrichtungszeremonie weitestgehend verschwunden waren. Weiter konnten Verbrecher, die sich vor der Exekution ungebührlich benahmen[14], nicht mehr mit der Aussicht auf erneute Tortur und ewige Verdammnis zur Raison gebracht werden. Demnach konnten sie „sich ihre Rolle im Drama der Todesstrafe selbst zuschreiben"[15]. So wurde besonders kaltblütiges und freches Verhalten des zum Tode Verurteilten neuerdings vom

---

9 Hierzu zählten Mitglieder des Gericht, der Staatsanwalt, Verteidiger, die Verwandten des Verletzten usw. Eine genaue Aufzählung findet sich bei *v. Wächter*, Sächsisches und thüringisches Strafrecht, S. 179.

10 Vgl. auch: *Evans*, Rituale, S. 379 ff.

11 *Evans*, Rituale, S. 392.

12 *Evans*, Rituale, S. 318 f.

13 Vom Augenblick der offiziellen Urteilsverkündung an, begann eine Glocke zu läuten, die bis zu der eigentlichen Hinrichtung erklang. Hierdurch sollte die Zeremonie aus dem normalen Alltag herausgehoben werden und die Gemeinschaft wurde eingeladen die Ereignisse mitzuverfolgen. Auch der Gang zum Schafott, für den eine genaue Ordnung vorgeschrieben war und dem sogar Schüler, deren Hauptaufgabe das Singen von Kirchenliedern war, beiwohnten, zählte hierzu. *Evans*, Rituale, S. 106, 109. Vgl. insgesamt: *Evans*, Rituale, S. 98 ff.

14 Noch wenig mehr als hundert Jahre zuvor, hatte der reuige Verbrecher bereitwillig die Rolle des armen Sünders angenommen. *Evans*, Rituale, S. 321.

15 *Evans*, Rituale, S. 320.

Volk bewundert und konnte zur Legendenbildung führen. Man befürchtete folglich, dass öffentliche Hinrichtungen zum Verbrechen anstifteten anstatt abzuschrecken „und sah in der Fähigkeit des Verbrechers, ruhig zu bleiben, den Grund für die Bewunderung der Zuschauer und die daraus resultierende Versuchung, selbst den Helden zu spielen“[16]. Allgemein versuchte man, diese und noch weitere Probleme, die der öffentliche Vollzug der Todesstrafe mit sich brachte, durch die nicht-öffentliche Hinrichtung zu vermeiden.

Diese Entscheidung diente demnach wohl nicht der Befriedigung liberaler Forderungen, sondern sollte in erster Linie die öffentliche Ordnung schützen.

D) Gesetzgebungsarbeiten ab 1848

Gemäß der Verfassung von 1831 teilten sich sechs Ministerial-Departements, die in einem kabinettsähnlichen Gesamtministerium zusammengeschlossen waren, die Regierungsgeschäfte, wobei von 1831–1843 der gemäßigt-liberale *Bernhard August von Lindenau* den Vorsitz dieses Gesamtministeriums leitete. Seit dieser Zeit streute sich auch das liberale Gedankengut im Sinne allgemeiner Freiheits- und Bürgerrechte über viele Bevölkerungsschichten[17]. Dabei waren u.a. die Forderungen nach Abschaffung der Zensur und allgemeiner Pressefreiheit von besonderer Bedeutung, die ab März 1848 ihren Höhepunkt darin fanden, dass verschiedene Städte, dem Beispiel Leipzigs folgend, entsprechende Gesuche an König *Friedrich August II.* richteten, der diesen jedoch nicht nachgab.

Die Regierung, die seit 1843 unter der Führung des konservativen *Julius Traugott Jacob von Könneritz* stand und ins Zentrum der Kritik geraten war, trat jedoch am 13. März 1848 zurück. Das daraufhin eingesetzte liberale „Märzministerium“ scheiterte an dem überwiegend konservativen Landtag und wurde durch das „Beamtenministerium“ unter der Leitung von *Gustav Friedrich Held* ersetzt. Die bis dahin vergleichsweise gemäßigt verlaufene Revolution eskalierte schließlich im Dresdner Maiaufstand von 1849, bei dem es zur Konfrontation zwischen dem König und der Regierung auf der einen und der Bürgerschaft auf der anderen Seite kam[18]. Seit Ende April 1849 waren zahlreiche Petitionen[19] an den König gerichtet worden, die von der Paulskirchenversammlung beschlossene Reichsverfassung anzunehmen. Weiter hatte der König im April 1849 den Landtag aufgelöst, nachdem dieser eine Steuerbewilligung verweigert hatte[20]. Vom 5.–9. Mai 1849 lieferten sich Aufständische und das sächsische Militär erbitterte Kämpfe in Dresden, in

---

16 *Evans*, Rituale, S. 321 f.

17 *Rellecke*, Geschichte, S. 336.

18 Ebd., S. 336.

19 Zu den bekannteren Namen zählten u.a. *Richard Wagner* und *Gottfried Semper*. S. *Rellecke*, Geschichte, S. 337.

20 *Rellecke*, Geschichte, S. 337.

denen die Aufständischen unterlagen. „[...] [Es] begann die Ära *Beust* (Außenminister von 1849–1858, Regierungschef von 1858–1866), deren reaktionäre Politik jede revolutionäre und demokratische Opposition zu unterdrücken wusste“[21]. Dennoch saß seit 1854 mit dem an Wissenschaften interessierten *König Johann von Sachsen* (Regierungszeit 1854–1873) ein Gelehrter – Sprachwissenschaftler und ausgebildeter Jurist – auf dem sächsischen Thron.

Die erlassenen Gesetze und Verordnungen genügten nur vorübergehenden Anforderungen[22] und spätestens seit der beabsichtigten Reform des Kriminalprozesses und der Organisation der Justizbehörden konnte ein bloß fragmentarisches Aushelfen nicht mehr ausreichend sein[23]. Insbesondere die Einführung von Geschworenengerichten, die den Forderungen des Volkes nach Teilhabe an der Rechtsprechung genügen sollten, schien eine Revision erforderlich zu machen und durch das Gesetz vom 23. November 1848, das u.a. die Trennung von Justiz und Verwaltung aussprach, steigerte sich das Bedürfnis nach einer Überarbeitung. Damit einhergehend war zwar die Todesstrafe wieder eingeführt worden und die Revolution mit ihren wichtigsten Zielen gescheitert, jedoch stellten die geplanten Änderungen des Strafprozesses ein wichtiges Zugeständnis an liberale Forderungen dar.

Am 15. Juni 1848 hatte man eine Kommission eingesetzt, der die Novellierung des Criminalgesetzbuchs oblag. Diese stand unter dem Vorsitz des Justizministers *Dr. Braun* und bestand aus dem Präsidenten des Oberappellationsgerichts und wirklichen Geheimrat *Dr. von Langenn* sowie den Geheimen Justizräten *Dr. Siebdrat* und *Dr. Krug*. Letzterem waren das Referat und die Bearbeitung übertragen worden. Nachträglich trat der Oberappellationsrat *Dr. Schwarze* hinzu.

Obwohl die Kommission das Criminalgesetzbuch anfangs nur revidieren sollte, gelangte man rasch zu der Überzeugung, dass dies, allein wegen der Einführung der Geschworenengerichte, die „eine ganz neue legislative Behandlung der dieser zuzuweisenden Straffälle fordere“[24], keineswegs

---

21 Ebd., Geschichte, S. 337.

22 So bestanden nach *Krug* u.a. Kontroversen beim Begriff des Betrugs, insbesondere bei Verträgen und bei einer möglichen Erhöhung der Zucht- und Arbeitshausstrafe, die sich durch eine konstante Rechtsprechung und Praxis nicht erledigt hatten. Vgl. *ders.*, Commentar, S. VI.

23 *Berner*, Strafgesetzgebung, S. 306; *v. Wächter*, Sächsisches und thüringisches Strafrecht, S. 38.

24 *Berner*, Strafgesetzgebung, S. 306.

genügen könne. Außerdem bedürfe es wegen der Unmöglichkeit „eine[r] gänzliche[n] Scheidung der Rechtsfrage von der Thatfrage [...] eine[r] größere[n] Ausführlichkeit in der Behandlung des allgemeinen Theiles“[25].

Am 15. Juli 1850 legte die Kommission ihren Entwurf in drei Teilen – Allgemeiner Teil, Verbrechen und Vergehen, Polizeiübertretungen – dem Justizministerium vor.

I. Auszüge aus dem Entwurf von 1850

Krug behandelte das System des Entwurfs von 1850 in einer Denkschrift[26]. So war es bei den Beratungen der Kommission zu Zweifeln über die systematische Anordnung des Entwurfs gekommen, die *Krug* dazu bewogen hatten, seinen vorgeschlagenen Aufbau im Entwurf in: 1) Verbrechen, 2) Vergehen und 3) Polizeiübertretungen in dieser Denkschrift[27] zu rechtfertigen. Erstmals seit den Ausarbeitungen von *Erhard* und *Tittmann* enthielt ein sächsischer Entwurf wieder eine Einteilung der strafbaren Handlungen, die nicht nur in Sachsen kritisch beäugt wurden, und eine Aufnahme von Übertretungstatbeständen.

Die o.g. Dreiteilung der strafbaren Handlungen in deutschen Strafgesetzbüchern ging primär aus dem französischen Strafrecht der Revolutionszeit und der späteren Sanktionierung im Code Pénal von 1810 hervor[28]. Dort fand sie, wie später auch im deutschen Strafrecht, ihren Grund insbesondere in der Neuordnung der französischen Gerichte. Sie unterschied sich von vorherigen Einteilungen durch die gesetzliche Normierung fester Grenzen, aufgrund deren man jedes Delikt mit Bestimmtheit in den verschiedenen Kategorien unterbringen konnte. Hieraus folgte, dass jede Straftat nur einer Klasse angehören konnte und daher vom Gesetzgeber konsequent mit einer Strafe belegt werden musste, die nur in *eine* Klasse fiel[29]. Dies wurde (später) zum vornehmlichen Kritikpunkt für die Gegner der Dreiteilung, da der Gesetzgeber zu ungerechtfertigten Sprüngen in der Abstufung kam, die man durch die Aufnahme der mildernden Umstände zu beseitigen versuchte.

---

25 *Krug*, Commentar, S. IX.

26 *Krug*, Neue Jahrbücher für sächsisches Strafrecht, 1851, S. 1–26.

27 Diese war zunächst nur für die Mitglieder der Kommission bestimmt, wurde jedoch auf Erlaubnis von *Dr. Braun* hin in der o.g. Zeitschrift veröffentlicht, um anderen Sachkundigen die Möglichkeit zu geben, sich hierzu zu äußern und so die Beschlussfassung zu beschleunigen.

28 *v. Wächter*, Sächsisches und thüringisches Strafrecht, S. 310 Fn. 10; *Meyer*, Dreiteilung, S. 2. Zu den Versuchen einen Zusammenhang der Dreiteilung zum älteren deutschen Recht herzustellen, s. *Meyer*, Dreiteilung, S. 44 ff. und *Krug*, Neue Jahrbücher für sächsisches Strafrecht, 1851, S. 5 f.

29 *Meyer*, Dreiteilung, S. 4.

Ein weiterer Grund für die Einführung der Dreiteilung, der sowohl von der französischen als auch der deutschen Gesetzgebung oft angeführt wurde, war, dass man hiermit auf die Ansichten im Volk hinsichtlich verschiedener Delikte einwirken wollte[30].

Bis 1848 enthielt ein Teil der deutschen Gesetze diese Dreiteilung[31]. Die überwiegende Mehrheit, wozu auch Sachsen gehörte, jedoch nicht. Allerdings knüpften auch die Gesetze, die sie zum Inhalt hatten, keine praktischen Folgen hieran, da das deutsche Gerichtsverfahren anders geordnet war als das französische[32]. Nachdem man jedoch in Deutschland begonnen hatte, die Mitwirkung von Laien in der Rechtsprechung durch die Schaffung von Schwurgerichten häufiger zu postulieren, gewann die Dreiteilung mehr Anerkennung, aufgrund dessen, dass diese Gerichte nicht mit der ganzen Masse von Delikten belastet werden sollten[33].

Preußen wurde darauf zum Vorläufer für die Aufnahme der Dreiteilung, da man in ihr eine sichere Gewähr für die Einführung von Schwurgerichten sah[34].

Dem System des Entwurfs von 1850 lag diese in Sachsen nicht unumstrittene Regelung zugrunde. *von Wächter* bspw. kritisierte an der Unterscheidung von Verbrechen i.e.S. und Vergehen allgemein, dass, wenn man das Wort Verbrechen ausschließlich auf die Fälle des schwersten Unrechts beschränken würde, man sich in Widerspruch mit dem Sprachgebrauch setze. So sei dieses Wort das Einzige, was es überhaupt zur Bezeichnung des strafbaren Unrechts gebe, da es an einem anderen ebenso trefflichen Wort fehle[35].

Nach der Auffassung *Krugs* brachte eine Einführung von Schwurgerichten diesen Unterschied allerdings immer mit sich. Es sei egal, wie man die Kompetenzen von Jury und Assisengerichten zu bestimmen versuche, denn orientiere man sich an strafbaren Handlungen, dann habe man bereits der Sache nach einen Unterschied zwischen Verbrechen und Vergehen angenommen.

> „Denn man hat an die Existenz gewisser Handlungen [...] eine criminalrechtlich bedeutende Folge [...] geknüpft, und eben dadurch die Handlungen,

30 *Meyer*, Dreiteilung, S. 7.

31 Speziell die Entwicklung in Bayern wird von *Meyer* ausführlich behandelt, da man sich dort zuerst mit der französischen Trichotomie befasste und diese aufnahm. *Meyer*, Dreiteilung, S. 8–14.

32 Vgl. zum Versuch in Bayern, der Dreiteilung einen Nutzen bei der Kompetenzregelung einzuräumen, *Meyer*, Dreiteilung, S. 11 f.

33 *Meyer*, Dreiteilung, S. 15.

34 *Meyer*, Dreiteilung, S. 17.

35 *v. Wächter*, Sächsisches und thüringisches Strafrecht, S. 308.

> von welchen dies gilt, zu einer criminalrechtlich ausgezeichneten Klasse strafbarer Handlungen, d.i. zu Verbrechen gemacht."[36]

Folglich müsse allein aus praktischen Gründen ein Unterschied zwischen Verbrechen und Vergehen geschaffen werden.

Krug nahm zudem weiter an, dass dieser Unterschied bereits in der historischen Entwicklung des deutschen Strafrechts[37], den Ansichten des Volkes und der Natur der Sache begründet sei. Diese Unterscheidung ziehe bereits durch die ganze Geschichte des deutschen Strafrechts[38]. Formell gründe die Teilung sich auf die Verschiedenheit zwischen der eigentlichen Kriminalgerichtsbarkeit und anderen Gerichten, wie den Zivilgerichten, die bei kleineren Diebstählen, geringen Tätlichkeiten u.ä. zuständig gewesen seien. Materiell lasse sich der Begriff des Verbrechens auf die Handlungen zurückführen, die mit dem Tode oder noch früher mit der Friedlosigkeit[39] bestraft worden seien. Dieser Unterschied habe allerdings nach und nach durch die Änderung der Gerichte und die Modifikationen bei den strafbaren Handlungen an Bedeutung verloren[40]. Handlungen, die man vormals für Verbrechen gehalten habe, wurden nicht mehr mit peinlichen Strafen bedroht und umgekehrt[41]. Jedoch habe sich der Unterschied nicht nur in der Sprache, sondern auch in der Denkweise des Volkes niedergeschlagen. Hier sei er gegenwärtig noch präsent, weshalb *Krugs* Aufforderung an ein zeitgemäßes und volkstümliches Strafgesetzbuch die Aufnahme einer

---

36 *Krug*, Neue Jahrbücher für sächsisches Strafrecht, 1851, S. 4. *Krug* schlug vor, dass man die Härte, bedingt durch die Einteilung der strafbaren Handlungen nach Art und Höhe der Strafe, die dem Code Pénal immer wieder zum Vorwurf gemacht wurde, dadurch zu umgehen versuchen müsse, indem man die Kompetenz einer Jury so erweitere, dass sie alle Handlungen umfasse, die wenigstens im höchsten Maße mit der dem Assisengericht vorbehaltenen Strafart bedroht seien.

37 Zu Recht anders *Meyer*, Dreiteilung, S. 2 ff. mit einer ausführlichen Darstellung zur Geschichte der französischen Dreiteilung und deren Einfluss auf deutsche Strafgesetze.

38 *Krug*, Neue Jahrbücher für sächsisches Strafrecht, 1851, S. 5.

39 Diese existierte im Volksrecht des sechsten und siebenten Jahrhunderts als Strafe der Germanen. Sie war ihrem Wesen nach eine Todesstrafe. Die Vollziehung war jedoch dem Verletzten, der Familie oder der Gemeinde teils als Recht teils als Pflicht überlassen. Der Friedlose konnte allerdings auch in geringeren Fällen für einen bestimmten Zeitraum des Landes verwiesen werden, woraus sich die Landesverweisung entwickelte. Diese galt deswegen bis 1838 immer als Kriminalstrafe, selbst, wenn der Verurteilte statt dessen ins Gerichtsgefängnis musste. *Krug*, Neue Jahrbücher für sächsisches Strafrecht, 1851, S. 5 f.

40 *Krug*, Neue Jahrbücher für sächsisches Strafrecht, 1851, S. 6.

41 Beispiele hierzu bei *Krug*, Neue Jahrbücher für sächsisches Strafrecht, 1851, S. 6 f.

Dreiteilung war. Der Ausgangspunkt dafür sei einerseits (wiederum) die Einführung von Schwurgerichten, die allerdings nur als günstige Begebenheit benutzt werden sollten. Andererseits sei es die Bezeichnung des Verbrechens, die sich, abgesehen von der Strafe und deren rechtlichen Behandlung, allein aus dem beschwerenden und entehrenden Charakter ergebe[42].

Krug hatte sich bei seiner Dreiteilung an der Natur[43] des Verbrechens i.w.S. orientiert, nach der Polizeiübertretungen auf dem einfachen Ungehorsam gegen das positive Gesetz beruhten, bei Vergehen eine Vernachlässigung des sittlichen Prinzips eintrete und sich bei Verbrechen ein positives böses Prinzip offenbarte, das das Individuum beherrschte[44]. Dieses Prinzip sei, wenn auch mit einzelnen Inkonsequenzen, die allerdings überall vorhanden seien, das einzig durchführbare. *von* Wächter war hingegen der Ansicht, dass die Einteilung nach inneren Grenzen bei der Anwendung auf unlösbare Zweifel stoßen würde und der Willkür den größten Raum biete[45].

Die Höhe der Strafe als einziges charakteristisches Merkmal eignete sich nach der Auffassung *Krugs* deshalb nicht, weil sie willkürlich sei und zudem nicht immer durchführbar. Im einzelnen Fall könnten auch bei geringeren Vergehen höhere Strafen als vorgesehen eintreten, bspw. beim Rückfall. Weiter müsse der Begriff des Verbrechens, wenn er brauchbar und nützlich sein solle, unabhängig von der Höhe der Strafe sein, wohingegen sich die Kompetenz der Gerichte mehr oder weniger nach der konkreten Strafe richten müsse[46].

Die vorgenommene Einteilung des Entwurfs in Verbrechen, Vergehen und Polizeiübertretungen begründete *Krug* damit, dass er die Handlungen, die er als Verbrechen bezeichnet hatte, auch als solche herausstellen und damit der Übersichtlichkeit dienen wollte. Schließlich gebe es für den speziellen Teil eines jeden Strafgesetzbuchs kein logisches Prinzip, „aus welchem sich die Aufeinanderfolge der Sätze, wie bei einem mathematischen oder

42 *Krug*, Neue Jahrbücher für sächsisches Strafrecht, 1851, S. 7 f.

43 Den Begriff „Natur“ hatte er nicht ohne Grund gewählt. Er verglich die Einteilung der Verbrechen fortwährend mit der Natur i.e.S. und versuchte mit der dort vorgenommenen Anordnung in Mineralien, Pflanzen und Tiere seinen Aufbau zu stützen. *Krug*, Neue Jahrbücher für sächsisches Strafrecht, 1851, S. 14 f.

44 *Krug*, Neue Jahrbücher für sächsisches Strafrecht, 1851, S. 14.

45 *v. Wächter*, Sächsisches und thüringisches Strafrecht, S. 38.

46 *Krug*, Neue Jahrbücher für sächsisches Strafrecht, 1851, S. 9.

philosphischen Systeme mit logischer Nothwendigkeit herleiten lässt“[47]. So könne man jeden Einteilungsgrund nehmen, den man wolle; jeder habe etwas Willkürliches an sich[48]. Letztlich könne jedoch darüber, ob der innere Zusammenhang der Materien durch diese Einteilung gestört werde, „nur der Gesamteindruck entscheiden, den eine Betrachtung der Sache im Ganzen und nach allen den verschiedenen Seiten hin, welche sie darbietet, zurückläßt“[49].

Der Entwurf verlor jedoch, nachdem man sich gegen die Einführung von Schwurgerichten und die Trennung von Justiz und Verwaltung entschieden hatte, seine Grundlage. Damit büßte spätestens auch fortan die Dreiteilung ihre Fürsprecher in Sachsen ein, denn hiernach wurde über eine mögliche Aufnahme der Dreiteilung bei Gesetzesvorbereitungen und -änderungen bis zu den Beratungen zum Strafgesetzbuch für den Norddeutschen Bund nicht mehr gesprochen.

II. Der Entwurf von 1853

Nachdem der Entwurf von 1850 überarbeitet worden war, übergab die Kommission unter Hinzuziehung des Geheimen Rats *Dr. Held* und anderer Minister[50] schließlich im April 1853 den endgültigen Entwurf[51] eines „Strafgesetzbuchs für das Königreich Sachsen“[52] nebst Motiven den ständischen Deputationen. Zugleich wurde er sämtlichen Mitgliedern des später zu berufenden außerordentlichen Landtages zugesandt.

---

47 Ebd., S. 13.

48 Ebd.

49 Ebd., S. 26.

50 Diese waren der Geheime Rat *Kohlschütter*, der Geheime Finanzrat *Glöckner* und der Geheime Kriegsrat *von Abendroth.*

51 Dieser wurde zunächst noch einer speziellen Prüfung durch den Staats- und Justizminister *Dr. Zschinsky*, den Geheimen Justizrat *Krug* und *Dr. Schwarze* unterzogen, bei welcher einige Verbesserungen getroffen wurden. Dennoch entspricht der den Ständen vorgelegte Entwurf im wesentlichen dem von der Kommission Ausgearbeiteten. *Krug*, Commentar, S. X.

52 Den Namen des Strafgesetzbuchs hatte man einerseits gewählt, weil der Begriff des kriminell Strafbaren kein Bestimmter war und andererseits um das neue Gesetz bereits vom Namen her zum Criminalgesetzbuch von 1838 abzugrenzen. Vgl. Sächsische Landtags-Acten 1854, Abt. 1, Bd. 2, S. 8. *Groß* konnte sich von diesem Namen allerdings nicht überzeugen, da es neben dem allgemeinen Strafgesetzbuch noch ein Militärstrafgesetzbuch u.a. geben sollte. S. *Groß*, Bemerkungen, S. 1 Fn. *.

Der Entwurf versuchte sich dem Criminalgesetzbuch von 1838 möglichst anzuschließen[53], jedoch stellte sich im Laufe der Ausarbeitung die Notwendigkeit größerer Abänderungen heraus[54]. Der Entwicklung und Ausarbeitung des Entwurfs kamen verschiedene wissenschaftliche Studien, Kommentare und andere Abhandlungen zugute, die eine „auf das practische Bedürfnis berechnete Richtung erhalten und zumeist gerade die in der Praxis vorgekommenen Zweifel zu ihrem Ausgangspunkte gewählt [hatten]“[55].

1. Allgemeines

v. Schwarze hatte im Neuen Archiv für Criminalrecht[56] einen Beitrag über das Criminalgesetzbuch und die Erfahrungen, die man seit Erscheinen desselben gemacht hatte, verfasst. Unter dem Punkt „strafbare Handlungen im Allgemeinen“ erörterte er u.a. die Grenzen der gesetzlichen Strafbarkeit, von denen er befand, dass der Gesetzgeber sie im ganzen richtig gezogen habe, auch wenn bei „einigen Vorschriften theils eine beschränkende, theils eine erweiternde Grenze zu wünschen ist“[57]. Einen größeren Nachteil sah er allerdings explizit bei den fahrlässigen Taten, bei denen sich der Mangel eines geschlossenen Polizeistrafgesetzbuchs fühlbar machte. Das Criminalgesetzbuch hatte sich hinsichtlich einer Aufnahme des polizeilich Strafbaren weitestgehend zurückgehalten, so dass „eine gehörig abgeschlossene Strafgesetzgebung [...] ohne ein Polizei-Strafgesetzbuch nicht zu ermöglichen sein [würde]“[58]. Diese Auffassung wich stark von dem 18 Jahre zuvor aufgestellten Grundsatz der Deputation der I. Kammer, dass die Polizeivergehen sich aufgrund ihrer stetig wechselnden Natur nicht zur Kodifikation eigneten[59], ab.

---

53 S. auch *v. Schwarze*, Archiv des Criminalrechts, Neue Folge, 1853, S. 263.

54 *Krug*, Commentar, S. X.

55 *v. Schwarze*, Archiv des Criminalrechts, Neue Folge, 1853, S. 263.

56 Ebd., S. 259 ff.

57 *v. Schwarze*, Archiv des Criminalrechts, Neue Folge, 1853, S. 265. So z.B. zum Tatbestand der Aussetzung nach Art. 131 CGB und des Viktualiendiebstahls (Stehlen von Ess- und Trinkwaren) zur „bloßen Befriedigung der Lüsternheit zum unmittelbaren Genuss“ nach Art. 238 CGB.

58 *v. Schwarze*, Archiv des Criminalrechts, Neue Folge, 1853, S. 267.

59 S. 4. Kapitel, B) I. 1. a) bb).

Trotz der o.g. Forderung *v. Schwarzes* nach einem eigenen Polizeigesetzbuch waren in den Entwurf, bedingt durch den Wegfall des geplanten Polizeistrafgesetzbuches, auch mehrere ihrem Wesen nach polizeiliche Regeln[60] aufgenommen worden.

Zur einer etwaigen Einteilung der strafbaren Handlungen bemerkte nur *Dollmann*, dass der sächsische Entwurf, da er an kein Geschworenengericht gebunden war, von einer solchen Abstand nehmen konnte[61].

2. Das Strafensystem

a) Das Strafensystem allgemein

Das Strafensystem enthielt die gleichen Strafmittel wie das Criminalgesetzbuch, auch wenn sich die Hoffnungen, die man an die damals neue Gliederung der schweren Freiheitsstrafen geknüpft hatte, nicht erfüllt hatten. Das Volk wie auch die Häftlinge machten keine Unterscheidungen zwischen Zucht- und Arbeitshaus, da beispielsweise die Strafarbeiten nahezu gleichartig waren[62]. Daneben zeigten die vielen Rückfälle, „wie wenig im Ganzen geleistet werden konnte“[63], was wiederum aus der Sicht *v. Schwarzes* zu der Notwendigkeit führte, strengere Maßregeln aufzustellen.

Bei der Zuchthausstrafe hatte man nunmehr auf verschiedene Grade verzichtet, da sich diese nicht bewährt hatten und bereits seit 1840 kritisiert worden waren. Man hatte versucht, den ersten Grad entweder durch eine Verlängerung der Strafdauer oder durch eine Verschärfung derselben zu ersetzen[64]. Weiter waren die Artikel 11 und 12 des Entwurfs zur gesetzlichen Schärfung der Zuchthausstrafe für „Rückfall“täter eingeführt worden, die entweder als gesetzliche Folge oder durch Erkenntnis eintreten konnte,

60 So wohl die Unterlassene Meldung Todtscheinender gem. Art. 158 und der Gefährliche Transport von Kranken nach Art. 166 CGB.

61 *Dollmann*, Kritische Überschau der deutschen Gesetzgebung und Rechtswissenschaft, 1853, S. 152. Gleichfalls war *Groß* zufrieden, dass der Entwurf von einer Dreiteilung Abstand genommen hatte, was aus seinen Bemerkungen auf S. 1 f. hervorgeht.

62 *v. Schwarze*, Archiv des Criminalrechts, Neue Folge, 1853, S. 270. Er führt sogar auf S. 274 f. ein Beispiel an, in dem ein Verbrecher in zweiter Instanz statt zu dreijähriger Zuchthausstrafe zu vierjähriger Arbeitshausstrafe verurteilt worden war und diese Herabsetzung wegen der Verlängerung als eine Strafschärfung angesehen hatte.

63 *v. Schwarze*, Archiv des Criminalrechts, Neue Folge, 1853, S. 270.

64 Sächsische Landtags-Acten 1854, Abt. 1, Bd. 2, S. 122.

> „da man in den Strafanstalten schon zeither das Bedürfniß gefühlt hat, Personen, welche eine solche Anstalt nicht zum ersten Male betreten, dieß durch eine schärfere disciplinelle Behandlung empfinden zu lassen."[65]

Art. 13 des Entwurfs fasste die allgemeinen Schärfungsmittel der Zuchthausstrafe zusammen, unter denen sich erneut die körperliche Züchtigung, beschränkt auf männliche Insassen, befand. Der Dunkelarrest war nicht mehr aufgeführt, da seitens der Strafanstalten Bedenken geäußert worden waren, weswegen die rechtsprechenden Behörden auf ihn schon seit längerer Zeit nicht mehr erkannt hatten[66]. Insgesamt verzichtete der Entwurf oftmals auf die Möglichkeit einer Schärfung kraft richterlicher Erkenntnis, da sich dies als unpraktikabel herausgestellt hatte und überließ die Wahl zwischen verschiedenen Mitteln der Anstaltsdirektion. An die Zuchthausstrafe waren jedoch weiterhin entehrende Folgen geknüpft.

Die Bestimmungen zur Arbeitshaus- und Gefängnisstrafe waren größtenteils ähnlich wie im Criminalgesetzbuch ausgestaltet, und auch den Festungsbau hatte man hieraus übernommen. Bei der Geldstrafe war man bei dem Prinzip verblieben, dass sie nur angeordnet werden konnte, wenn sie gesetzlich vorgesehen war. Ob ein Verbrecher mit Handarbeit gestraft wurde, sollte künftig der Beurteilung des vollstreckenden Richters überlassen sein, da bei der Abfassung eines Urteils oftmals nicht überschaubar war, ob Gelegenheiten zur Handarbeit vorhanden waren[67]. Dieses Strafmittel hatte sich allgemein sehr bewährt, insbesondere bei Forstfrevlern und in Walddistrikten[68]. Weiter bestand bei Bettlern und Vagabunden die Möglichkeit fort, die Gefängnisstrafe unter bestimmten Voraussetzungen in körperliche Züchtigung zu verwandeln.

b) Die Todesstrafe

Art. 9 des Entwurfs, der sich mit der Todesstrafe befasste, unterschied sich inhaltlich nicht von Art. 6 CGB[69].

---

65 Sächsische Landtags-Acten 1854, Abt. 1, Bd. 2, S. 122.

66 Sächsische Landtags-Acten 1854, Abt. 1, Bd. 2, S. 123.

67 Sächsische Landtags-Acten 1854, Abt. 1, Bd. 2, S. 125.

68 *v. Schwarze*, Archiv des Criminalrechts, Neue Folge, 1853, S. 272.

69 Es lag lediglich eine redaktionelle Änderung beim zweiten Satz des ersten Absatzes vor. So lautete er in Art. 6 des CGB: „Befindet sich eine zur Todesstrafe verurtheilte Weibsperson im Zustande der Schwangerschaft, so ist ihre Hinrichtung bis nach überstandenem Wochenbette *zu verschieben.*" In Art. 9 des Entwurfs lautete er: „Befindet

In den Motiven ging man jedoch auf den ständischen Antrag von 1836 ein, wonach die Regierung die Abschaffung der Todesstrafe fortwährend im Auge behalten und diese bei gemachten günstigen Erkenntnissen aufheben sollte[70]. Die Erfahrungen seien zwar insoweit günstig gewesen, als sich bei den Verbrechen, für die die Todesstrafe durch das Criminalgesetzbuch abgeschafft worden sei, keine deutliche Zunahme abgezeichnet habe, dennoch sei der Zeitpunkt zur gänzlichen Aufhebung noch nicht eingetreten[71]. So seien seit 1838 leider immer wieder Fälle vorgekommen, bei denen man, ohne das Rechtsgefühl im Volk zu verletzen, selbst durch eine Begnadigung nicht von der Vollstreckung der Todesstrafe habe absehen können[72]. Trotzdem seien zahlreiche Todesurteile, gerade bei Hochverratsprozessen, in Freiheitsstrafen und, meist nur bei den Anführern, in lebenslanges Zuchthaus verwandelt worden[73].

Man hatte sich deswegen damit zufrieden gegeben, die Todesstrafe auf die Fälle zu beschränken, „wo den Staat theils die Pflicht der Selbsterhaltung, theils die Rücksicht auf das unverdorbene Gefühl im Volke in die unabweisbare Nothwendigkeit versetzt, dieses äußerste Strafmittel sich vorzubehalten"[74]. Dies lag beim vollendeten Hochverrat nach Art. 113 und 117 des Entwurfs, beim Raub und der räuberischen Erpressung gemäß Art. 180 und 181 des Entwurfs, dem Meineid nach Art. 226 des Entwurfs, der Brandstiftung gemäß Art. 213 des Entwurfs und zuletzt beim vollendeten Mord nach Art. 152 des Entwurfs vor[75]. Die Bestimmung des Mordes im Entwurf unterschied sich von der im Criminalgesetzbuch, indem durch die veränderte Begriffsbestimmung eine Begrenzung der Todesstrafe auf die Fälle eintrat, „in denen schon seither aus Gnaden nicht leicht verwandelt wurde"[76]. Denn auch, wenn beim Criminalgesetzbuch im Gegensatz zum

---

sich eine zur Todesstrafe verurtheilte Weibsperson im Zustande der Schwangerschaft, so ist ihre Hinrichtung bis nach überstandenem Wochenbette *auszusetzen.*"

70 S. 4. Kapitel, B) I. 1. b) bb).

71 Sächsische Landtags-Acten 1854, Abt. 1, Bd. 2, S. 121.

72 Sächsische Landtags-Acten 1854, Abt. 1, Bd. 2, S. 121.

73 *v. Schwarze*, Archiv des Criminalrechts, Neue Folge, 1853, S. 269.

74 Sächsische Landtags-Acten 1854, Abt. 1, Bd. 2, S. 121.

75 Es ist unklar, warum viele Kommentatoren, unter ihnen auch *Groß* in seinen Bemerkungen, S. 6, der Auffassung sind, dass der Entwurf die Todesstrafe auf vollendeten Hochverrat und Mord beschränkt habe. S. auch *v. Wächter,* Sächsisches und thüringisches Strafrecht, S. 179 Fn. 5.

76 *Schletter*, Hitzig's Annalen der deutschen und ausländischen Criminalrechtspflege, 1853, S. 289.

vorherigen Recht die Todesstrafe beschränkt worden war, konnte doch eine zu ausgedehnte Androhung derselben nicht verkannt werden[77]. – Freilich ging es nur um die *Androhung*, denn seit dem Erscheinen des Criminalgesetzbuchs war die Todesstrafe selten und nur in Fällen des mit direktem Vorsatz *und* Überlegung ausgeführten Mordes vollzogen worden[78]. Nach dem Criminalgesetzbuch beging gemäß Art. 121 des Entwurfs einen Mord, wer die von ihm verursachte Tötung infolge eines mit Vorbedacht gefassten Entschlusses *oder* Überlegung ausgeführt hatte. Nach dem Entwurf hingegen war der Mord begrenzt auf die vorsätzliche Tötung, die mit bestimmter Absicht *und* Überlegung begangen worden war[79].

Zudem hatte man das Alter des zu exekutierenden Delinquenten auf 18 Jahre hoch gesetzt.

c) Straf(rahmen)bestimmung

Bei den Freiheitsstrafen war die Dauer verändert worden. Das Höchstmaß der zeitlichen Freiheitsstrafen hatte man von zehn (Arbeitshaus) bzw. 20 (Zuchthaus) Jahren einheitlich auf 30 Jahre heraufgesetzt. Es durfte jedoch vom Richter in keinem Fall, weder bei Konkurrenz, Rückfall noch sonstigen Gründen, überschritten werden. Für die Zuchthausstrafe erschien diese Höhe erforderlich, „weil sich in mehreren Fällen das Bedürfnis herausstellte, eine Strafe zu haben, welche der lebenslänglichen Zuchthausstrafe, wo nicht gleich komme, doch möglichst nahe stehe“[80]. Dies galt im Allgemeinen Teil besonders für die Strafe des Versuchs und die Bestimmungen des Rückfalls, im Besonderen Teil hingegen nur für Totschlag.

Bei den übrigen Freiheitsstrafen hatte man keinen ausreichenden Grund gesehen, sie auf ein geringeres Höchstmaß festzusetzen. Es sei nicht ersichtlich, warum, wenn das Gesetz eine Verdoppelung der sechsjährigen Arbeitshausstrafe gestatte, man nur bis auf zehn anstatt zwölf Jahre[81] hin-

---

77 *v. Schwarze*, Archiv des Criminalrechts, Neue Folge, 1853, S. 268.

78 Ebd., S. 268 f.

79 *Mittermaier* bemerkt hierzu in seinen Anmerkungen, dass es auffällig sei, dass in einer Ständeversammlung der Antrag so heftig bekämpft werde, nur bei Mord mit bestimmtem Vorsatz die Todesstrafe anzudrohen. Dagegen war in der Praxis immer die Tötung mit bestimmtem Vorsatz strafbarer und der Antrag auf Bestätigung des Todesurteils wurde nur in Fällen des direkten Vorsatzes in den Ministerien gestellt. Vgl. *Mittermaier,* Archiv des Criminalrechts, 1853, S. 13.

80 Sächsische Landtags-Acten 1854, Abt. 1, Bd. 2, S. 130.

81 Das Maximum der Arbeitshausstrafe lag im Criminalgesetzbuch bei zehn Jahren und konnte nur bei Verbrechenskonkurrenz überschritten werden, vgl. Art. 17, 56 CGB.

aufgehen könne[82]. Auch wenn dies bei der Gefängnisstrafe eine auffällige Erhöhung darstellte, im Criminalgesetzbuch lag das Maximum bei drei Monaten, konnten „[...], z.B. bei der Tödtung im Duell, im Rückfalle verübt, höhere Strafmaaße zum Bedürfnis werden“[83]. Der Entwurf machte von diesem Höchstmaß jedoch keinen Gebrauch, sondern sah bei den einzelnen Delikten oftmals vier Monate oder mehr als Maximum vor. Insgesamt war mit der Erhöhung der Dauer der Strafen zugleich im Besonderen Teil eine allgemeine Erhöhung der Strafmaxima einhergegangen.

Das gesetzliche Mindestmaß war nur beim Arbeitshaus von zwei auf vier Monate hoch gesetzt worden. Das lag an den vielfachen Beschwerden der Anstaltsdirektionen über zu kurze Arbeitshausstrafen. Die Anstalt könne sich bei kurzen Inhaftierungen weder mit der Individualität des Gefangenen bekannt machen, noch diesen zu einer Arbeit anlernen, die ihm das redliche Fortkommen nach seiner Entlassung gewährleiste[84]. Deswegen seien kurzzeitig Inhaftierte nachteilig für die Disziplin der Anstalt und lediglich die negativen Einflüsse der Detention wirkten fort[85]. Zu einem noch höheren Minimum sei es jedoch deswegen nicht gekommen, da mit diesem verbunden notwendigerweise längere Gefängnisstrafen im Gerichtsgefängnis in Verbindung einhergegangen wären[86].

Bei der Abfassung des Criminalgesetzbuchs ging man von der Maxime aus, dass Gefängnisstrafen, die wegen Eigentumsverbrechen verhängt wurden, im Gerichtsgefängnis verbüßt werden sollten. „Diese Auffassung hat sich im Allgemeinen bewährt und die Möglichkeit verschafft, Verbrecher, welche einer milderen Behandlung würdig erschienen, von den schwerern Verbrechern völlig zu trennen“[87]. Da man diesem Prinzip treu bleiben wollte, und das Maximum der Gerichtsgefängnisstrafe im Criminalgesetzbuch zu niedrig gestellt hatte, wodurch der Übergang zur Arbeitshausstrafe zu schroff war[88], hatte man das Höchstmaß der im Gerichtsgefängnis zu verbüßenden Gefängnisstrafe auf vier Monate erhöht.

Weiter waren aufgrund der Erfahrung mit dem Criminalgesetzbuch bei einzelnen Delikten die entsprechenden Minimalsätze teilweise für zu hoch

82 Sächsische Landtags-Acten 1854, Abt. 1, Bd. 2, S. 130.

83 Sächsische Landtags-Acten 1854, Abt. 1, Bd. 2, S. 130.

84 Sächsische Landtags-Acten 1854, Abt. 1, Bd. 2, S. 130; so auch *v. Schwarze*, Archiv des Criminalrechts, Neue Folge, 1853, S. 271.

85 Sächsische Landtags-Acten 1854, Abt. 1, Bd. 2, S. 130.

86 Sächsische Landtags-Acten 1854, Abt. 1, Bd. 2, S. 130.

87 *v. Schwarze*, Archiv des Criminalrechts, Neue Folge, 1853, S. 272.

88 *v. Schwarze*, Archiv des Criminalrechts, Neue Folge, 1853, S. 272.

und gänzlich entbehrlich empfunden worden[89]. Bei der Abfassung dieses habe man nur die schwersten Fälle vor Augen gehabt[90]. So trete der Richter zu dem Rechtsgefühl des Volkes in Widerspruch und auch eine Verweisung auf die Königliche Gnade könne solchen nicht gründlich beseitigen[91]. Andererseits seien aber auch die gesetzlichen Maxima zu niedrig gestellt worden, wenngleich weniger oft[92]. Im Entwurf hatte man ersteres zum Teil dadurch auszugleichen versucht, dass man an entsprechender Stelle Minima gestrichen oder herabgesetzt hatte[93]. Die Maxima hatte man dagegen häufiger erhöht.

Das relative Strafensystem des Criminalgesetzbuchs hatte sich jedoch bewährt. Die Richter hatten

> „in richtiger Würdigung des Grundgedankens der relativen Strafen, nur den einzelnen Fall und die Verschuldung des Angeklagten berücksichtigt und hiernach die Strafe hoch oder niedrig innerhalb der gesetzlichen Grenzen festgestellt."[94]

Dennoch setzte der Entwurf Todes- und lebenslängliche Zuchthausstrafe absolut fest. Man ging davon aus, dass eine alternative Androhung der Todesstrafe bedenklich erscheinen würde[95]. Die zeitlichen Freiheitsstrafen und Geldstrafe hingegen wurden weiterhin relativ und sehr häufig sogar alternativ angedroht. Oftmals standen Zucht- oder Arbeitshaus, Arbeitshaus oder Gefängnis, Gefängnis- oder Geldstrafe, mitunter auch Geld-, Gefängnis- oder Arbeitshausstrafe und insbesondere bei Art. 40 des Entwurfs alle drei Freiheitsstrafen alternativ zueinander[96]. In Art. 30 des Entwurfs war eine ähnliche Bestimmung wie in Art. 18 CGB enthalten, die besagte, wie der Richter zu verfahren habe, wenn nur für ein Strafmittel das Maximum oder Minimum festgesetzt worden war.

---

89 Beispiele bei *v. Schwarze*, Archiv des Criminalrechts, Neue Folge, 1853, S. 275 ff.

90 *v. Schwarze*, Archiv des Criminalrechts, Neue Folge, 1853, S. 277.

91 *v. Schwarze*, Archiv des Criminalrechts, Neue Folge, 1853, S. 277.

92 *v. Schwarze*, Archiv des Criminalrechts, Neue Folge, 1853, S. 277. Beispiele hierzu a.a.O.

93 S. bspw. Art. 268 CGB und Art. 324 des Entwurfs zu Falschmünzen, oder Art. 302 CGB und Art. 352 des Entwurfs zum Inzest.

94 *v. Schwarze*, Archiv des Criminalrechts, Neue Folge, 1853, S. 282.

95 *v. Schwarze*, Archiv des Criminalrechts, Neue Folge, 1853, S. 269.

96 Da gilt für Fälle, wo der beendigte Versuch wie ein nichtbeendigter zu strafen ist. Vgl. Sächsische Landtags-Acten 1854, Abt. 1, Bd. 2, S. 15.

Eine wesentliche Änderung im Gegensatz zum Criminalgesetzbuch lag in der alternativen Strafandrohung von Geld- und Gefängnisstrafe. Bisher hatte in solchen Fällen, das erkennende Gericht, wenn es nicht zugleich das vollziehende war, auch alternativ zu erkennen. Folglich war dem vollstrekkenden Richter die Wahl der Strafart zu überlassen. Diese „alternativen Strafen" verdankten ihren Ursprung jedoch lediglich der Dicasterialeinrichtung.

Das Gericht musste bei der Zuerkennung einer Geldstrafe sowohl hinsichtlich der Frage, ob sie zu verhängen sei, als auch bezüglich ihrer Höhe auf die Vermögensverhältnisse des zu Bestrafenden Rücksicht nehmen. Diese waren jedoch den Dicasterien und Appellationsgerichten oftmals nicht bekannt, weswegen die Wahl der Strafart und die Höhe derselben dem Untersuchungsgericht durch die alternative Fassung der Erkenntnisse überlassen wurden. Anders gestaltete sich die Situation, wenn das erkennende und vollstreckende Gericht identisch waren. Dann musste der Richter die Strafart bereits im Urteil bestimmen.

Fortan sollte das erkennende (Bezirksgericht oder Einzelrichter) in der Regel identisch mit dem vollstreckenden Gericht sein, damit der Richter nicht mehr alternativ auf Geld- oder Gefängnisstrafe erkennen musste. Weiter sollte die bis dahin mögliche Verwandlung der Gefängnis- in eine Geldstrafe nicht mehr gangbar sein, weil diese, „da sie doch immer eine Milderung enthält, der Begnadigung vorzubehalten ist"[97]. Der umgekehrte Fall war aber nach wie vor möglich und überdies notwendig, wenn der Verurteilte seine Geldstrafe nicht erbringen konnte. Für die Verwandlung war kein unveränderlicher Maßstab, beispielsweise ein Tag Gefängnis für jeden Taler, vorgesehen, sondern sie lag im richterlichen Ermessen.

3. Versuch

Die Versuchsbestimmungen waren im dritten Kapitel des Allgemeinen Teils aufgeführt. Wie zuvor das Criminalgesetzbuch nach Art. 26 kannte auch dieser Entwurf keine unterschiedliche Behandlung der einzelnen Delikte, sondern strafte den Versuch eines *jeden* beabsichtigten Verbrechens nach Art. 39. Gleichwohl erschien es bedenklich, dass Art. 26 CGB Fälle zusammenfasste, „die offensichtliche einer verschiedenen Beurteilung unterliegen, und es ist dieß um so bedenklicher, als dadurch das Strafmaas außerordentlich weit wird, und dem Richter jedes Anhalten für die Abmes-

97 Sächsische Landtags-Acten 1854, Abt. 1, Bd. 2, S. 127.

sung der Strafe entzogen ist“[98]. Deswegen, und weil man der Ansicht war, dass selbst das Maximum der angedrohten Versuchsstrafe für manche Fälle nicht ausreiche, hatte man versucht „für die Sonderung dieser Fälle ein Eintheilungsprincip zu finden“[99]. Die Begriffe des nahen und entfernten Versuchs erschienen zu schwankend; anders dagegen der des beendigten Versuchs, der fest abgrenzbar sei und zugleich zu den schwersten Fällen des Versuchs zähle[100]. Selbst wenn von dieser Kategorie nicht alle Verbrechen umfasst seien, trete jedenfalls das Bedürfnis nach einer höheren Strafe hier nicht hervor, da der erste Versuchsakt direkt in die Vollendung übergehe[101]. Sollte auch dies nicht der Fall sein, könnten schließlich gewisse Fälle des nahen Versuchs dem beendigten gleichgestellt werden[102]. Art. 39 des Entwurfs lautete insoweit:

> „Die Strafe des Versuchs richtet sich nach derjenigen Strafe, womit das Verbrechen, welches bei dem Versuche beabsichtigt wurde, bedroht ist. Sie soll bei dem beendigten Versuche stets niedriger, als der Höchstbetrag, aber nicht niedriger, als auf ein Drittheil des Mindestbetrags der letzteren, bei dem nicht beendigten Versuche nicht höher, als auf die Hälfte des Höchstbetrags derselben bestimmt werden.“

An diesen Begriffen orientierte sich auch der Rücktritt vom Versuch, geregelt in Art. 42 des Entwurfs. So war der „eigentliche“ Rücktritt nur beim nicht beendigten Versuch möglich und unter den Voraussetzungen des Art. 42 des Entwurfs straflos[103]. Wie aus den Motiven zu dieser Ziffer hervorgeht, hatte man sich dazu aufgrund der Regelungen in anderen Strafgesetzen und der oft gerügten Antinomie mit Art. 65 des CGB entschlossen. Auffällig, jedoch nicht begründet ist, dass der Rücktritt das Merkmal der

---

98 Sächsische Landtags-Acten 1854, Abt. 1, Bd. 2, S. 135.

99 Sächsische Landtags-Acten 1854, Abt. 1, Bd. 2, S. 136.

100 Sächsische Landtags-Acten 1854, Abt. 1, Bd. 2, S. 136. Damit hielt der Entwurf am deutsch-rechtlichen Prinzip fest, dass der Versuch der Vollendung in der Strafe nicht gleich gestellt war und sich nur in den schwersten Fällen der Strafe des vollendeten Verbrechens annäherte. S. auch *Dollmann*, Kritische Überschau der deutschen Gesetzgebung und Rechtswissenschaft, 1853, S. 166.

101 Sächsische Landtags-Acten 1854, Abt. 1, Bd. 2, S. 136.

102 Sächsische Landtags-Acten 1854, Abt. 1, Bd. 2, S. 136.

103 Der beendigte Versuch konnte bei Abwenden des Erfolgs allenfalls unter den in Art. 40$_{1)}$ des Entwurfs aufgeführten Voraussetzungen wie ein unbeendigter Versuch behandelt werden. Dies war für *Dollmann*, Kritische Überschau der deutschen Gesetzgebung und Rechtswissenschaft, 1853, S. 168, zu Recht schwer verständlich. Zweckmäßiger wäre es gewesen, den Versuch beim Rücktritt straflos zu lassen und die weitere Beurteilung dem Richter zu überlassen.

„Freiwilligkeit" nicht mehr voraussetzte. Einzig *Groß* bemerkt hierzu, „daß es in den meisten Fällen ungemein schwierig seyn wird, zu erkennen, ob ein wirklich freiwilliges durch äußere Umstände nicht motiviertes Aufgeben des begonnenen verbrecherischen Unternehmens stattgefunden hat"[104].

Art. 42 des Entwurfs lautete also:

> „Der nicht beendigte Versuch eines Verbrechens ist straflos zu lassen, wenn der Verbrecher sein Vorhaben, ohne an der Ausführung derselben durch äußere Umstände gehindert worden zu sein, gänzlich wieder aufgegeben hat. Ist in dem, was der Verbrecher zur Ausführung des von ihm beabsichtigten Verbrechens gethan hat, eine an sich selbst strafbare That enthalten, so wird die Bestrafung der letzteren durch die Bestimmung dieses Artikels nicht ausgeschlossen."

4. Unzurechnungsfähigkeit bei Kindern

Leitendes Prinzip im siebenten Kapitel „Von den Gründen, welche die Zurechung ausschließen oder vermindern" ist die Fähigkeit zur Selbstbestimmung. Art. 83 des Entwurfs legte fest, dass bei Personen, die das zwölfte Lebensjahr vollendet hatten, die Zurechnungsfähigkeit vorauszusetzen sei, solange nicht Umstände nachgewiesen werden könnten, die sie ausschlössen. Damit war zugleich das Ende der Unzurechnungsfähigkeit bestimmt. Weiter war in Art. 85 des Entwurfs positiv formuliert, dass Kindern vor dem vollendeten zwölften Lebensjahr eine gesetzeswidrige Handlung nicht zugerechnet werden konnte, wobei diese Ziffer wörtlich aus dem Criminalgesetzbuch (Art. 66) übernommen worden war.

5. Antragsverbrechen

Den Antragsverbrechen hatte man ein eigenständiges Kapitel zugewiesen und in diesem auch die Zurücknahme der Anzeige, vormals im siebenten Kapitel: „Von den Gründen, welche die Strafbarkeit ausschließen, oder tilgen", erfasst. Dieses Kapitel versuchte die antragsrechtlichen Fragen zu erledigen, die in der Praxis zu vielfachen Zweifeln geführt hatten[105]. In den Art. 95–105 des Entwurfs waren ausführliche Regelungen über die Zulässigkeit, das Verfahren und Besonderheiten festgehalten. Im Besonderen Teil sollte dann durch die Worte „auf Antrag" immer auf dieses Kapitel

---

104 *Groß*, Bemerkungen, S. 19.

105 *Schletter*, Hitzig's Annalen der deutschen und ausländischen Criminalrechtspflege, 1853, S. 288; *Wilhelmi*, Vergleichende Zusammenstellung der Strafgesetze, S. 94.

verwiesen werden und daher auch die Frage, wer zum Antrag berechtigt sei, hiernach zu beurteilen sein[106]. Davon abweichende Regeln waren im Besonderen Teil an entsprechender Stelle aufgeführt.

Desgleichen hatte man den Überlegungen zum Criminalgesetzbuch entsprechend den Kreis der Antragsverbrechen erweitert. So erstreckte sich der Antrag u.a. zusätzlich auf die Einsperrung zur Züchtigung, die Bedrohung und unerlaubte Selbsthilfe[107].

6. Ersatz

Der Milderungsgrund des Ersatzes war aus dem Allgemeinen Teil entfernt und im Besonderen Teil bei den Eigentumsverbrechen in den Art. 299–301 des Entwurfs normiert worden. Die Motive zum Entwurf enthielten jedoch keine Erklärungen, warum der Ersatz nicht mehr im Allgemeinen Teil aufgeführt worden war, und wenige Aussagen zur gesamten Anordnung. So hieß es, der Ersatz sei im wesentlichen nach Maßgabe des Criminalgesetzbuchs und der bisherigen Praxis reguliert worden und auf eine Erledigung der vorgekommenen Zweifel habe man hingewirkt[108]. Man hatte sich folglich bei der Abfassung des Entwurfs bemüht, den Ersatz, der sich in Sachsen seit jeher bewährt hatte, durch die in der Praxis gewonnenen Erfahrungen zu optimieren.

Art. 299 des Entwurfs[109] beschäftigte sich zunächst mit dem Ersatz als Strafmilderungs- und Strafausschließungsgrund. Diese Regelung orien-

---

106 Sächsische Landtags-Acten 1854, Abt. 1, Bd. 2, S. 163.

107 Eine detaillierte Aufzählung, der im Strafgesetzbuch auf Antrag zu bestrafenden Delikte, findet sich bei *Krug*, Commentar, S. 204 ff.

108 Sächsische Landtags-Acten 1854, Abt. 1, Bd. 2, S. 216.

109 Art. 299 lautete:
„Wenn bei den in diesem Capitel aufgeführten Verbrechen, mit Ausnahme des ausgezeichneten Diebstahls (Art. 281. 282.) und der mit den Strafen desselben bedrohten Verbrechen, der Thäter zu einer Zeit, wo er sich noch nicht für entdeckt hielt, den Verletzten dadurch vollständig entschädigt, daß er ihm die entzogene Sache unverändert zurückgiebt oder wieder verschafft, oder den vollen Werth derselben erstattet, so ist er mit Strafe gänzlich zu verschonen. Ist unter denselben Voraussetzungen die Zurückgabe oder der Ersatz von ihm nur theilweise bewirkt worden, so ist bei Feststellung der Strafe nur auf den nicht ersetzten Betrag Rücksicht zu nehmen.
[…]
Als Ersatzleistung ist es jedoch nicht zu betrachten, wenn die Sache dadurch wieder in die Hände des Beschädigten gelangt, daß sie dem Besitze eines Dritten entzogen wurde, welcher sie im guten Glauben und unter einem zur Eigenthumsübertragung geeigneten Titel erworben hatte.“

tierte sich inhaltlich an dem ersten Absatz des Art. 65 CGB, enthielt jedoch keinen Zusatz, der dem Täter die durch die Tat entstandenen Unkosten auferlegte. Es fehlten allerdings die Worte „aus eigenem freien Antriebe" und hinsichtlich des möglichen Entschädigungs-Zeitraums stellte der Entwurf auf die Ansicht des Täters ab, indem der Täter solange Ersatz leisten konnte, wie er sich noch nicht für entdeckt hielt. Dagegen waren hiervon, ebenso wie im Criminalgesetzbuch, die ausgezeichneten Fälle des Diebstahls (Art. 281 und 282 des Entwurfs[110]) und die mit dieser Strafe bedrohten Verbrechen nach Absatz 2 des Art. 299 des Entwurfs ausgeschlossen. Verbrechen nach Art. 278 des Entwurfs und Delikte mit der hierfür angedrohten Strafe konnten jedoch auf ein Drittel der verwirkten Strafe herabgesetzt werden. Die Regelung, dass bei ausgezeichneten Diebstählen die Strafart nicht verändert werden dürfe (Art. 65 Absatz 2 CGB), hatte man nicht mehr aufgenommen, „da sie ohne Noth eine Hintansetzung der wichtigen Rücksichten für die Festhaltung gesetzlicher Minima bei den verschiedenen Freiheitsstrafen enthält"[111]. Absatz 3 dieses Artikels bestimmte zudem, dass der Ersatz nicht als solcher zu werten sei, wenn das Opfer die Sache wieder erhalte, diese jedoch einem gutgläubigen Dritten, der die Sache erworben hatte, entzogen worden war.

In Art. 300 des Entwurfs hatte man den Ersatz bei mehreren Teilnehmern und Begünstigten normiert und sich inhaltlich weitestgehend an Art. 65 CGB gehalten.

Art. 301 des Entwurfs[112] erfasste sodann den Ersatz als Strafminderungsgrund. Demgemäß konnte derselbe innerhalb des Strafmaßes berücksichtigt werden, wenn er als Strafausschließungs- oder milderungsgrund nicht in Betracht gezogen worden war. Im Gegensatz zum Criminalgesetzbuch waren innerhalb der Strafzumessung allerdings auch die zufällige Wieder-

110 Art. 281 des Entwurfs behandelte den ausgezeichneten Diebstahl und Art. 282 die besonders ausgezeichneten Fälle.

111 Sächsische Landtags-Acten 1854, Abt. 1, Bd. 2, S. 216.

112 Dieser lautete:
„Insoweit der Ersatz als Strafausschließungs- oder Milderungsgrund dem Verbrecher nicht zu Statten kommt, kann derselbe bei Abmessung der Strafe innerhalb des gesetzlichen Strafmaaßes berücksichtigt werden.
Hierbei ist auch die zufällige Wiedererlangung der Sache, sowie der nicht vom Thäter selbst, sondern von einem Dritten für ihn, oder von einem Mitschuldigen geleistete Ersatz in Betracht zu ziehen."

erlangung und der von einem Dritten oder Mitbeschuldigten geleistete Ersatz zu berücksichtigen.

III. Beratungen in den ständischen Deputationen[113]

Wie bereits bei den Beratungen zum Criminalgesetzbuch waren Königliche Kommissarien zur Durchführung des Gesetzgebungswerks berufen worden. Hierzu zählten der Staats- und Justizminister *Dr. Zschinsky*, der Geheime Justizrat *Dr. Krug* und der spätere Generalstaatsanwalt *Dr. Schwarze*. Daneben wurde ein Teil der Deputationsberatungen gemeinsam durchgeführt, so dass die Deputationen bereits bei zahlreichen Artikeln ihren unterschiedlichen Auffassungen abhelfen konnten.

1. Hauptbericht der Deputation der I. Kammer

Die Deputation der I. Kammer setzte sich aus *Prinz Johann*[114], dem Präsident der I. Kammer Major *von Schönfels*, Oberappellationsrat *von König*, Kammerherr *von Zehmen*, Freiherr *von Welck* und den Bürgermeistern *Müller* und *von Hennig* zusammen, wobei das Referat wiederum *Prinz Johann* übernahm. Der Bericht über diese Sitzungen wurde am 19. September 1854 übergeben.

In ihrem Hauptbericht setzte sich die Deputation ausführlich mit der Frage auseinander, ob es überhaupt zweckmäßig sei, bereits zu diesem Zeitpunkt eine so durchgreifende Revision des Criminalgesetzbuchs vorzunehmen. Die von der Regierung angeführten sog. „äußeren"[115] Gründe überzeugten sie nicht. Zum einen sei es einfacher, den Behörden, die sich ohnehin an ein neues Verfahren gewöhnen mussten, das „alte" Criminalgesetzbuch zu lassen[116]. Zum anderen bestehe kein so enger Zusammenhang der Kriminalgesetzgebung mit anderen Rechtsgebieten, beispielsweise dem Zivilrecht, dass sich ein Einklang nicht auch durch eine Erläuterungsverordnung herstellen lasse[117]. Mit den „inneren" Gründen, den Verände-

---

113 Die Mitglieder der Zwischendeputationen waren bereits durch das Dekret vom 12. Januar 1852 vorläufig gewählt worden, so dass diese unverzüglich mit ihren Beratungen beginnen konnten.

114 Zur Zeit der Abfassung des Berichts nahm er noch als Königlicher Prinz an den Beratungen teil, wurde nach Abschluss der Deputationsarbeiten jedoch zum König ernannt.

115 Hierunter fallen die Änderungen in anderen Teilen der Gesetzgebung. Sächsische Landtags-Acten 1854, Beilagen zu den Protokollen der I. Kammer, 1. Bd., S. 50.

116 Sächsische Landtags-Acten 1854, Beilagen zu den Protokollen der I. Kammer, 1. Bd., S. 50.

117 Sächsische Landtags-Acten 1854, Beilagen zu den Protokollen der I. Kammer, 1. Bd., S. 50.

rungen am Gesetzbuch wegen einzelner Schwachstellen, setzte sich die Deputation eingehender auseinander, indem sie die jeweiligen Veränderungen im Allgemeinen und Besonderen Teil besprach und erwog, ob eine Verbesserung bzw. Änderung auch ohne eine Gesetzesrevision erfolgen könne[118]. So kam sie schließlich auch zu dem Ergebnis, dass eine Revision viele Vorteile verspräche, die auf andere Weise schwerlich zu erreichen seien[119]. Zudem blieben noch andere Gesetzesvorlagen[120], die sich in vielen Punkten auf den Entwurf bezögen und auf diesem basierten[121]. Ferner musste dem sächsischen Crimalgesetzbuch von 1838 zugute gehalten werden, dass es mit zu den ersten deutschen Strafgesetzbüchern zählte und die Wissenschaft seit dieser Zeit weiter vorangeschritten war. Der Revisionsentschluss ist somit nicht als Eingeständnis einer unzureichenden Gesetzgebung aufzufassen[122].

In ihrer speziellen Beurteilung[123] bemerkte die Deputation vorab, „daß alle Criminalgesetzgebung, sei sie auch noch so sorgfältig erwogen, wenig oder nichts helfe, wenn den Strafen selbst ihre Wirksamkeit nicht gesichert sei“[124]. In Sachsen sei insoweit allerdings noch vieles verbesserungswürdig, wofür die häufigen Rückfälle Beleg seien[125].

Hinsichtlich der in den Gerichtsgefängnissen zu verbüßenden Strafen, sah die Deputation den Grund hierfür in der mangelhaften, nachgiebigen Vollziehung derselben. Jedoch hoffte sie, „daß die neue Gerichtsorganisation durch bessere Einrichtung und verminderte Zahl der Gefängnisse auch der zweckmäßigeren Vollstreckung der Strafe und einer leichteren Aufsichts-

118 Sächsische Landtags-Acten 1854, Beilagen zu den Protokollen der I. Kammer, 1. Bd., S. 50 ff.

119 Sächsische Landtags-Acten 1854, Beilagen zu den Protokollen der I. Kammer, 1. Bd., S. 56.

120 Dazu zählten das Gesetz die Forst-, Feld-, Garten-, Wild-, und Fischdiebstähle betreffend, das Gesetz die Beschädigung an Eisenbahnen betreffend und das revidierte Militärstrafgesetzbuch.

121 Sächsische Landtags-Acten 1854, Beilagen zu den Protokollen der I. Kammer, 1. Bd., S. 56.

122 So auch *Große-Vehne*, Tötung auf Verlangen, S. 32; *v. Wächter*, Sächsisches und thüringisches Strafrecht, S. 38; *Abegg*, Neue Jahrbücher für sächsisches Strafrecht, Bd. VIII, S. 4.

123 Nur die angesprochenen von den hier untersuchten Artikeln erfuhren in der speziellen Begutachtung Veränderungen o.ä.

124 Sächsische Landtags-Acten 1854, Beilagen zu den Protokollen der I. Kammer, 1. Bd., S. 58.

125 Sächsische Landtags-Acten 1854, Beilagen zu den Protokollen der I. Kammer, 1. Bd., S. 58.

führung günstig sein werde“[126]. Zudem hatte das Ministerium eine Erklärung herausgegeben, „daß es gegen jede zu ihrer Kenntniß kommende Regelwidrigkeit in diesem Bezuge, wie bisher, so auch künftig mit unnachsichtlicher Strenge verfahren werde“[127], die dankbar von der Deputation aufgenommen worden war.

Bei der Zucht- und Arbeitshausstrafe ging sie davon aus, dass deren mangelhafte Wirksamkeit auf einer fehlenden Übereinstimmung von Theorie und Praxis beruhe und insbesondere Streitfragen über das Schweig- und Isolierungssystem bestünden, die es näher zu untersuchen gelte[128]. Da die Regierung jedoch zugesichert hatte, diese einer Prüfung zu unterziehen, verzichtete die Deputation auf eine entsprechende Empfehlung.

2. Allgemeine Fragen der Deputation der II. Kammer

In der Deputation der II. Kammer befand sich der Präsident der II. Kammer *Dr. Haase*, der zugleich das Referat für den Entwurf übernommen hatte. Weitere Mitglieder waren der Appellationsgerichtspräsident *von Criegern*, die Gerichtsdirektoren und Advokaten *Anton* und *Kasten*, der Staatsminister a.D. *Georgi*, die Bürgermeister *Scheibner*, *Haberkorn* und *Dr. Hertel* sowie der Kammerherr *Edler von der Planitz*, der jedoch während der Verhandlungen verstarb und dessen Nachfolger der Justitiar *Dr. Wahle* wurde. Den Vorsitz der Deputiertenkammer übernahm *von Criegern*. Der Bericht der Deputiertenkammer lag am 22. September 1854 vor[129].

Wie bereits die Deputation der I. Kammer setzte sich auch die der II. Kammer zunächst mit der Frage auseinander, ob eine Revision an dieser Stelle zweckmäßig sei und kam zu ähnlichen Ergebnissen. Zusätzlich gab sie zu bedenken, dass zwar mit dem Criminalgesetzbuch ein großer Fortschritt erzielt worden sei, dass jedoch

---

126 Sächsische Landtags-Acten 1854, Beilagen zu den Protokollen der I. Kammer, 1. Bd., S. 58 f.

127 Sächsische Landtags-Acten 1854, Beilagen zu den Protokollen der I. Kammer, 1. Bd., S. 59.

128 Sächsische Landtags-Acten 1854, Beilagen zu den Protokollen der I. Kammer, 1. Bd., S. 59.

129 Der Bericht der II. Kammer beruft sich größtenteils auf den Bericht der Deputation der I. Kammer, da jener in seiner Beilage die gemeinsamen Anträge enthält. Bei den einzelnen Artikeln wurden etwaige Änderungen zum Criminalgesetzbuch und die Motive zu entsprechenden Anträgen ausgeführt.

jeder Fortschritt zum Rückschritt werde, sobald man es bei demselben belasse und still stehe[130].

3. Spezielle Änderungsvorschläge beider Deputationen

a) Zum Strafensystem im Allgemeinen

Wegen der speziellen Änderungsvorschläge hatte die Deputation der I. Kammer eine Tabelle angefügt, in der sie in der ersten Spalte die Entwurfsfassung, in der zweiten die gemeinsamen Änderungsvorschläge und in der dritten die Motive hierzu, vorgestellt hat. Die Deputation der II. Kammer wollte zur Überschaubarkeit des Strafensystems nach dem Beispiel anderer Gesetzgebungen einen Artikel voranstellen, der die Aufzählung der Strafarten enthielt. Dazu erklärten die Königlichen Kommissarien, dass ein solcher Artikel eingangs geplant gewesen sei, davon jedoch wieder Abstand genommen worden sei, da ein wirklicher Nutzen nicht geschaffen werde und nur Verwirrungen herbeigeführt würden[131]. Außerdem wollte die Deputation die Strafe der Deportation für gewisse Verbrechen eingeführt wissen. Dem stünden zwar, so entgegneten die Kommissarien, nicht behebbare Hindernisse entgegen, „deren Beseitigung der Zeit überlassen werden müßte"[132], dennoch werde diese seitens der Regierung im Auge behalten.

aa) Zur Todesstrafe

Art. 9, der sich mit der Todesstrafe befasste, wurde nicht abgeändert. Dennoch traf die Abordnung der II. Kammer einige Aussagen zur Todesstrafe. So sei man sich zwar einig, dass es erstrebenswert sei, dieselbe abzuschaffen, jedoch erkenne man trotzdem „die traurige Nothwendigkeit an, diese jetzt noch beizubehalten"[133]. Zudem war die Anwendung der Todesstrafe dadurch erweitert worden, dass die Deputationen die Bestimmungen über Hochverrat, Raub, räuberische Erpressung und Brandstiftung[134] verändert und damit den Kreis dieser Delikte weiter gezogen hatten.

---

130 Sächsische Landtags-Acten 1854, Beilagen zu den Protokollen der II. Kammer, 1. Bd., S. 48.

131 Sächsische Landtags-Acten 1854, Beilagen zu den Protokollen der II. Kammer, 1. Bd., S. 62.

132 Sächsische Landtags-Acten 1854, Beilagen zu den Protokollen der II. Kammer, 1. Bd., S. 63.

133 Sächsische Landtags-Acten 1854, Beilagen zu den Protokollen der II. Kammer, 1. Bd., S. 63.

134 S. Sächsische Landtags-Acten 1854, Beilagen zu den Protokollen der I. Kammer, 1. Bd., S. 155, 157 ff., 192 f., 210 ff. So hatte sich die Anwendbarkeit der Todesstrafe bei der Brandstiftung bloß um zwei Fälle vermindert, dagegen allerdings auf der ande-

bb) Zum Strafensystem

Die Deputation der II. Kammer befand die Neuerungen hinsichtlich der Schärfungsmöglichkeiten, die künftig nicht nur beim ersten Grad, sondern auch beim „Rückfall“ angewandt werden konnten, für zweckmäßig, da man dadurch die nutzlose Zweiteilung der Zuchthausstrafe aufheben konnte und wiederholte Freiheitsstrafen der höheren Strafart eindringlicher machte[135]. Weiter regte sie an, einen Teil der Strafe in Einzelhaft verbüßen zu lassen.

Die Deputationen hatten die Strafschärfungsbestimmungen bei der Zuchthausstrafe verändert. So waren in Art. 11 des Entwurfs, der sich mit der Schärfung beim „Rückfall“ befasste[136], die Worte „wegen eines vorsätzlichen Verbrechens“ eingefügt worden. Art. 11 des Entwurfs sollte danach lauten: „Bei Zuchthausgefangenen, welche bereits wenigstens einmal Zuchthaus- oder *wegen eines vorsätzlichen Verbrechens* Arbeitshausstrafe verbüßt haben, wird die Strafe [...] geschärft.“ Wenn das erste Mal auf Arbeitshaus wegen eines culposen (Anm.: gemeint ist damit das fahrlässige Verbrechen) Verbrechens erkannt worden sei, sollte von einer Schärfung wegen bereits verbüßter Arbeitshausstrafe „Umgang genommen werden“[137]. Es erscheine zu hart, an die nunmehr zu verbüßende Zuchthausstrafe die in Art. 11 des Entwurfs genannten Schärfungen zu knüpfen, wenn der Häftling vorher nur wegen Unbedachtsamkeit im Arbeitshaus gesühnt habe[138].

---

ren Seite um einiges vermehrt, da der Kreis der objektfähigen Gebäude auf weitere Bauwerke und Landschaften erweitert worden war.

135 Sächsische Landtags-Acten 1854, Beilagen zu den Protokollen der II. Kammer, 1. Bd., S. 70.

136 Bei den Art. 11 und 12 des Entwurfs waren zudem die Überschriften angepasst worden. So lauteten sie im Entwurf: „Schärfungen wegen Rückfalls“ (Art. 11) und „Schärfungen wegen wiederholten Rückfalls“ (Art. 12). In den Änderungsempfehlungen las man dann: „Schärfungen der Zuchthausstrafe“ (Art. 11) und „Fortsetzung“ (Art. 12), weil es sich hierbei nicht um einen eigentlichen Rückfall i.S.d. Art. 78 des Entwurfs handelte, bei dem jemand dasselbe oder ein ähnliches Verbrechen erneut begangen hatte. Sächsische Landtags-Acten 1854, Beilagen zu den Protokollen der I. Kammer, 1. Bd., S. 77. Sächsische Landtags-Acten 1854, Beilagen zu den Protokollen der II. Kammer, 1. Bd., S. 65 f.

137 Sächsische Landtags-Acten 1854, Beilagen zu den Protokollen der I. Kammer, 1. Bd., S. 79.

138 Sächsische Landtags-Acten 1854, Beilagen zu den Protokollen der II. Kammer, 1. Bd., S. 66.

Weiter hatte man die körperliche Züchtigung in die Schärfungsinstrumente aufgenommen. Sie sei bei abermaliger Verbüßung fühlbarer als hartes Lager und die Entziehung warmer Kost[139]. Allerdings war man sich innerhalb der Deputationen nicht einig, wann sie anfallen sollte. Die Deputation der I. Kammer und die Mehrheit der Deputationsmitglieder der II. Kammer, sprachen sich für eine Anwendung aus, wenn der „Rückfällige" bereits *einmal* im Zuchthaus gewesen war. Eine Minderheit der II. Deputiertenkammer hingegen wollte die körperliche Züchtigung (nur bzw. bereits) dann erlauben, wenn der Sträfling zweimal im Zucht- oder zweimal wegen eines vorsätzlichen Verbrechens im Arbeitshaus gewesen war. Dies stellte zwar gegenüber dem o.g. Antrag hinsichtlich des Zuchthauses eine Milderung dar, durch die Aufnahme des Arbeitshauses allerdings zugleich eine Verschärfung.

Neben dieser Unstimmigkeit, trat innerhalb der Deputation der II. Kammer eine weitere hervor. Fraglich war, ob man die weiblichen Insassen mit körperlicher Züchtigung strafen sollte. Sie seien zum einen einzubeziehen, da dies in mehreren deutschen Strafgesetzen erfolgt sei[140] und es nach dem Dafürhalten der Majorität der II. Deputation und der der I. Kammer „bei den Subjecten, von denen es sich hier handelt, eben so angemessen, als unbedenklich sein [dürfte], da sie bei denselben ja ohnehin als disciplinelles Mittel angewendet wird"[141]. Zum anderen könne wohl kaum behauptet werden, dass im männlichen Geschlecht „mehr Böswilligkeit und Geneigtheit zu Begehung von Verbrechen vorwalte, als bei dem weiblichen Geschlecht"[142]. Weiter gehe der Grund dieser Schärfung bei Männern wie bei Frauen

> „aus der [...] gleichmäßig erkennbaren Thatsache 'der Wiederholung grober, mit Zuchthaus und Arbeitshaus bedrohter Verbrechen' hervor [...] und es [erscheine] unbedenklich [...], bei gleich erkennbarem Grunde gleicher Straffälligkeit auch gleiche Strafübel eintreten zu lassen."[143]

---

139 Sächsische Landtags-Acten 1854, Beilagen zu den Protokollen der I. Kammer, 1. Bd., S. 79.

140 So in Österreich, Württemberg und Altenburg.

141 Sächsische Landtags-Acten 1854, Beilagen zu den Protokollen der I. Kammer, 1. Bd., S. 79.

142 Sächsische Landtags-Acten 1854, Beilagen zu den Protokollen der II. Kammer, 1. Bd., S. 68.

143 Sächsische Landtags-Acten 1854, Beilagen zu den Protokollen der II. Kammer, 1. Bd., S. 68.

Schließlich würden auch die anderen beiden Strafschärfungen auf weibliche Häftlinge angewendet und der Antrag gehe nur dahin, der Direktion die Wahl der körperlichen Züchtigung zu gewähren[144].

Die Minderheit[145] brachte indes hervor, dass sich bereits bei den Beratungen zum Criminalgesetzbuch von 1838 bedeutende Stimmen gegen die Zulässigkeit der körperlichen Züchtigung bei Frauen ausgesprochen hatten und man das Strafmittel damals bewusst auf männliche Sträflinge beschränkt hatte. So wolle man zwar nicht wieder die Einwendungen gegen die körperliche Züchtigung generell aufnehmen, jedoch bleibe zu bedenken, dass sie als Strafe immerhin durch die Verordnung vom 20. April 1849 abgeschafft worden war[146]. Bei der Wiedereinführung und Ausdehnung dieses Strafmittels sei also einzig bedeutsam, ob sich die bisherige Beschränkung

> „als eine so unzureichende Maaßregel erwiesen und so große Unzuträglichkeiten zur Folge gehabt hat, daß ohne deren Ausdehnung auf das weibliche Geschlecht erhebliche Nachteile für die Wirksamkeit der Strafrechtspflege zu befürchten wären und demnach jene als durch die Erfahrung sich dringend geboten darstellt.“[147]

Aus den Motiven zum Entwurf sei nicht zu entnehmen, dass nun die Regierung solche Erfahrungen gemacht habe, die eine Erweiterung auf das weibliche Geschlecht erforderten[148]. Vielmehr habe man sich in dem Entwurf darauf beschränkt, die Wiederherstellung der körperlichen Züchtigung im wesentlichen in der früheren Weise zu beantragen. Es komme „die schwächlichere Beschaffenheit des Körpers, die leichtere Reizbarkeit und Erregbarkeit, sowie die eigentümlichen Zustände des weiblichen Geschlechts und die Art der Vollstreckung [hinzu]“[149]. Die Minorität ging zwar davon aus, dass es vereinzelt Fälle geben möge, in denen sie als Stra-

---

144 Sächsische Landtags-Acten 1854, Beilagen zu den Protokollen der II. Kammer, 1. Bd., S. 68.

145 Bestehend aus den Abgeordneten *Anton*, *Dr. Hertel*, *Haberkorn* und *Scheibner*.

146 Sächsische Landtags-Acten 1854, Beilagen zu den Protokollen der II. Kammer, 1. Bd., S. 270.

147 Sächsische Landtags-Acten 1854, Beilagen zu den Protokollen der II. Kammer, 1. Bd., S. 270.

148 Sächsische Landtags-Acten 1854, Beilagen zu den Protokollen der II. Kammer, 1. Bd., S. 271.

149 Sächsische Landtags-Acten 1854, Beilagen zu den Protokollen der II. Kammer, 1. Bd., S. 271.

fe zuzuerkennen sei, jedoch rechtfertige dies keinesfalls eine so tiefgreifende allgemeine Maßregel[150]. Der Verweis auf andere Staaten sei zudem unangebracht, da das Strafrecht eng mit dem eigentümlichen Kulturzustand eines jeden Volkes zusammenhänge[151]. Weiter wendeten Eltern und Erzieher bereits bei Knaben und Mädchen unterschiedliche Erziehungsmittel an. Auch wenn die gerichtliche Strafe nicht allein zum Zwecke der Erziehung ausgesprochen werde, so würden doch unleugbar ähnliche Überlegungen angestellt[152]. Zuletzt sei darauf hinzuweisen, dass, sollte diese Bestrafung durch Männer vollstreckt werden, es zu einer weitaus größeren Intensität und damit Ungleichheit führen würde und zudem das Schamgefühl zutiefst verletzt werde[153].

Die Debatten über die Bedingungen der körperlichen Züchtigung und Anwendbarkeit derselben bei weiblichen Sträflingen wirkten sich überdies auf Art. 13 des Entwurfs aus, der die Schärfung kraft richterlicher Erkenntnis ermöglichte.

Bei der Arbeitshausstrafe wurden ausschließlich redaktionelle Änderungen vorgenommen, um die Unanwendbarkeit der körperlichen Züchtigung beim Arbeitshaus darzutun. Diese sollte schließlich nicht als entehrende Strafe gelten[154].

Bei Art. 23 des Entwurfs, der die Verwandlung der Gefängnisstrafe in körperliche Züchtigung bei Vagabunden und Bettlern normierte, setzte sich ebenfalls die Diskussion fort, ob die Worte „männlichen Geschlechts“ zu streichen seien.

Die Bestimmungen über die Geldstrafe erhielten mit Art. 26^b des Entwurfs[155] einen Zusatz, der bestimmte, dass der Richter bei Personen aus öffentlichen Ämtern nur von der Geldstrafe Gebrauch machen sollte. Dies sei zur Schonung gewisser Verhältnisse zweckmäßig. Dass man die Rücksichtnahme nicht in das Ermessen des

---

150 Sächsische Landtags-Acten 1854, Beilagen zu den Protokollen der II. Kammer, 1. Bd., S. 271.

151 Sächsische Landtags-Acten 1854, Beilagen zu den Protokollen der II. Kammer, 1. Bd., S. 271.

152 Sächsische Landtags-Acten 1854, Beilagen zu den Protokollen der II. Kammer, 1. Bd., S. 271

153 Sächsische Landtags-Acten 1854, Beilagen zu den Protokollen der II. Kammer, 1. Bd., S. 272.

154 Vgl. hierzu die Motive zu Art. 34 des Entwurfs, Sächsische Landtags-Acten 1854, Abt. 1, Bd. 2, S. 132.

155 Dieser war bereits in ähnlicher Weise in Art. 20 CGB enthalten.

Richters stellte, sei insofern unbedenklich, weil das Maximum der Geldstrafen angehoben worden sei und somit ausreichende Wirksamkeit sichere[156].

cc) Zu den Straf(rahmen)bestimmungen

Die Straf(rahmen)bestimmungen unterlagen keinen Empfehlungen seitens der Deputiertenkammern. Gleichwohl hatte sich die Deputation der II. Kammer hierzu in ihrem Bericht geäußert. Sie war der Auffassung, dass beispielsweise die lebenslängliche Zuchthausstrafe nicht entbehrlich sei, weil eine Strafe vorhanden sein müsse, die der Todesstrafe möglichst nahe komme und zwischen dieser und der zeitlichen Zuchthausstrafe stehe[157]. Ferner hatte man durch eine erweiterte Anwendung dieser Bestrafung die Fälle der Todesstrafe vermindert[158]. Auch ein Maximum von dreißig Jahren bei den zeitlichen Strafen erschien der Deputation aufgrund der zum Entwurf angegebenen Motive vollständig gerechtfertigt[159].

Den Vorstellungen der Deputationen entsprach gleichfalls, dass die lebenslängliche Zuchthausstrafe nur noch als eine absolute Strafe festgesetzt worden war.

b) Versuch

Die Vorschläge zu Art. 39 des Entwurfs hatten die Deputationen gemeinsam beschlossen, allerdings wurden nur redaktionelle Umgestaltungen vorgenommen. Der Artikel lautete nun:

> „[...] Sie soll bei dem beendigten Versuche stets niedriger als der Höchstbetrag *dieser Strafe*, aber nicht niedriger, als auf ein Drittheil des Mindestbetrags der letzteren, bei dem nicht beendigten Versuche nicht höher, als auf die Hälfte *jenes* Höchstbetrags ~~derselben~~ bestimmt werden.“[160]

156 Sächsische Landtags-Acten 1854, Beilagen zu den Protokollen der I. Kammer, 1. Bd., S. 93.

157 Sächsische Landtags-Acten 1854, Beilagen zu den Protokollen der II. Kammer, 1. Bd., S. 64.

158 Vgl. bereits oben unter E) III. 3. a) aa).

159 Sächsische Landtags-Acten 1854, Beilagen zu den Protokollen der II. Kammer, 1. Bd., S. 65, 73 f.

160 Sächsische Landtags-Acten 1854, Beilagen zu den Protokollen der I. Kammer, 1. Bd., S. 103.

Der Hauptbericht der Deputation der II. Kammer begründete die Änderungen damit, dass dem Artikel dadurch noch mehr Deutlichkeit gegeben werden sollte.

Zu Art. 42 des Entwurfs waren keine Veränderungswünsche aufgeführt.

c) Unzurechnungsfähigkeit bei Kindern

Bei den Art. 83 und 85 des Entwurfs hatten die Deputationen vorgeschlagen, den Zeitpunkt der Zurechnungsfähigkeit bei Minderjährigen auf 14 Jahre hochzusetzen. Dieses bildete bereits nach § 40 des Bürgerlichen Gesetzbuchs die Grenze der Unmündigkeit. Des weiteren finde zu dieser Zeit für gewöhnlich die Konfirmation statt und die Schulzeit ihr Ende, weshalb das Alter einen geeigneteren Zeitpunkt darbiete[161]. Schließlich haben auch andere Länder, wie beispielsweise England, dieses Alter angenommen und in Preußen habe man sogar das 16. Lebensjahr – allerdings mit Einschränkungen, denen man sich nicht anschließen wollte – als entsprechenden Zeitpunkt normiert[162].

d) Antragsverbrechen

An Art. 95 des Entwurfs wurden zunächst scheinbar nur geringfügige Änderungen vorgenommen. Er lautete anfangs:

> „In Fällen, wo nach den Bestimmungen dieses Gesetzbuchs ein Strafverfahren nur auf Antrag einzuleiten ist, ist zu solchem Antrage berechtigt, wo nicht etwas Anderes besonders festgesetzt ist, nur Derjenige, der durch das Verbrechen unmittelbar in seinen Rechten verletzt ist."

Die Deputationen ersetzten zum einen die Worte „ist zu solchem Antrage berechtigt" durch „steht das Recht zu solchem Antrage ______ nur Demjenigen zu" und zum anderen „in seinen Rechten" durch „in seinem Rechte". Während die erste Änderung rein redaktionell war, sollte die andere den Zweifeln abhelfen, ob auch der Versuch hierunter fiel. Dies wurde bejaht, weil durch diesen das ideelle Recht des Bedrohten verletzt werde, weswe-

161 Sächsische Landtags-Acten 1854, Beilagen zu den Protokollen der I. Kammer, 1. Bd., S. 137.

162 Sächsische Landtags-Acten 1854, Beilagen zu den Protokollen der II. Kammer, 1. Bd., S. 107.

gen man sich für die Worte „in seinem Rechte" entschloss[163]. Die Worte „in seinen Rechten" wiesen dagegen mehr auf eine nur materielle Rechtsverletzung hin[164].

In Art. 96 des Entwurfs, der sich mit dem Antrag bei Verbrechen gegen Unmündige und Geisteskranke befasste, strich man „Unmündige", da man eine Bezugnahme auf das BGB insgesamt vermeiden wollte, und definierte diese. Statt „Unmündige" legte man sich fest auf: „Für Minderjährige, welche das vierzehnte Jahr ihres Lebens noch nicht zurückgelegt haben [...]". Weiter beschränkte man die Antragsberechtigung des Vormunds, indem dieser die Genehmigung des Vormundschaftsgerichts einholen musste, „da derselbe sonst leicht seinen Mündel in unnütze Kosten verwickeln könnte"[165] und um unnötigen Störungen der Familienverhältnisse vorzubeugen[166]. Doch sollten sowohl der Vormund als auch das Gericht die persönlichen Rücksichten beachten, die sich im „wahren" Interesse des Unmündigen der Stellung des Antrags entgegenstellen konnten[167].

Die übrigen Änderungen, die vorgenommen wurden, waren oftmals redaktioneller Art oder betrafen u.a. nur Verfahrensbestimmungen.

e) Ersatz

Zum ersten Absatz des Art. 299 des Entwurfs, der den Ersatz als Strafmilderungs- und Strafausschließungsgrund regelte, hatten die Deputationen redaktionelle Änderungsvorschläge gemacht. Die Worte „den Verletzten ____ erstattet" und „die Zurückgabe oder" sollten gestrichen werden. Anstatt der ersteren war folgendes zu setzen:

> „Wenn bei den in diesem Capitel aufgeführten Verbrechen, mit Ausnahme des ausgezeichneten Diebstahls (Art. 281, 282.) und der mit den Strafen desselben bedrohten Verbrechen, der Thäter zu einer Zeit, wo er sich noch nicht

---

163 *Krug*, Commentar, S. 204. Ähnlich war auch bei Art. 98 des Entwurfs – Verschwender – verfahren worden, s. Sächsische Landtags-Acten 1854, Beilagen zu den Protokollen der II. Kammer, 1. Bd., S. 112.

164 *Krug*, Commentar, S. 204.

165 Sächsische Landtags-Acten 1854, Beilagen zu den Protokollen der I. Kammer, 1. Bd., S. 147.

166 Sächsische Landtags-Acten 1854, Beilagen zu den Protokollen der II. Kammer, 1. Bd., S. 112.

167 *v. Schwarze*, Hitzig's Annalen der deutschen und ausländischen Criminalrechtspflege, 1853, S. 9.

für entdeckt hielt, *durch Rückgabe oder Wertherstattung vollständig Ersatz leistet*, so ist er mit Strafe gänzlich zu verschonen."[168]

Der Grund für diese Veränderung war, dass nach der ursprünglichen Fassung des Entwurfs hätte angenommen werden können, „es dürfe der Thäter wider Willen des Verletzten die Sache behalten, wenn er diesem deren Werth erstatte und durch solchen Ersatz sich von der Strafe befreien, was der Fall nicht sein solle"[169].

Den dritten Absatz von Art. 299 des Entwurfs hatten die Deputiertenkammern vollständig gestrichen, da diese sehr spezielle Bestimmung der Beurteilung des Richters im konkreten Fall überlassen werden könne[170]. Zudem sei er wegen der Veränderung des ersten Satzes entbehrlich[171].

Der Bericht der Deputation der II. Kammer äußerte sich außerdem zum Fehlen der Worte „aus eigenem freien Antriebe" und dem veränderten möglichen Ersatz-Zeitraum. So stellte der Entwurf neuerdings auf die Ansicht des Täters ab. Dieser konnte so lange Ersatz leisten, wie er sich noch nicht für entdeckt hielt. Man war der Auffassung, dass diese Formulierung inhaltlich umfassender als die vorherige Fassung des Ersatz-Artikels sei, da sie alles beinhaltete und ausdrückte, was für den Eintritt des Ersatzes als Ausschließungs- und Milderungsgrund maßgeblich sein sollte, während das Criminalgesetzbuch insoweit nicht erschöpfend erscheine[172].

Art. 300 des Entwurfs, der den Ersatz speziell bei mehreren Teilnehmern beinhaltete, wurde dahingehend verändert und ergänzt, dass dieser auch den Begünstigern zugute kommen konnte. Allein die Überschrift sollte fortan „Insbesondere bei mehreren Teilnehmern *oder Begünstigern*" lauten. Die Deputation der II. Kammer sah es bei der Fassung dieser Regelung als ungerecht an, dass der Ersatz nur denjenigen zugute kommen sollte, die ihn geleistet hatten, da diejenigen benachteiligt wären, die das Gestohlene

168 Sächsische Landtags-Acten 1854, Beilagen zu den Protokollen der I. Kammer, 1. Bd., S. 275.

169 Sächsische Landtags-Acten 1854, Beilagen zu den Protokollen der II. Kammer, 1. Bd., S. 225.

170 Sächsische Landtags-Acten 1854, Beilagen zu den Protokollen der I. Kammer, 1. Bd., S. 275 i.V.m. S. 273.

171 Sächsische Landtags-Acten 1854, Beilagen zu den Protokollen der II. Kammer, 1. Bd., S. 225.

172 Sächsische Landtags-Acten 1854, Beilagen zu den Protokollen der II. Kammer, 1. Bd., S. 225.

nicht an sich genommen hätten, sondern denen, die es zurückgegeben hätten, überlassen hatten. Die Regierungskommissare bemerkten dagegen, dass auch das erfolgreiche Bemühen dessen, der die Sache nicht zurückgegeben habe, als Mitwirkung zum Ersatz anzusehen sei[173].

Art. 301 des Entwurfs, der sich mit dem Ersatz als Strafmilderungsgrund befasste, wurde wie folgt abgeändert:

> „Insoweit der Ersatz als Strafausschließungs- oder Milderungsgrund dem Verbrecher nicht zu Statten kommt, kann derselbe bei Abmessung der Strafe innerhalb des gesetzlichen Strafmaaßes berücksichtigt und hierbei auch die zufällige Wiedererlangung der Sache, sowie der nicht von dem Thäter selbst, sondern von einem Dritten für ihn oder von einem Mitschuldigen geleistete Ersatz in Betracht gezogen werden."

Die Entwurfsfassung enthielt statt dieser Formulierung zwei Sätze, bei der der zweite Satz lautete:

> „Hierbei ist auch die zufällige Wiedererlangung der Sache [...] in Betracht zu ziehen."

Auch wenn die Motive zu dieser Abwandlung schweigen und damit den Eindruck einer redaktionellen Änderung erwecken, liegt doch (zudem) eine inhaltliche vor: Durch das „ist" in der Entwurfsfassung wurde dem Richter die Bemessungsgrundlage verbindlich vorgegeben. Aufgrund der Streichung wurde ihm ein weiterer Spielraum eingeräumt, zumal die Strafzumessungsgründe überhaupt nach Art. 69 des Entwurfs in das Ermessen des Richters gestellt worden waren[174].

Dies sollten die endgültigen Fassungen sein, auf die sich Sachsen bei den Verhandlungen und Beratungen zum Strafgesetzbuch für den Norddeutschen Bund berief.

IV. Beratungen in den Kammern

> „Durch den Umstand, dass die Deputationen unter sich und mit den Kön. Commissarien über die meisten Punkte sich beinahe vollständig vereinbart hatten, wurden die Verhandlungen über das Gesetzbuch bei den Ständen ungemein erleichtert und abgekürzt."[175]

---

173 Sächsische Landtags-Acten 1854, Beilagen zu den Protokollen der II. Kammer, 1. Bd., S. 226.

174 So auch *Krug*, Besonderer Theil, S. 68 f.

175 *v. Wächter*, Sächsisches und thüringisches Strafrecht, S. 41.

So wurde auf dem am 5. Oktober 1854 zusammengerufenen außerordentlichen Landtag den Kammern, unter Billigung der Regierung, empfohlen, ihre Beratungen auf die wenigen Differenzpunkte zwischen den Deputationen und etwaige Änderungsvorschläge einzelner Kammermitglieder zu beschränken, was von den Ständen angenommen wurde. Diese hatten zunächst in einer Vorberatung[176] das weitere Verfahren zur anstehenden Diskussion thematisiert und begannen daraufhin mit der Besprechung des Entwurfs zum Strafgesetzbuch.

Die vollständige Beratung des Entwurfs fand auf dem außerordentlichen Landtag vom 5. Oktober bis 29. Dezember 1854 statt. Ein Mitglied der I. Kammer hatte jedoch zuvor den Antrag gestellt, den Entwurf gänzlich abzulehnen bzw. mit einem weiteren Kammermitglied vorgeschlagen, die dem außerordentlichen Landtag vorgelegten Gesetze zurückzuziehen und dem nächsten ordentlichen Landtag vorzulegen. Der zweite Antrag fand mit 20 gegen 15 Stimmen Annahme in der I. Kammer, wurde jedoch von der II. Kammer einstimmig abgelehnt und schließlich auch in der I. Kammer verworfen. Eine Abstimmung über das erste Gesuch wurde in der I. Kammer bis zur endgültigen Schlussabstimmung über den Entwurf vertagt und so erfolgte zunächst nur eine vorläufige eventuelle Abstimmung.

1. Beratung in der I. Kammer

Vor einer inhaltlichen Auseinandersetzung mit dem Entwurf berieten die Abgeordneten ausführlich über die Erforderlichkeit einer Revision bzw. eines neuen Strafgesetzes, zumal hierzu das Separatvotum von *Freiherr von Welck* vorlag, das sich auf Ablehnung eines neuen Strafgesetzbuchs im allgemeinen und gegen die Annahme des vorgelegten Entwurfs insbesondere richtete. *von Welck* beschrieb in seinem Separatvotum und dem Vortrag auf der Ständeversammlung zunächst das Strafrecht Sachsens vor dem Criminalgesetzbuch und ging im weiteren auf die Verhandlungen zu demselben ein, die mit ungeheurem Fleiß, außerordentlicher Umsicht und Gewissenhaftigkeit von statten gegangen waren.

> „Unter all diesen Umständen liegt die Frage sehr nah:
> welches sind denn nun die Gründe, welche die Staatsregierung nach kaum sechzehnjährigen eines, als gelungen und praktisch wohl ausführbar zu betrachtenden Criminalgesetzbuchs, zu einem gänzlichen Verlassen desselben und zur Abfassung eines vollständig neuen bewogen haben?“[177]

Die hierzu von der Deputation zusammengestellten Gründe überzeugten ihn nicht. Zwar seien seit dem Erscheinen des Criminalgesetzbuchs Erläuterungen und Ergänzungen nötig gewesen, allerdings verweise dies nicht auf die Erforderlichkeit

176 In der I. Kammer fand die Vorberatung am 24. Oktober 1854, in der II. Kammer am 4. November 1854 statt.

177 Mittheilungen über die Verhandlungen des Landtags (Sachsen) – 1854, I. Kammer, S. 45.

einer gänzlichen Revision und zudem würde sich dieselbe Notwendigkeit bei jedem anderen Gesetz mit so umfassenden und wichtigen Inhalt herausstellen[178]. Letztlich sprächen im wesentlichen mehr Gründe gegen als für ein neues Strafgesetz.

Zur Verteidigung einer Revision erhoben sich mehrere Kammermitglieder, die vornehmlich die im Gutachten der Deputation aufgeführten Argumente, aber auch eigene Eindrücke hinsichtlich der Handhabung des Criminalgesetzbuchs wiedergaben[179]. Eine Abstimmung hierüber wurde jedoch suspendiert, da man zunächst den Entwurf beraten wollte. Nachdem noch die Bedeutung des neuen Namens „Strafgesetzbuch" erläutert worden war, kam man schließlich zur Beratung des Entwurfs.

Die vollständige Aussprache dauerte letztlich nur fünf Sitzungen, in denen die hier erläuterten Artikel keine Rolle spielten, und am Ende wurde in einer vorläufigen eventuellen Abstimmung, die dazu diente, die Beschlüsse der Kammer vollendet und ordnungsgemäß an die II. Kammer gelangen zu lassen, der Entwurf mit den vorgeschlagenen Änderungen und Zusätzen angenommen.

2. Beratung in der II. Kammer

Wie zuvor in der I. Kammer wurde auch hier diskutiert, ob eine Revision bzw. Ausarbeitung eines neuen Gesetzes überhaupt erforderlich sei[180]. Hierzu äußerten sich nur zwei Kammermitglieder, die beide der Ansicht waren, dass die Voraussetzungen dafür vorlägen.

Die Beratung befasste sich zunächst mit der Schärfung der Strafmittel durch körperliche Züchtigung und der Erweiterung auch auf Frauen, zu denen von der II. Kammer keine weiteren Anträge gestellt worden waren. Damit beschränkte sich die Aussprache auf die Differenzpunkte aus den Deputationsgutachten. Man trennte allerdings auf Rat des Präsidenten und Referenten *Dr. Haase* die hierzu verschiedentlich aufgeworfenen Fragen und widmete sich zunächst denjenigen, unter welchen Bedingungen über-

---

178 Mittheilungen über die Verhandlungen des Landtags (Sachsen) – 1854, I. Kammer, S. 47.

179 Vgl. Sächsische Landtags-Acten 1854, I. Kammer, Abt. II, S. 35 ff.; Mittheilungen über die Verhandlungen des Landtags (Sachsen) – 1854, I. Kammer, S. 38 ff.

180 Durch den Nachbericht der Deputation der II. Kammer lagen dieser auch die zuvor gefassten Beschlüsse der I. Kammer vor.

haupt die körperliche Züchtigung als Verschärfung (beim Zuchthaus) eintreten sollte[181].

Gegen eine generelle Aufnahme der Prügelstrafe unter die Strafmittel sprach sich der Abgeordnete *Riedel* aus und gab an, bei Wiedereinführung derselben wider das ganze Gesetz zu stimmen. Er halte dies für einen Rückschritt der Zivilisation und unzweckmäßig und zudem widerspreche es dem Humanitätsprinzip[182]. Die Zunahme der Verbrechen sei nicht auf die Abschaffung der körperlichen Züchtigung zurückzuführen, vielmehr liege sie an den schlechten Zeitverhältnissen[183]. Das Strafmittel sei auch ungerecht, da Fälle vorkämen, in denen einer, der es verdient hätte, gut wegkomme, weil seine körperliche Konstitution die Prügel nicht zulasse, während ein anderer, der sie nicht verdient habe, damit gestraft werde[184]. Zuletzt könne sie gerade bei Vagabunden angewandt dazu führen, dass man diese aus Furcht vor Rache weniger anzeigen würde, als wenn sie ins Gefängnis kämen[185]. Das Präsidium erklärte daraufhin, dass eine generelle Ablehnung der Prügelstrafe nicht zur Debatte stehe.

Anschließend erklärten sich *Huth* und *Heyn* für die Aufnahme der Prügelstrafe unter den Voraussetzungen der Minorität (nach zweimaligem Zuchthaus). Sie könnten sich zwar nicht mit der körperlichen Züchtigung einverstanden erklären, sähen in dieser Regelung jedoch die angemessenere.

Die Einstellung der Mehrheit der Deputation teilten die Mitglieder *Rittner*, *Unger*, *Dr. Wahle*, *Seiler*, *Dr. Schwarze* und *Dr. Krug*. Allerdings befassten sich auch ihre Vorträge und Ausführungen mit einer allgemeinen Zulässigkeit der Prügelstrafe. *Unger* führte u.a. an, dass es Individuen gebe, „die zwei- oder dreimal ins Zuchthaus gelangen, da, meine Herren, hört wohl alle Humanität auf, und wenn man human sein will, so muss man

---

181 Der Bericht der Minderheit hatte zwar auch eine Verschärfung bei vorherigem zweimaligen Arbeitshaus vorgesehen, jedoch ging es im Laufe der Diskussion immer mehr um die Voraussetzungen der Schärfung beim Zuchthaus.

182 Mittheilungen über die Verhandlungen des Landtags (Sachsen) – 1854, II. Kammer, S. 164.

183 Mittheilungen über die Verhandlungen des Landtags (Sachsen) – 1854, II. Kammer, S. 164.

184 Mittheilungen über die Verhandlungen des Landtags (Sachsen) – 1854, II. Kammer, S. 164.

185 Mittheilungen über die Verhandlungen des Landtags (Sachsen) – 1854, II. Kammer, S. 164 f.

gegen den rechtlichen Mann human sein, aber keineswegs gegen den Criminalverbrecher“[186].

Dr. Haase gab an, dass,

> „wenn Jemand wegen eines mit Zuchthaus bedrohten Verbrechen, bereits im Zuchthause gewesen ist und wieder dahin eingeliefert wird, [...] doch die Böswilligkeit des Verbrechers offen am Tage liegen [dürfte], ohne, daß es noch einer Beweisführung auf dem Grund zweimal erlittener Zuchthausstrafe bedürfte.“[187]

Schließlich erwähnte *Dr. Krug* noch, dass die körperliche Züchtigung nur eines von drei verschiedenen Schärfungsmitteln sein sollte.

In der Abstimmung wurde dieser Teil des Deputationsgutachtens gegen neun Stimmen angenommen.

Nunmehr kam man zu der Frage, ob die körperliche Züchtigung auch auf weibliche Sträflinge zu erstrecken sei. Die Aussprache hierüber wurde auf Empfehlung des Abgeordneten *Koelz* verhältnismäßig kurz gehalten, da

> „der hinterste Theil des menschlichen Körpers, dessen praktisch fühlbare Behandlung und Bearbeitung jetzt in Frage steht, [...] ohnehin keine sonderlich ästhetischen Anschauungen [bietet] und die parlamentarische Diskussion der Frage [...] schon an sich für die zweite Kammer der sächsischen Ständeversammlung in der That eine höchst unerquickliche [ist].“[188]

Gegen die Ausdehnung der Prügelstrafe auf weibliche Personen waren die Kammermitglieder *Koelz*, *Dr. Hertel* und *Anton*. Dabei wiesen sie in ihren Appellen weitestgehend auf die von der Minorität angeführten Gründe und eigene Empfindungen hin. *Anton* führte die Diskussion in seinem Schlusswort zu Überlegungen, die bereits in den Verhandlungen zum Criminalgesetzbuch erwogen worden waren, nämlich, ob die Strafe human, gerecht und zweckmäßig sei. Er müsse zumindest erstere Voraussetzung bei einer Anwendung auf weibliche Sträflinge verneinen. Weiter setze, wenn man sich auf die Gleichheit vor dem Gesetz beziehe, dieser Grundsatz wirkliche Gleichheit voraus, die jedoch in diesem Sinne zwischen Mann und Frau

---

186 Mittheilungen über die Verhandlungen des Landtags (Sachsen) – 1854, II. Kammer, S. 165.

187 Mittheilungen über die Verhandlungen des Landtags (Sachsen) – 1854, II. Kammer, S. 168.

188 Mittheilungen über die Verhandlungen des Landtags (Sachsen) – 1854, II. Kammer, S. 170.

nicht vorhanden sei[189]. Hierzu nannte er einige Beispiele, mit denen er zugleich zeigen wollte,

> „daß man nicht Alles gleichmachen kann, sondern die Ungleichheit des Geschlechts und der Verhältnisse notwendig eine gewisse Ungleichheit in rechtlicher Beziehung und vor dem Gesetz nach sich zieht. Wenn sie nun einmal den Frauen zugute kommt, während sie in vielen andern Beziehungen den Frauen nachtheilig ist, so würde ich kein Unglück oder Folgewidrigkeit darin finden, sondern vielmehr eine gewisse Ausgleichung erblicken.“[190]

Für eine Erweiterung sprachen sich die Abgeordneten *Ritter*, *von Polenz*, *Dr. Haase* und *Dr. Zschinsky*, zugleich in seiner Funktion als Staatsminister, aus, der durch seine Befürwortung die bisherige Neutralität der Staatsregierung aufgab. Weitergehende Begründungen wurden indessen auch hier nicht vorgebracht und so schritt man zunächst zur Abstimmung über die Frage der Ausweitung, für die sich 43 gegen 19 Mitglieder aussprachen. Sodann wurde über die Endfassungen der Artikel 11, 13, 23[a] und 23[b] des Entwurfs, die sich mit der Schärfung der Strafmittel durch körperliche Züchtigung befassten, abgestimmt. Allesamt fanden Zustimmung.

Nach der Beratung der weiteren strittigen Artikel, zu denen die hier behandelten allerdings nicht gehörten, war die Aussprache über den Allgemeinen Teil abgeschlossen und es folgte die Lesung zum Besonderen Teil.

3. Weitere Kammerberatungen

In den „anderweiten“ und „fernerweiten“ Beratungen besprachen und glichen die Kammern die wenigen, noch offenen Differenzen aus. Zu den hier erörterten Artikeln und Grundsätzen bestanden allerdings keine Meinungsverschiedenheiten.

Die Stände nahmen sodann den Entwurf definitiv mit den im Deputationsgutachten der I. Kammer vorgeschlagenen und infolge der Kammerbeschlüsse erfolgten Änderungen und Zusätze mit 36 gegen zwei in der I. Kammer bzw. mit 63 gegen zwei Stimmen in der II. Kammer an.

---

189 Mittheilungen über die Verhandlungen des Landtags (Sachsen) – 1854, II. Kammer, S. 174.

190 Mittheilungen über die Verhandlungen des Landtags (Sachsen) – 1854, II. Kammer, S. 174.

V. Annahme und Beschluss des Gesetzbuchs

In der ständischen Schrift vom 28. Dezember 1854 erklärten die Kammern die Annahme des Strafgesetzbuchs und die Regierung stimmte allen Anträgen und Zusätzen bei. Allerdings hatten die Stände auf Anraten ihrer Deputationen die Wirksamkeit des Strafgesetzbuchs von der Wirksamkeit einiger anderer Gesetze[191] abhängig gemacht, indem sie die Annahme des Strafgesetzbuchs an die Voraussetzung knüpften, dass auch diese Gesetze verabschiedet werden würden und gleichzeitig mit dem Strafgesetzbuch in Kraft träten. Ob das eine vom anderen überhaupt wirksam abhängig gemacht werden konnte, wie von *von Wächter* zu Recht bezweifelt wurde[192], kann offen bleiben, da die Gesetze geschlossen verabschiedet wurden und das neue *Strafgesetzbuch für das Königreich Sachsen* am 11. August 1855 im Gesetzblatt veröffentlicht wurde.

VI. Zusammenfassung und Fazit

Das Strafgesetzbuch enthielt mit seinen 376 Artikeln im Gegensatz zum Criminalgesetzbuch (bestehend aus 326 Artikeln) deutlich mehr Bestimmungen. Dennoch waren sie im Vergleich zu anderen deutschen Strafgesetzbüchern – das K. Württembergische Gesetzbuch von 1839 bestand aus 462, das Großh. Hessische von 1841 aus 484, das Großh. Badische von 1845 aus 714 und das Kais. Österreichische von 1852 aus 532 Ziffern[193] – verhältnismäßig wenig.

Das Strafensystem Sachsens entsprach weitestgehend dem Zeitgeist der neueren Strafgesetzgebungen, die gleichfalls von Restauration und Reform gekennzeichnet waren. Man hatte die Freiheitsentziehung, die „dem Zweck der Besserung und der sittlichen Rettung des Gefallenen"[194] am förderlichsten erschien, mit ihren verschiedenen Arten, Graden und rechtlichen Folgen als Regel festgesetzt. Art. 22 des Gesetzes, der die Behandlung der Gefangenen regulierte, verwies zwar auf die Hausordnung der Anstalten,

191 Forststrafgesetz, Eisenbahnstrafgesetz, rev. Militär-Strafgesetzbuch, Strafprozessordnung und Gesetz über Organisation der Strafgerichte.

192 So bestand zum einen (zumindest) kein inhaltlicher Zusammenhang mehr zwischen der Strafprozessordnung bzw. dem Gerichtsorganisationsgesetz und dem Strafgesetzbuch und zum anderen konnte sich die Gesetzeskraft der Prozessordnung wegen der vielen notwenigen Vorbereitungen lange hinziehen. Vgl. auch *v. Wächter*, Sächsisches und thüringisches Strafrecht, S. 44.

193 Die Strafgesetzbücher Hannovers (1840) und Preußens (1851) hatten dagegen (wenn auch nicht wesentlich) weniger Ziffern, das eine 372 und das andere 349. Vgl. für die Gesetzbücher *Stenglein*, Sammlung der deutschen Strafgesetzbücher, Bd. 1–3.

194 *Abegg*, Neue Jahrbücher für sächsisches Strafrecht, Bd. VIII, S. 11.

gleichwohl stellte er auch Bestimmungen auf, die sich durch Humanität auszeichneten[195].

Dagegen war die Todesstrafe nach dem Verebben der Revolution wieder eingeführt und im Strafgesetzbuch von 1855 beibehalten worden. Dennoch hatte man ihre Auswirkungen dadurch verkleinert, dass man die Anzahl der Delikte, die mit dieser Strafe bedroht waren, (wenn auch nur geringfügig) verringert hatte. Während der Revolution hatten auch die Liberalen unangenehme Überraschungen, die sich durch Unruhen im Volk, Krawalle und Gewalttätigkeiten zeigten, erlebt.

> „Der Schutz des Eigentums und der bürgerlichen Gesellschaft war [...] eine Hauptsorge der Liberalen aus Adel und Mittelschichten, und zumindest einige unter ihnen waren bereit, die Todesstrafe als eine im Licht der gemachten Erfahrungen bedauerliche Notwendigkeit für den Augenblick zu unterstützen."[196]

So konnte es nicht verwundern, dass sich, anders als in den Beratungen zum Criminalgesetzbuch, bei der ständischen Beratung niemand für die Abschaffung der Todesstrafe ausgesprochen hatte. Man versuchte, „das souveräne Prinzip der Todesstrafe mit einer auf Besserung des Verbrechers abzielenden Strafrechtspraxis und der politisch erwünschten öffentlichen Ordnung zu versöhnen"[197] und stand damit in bester Gesellschaft mit dem überwiegenden Teil der deutschen Regierungen.

Die Wiederaufnahme der Prügelstrafe in das Strafensystem und die gleichzeitig eingeführte Ausdehnung derselben auf weibliche Sträflinge offenbart dagegen eine ängstliche und übertrieben reaktionäre Strafrechtspolitik der Regierung und Stände. Die körperliche Züchtigung bestand zu diesem Zeitpunkt im größten Teil[198] der deutschen Strafgesetze nicht mehr, da sie überwiegend als ungerecht und unzweckmäßig eingestuft worden war. Sachsen hatte auf diese Weise nicht, wie sonst kennzeichnend für die nachrevolutionären Regelungen, versucht, einen Kompromiss zwischen dem alten Regime und den neuen Forderungen zu schließen, sondern war

---

195 So waren hier ausreichende Bewegung an frischer Luft, Besuche, ordentliche Verpflegung u.a. geregelt. S. auch *Abegg*, Neue Jahrbücher für sächsisches Strafrecht, Bd. VIII, S. 15.

196 *Evans*, Rituale, S. 352.

197 *Evans*, Rituale, S. 352.

198 U.a. in Württemberg und Preußen, vgl. auch *v. Wächter*, Sächsisches und thüringisches Strafrecht, S. 237 f.

insoweit teilweise wieder zur alten Strafrechtspraxis der körperlichen Bestrafung übergegangen. Aufgrund dieser Entwicklung wurden die Beratungen und Verhandlungen hierzu auch ausführlicher, als es grundsätzlich erforderlich gewesen wäre, dargestellt.

Des weiteren ist die Unterscheidung von beendetem und nicht-beendetem Versuch nicht nachvollziehbar und unüblich für ein neueres deutsches Strafgesetzbuch, zumal hieran beim Rückritt unterschiedliche Folgen geknüpft werden. Allein aus dem Interesse des Verletzten heraus, das schließlich auch die Bestimmungen des Ersatzes wesentlich leitete, hätte man beide „Rücktritte" für straflos erklären sollen.

Die Festsetzung des 14. Lebensjahres als Beginn der Zurechnungsfähigkeit kann jedoch zu Recht als nachsichtig bezeichnet werden[199]. In Preußen lag die Grenze zwar bei 16 Jahren, jedoch durfte, wenn der jugendliche Täter mit Unterscheidungsvermögen gehandelt hatte, auf gemilderte Strafe erkannt werden. Das bedeutet, dass auch derjenige für zurechnungsfähig erklärt und bestraft werden konnte, der unter 14 Jahren oder sogar noch jünger war. An diesem Zeitpunkt hielt Sachsen schließlich bis zu den Verhandlungen zum Strafgesetzbuch für den Norddeutschen Bund fest und versuchte diesen auch dort durchzusetzen.

---

199 *Abegg* spricht in seinen Bemerkungen von großer Milde und bezieht sich dabei sogar nur auf den Entwurf, der noch zwölf Jahre als Grenze vorsah. Neue Jahrbücher für sächsisches Strafrecht, Bd. VIII, S. 40.

Sechstes Kapitel: Königlicher Befehl von 1862: Die Beurlaubung Strafgefangener

Mit besonderem Befehl des Königs aus dem Jahr 1862 wurde im Königreich Sachsen die bedingte Entlassung für Strafgefangene eingeführt. *König Johann* war zuvor durch den Generalstaatsanwalt *v. Schwarze* auf die Beurlaubung von Sträflingen aufmerksam gemacht worden[1]. Man hatte sie eingeführt, um die Möglichkeit zu schaffen, die Strafgefangenen wieder einem geregelten und gesetzlichen Leben zuzuführen und geneigt zu machen[2].

Das Institut der vorläufigen Entlassung lässt sich auf behördliche Zweckmäßigkeitsgründe sowie das Begnadigungsrecht der australischen Regierungsbehörden zurückführen[3]. Diese übergaben transportierten Strafgefangenen einen Urlaubsschein, das sog. ticket-of-leave, sparten sich die Unterhaltskosten für dieselben und ermöglichten ihnen damit, unter gleichzeitiger Einrichtung einer Polizeiaufsicht, selbstständig ihrem Erwerb nachzugehen. Das gute Verhalten der Sträflinge lag dabei allerdings völlig im Hintergrund. Die Kolonialpolitik und Kosten waren ausschlaggebend, denn es erschien wünschenswert, der Sorge und Kosten für den Unterhalt der Strafgefangenen bald entledigt zu sein[4]. Diese Praxis wurde später durch Parlamentsakte legalisiert.

In Europa wurde das System zunächst in unterschiedlicher Form in Irland, England und Schottland eingeführt und war bedingt durch die ablehnende Haltung der Kolonien gegenüber der Transportation der Strafgegangenen[5]. Durch einen Beitrag *Mittermaiers*[6] erhielten die deutschen Kriminalisten von diesem Institut Kenntnis.

Sowohl in Australien als auch in Großbritannien war die bedingte Entlassung als ein Ausfluss Königlicher Gnade gedacht und ebenso wurde die Beurlaubung in Sachsen als Königlicher Gnadenakt verstanden.

Bereits vor 1862 bestand in Sachsen, wenn auch nur in sehr vereinzelten Fällen, die Möglichkeit, zu einer Freiheitsstrafe Verurteilte auf Beschluss

---

1 *v. Holtzendorff* in: v. Holtzendorff / Jagemann, Gefängniswesen, Bd. 1, S. 11.

2 *v. Schwarze*, GS, 1864, S. 371.

3 S. hierzu, wie auch zum folgenden: *v. Holtzendorff* in: v. Holtzendorff / Jagemann, Gefängniswesen, Bd. 1, S. 441.

4 *v. Holtzendorff*, Die Kürzungsfähigkeit der Freiheitsstrafen, S. 13.

5 *Mittermaier*, Die Gefängnißverbesserung, S. 143.

6 *Mittermaier*, Die Gefängnißverbesserung, S. 142–147.

des Justizministers zu beurlauben. Dazu mussten allerdings dringende Gründe die Unterbrechung im Interesse des Sträflings notwendig erscheinen lassen. Hierzu zählten u.a. Krankheitsfälle, die nur durch längere Kuren o.ä. gebessert werden konnten, und die Beurlaubung zwecks überseeischer Auswanderung[7].

Die Entwicklungen in Großbritannien und eine ausführliche Darstellung *von Holtzendorffs*[8] führten schließlich dazu, dass der sächsische Justizminister im Herbst 1861 beauftragt wurde, ein Gutachten über die Anwendbarkeit der provisorischen Beurlaubung von Strafgefangenen in der Begnadigungsinstanz zu erstellen. Gleichzeitig wurden das Innen- und Justizministerium damit beauftragt, die Ausführbarkeit einer solchen Maßregel in Bezug auf bestehende Vorschriften und die Mitwirkung der Polizeibehörden bei der Beaufsichtigung zu prüfen. Damit hatte man sich für das in Irland angewandte System entschieden, nach dem der Beurlaubte polizeilich überwacht wurde und so bei etwaigen Verstößen auch die rechtzeitige Ausübung des Widerrufs gesichert war.

Nachdem die gutachterlichen Vorschläge angenommen und verwertet worden waren, leitete man den Befehl des Königs mit detaillierten Verfahrensbestimmungen an die verschiedenen Institutionen weiter. Diese sahen u.a. vor, dass eine zur Zucht- oder Arbeitshausstrafe verurteilte Person, hatte sie einen Teil ihrer Strafe verbüßt und durch ihr Verhalten während der Strafzeit Hoffnung auf nachhaltige Besserung erweckt, vor Beendigung der vollen Strafe beurlaubt werden konnte. Gleichzeitig konnte sich der Beurlaubte außerhalb der Anstalt einen Erwerb suchen. Sollte sich Besserung einstellen, so war die endgültige Begnadigung in Aussicht gestellt. Hatte sich der Beurlaubte dagegen nicht bewährt, musste er, ohne Anrechung der Urlaubszeit, den Rest der Strafe verbüßen. Die freie Zeit konnte genauso lang sein, wie die noch zu verbüßende Strafzeit. Sie konnte aber auch kürzer oder sogar länger ausfallen. Im letzteren Fall benötigte man allerdings das Einverständnis des Sträflings[9].

Alle Vorgänge stellten Königliche Gnadenakte dar und waren von der durch das Justizministerium einzuholenden Entschließung des Regenten

7 *v. Schwarze*, Gerichts-Zeitung für das Königreich Sachsen, 1863, S. 208.

8 *v. Holtzendorff*, Die Kürzungsfähigkeit der Freiheitsstrafen, 1861.

9 Nähere Ausführungen dazu finden sich in den Aufsätzen *v. Schwarzes*, GS, 1864, S. 371 ff. und Gerichts-Zeitung für das Königreich Sachsen, 1864, S. 81 ff.

abhängig. Den Anstaltsdirektionen oblag allein die Pflicht, die Beurlaubungsgesuche des Sträflings bzw. seiner Familie einer genauen Prüfung zu unterziehen und bei Vorliegen aller erforderlichen Voraussetzungen detaillierten Bericht an das Justizministerium zu erstatten. Gegebenenfalls konnten sie aber auch selbst die Beurlaubung eines Strafgefangenen beantragen.

Damit hatte sich Sachsen früh für ein System entschieden, das zumindest in Deutschland nicht unumstritten war und dessen Wert nahezu ausschließlich nach den Erfahrungen des Auslandes bemessen werden musste[10]. *v. Schwarze* bemerkte 1863 in einem Aufsatz, dass

> „auf dem Gebiete der Frage von der bedingten Entlassung und allen damit zusammenhängenden Begründungen und Folgerungen den lebhaft kund gegebenen Anforderungen ausländischer Erfahrung zur Zeit noch eine unerbittliche Verneinung seitens der Strafrechtswissenschaft entgegen[steht].“[11]

Die oftmals in der Praxis laut gewordene Besorgnis darüber, dass durch die Beurlaubung Strafgefangener Gefahren für die Bürger entstünden, widerlegte er allerdings mit dem Hinweis darauf, dass diese Gefahren nur aus einer Beurlaubung ohne Kontrolle, Überwachung und gesicherten Widerruf resultierten. Allein die Einwendungen gegenüber diesem System beruhten letztlich weniger auf Zweifeln gegenüber den nachweisbar günstigen Resultaten,

> „als in grundsätzlichen Bedenken gegen die Bedeutung der Strafzwecke und deren Verhältniss zur Gerechtigkeit der Strafe, wie dieselbe in dem Strafmaas durch den **Richter** im Urtheil festgestellt worden ist.“[12]

Die Gegensätze, die sich vor allem in der Auffassung vom Strafzweck bemerkbar machten, standen deswegen auf dem internationalen Wohltätigkeitskongress in Frankfurt a.M. einer vorurteilsfreien Würdigung dieser Einrichtung im Wege[13]. Gleiches galt für die Beratungen des Gesetzentwurfs zur Einführung der Einzelhaft in Bremen. Dort hatte man die bedingte Entlassung mit dem einfachen Hinweis darauf abgelehnt, dass sie mit dem Wesen der Strafe unvereinbar sei.

10 Vgl. u.a. *v. Holtzendorff*, Handbuch, S. 107.

11 *v. Schwarze*, Gerichts-Zeitung für das Königreich Sachsen, 1863, S. 207.

12 *v. Holtzendorff*, Die Kürzungsfähigkeit der Freiheitsstrafen, S. 89.

13 *v. Holtzendorff*, Die Kürzungsfähigkeit der Freiheitsstrafen, S. 9.

Im Mittelpunkt der theoretischen Diskussionen standen infolge dieser Zweifel insbesondere die Unabänderlichkeit des Strafurteils und der Umstand, dass Gefängnisbehörden ein entscheidender Einfluss auf die Verkürzung der gesetzlichen Strafe eingeräumt werden sollte. Ersteres war *v. Schwarze* jedoch zugunsten der dringenden Anforderungen der Psychologie und Sozialpolitik zu opfern bereit und *von Holtzendorff* gab zu bedenken, dass das „fernere Verhalten" des Verurteilten, das letztlich auch auf die Höhe und Dauer der Strafe Einfluss nehme, bis zum Abschluss der Verhandlungen vom Richter kaum umfassend berücksichtigt werde[14]. Vielmehr lasse erst das Benehmen im Gefängnis während der Strafzeit einen Rückschluss auf die gesamte Persönlichkeit des Sträflings vor und zur Zeit seines Verbrechens zu schließen[15].

Ein übermäßiger Einfluss der Gefängnisbehörden war in Sachsen deshalb nicht zu befürchten, weil durch den Königlichen Befehl eine detaillierte gesetzliche Grundlage hinsichtlich des Verfahrens geschaffen und die endgültige Entscheidung nicht in das Ermessen der Anstaltsdirektionen gelegt worden war.

von Holtzendorff hielt die nachträgliche Verkürzung schließlich für eine Forderung des materiellen Strafrechts sowie eine Folgerung der Gerechtigkeitsidee, die in den Formen des Strafprozesses nur unvollkommen dargestellt werden konnte.

Oft und denkbar zu Recht wurde jedoch kritisiert[16], dass die Beurlaubung der Strafgefangenen lediglich auf dem Institut der Begnadigung beruhte, galt doch diese im 19. Jahrhundert als ein Weg, das Recht durch eine Maßnahme der Gerechtigkeit auszubalancieren, die den Gerichten mitunter nicht zu Gebote stand[17]. So standen häufig nicht rechtliche, sondern moralische und soziale Gründe hinter den meisten ausgesprochenen Begnadigungen und waren abhängig vom Landesherrscher.

Allerdings sprachen, auch wenn es sich zunächst nur um eine versuchsweise und auf der Begnadigung basierenden Einführung der bedingten Entlassung handelte, die Erfahrungen der folgenden Jahre für dieses System. So war Ende 1863 von 40 beurlaubten Sträflingen keiner wieder eingezogen

---

14 *v. Holtzendorff*, Die Kürzungsfähigkeit der Freiheitsstrafen, S. 93.

15 *v. Holtzendorff*, Die Kürzungsfähigkeit der Freiheitsstrafen, S. 94.

16 Vgl. u.a. *v. Holtzendorff*, Handbuch, S. 107.

17 *Evans*, Rituale, S. 353.

worden. Zudem waren nach so kurzer Zeit bereits 14 Strafgefangene vollkommen begnadigt und drei zur Begnadigung empfohlen worden[18].

18 *v. Schwarze*, AllgDtStrafRZ, 1864, Sp. 433 f.

Siebentes Kapitel: Das Revidierte Strafgesetzbuch von 1868

Der seit 1854 regierende *König Johann* war zwar sowohl Gelehrter als auch Kunstsinniger, operierte außenpolitisch jedoch weniger glücklich. In der Schlacht bei Königgrätz 1866, die mit einem Sieg Preußens endete, standen die sächsischen Soldaten auf österreichischer Seite. Mit dieser Niederlage büßte Sachsen den letzten Rest seiner politischen Bedeutung ein. Das Land sah sich zum Beitritt in den Norddeutschen Bund gezwungen, in dem nur vier von 43 Bundesrats-Stimmen dem Königreich gehörten (Preußen erhielt dagegen 17 Stimmen).

Mit Dekret vom 25. Januar 1868 an die Stände regte *König Johann* die Abänderung, Aufhebung und Ergänzung einiger Artikel des Strafgesetzbuchs von 1855 sowie weiterer Gesetze[1] an. Nach erfolgter Annahme der Änderungen sollten diese in den Text des Strafgesetzbuches aufgenommen werden und damit ein neues Gesetzbuch entstehen.

A) Dekret vom 25. Januar 1868

Durch die Einführung von Schwurgerichten in Sachsen sah man sich veranlasst, die Revision des Strafgesetzbuchs von 1855 zu bewirken. Dieses war auf rechtsgelehrte Richter ausgelegt und fußte damit nicht auf der sonst für Geschworenengerichte allgemeinen Einfachheit der Bestimmungen. Doch war das nicht der einzige Zweck der vorgeschlagenen Revision, denn nach Ansicht der Regierung blieb zu berücksichtigen, dass solche Änderungen, die lediglich auf der Absicht beruhten, den Geschworenen das Verständnis zu erleichtern, nicht selten ihren Grund verfehlten, wenn sie nicht durch eine genügende Erfahrung gefordert waren.

Dementsprechend sollten Revisionen u.a. dahingehend stattfinden, dass

1. bei Delikten, bei denen die Erfahrung gezeigt hatte, dass das Strafmaß zu hoch gegriffen war, dieses reduziert werden sollte;
2. eine Mehrzahl von Verbrechen, die einer kriminellen Strafwürdigkeit entbehrten, ausgeschieden und der polizeilichen Ahndung überlassen werden sollte und

1 Hierzu zählten das Gesetz wegen Bestrafung der Beschädigung der Eisenbahnen pp. und wegen Bestrafung der Forst- pp. Diebstähle pp. betreffend.

3. Bestimmungen, mit denen besondere Unzuträglichkeiten verknüpft wurden, revidiert oder ganz ausgeschieden werden sollten.

Im Jahr zuvor hatte die Königliche Regierung verschiedene Behörden, u.a. Stadträte und juristische Deputationen, darüber befragt, was für Meinungen im Volk über die Todesstrafe herrschten.

Danach forderte die Regierung, Artikel 11 des Strafgesetzbuches, sowie die Artikel des Eisenbahngesetzes, die die Todesstrafe betrafen, aufzuheben und durch lebenslängliches Zuchthaus zu ersetzen. Sie bezog sich zunächst auf den Antrag der Stände zum Criminalgesetzbuch von 1838, wonach die Regierung die Abschaffung der Todesstrafe fortwährend im Auge behalten und diese bei günstigen Erfahrungen aufheben sollte. Nach Auffassung der Regierenden war der Zeitpunkt nun gekommen.

> „Denn wenn schon die Erwartung, daß die mit der Todesstrafe bedrohten Verbrechen sich vermindern würden, sich nicht bestätigt hat, vielmehr das Verbrechen des Mordes in neuerer Zeit häufig vorgekommen ist, so kann doch gerade hierin ein Grund für die Beibehaltung der Todesstrafe nicht gefunden werden, da diese Thatsache vielmehr darauf hinzuweisen scheint, daß die Androhung der Todesstrafe eine abschreckende Wirkung nicht geäußert hat, auch, was die auffallende Vermehrung in den letzten Jahren betrifft, muthmaßlich auf vorübergehender Ursache beruht."[2]

Dagegen sei festzuhalten, dass die Zahl der Verbrechen, die früher mit dem Tod bestraft worden seien, sich nicht vermehrt habe. Zudem sprächen die Erfahrungen, die sowohl im In- wie auch Ausland gemacht worden seien, nicht für die Notwendigkeit der Todesstrafe. Sei dieses Erfordernis nun aber nicht erwiesen, so fielen die gegen diese Strafe sprechenden Gründe, insbesondere die Unwiderruflichkeit bei eventuellen Missgriffen, doppelt ins Gewicht[3]. Des weiteren sei nicht zu verkennen, dass sich bereits in vielen Kreisen des Volkes Zweifel über die Rechtmäßigkeit und Angemessenheit breit gemacht hätten, und bei schwereren Verbrechen Richter, wie auch Zeugen und Geschworene, mit größerer Sicherheit auftreten würden, wenn sie wüssten, dass es nicht mehr um ein Menschenleben gehe.

Der Erlass vom 25. Januar 1868, dessen bedeutsamste Regelung also die faktische Abschaffung der Todesstrafe war, ließ sich jedoch im wesentlichen auf persönliche Skrupel *König Johanns* zurückführen[4]. So hatte am

2 Sächsische Landtags-Acten 1868, Abt. I, Bd. 3, S. 542.

3 Sächsische Landtags-Acten 1868, Abt. I, Bd. 3, S. 543.

4 Vgl. hierzu und zum folgenden *Evans*, Rituale, S. 409.

26. Februar 1868 der preußische Botschafter in Dresden berichtet, dass sich dieser von jeher schwer und immer nur nach genauester Prüfung der Akten zur Bestätigung eines Todesurteils habe entschließen können.

> „Als im Jahre 1866 ein Individuum ohne Geständnis nur auf einen allerdings die Richter völlig ueberzeugenden Indizien-Beweis zum Tode verurtheilt war und auch noch bei der letzten Communion die That geleugnet hatte, ließ der König von Berlin im Dezember 1866 die Begnadigung nach Leipzig hin telegraphisch befehlen. Das entsprechende Telegramm gelangte wenige Minuten vor Vollstreckung des Urtheils auf dem Richtplatz an, so daß der Verurtheilte nur durch eine *Art Zufall* der Hinrichtung entzogen wurde. Nach diesem Vorfall hat der König kein Todesurtheil mehr vollstrecken lassen."[5]

Als Surrogat für die nunmehr abzuschaffende Todesstrafe sollte fortan die lebenslängliche Zuchthausstrafe in Betracht kommen. Allerdings gehe nach Auffassung der Regierenden hiermit keine Herabsetzung der Verbrechen einher, die seither mit lebenslänglichem Zuchthaus bedroht worden seien, da diese den mit dem Tod bedrohten Verbrechen nahe ständen[6].

B) Ständische Beratungen

Zunächst befassten sich die Deputation der II. Kammer und die II. Kammer mit dem Königlichen Dekret und übermittelten sodann ihre Beschlüsse der Deputation der I. Kammer. Zu den Königlichen Kommissaren, die die Beratungen in und zwischen den Kammern fördern sollten, gehörte u.a. Generalstaatsanwalt *v. Schwarze*. Weiter wurde die Regierung in den Besprechungen von dem Staats- und Justizminister *Dr. Schneider* vertreten[7].

I. II. Kammer

1. Deputation der II. Kammer

Die Deputation der II. Kammer setzte sich aus den Abgeordneten *Sachse*, *Müller*, *Schreck*, *Günther*, *Mosch*, *Kretzschmar*, *Koch*, dem Appellationsgerichtspräsidenten *von Criegern* und dem Geheimen Legationsrat *von Könneritz* zusammen, wobei das Referat Herr *Müller* übernahm. Die Beratungen über das Königliche Dekret wurden am 2. April 1868 abgeschlossen.

---

5 Brief von *Friedrich von Eichmann* an das Preußische-Justiz-Ministerium vom 26. Februar 1868, BArch Berlin, R 1401/631.

6 Sächsische Landtags-Acten 1868, Abt. I, Bd. 3, S. 543.

7 Vgl. zum Verlauf der Beratungen *v. Schwarze*, Strafproceßgesetze, S. VII ff.

Die Mitglieder kamen in ihren Verhandlungen zunächst zu der Frage, ob es ratsam sei, zum vorliegenden Zeitpunkt noch in die Beratung eines Gesetzes einzutreten, dessen Gegenstand unter die Gesetzgebung des Norddeutschen Bundes falle. Da jedoch im Bundesvertrag keine Begrenzung hinsichtlich der Partikularstrafgesetzgebung enthalten sei, spreche nichts gegen das Vorhaben der Regierung, zumal man sich auf eine Revision beschränkt habe und das Gesetz in manchen Teilen[8] revisionsbedürftig sei.

Hinsichtlich der Abschaffung der Todesstrafe stimmte eine Minderheit[9] der Deputation gegen das Ansinnen der Regierung. Sie ging von dem Grundsatz aus, dass,

> „wer das Strafrecht der obersten Staatsgewalt überhaupt anerkennt, [...] im Prinzip auch die Todesstrafe als gerechtfertigt ansehen [muss].“[10]

Zudem sah sie als höchsten und letzten Zweck der Strafe die der Höhe der Schuld entsprechende Sühne des Verbrechens an, weswegen sie auch der Meinung sei, dass aus der sog. Besserungs- und Abschreckungstheorie keine Argumente gegen die Todesstrafe hergeleitet werden könnten. Weiter stand sie auf dem Standpunkt, dass die Todesstrafe noch nicht entbehrlich, sondern dringend geboten sei. Auch die Bemerkung über die Unsicherheit der Geschworenen und Richter teilte die Minorität nicht. Vielmehr ging sie davon aus, dass die Höhe der gesetzlichen Strafe auf die gewissenhafte Fassung des Wahrspruchs der Geschworenen kaum wesentlichen Einfluss habe.

Schließlich berief sie sich auf Art. 4 Nr. 13 der Bundesverfassung, nach dem das Strafrecht zur gemeinsamen Gesetzgebung des Norddeutschen Bundes gehörte. Da die Todesstrafe in den meisten deutschen Staaten noch existierte, erschien es der Minderheit wenig ratsam,

> „sich in diesem wichtigen Punkte des Strafrechts von den Gesetzgebungen anderer Staaten und namentlich von der des Königreich Preußens zu isolieren.“[11]

---

8 Angesprochen wurden u.a. die Eigentumsdelikte und die große Kasuistik im Allgemeinen Teil, etwa beim Versuch und bei der Teilnahme.

9 Diese bestand aus den Abgeordneten *von Criegern*, *Sachse* und *Günther*, wobei letzterer die Abschaffung der Todesstrafe nur aus politischen Gründen, im Hinblick auf ein eventuell gemeinsames deutsches Strafgesetzbuch abgelehnt hatte.

10 Sächsische Landtags-Acten 1868, Beilagen zu den Protokollen der II. Kammer, III. Abt., Bd. 3, S. 518.

11 Sächsische Landtags-Acten 1868, Beilagen zu den Protokollen der II. Kammer, III. Abt., Bd. 3, S. 519.

Es müsste als außerordentlich beklagenswertes Ereignis angesehen werden, wenn die Todesstrafe in Sachsen abgeschafft, durch die Gesetzgebung des Norddeutschen Bundes jedoch wieder eingeführt würde.

Die Mehrheit[12] der Deputation sprach sich jedoch für die Abschaffung der Todesstrafe aus.

Zu ihrer Begründung trug sie allerdings wenige Argumente vor, da

> „[d]ie Frage wegen Beibehaltung oder Abschaffung der Todesstrafe [...], obschon fortdauernd, sowohl in der Literatur, als in den gesetzgebenden Versammlungen Gegenstand der ernstesten Erwägungen, zu einem allseitig befriedigenden Resultate noch nicht [...] [gelangt ist].“[13]

Gleichwohl wies sie darauf hin, dass diese Strafe wie keine andere unmittelbar gegen das menschliche Gefühl verstoße und von keiner Strafe, dass sie „nur als eine unabweisbar nothwendige Maßregel gerechtfertigt werden kann“[14]. Weiter sei die Todesstrafe in ihrer Anwendung nach und nach beschränkt worden, so dass sogar ihre Verteidiger sich mittlerweile für eine Reduzierung dieser auf Mord aussprächen. Zudem zeige ein Vergleich mit anderen Ländern, dass sich die Verbrechen nach Abschaffung der Todesstrafe nicht vermehrt hätten. Schließlich sei in Sachsen eine große Anzahl von Stimmen laut geworden, die sich gegen die Todesstrafe ausspreche. Auch eigne sich die Todesstrafe weder als Besserungs- noch, wie die Erfahrung gezeigt habe, als Abschreckungsmittel[15]. Zudem ging man davon aus, dass Richtern, Zeugen und Geschworenen durch die Abschaffung dieser Strafe eine größere Sicherheit und Entschiedenheit verliehen werde.

Die Möglichkeit eines späteren gemeinsamen deutschen Strafgesetzbuches zog man zwar auch in Betracht. Die Majorität wies allerdings zugleich darauf hin, dass Möglichkeiten und Eventualitäten nicht ausschlaggebend sein könnten und positive, in Sachsen getätigte Erfahrungen in etwaigen späteren Verhandlungen einen sehr erheblichen Einfluss haben dürften.

---

12 Hierzu zählten *von Könneritz*, *Kretzschmar*, *Koch*, *Mosch*, *Schreck* und *Müller*.

13 Sächsische Landtags-Acten 1868, Beilagen zu den Protokollen der II. Kammer, III. Abt., Bd. 3, S. 520.

14 Sächsische Landtags-Acten 1868, Beilagen zu den Protokollen der II. Kammer, III. Abt., Bd. 3, S. 520.

15 Sächsische Landtags-Acten 1868, Beilagen zu den Protokollen der II. Kammer, III. Abt., Bd. 3, S. 521.

Damit riet die Mehrheit der Deputation der II. Kammer an, den Vorschlag der Regierung anzunehmen.

2. Kammerberatungen

Die Frage der Todesstrafe war seit 1837 in den verschiedensten Kammerberatungen immer wieder erörtert und in der Regel in dem Sinne besprochen worden, dass man der Regierung nahe legte, diese abzuschaffen.

Nach einer kurzen allgemeinen Debatte, in der sich keiner der anwesenden Abgeordneten gegen die Vorlage aussprach, ging man zur Frage der Abschaffung der Todesstrafe über.

An der Diskussion beteiligten sich etliche Mitglieder, die sich überwiegend auf bereits früher vorgetragene Äußerungen beriefen oder versuchten die Argumente der Majorität bzw. Minderheit der Deputation zu widerlegen oder stärken. So gingen viele Gründe auf die Verhandlungen zum Criminalgesetzbuch und die Zeit davor zurück. Die Debatte war jedoch nicht, wie in früheren Beratungen, von der Frage der Rechtmäßigkeit geprägt, die von der Mehrheit der Deputation anerkannt wurde, vielmehr überprüfte man die Todesstrafe auf ihre Zweckmäßigkeit und Notwendigkeit hin.

Nahezu jeder, der sich für die Beibehaltung der Todesstrafe aussprach, wies in seinen Ausführungen darauf hin, dass er diese Strafe lieber abgeschafft wüsste, als sie weiter anzuwenden. Allerdings sei der Zeitpunkt denkbar ungünstig. *von Criegern*, der sich bereits in den Deputationsverhandlungen gegen die Aufhebung der Todesstrafe ausgesprochen hatte, nannte sie „etwas sehr Hartes und Ergreifendes", bemerkte jedoch zugleich, „[w]o es sich um innere Ueberzeugung handelt, da muß das Gefühl schweigen"[16]. Der Abgeordnete und Sekretär *Schenk* hob hervor, dass zwar die Todesstrafe als etwas Entsetzliches angesehen werden müsse, allerdings gleiches für den Mord, für den sie angedroht werde, gelte: „denn es steht hier Leben gegenüber Leben"[17]. Andere Kammermitglieder, wie der Abgeordnete *Seiler*, waren ebenso von dem Talionsgedanken, „Auge um Auge, Zahn um Zahn"[18], geprägt.

16 Mittheilungen über die Verhandlungen des Landtags (Sachsen) – 1868, II. Kammer, S. 2970.

17 Mittheilungen über die Verhandlungen des Landtags (Sachsen) – 1868, II. Kammer, S. 2970.

18 Vgl. Mittheilungen über die Verhandlungen des Landtags (Sachsen) – 1868, II. Kammer, S. 2972 ff.

Außerdem sei bisher nicht der Beweis geliefert worden, dass sich die todeswürdigen Verbrechen vermindert hätten und damit ein günstiger Zeitpunkt für die Aufhebung der Todesstrafe gekommen sei[19]. *Seiler* regte zudem an, diese Strafe auf weniger Fälle zu beschränken, als sie gänzlich abzuschaffen. Sodann äußerte er sich als Rechts-„Laie“ zu den Gründen eines Strafgesetzbuchs, dessen Hauptzweck der Schutz der bürgerlichen Gesellschaft sein sollte, der aber durch die Aufhebung der Todesstrafe geschädigt werde. Der Abgeordnete *von Salza* verwies auf die Bundesgesetzgebung, bei der zwar ungewiss sei, wann ein gemeinsames Strafgesetzbuch zustande komme, allerdings sei ebenso unsicher, wie der Reichstag dann stimmen werde.

> „[S]ollen wir jetzt die Todesstrafe abschaffen, um sie nach Befinden, wenn sie in einiger Zeit durch die Gesetzgebung für den Norddeutschen Bund beibehalten wird, wieder einzuführen? Das scheint mir weder im Interesse der Gesetzgebung, noch im Interesse des Rechtsbewußtseins des Volkes wünschenswerth.“[20]

Der Abgeordnete *Schreck* entgegnete hierauf, dass er diesen Grund nicht als richtig anzuerkennen vermöge,

> „und zwar deshalb nicht, weil die Frage über die Abschaffung der Todesstrafe nicht das Wesen und den Organismus des Staates in seiner Gesammtheit trifft, sondern nur die Frage über die Vollstreckung einer Strafe gegenüber einzelnen Verbrechern und [...] dieser an sich nach meiner Ueberzeugung nicht zu erwartende Fall höchstens die Unzuträglichkeit mit sich führen würde, dass während einer Reihe von Jahren für Verbrechen der hier fraglichen Art nicht die Todesstrafe vollstreckt worden wäre.“[21]

Dagegen unterstellte Staatsminister *Dr. Schneider* den Mitgliedern, die sich auf die Verfassung des Norddeutschen Bundes beriefen, sie wollten hiermit nur ihr Gewissen beruhigen.

> „Denn wollten die Herren mit Rücksicht auf den Norddeutschen Bund die Entscheidung salviren, so mussten sie den Antrag stellen, daß die Todesstra-

19 Mittheilungen über die Verhandlungen des Landtags (Sachsen) – 1868, II. Kammer, S. 2970.

20 Mittheilungen über die Verhandlungen des Landtags (Sachsen) – 1868, II. Kammer, S. 2978.

21 Mittheilungen über die Verhandlungen des Landtags (Sachsen) – 1868, II. Kammer, S. 2979.

> fe nicht mehr vollstreckt würde, bis der norddeutsche Reichstag Beschluß in dieser Sache gefasst hätte."[22]

Insgesamt beriefen sich die Befürworter des Königlichen Dekrets überwiegend auf die Endgültigkeit der Todesstrafe, wenn sie vollstreckt worden war, und das damit einhergehende Risiko der „Irreparabilität" bei einem Fehlurteil. Dieser eine Grund allein sei hinreichend, alle noch so gewichtigen Gründe, die für die Todesstrafe sprächen, umzuwerfen[23]. Zwar wurde auch von den Verfechtern der Todesstrafe anerkannt, dass der Mord an sich eine absolut verabscheuungswürdige Tat sei, diese Strafe jedoch nicht in jedem Fall ihre Zustimmung fände. So gebe es auch Mörder, zu deren Tat vielleicht bitteres Elend und schwere Not, die sie vorher erlitten, die Verwahrlosung ihrer Erziehung, schwere Ehrverletzungen oder andere Gründe Anlass gaben[24]. Der Präsident der Kammer *Haberkorn* forderte zudem, dass kein Mensch, sei er Richter oder Herrscher, gezwungen sein sollte, darüber zu entscheiden, ob jemand zum Tod verurteilt werden sollte.

Auch gab er zu Bedenken, dass, da der Vorschlag über die Abschaffung der Todesstrafe von der Regierung ausgehe, man schwerlich mit der Bestätigung eines Todesurteils rechnen könne und dass diese Strafe foglich faktisch, wenn auch nicht rechtlich, abgeschafft sei.

Zwei längere Vorträge hielt der Königliche Kommissar *v. Schwarze*, der zwar beauftragt worden war, über alle bekannten und diskutierten Gründe, die für und gegen die Todesstrafe sprachen, zu referieren, jedoch vorwiegend seine Auffassung begründete.

Zu Beginn seiner Rede erklärte er den Kammermitgliedern seine Haltung in dieser Frage. Er sei vom Verteidiger der Todesstrafe zum Gegner derselben geworden, bedingt durch ein jahrelanges Studium und die unterschiedlichsten Erfahrungen, die er in seinem Amt gemacht habe. Sodann stellte er – in Anlehnung an seine Vorsprecher – klar, dass es bei der vorliegenden Angelegenheit nicht darum gehe, Autoritäten gegeneinander zu zählen, die sich entweder für oder gegen die Todesstrafe erklärten, sondern sich an Tatsachen zu halten. Er könne zudem nicht bestätigen, dass die

22 Mittheilungen über die Verhandlungen des Landtags (Sachsen) – 1868, II. Kammer, S. 2990.

23 Mittheilungen über die Verhandlungen des Landtags (Sachsen) – 1868, II. Kammer, S. 2972.

24 Mittheilungen über die Verhandlungen des Landtags (Sachsen) – 1868, II. Kammer, S. 2980.

Todesstrafe abschreckend wirke, da die meisten Verbrecher davon ausgingen, nicht entdeckt zu werden, und sich somit um eine etwaige Strafe nicht sorgten. So sei es viel schlimmer, wenn der Täter unentdeckt bleibe, als eine möglicherweise zu geringe Strafe und der Anreiz zu weiteren Verbrechen.

> „Das ist Das, was den Mörder, dessen That nicht entdeckt wurde, veranlasst, wiederum einen zweiten Mord zu begehen. Die Energie und concentrische Leitung der criminalpolizeilichen Erörterungen ist viel wichtiger als die Höhe der Strafe, die den überführten Verbrecher trifft.“[25]

Weiter sei durch englische Statistiker bewiesen worden, dass die Vermehrung der Verbrechen im Einklang mit der der Bevölkerung stehe und nicht lediglich auf die Strafrechtspflege und deren Wirkung zurückzuführen sei.

> „Wir müssen ferner auch ins Auge fassen, daß Zeit und Sitten wesentlich darauf einwirken, ob Verbrechen mehr oder weniger verübt werden; daß Noth, Elend, Mißwachs und dergleichen Zustände mehr einen bestimmenden Einfluß äußern.“[26]

Schließlich ging *v. Schwarze* auf die Länder ein, in denen die Todesstrafe abgeschafft, später jedoch teilweise wieder eingeführt worden war, und versuchte auch hier ein umfassendes Bild zu bieten, indem er Hintergründe erläuterte.

Nach Abschluss der Debatte sollte zunächst über das Mindervotum und alsdann über das Gutachten der Mehrheit der Deputation entschieden werden; auf Antrag der Abgeordneten *Weidauer* und *Bauer* wurde per Namensaufruf abgestimmt. Von den anwesenden Mitgliedern äußerten sich 41 gegen und 24 für die Minoritätsvorlage. Sodann stimmten 42 für und 23 gegen die Empfehlung der Majorität der Deputation. Schließlich wurde der Vorschlag der Regierung von der Kammer einstimmig angenommen.

II. I. Kammer

1. Deputation der I. Kammer

Der Deputation der I. Kammer gehörten die Bürgermeister *Müller*, *Hennig* und *Clauß*, der Oberappellationsrat *von König* sowie die Abgeordneten

---

25 Mittheilungen über die Verhandlungen des Landtags (Sachsen) – 1868, II. Kammer, S. 2976.

26 Mittheilungen über die Verhandlungen des Landtags (Sachsen) – 1868, II. Kammer, S. 2976.

Dr Heinze und *von Könneritz* an, wobei das Referat *von König* übernahm. Der Sitzungsbericht wurde am 28. April 1868 übergeben.

Zu Beginn ihrer Beratungen setzte sich die Deputation mit der Frage auseinander, ob der Gegenstand der Todesstrafe von so dringlicher Natur sei, dass er ungeachtet der bereits fortgeschrittenen Landtagszeit noch – in einer der Wichtigkeit entsprechenden Weise – beraten werden könne. Die Abgeordneten waren geteilter Ansicht, dennoch entschloss man sich, von einem Antrag an die Staatsregierung auf Zurücknahme der Vorlagen abzusehen. Der Grund dafür waren die Meinungen und Äußerungen von Kammermitgliedern, nach denen ein solcher Antrag die Mehrheit der I. Kammer nicht erlangen und die Staatsregierung darauf nicht eingehen werde.

Die Vorlage der Regierung über die Abschaffung der Todesstrafe konnte von der Deputation der I. Kammer nicht einheitlich beantwortet werden.

Eine Minderheit, bestehend aus *von Könneritz* und *von König*, war gegen die Annahme der Regierungsvorlage. Diese setzte sich zunächst mit der Rechtmäßigkeit der Todesstrafe auseinander, die von ihr bedenkenlos bejaht wurde. Dem Staat stehe zur Aufrechterhaltung der Gesetze das Recht zu, Strafen anzudrohen und zu vollstrecken, weil ohne diese Gewalt die bürgerliche Ordnung nicht bestehen und der Staat seinen Aufgaben nicht nachkommen könne[27]. Die Strafe sollte mit dem Delikt in einem möglichst richtigen Verhältnis stehen und über den Strafzweck, der zwar verschieden aufgefasst werden könne, im wesentlichen aber in der Aufrechterhaltung der Gesetze seinen Schwerpunkt habe, nicht hinausgehen. Weiter sei jedoch die Unersetzbarkeit des entzogenen Gutes kein ausreichender Grund, ein Strafübel für unzulässig zu erachten. Auch, wenn das Leben das Höchste aller irdischen Güter sei, folge daraus nicht, dass es in außergewöhnlichen Fällen, insbesondere wegen bedachter böswilliger Tötung eines Menschen, nicht zur Strafe entzogen werden dürfe.

Weniger einfach sei dagegen zu begründen, dass die Todesstrafe notwendig sei[28]. So sei nicht bewiesen, dass sich die Verbrechen in den Ländern, in denen die Todesstrafe aufgehoben worden sei, tatsächlich nicht vermehrt hätten. Dem ungeachtet sei nicht erwiesen, dass die Strafe auch wirklich ohne Schaden für die Rechtssicherheit und Ordnung vollständig aufgehoben werden könne. Weiter lasse sich der über die Todesstrafe aufgestellte Satz,

27 Sächsische Landtags-Acten 1868, Beilagen zu den Protokollen der I. Kammer, II. Abt., Bd. 3, S. 438 f.

28 Hierzu und zum folgenden: Sächsische Landtags-Acten 1868, Beilagen zu den Protokollen der I. Kammer, II. Abt., Bd. 3, S. 439 f.

> „wonach schon die angedrohte Todesstrafe das Bewusstsein von der Schwere des in Rede stehenden Verbrechens im Volke aufrecht erhalte, und die Widerstandsfähigkeit gegen verbrecherische Antriebe dadurch wenigstens verstärkt werde,“[29]

kaum bestreiten. Aus diesen Gründen hielt es die Minorität nicht für angemessen, die Todesstrafe vollständig aufzuheben. Eine Verminderung dieser auf den „planmäßigen Mord“ wäre allerdings in naher Zukunft durch eine vorzunehmende umfassendere Revision des Strafgesetzbuchs vorzubereiten.

Die Mehrheit[30] der Deputation sprach sich jedoch für die Abschaffung der Todesstrafe aus und begründete ihre Ansicht in einem umfassenden Separatvotum.

Zunächst wurde festgestellt, dass die Frage nach der Aufhebung nicht erst seit dem 19. Jahrhundert bestehe, sondern in Rom und Athen noch vor Christi Geburt diskutiert worden sei und dass auch die katholische Kirche in den ersten Jahrhunderten ihres Bestehens die Todesstrafe bekämpft habe. Deswegen müsse der von manchen Seiten unternommene Versuch, auf die Entscheidung der Frage durch Verdächtigung ihres Ursprungs einzuwirken, misslingen[31].

> „Man zieht es [...] vor, die Frage völlig objectiv aufzufassen und die Strafe am Leben unter den Gesichtspunkten der rechtlichen Zulässigkeit, der factischen Ausführbarkeit und der praktischen Zweckmäßigkeit zu prüfen.“[32]

Zuerst müsse die Todesstrafe, wenn sie eine wirkliche, d.h. gerechte Strafe sein sollte, der Schuld des Verbrechers entsprechen[33]. Zwar könne nicht verneint werden, dass es eine Schuld von außerordentlicher Schwere geben könne, jedoch sei fraglich, wie sie erkannt und festgestellt werden könne. Die Schwere und Art der Tat allein sei kein ausreichendes Moment. Zu diesen äußerlichen Merkmalen „müßten jedoch auch die Quellen des Wil-

---

29 Sächsische Landtags-Acten 1868, Beilagen zu den Protokollen der I. Kammer, II. Abt., Bd. 3, S. 440.

30 Hierzu gehörten, *Professor Dr. Heinze* und die Bürgermeister *Müller*, *Hennig* und *Clauß*.

31 Sächsische Landtags-Acten 1868, Beilagen zu den Protokollen der I. Kammer, II. Abt., Bd. 3, S. 459.

32 Sächsische Landtags-Acten 1868, Beilagen zu den Protokollen der I. Kammer, II. Abt., Bd. 3, S. 459 f.

33 Sächsische Landtags-Acten 1868, Beilagen zu den Protokollen der I. Kammer, II. Abt., Bd. 3, S. 459.

lens, d.h. die verschiedenen Beweggründe in Ansatz gebracht werden“[34]. Allerdings sei auch damit nicht genug und alles erfasst, was den Grundstein für den verbrecherischen Willen gelegt haben könnte. Dieser sei in der Tat frei, allerdings sei es vermessen, dem Menschen ein unbegrenztes und unbedingtes Maß an Willensfreiheit zuzugestehen. Deshalb könne man auch dem Verbrecher von der vollen Schwere seiner Tat nur einen Teil aufbürden;

> „ein Theil, sei er größer sei er kleiner, ist auf Rechnung anderer Verhältnisse zu setzen, mag man an angeborene Neigungen, an Einflüsse der Erziehung, der Umgebungen, des üblen Beispiels, der Noth, der Verführung oder an was sonst denken.“[35]

Die Todesstrafe wäre aber nur dann eine verdiente, wenn der Schuldanteil des Verbrechers ein unendlich großer wäre, dabei stehe jedoch in Frage, welcher Mensch dies bestimmen möge.

Im weiteren ging man auf das Recht des Staates ein, den Verbrecher mit dem Leben zu strafen, was prinzipiell anerkannt wurde. Allerdings dürfe der Staat das Leben seiner Bürger nur fordern, „wenn er desselben zur Wahrung seiner eigenen Existenz, Ehre, Integrität bedarf“[36]. So dürfe der Staat den Verbrecher nur mit dem Tod strafen, wenn dieser wie ein Feind gegen den Staat auftrete und er sich nicht anders wehren könne. Es gehe also nicht darum, einem Schuldigen zuteil werden lassen, was er verdient habe, sondern um eine Art Notwehr bzw. Kriegsrecht.

> „Demzufolge reicht auch das Recht zur Wehr nur soweit, als die Noth es gebietet. Eben deshalb hat der Staat unter diesem Gesichtspunkt kein Recht, den bereits wehrlosen und unschädlich gemachten Feind nachträglich zu tödten.“[37]

Zudem passe die Todesstrafe nicht in das Rechtssystem. Zur Zeit Kaiser Karls V. sei die Lebensstrafe die ordentliche Strafe gewesen, doch nun sei die Gefängnisstrafe der Mittelpunkt des Strafensystems, von der die Todesstrafe durch eine Kluft getrennt sei, „für deren Tiefe und Breite wir kein

---

34 Sächsische Landtags-Acten 1868, Beilagen zu den Protokollen der I. Kammer, II. Abt., Bd. 3, S. 459.

35 Sächsische Landtags-Acten 1868, Beilagen zu den Protokollen der I. Kammer, II. Abt., Bd. 3, S. 460.

36 Sächsische Landtags-Acten 1868, Beilagen zu den Protokollen der I. Kammer, II. Abt., Bd. 3, S. 460.

37 Sächsische Landtags-Acten 1868, Beilagen zu den Protokollen der I. Kammer, II. Abt., Bd. 3, S. 460.

Maß haben“[38]. Die lebenslängliche Zuchthausstrafe stehe einer eintägigen Gefängnisstrafe näher als der Todesstrafe. Dass diese als letztes Überbleibsel des alten Systems bestehe, verdanke sie weniger der Idee einer inneren Berechtigung als der Tatsache und Nachwirkung des Althergebrachten. Der Beweis hierfür sei die seit Jahrzehnten beobachtete Erscheinung, dass die Todesstrafe immer seltener vollstreckt werde und selbst ihre Anhänger den Kreis der todeswürdigen Verbrechen weiter einschränkten. Ihre abnorme Stellung im Strafensystem lasse sich dadurch verdeutlichen, dass die endgültige Entscheidung eigentlich nicht in der Hand der Gerichte, sondern im Ermessen der Krone liege. Abgesehen von dieser fremdartigen Position, könne die Ausübung dieses richterlichen Gnadenamtes für den König zu einer unerträglichen Bürde werden.

Kein Mensch sei vollkommen, auch Richter nicht. „Die Richter können sich täuschen, sie können getäuscht werden“[39]. Und so werde es, so lange es die Todesstrafe gebe, auch immer Justizmorde geben. „Es wäre pharisäischer Hochmuth dies zu läugnen.“ Wenn man dagegen einwende, dass keine Strafe reparabel sei, wenn sie irrtümlich vollstreckt worden sei, so sei dies ein bloßer Streit um Worte; „daß die Todesstrafe in ganz einem anderen Sinne ein unwiederbringliches Uebel sei, als jede andere der jetzt üblichen Strafen, dies wird im Ernste wohl Niemand bestreiten wollen“[40].

Das von den Anhängern oftmals angeführte Argument der Abschreckungswirkung der Todesstrafe wurde in dem Separatvotum ebenfalls bedacht. Allerdings wurde es mit längeren Ausführungen zur Praxis einzelner Länder und dem Hinweis darauf, dass ein Beweis für diesen Vorzug fehle, abgewiesen.

Schließlich wurde darauf hingewiesen, dass weniger der Akt der Tötung gefürchtet werde, sondern vor allem, „daß vor seinen [Anm.: den Augen des Hinzurichtenden] Augen sein Lebenslicht von Moment zu Moment der selbstbestimmten Stunde näher rückt, in der es gewaltsam ausgelöscht

38 Sächsische Landtags-Acten 1868, Beilagen zu den Protokollen der I. Kammer, II. Abt., Bd. 3, S. 461.

39 Sächsische Landtags-Acten 1868, Beilagen zu den Protokollen der I. Kammer, II. Abt., Bd. 3, S. 463.

40 Sächsische Landtags-Acten 1868, Beilagen zu den Protokollen der I. Kammer, II. Abt., Bd. 3, S. 464.

werden soll"[41]. Zuletzt werde auch dem Leichnam des Hingerichteten vielfach eine Behandlung von empörender Rohheit zuteil.

2. Kammerberatungen

In den Kammerberatungen sprachen sich mehr Mitglieder gegen die Abschaffung als für diese aus. Dabei waren größtenteils Konservative und Aristokraten die Befürworter der Todesstrafe, die befürchteten, die Abschaffung der Todesstrafe werde dem Chaos Tür und Tor öffnen. Die meisten Abgeordneten setzten sich, auch wenn sie zugaben, nichts Neues mitteilen zu können, sondern nur altes zu wiederholen, umfassend mit der Todesstrafe auseinander und hielten sehr tief gehende Ansprachen. Der Präsident der Kammer, *von Friesen*, gab sogar seinen Vorsitz für den Lauf dieser Beratung ab, „allein da ich besorge, daß meine Motivierung die Grenzen dieser Befugnis [Anm. der Verf.: auch als Präsident der Kammer hatte *von Friesen* das Recht, sich kurz zu dieser Sache zu äußern] überschreiten könnte"[42]. *von Friesen* hielt danach einen umfangreichen Vortrag, den er gleichfalls mit den Worten schloss, dass sich niemand von seinen Ansichten und seiner Überzeugung abbringen lassen werde, sondern dass jeder nach seinem Gewissen stimmen sollte.

Am prägnantesten und auch bestimmtesten sprach der Vizepräsident *Pfotenhauer*. Dieser führte an, dass zunächst die Vollzähligkeit der Kammer selbst ein Indiz für die Wichtigkeit der Sache sei. Dennoch könne es nicht Aufgabe jedes einzelnen sein, alle bekannten und zahlreichen Gründe, die sowohl für die Beibehaltung als auch für die Abschaffung der Todesstrafe sprächen, weitläufig zu wiederholen und der Kammer erneut vorzuführen, nur um Propaganda für die Ansichten zu betreiben[43]. Vielmehr sei er davon überzeugt, dass niemand anwesend sei,

> „der heute die Schwelle dieses Hauses schwankend oder zweifelhaft überschritten hätte, daß Jeder von uns mit seinem Gewissen vollkommen im Rei-

---

41 Sächsische Landtags-Acten 1868, Beilagen zu den Protokollen der I. Kammer, II. Abt., Bd. 3, S. 467.

42 Mittheilungen über die Verhandlungen des Landtags (Sachsen) – 1868, I. Kammer, S. 1947.

43 Mittheilungen über die Verhandlungen des Landtags (Sachsen) – 1868, I. Kammer, S. 1947.

> nen ist und im Voraus weiß, wohin er seine Endabstimmung zu richten hat."[44]

Pfotenhauer selber erblicke, weit davon entfernt, die rechtliche Zulässigkeit der Todesstrafe zu bezweifeln, in der Vorlage der Regierung

> „einen Zug des unsere Zeit durchströmenden christlich-sittlichen Gefühls. Diesem Zuge vermag man wohl auf kurze Zeit entgegenzutreten; aufzuhalten aber, meine Herren, auf die Dauer aufzuhalten, das vermag Niemand."[45]

Wiederum als Beauftragter der Regierung sprach *v. Schwarze*, der sich bemühte, die Novelle und deren Satzungen zu rechtfertigen und zudem hervorhob, dass es sich nur darum handele, ob der Zeitpunkt für die Abschaffung der Todesstrafe der richtige sei.

Nach den ausführlichen Reden und Vorträgen der Mitglieder wurde die Diskussion für beendet erklärt und zuletzt erhoben sich *von König* für das Minoritätsgutachten und Staatsminister *Dr. Schneider* und *Dr. Heinze* für das Separatvotum der Mehrheit der Deputation.

In der abschließenden Abstimmung wurde das Minderheitsvotum mit 22 zu 15 Stimmen angenommen und damit die Abschaffung der Todesstrafe abgelehnt.

III. Nachträgliche Kammerberatungen

Nach diesen Kammerberatungen überwies man die Differenzpunkte, insbesondere die Frage der Todesstrafe, an die Vereinigungsdeputation, die ihre Vorschläge sodann zunächst der zweiten Kammer mitteilte.

Unter Bezugnahme auf bereits Vorgetragenes und weitere persönliche Ansichten zur Todesstrafe stimmten die anwesenden Mitglieder der zweiten Kammer mit 39 zu 23 Stimmen *für* die Aufhebung der Todesstrafe.

Die erste Kammer lehnte jedoch, nachdem *von König* dieser den Beschluss der zweiten Kammer mitgeteilt hatte, ohne vorherige Debatte wiederum mit 20 zu 16 Stimmen die Abschaffung der Todesstrafe ab.

Die Stände hatten sich somit nicht einigen können.

---

44 Mittheilungen über die Verhandlungen des Landtags (Sachsen) – 1868, I. Kammer, S. 1947.

45 Mittheilungen über die Verhandlungen des Landtags (Sachsen) – 1868, I. Kammer, S. 1947.

IV. Ständische Schrift und Landtagsabschied

Am 28. Mai 1868, nach Abschluss der Kammerberatungen, teilte der Landtag der Staatsregierung durch die Ständische Schrift seine Entscheidungen mit.

Da nach § 92 der Verfassungsurkunde für die Verwerfung eines Gesetzvorschlags in einer der beiden Kammern wenigstens eine Zwei-Drittel-Mehrheit der Anwesenden erforderlich war, die erste Kammer diese jedoch nicht erreicht hatte, waren der Gesetzesvorschlag und damit die Abschaffung der Todesstrafe angenommen. In der Ständischen Schrift wurde somit das weitere Verfahren König *Johann* und der Staatsregierung übertragen.

Mit dem Landtagsabschied vom 30. Mai 1868 erhielten die Gesetze, die Aufhebung sowie Abänderung einiger Artikel des Strafgesetzbuchs betreffend, mit den von den Kammern vorgenommenen Änderungen Rechtskraft. Schließlich erfolgte auch die Neuredaktion des Strafgesetzbuchs von 1855, das künftig Revidiertes Strafgesetzbuch genannt wurde.

C) Zusammenfassung und Fazit

Mit dem Revidierten Strafgesetzbuch hatte Sachsen die Todesstrafe als Strafmittel abgeschafft. So hatte sich das Land zwar nicht als erstes, aber unter den deutschen Staaten verhältnismäßig früh gegen den Tod als Strafmittel entschieden. Dass die Kammern dabei zu keinem einheitlichen Ergebnis kamen, mag auffällig erscheinen, ist jedoch zum einen aufgrund der Bedeutsamkeit der Frage, die oftmals von persönlichen Ansichten und Überzeugungen getragen wurde, nicht weiter verwunderlich. Kaum ein Kammermitglied hatte, wie aus den Protokollen und Mitteilungen zu den Debatten hervorgeht, zu Beginn der Verhandlungen keine eigene Meinung zu dem Thema. Zum anderen unterstützten in dieser Periode noch nicht viele parlamentarische Oberhäuser die abolitionistischen Anträge der liberaleren Kammern.

Bemerkenswert ist allerdings, dass der Vorschlag, die Todesstrafe abzuschaffen, von der Regierung eingebracht wurde und diese somit dem von den Ständen 1838 vermerkten Wunsch, diesen Gegenstand fortwährend im Auge zu behalten, nachkam. Zwar hatten in einer Reihe von deutschen Staaten die jeweiligen Landesherren auf das Verschwinden der Todesstrafe einen entscheidenden Einfluss, der auf die persönliche Abneigung, Todesurteile zu bestätigen bzw. eine großzügige Ausübung des Begnadigungsrechts zurückzuführen war[46], doch wurde in der Regel der Wunsch nach Abschaffung der Todesstrafe von vielen Regierungen noch nicht unterstützt[47] oder beantragt. Während daher andere Staatsoberen die Abstimmungsergebnisse ihrer Abgeordnetenhäuser zu Gunsten der Todesstrafe weiterhin beharrlich ignorierten, ging die Initiative in Sachsen von *König Johann* aus.

Seine Regierung hielt damit trotz der inneren Unruhen, die insbesondere das Jahr 1848 durchzogen hatten, und den später erfolgten reaktionären Bestimmungen nicht an der Todesstrafe als vermeintliches Abschreckungs- und Machtsicherungsmittel fest, sondern wollte auf ein zweckmäßig und human ausgerichtetes Strafrecht hinwirken. Schließlich konnte in einem Strafensystem, dass sich auch auf Besserung des Delinquenten gründete, kein Platz für die Todesstrafe sein.

Daneben versuchte man den liberalistischen Forderungen, deren wesentlicher Bestandteil die Abschaffung der Todesstrafe war, gerecht zu werden. Die Haltung der Regierung bezeugte, dass man sich von den Aufständen erholt und manche nachrevolutionären Regelungen nunmehr für entbehrlich erachtete.

Die Bedeutung dieser Entscheidung ist auch deswegen beachtenswert, da den Mitgliedern in den ständischen und auch vorherigen Verhandlungen stets bewusst war, dass ein Strafgesetzbuch für den Norddeutschen Bund anstand und dann erneut eine Entscheidung getroffen werden musste. Trotzdem hoffte man durch die in dieser Zeit gewonnenen Erfahrungen positiven Einfluss auf das spätere Strafgesetzbuch nehmen zu können.

46 Vgl. *Evans*, Rituale, S. 406 ff.

47 *Evans*, Rituale, S. 402.

Achtes Kapitel: Strafgesetzbuch für den Norddeutschen Bund und Reichsstrafgesetzbuch

A) Entwurf Friedberg

Erste Arbeiten für ein gemeinsames deutsches Strafrecht gab es nicht erst mit Gründung des Norddeutschen Bundes. Bereits zur Zeit des Deutschen Bundes gingen Bemühungen in diese Richtung, die jedoch allesamt scheiterten[1].

Nach dem Sieg Preußens bei Königgrätz und dem sich anschließenden Frieden von Prag, war der Deutsche Bund aufgelöst und der Norddeutsche Bund ohne Österreich unter preußischer Vorherrschaft gegründet worden. Diese Entwicklungen fanden unter einem Ausbruch nationalistischer Begeisterung statt[2]. Zunächst waren die Kompetenzen für eine unmittelbare Gesetzgebung des Bundes begrenzt, doch am 20. März 1867 schuf der Reichstag des Norddeutschen Bundes die verfassungsrechtlichen Voraussetzungen für eine Vereinheitlichung des Strafrechts, indem er dem Antrag *Laskers* folgte, dem Bund auch die gemeinsame Gesetzgebung über das Strafrecht zu übertragen[3].

Mit diesem Anliegen konnte sich der sächsische Generalstaatsanwalt *v. Schwarze* nicht einverstanden erklären. Er war der Auffassung, dass es unmöglich sei, ein gemeinsames Strafgesetzbuch zu schaffen. Man könne sich zwar über die Definition der einzelnen Verbrechen einigen, jedoch sei man nicht imstande, die Anschauungen im Volke, die von religiösen und politischen Momenten beeinflusst seien, entsprechend zu berücksichtigen[4]. Weiter könne man die Grenze zwischen dem Kriminal- und polizeilichen Strafrecht nicht ohne weiteres feststellen und fraglich seien sowohl die Handhabung der Todesstrafe als auch das Strafensystem.

---

1 Zu den verschiedenen Entwürfen und Entwicklungen *Rubo*, Kommentar, S. 1–6; *Schubert*, Festschrift für Rudolf Gmür, S. 151–153.

2 *Evans*, Rituale, S. 411.

3 *Roth*, Reichsstrafgesetzbuch, in: Vormbaum / Welp, Das Strafgesetzbuch. Sammlung der Änderungsgesetze und Neubekanntmachungen. Supplementband 1: 130 Jahre Strafgesetzgebung. Eine Bilanz S. 1; *Schmidt*, Strafrechtspflege, S. 343; *Schubert / Vormbaum*, Entstehung des StGB I, S. XIII.

4 *Schubert / Vormbaum*, Entstehung des StGB I, S. XIII.

Diese Zweifel waren durchaus verständlich, hatte Sachsen doch erst 1868 die Todesstrafe abgeschafft.

Trotz dieser Bedenken beantragten die Reichstagsabgeordneten *Wagner* und *Planck* Ende März 1868, möglichst bald Entwürfe für ein gemeinsames Strafrecht, den Strafprozess und die Gerichtsorganisation zu erarbeiten[5]. Diesem stimmten, nachdem sich auch der Justizausschuss hierfür ausgesprochen hatte, sowohl das Reichstagsplenum als auch der Bundesrat zu. Daraufhin ersuchte der Bundeskanzler *Bismarck* am 17. Juni 1868 den preußischen Justizminister *Leonhardt*, den Entwurf eines Strafgesetzbuches für das Gebiet des Norddeutschen Bundes zu veranlassen; dieser übertrug die Aufgabe dem damaligen vortragenden Rat seines Ministeriums *Friedberg*. Der preußische Kreisrichter *Rüdorff* und Gerichtsassessor *Rubo* wurden ihm als Hilfsarbeiter zugeordnet[6]. Zur Vorbereitung ihrer Arbeiten lagen den Verfassern sämtliche deutsche Strafgesetzbücher und die wichtigsten ausländischen Strafgesetzgebungen vor. Man nahm jedoch bewusst Abstand von einem gänzlich neuen Gesetzbuch und orientierte sich an dem Preußischen Strafgesetzbuch von 1851 und dessen Regelungen[7]. Dieser sog. Entwurf *Friedberg* wurde in 139 Sitzungen erarbeitet und schließlich mit einigen Anpassungen an die anderen Partikulargesetzgebungen im Juli 1869 veröffentlicht. Die Motive hierzu fallen jedoch stellenweise äußerst karg aus, insbesondere wenn es um Vorschläge geht, die mit dem preußischen Recht übereinstimmen.

I. Die Dreiteilung der Handlungen

Getreu seinem preußischen Vorbild, dem StGB von 1851, hatte der Entwurf die Dreiteilung der strafbaren Handlungen in Verbrechen, Vergehen und Übertretungen in § 1 aufgenommen. Anders als im preußischen StGB hatte man jedoch als Unterscheidungsmerkmal nur die Strafart und das Strafmaß angenommen, mit dem die strafbare Handlung im schwersten Fall bestraft werden konnte. Damit wollte man dem oftmals erhobenen Einwand, dass die Dreiteilung ein zu hohes Strafminimum bedinge, entgegenwirken. Zur Begründung für die Aufnahme der Dreiteilung wurde in den Motiven ausgeführt, dass man sie insbesondere „wegen des prakti-

5 *Rubo*, Kommentar, S. 9; *Schubert*, GA 1982, 191, 194.

6 *Schubert / Vormbaum*, Entstehung des StGB I, S. XV; *Schubert*, GA 1982, 191, 194 f.

7 Entwurf 1869, Bd. I, S. 129.

schen Vortheils“[8] aufgenommen habe, da die meisten norddeutschen Strafgesetzgebungen die Dreiteilung enthielten und sie somit bereits dem größten Teil der Juristen und auch Laien geläufig sei[9]. Zudem lasse sich dadurch die Zuständigkeit im Strafverfahren leichter regeln. Wirkliche Begründungen für das Festhalten am „französischen“ System waren diese Motive allerdings nicht, da sie außer den genannten Darlegungen keine überzeugenden Argumente enthielten und überwiegend versuchten, die mehrfach vorgetragenen Gegenargumente zu widerlegen.

§ 1 des Entwurfs lautete:

> „(1) Eine Handlung, welche die Bundes-Gesetze mit dem Tode, mit Zuchthaus, oder mit Einschließung von mehr als fünf Jahren bedrohen, ist ein *Verbrechen.*
> (2) Eine Handlung, welche die Bundes-Gesetze mit Einschließung bis zu fünf Jahren, mit Gefängniß, oder mit Geldbuße von mehr als funfzig Thalern bedrohen, ist ein *Vergehen.*
> (3) Eine Handlung, welche die Bundes-Gesetze mit Haft, oder mit Geldbuße bis zu funfzig Thalern bedrohen, ist eine *Uebertretung.*“

Weiter hatte man den Entwurf in drei Teile aufgeteilt, in derem dritten die Übertretungen behandelt wurden, die in allgemeine und besondere Bestimmungen gegliedert waren. Die Kompetenz hierfür war aus § 4 Nr. 13 der Norddeutschen Verfassung entnommen worden, die der Bundesgewalt das Recht gab, alle diejenigen Strafvorschriften zu treffen, welche sie im Interesse des Bundes für nützlich und zweckmäßig erachtete. Hierunter fiel nach den Motiven auch die Polizeistrafgesetzgebung, da die von der Wissenschaft oft dargestellte Grenze zwischen Kriminellem und polizeilich Strafbarem in Wirklichkeit nicht bestehe, es vielmehr ineinander überfließe[10]. Dennoch hatte man sich bei der Aufstellung der Bestimmungen damit zu begnügen versucht, nur diejenigen festzuhalten,

> „die im Wesentlichen überall gleichmäßig anwendbar sein werden, das Besondere dagegen der Particulargesetzgebung, ja der autonomischen Bestimmung der Behörden, Kreise und Gemeinden, je nach der Verschiedenartigkeit der politischen Organisation in den verschiedenen Landestheilen zu überlassen.“[11]

---

8 Entwurf 1869, Bd. I, S. 131.

9 Entwurf 1869, Bd. I, S. 130.

10 Entwurf 1869, Bd. I, S. 306 f.

11 Entwurf 1869, Bd. I, S. 306.

II. Strafensystem

Das Strafensystem des Entwurfs kannte 13 Strafen[12], die entweder eine Haupt- oder Nebenstrafe darstellten. Auch hier schloss man sich dem preußischen Strafgesetzbuch an, „da dieses System sowohl wegen seiner Einfachheit, wie wegen seiner Milde und Gerechtigkeit allgemeine Anerkennung gefunden [hatte]“[13]. Damit verfügte der Entwurf zum einen über andere, zusätzliche Strafarten als das sächsische Strafrecht, wie beispielsweise die Einschließung, Haft und Unterbringung in eine Erziehungs- oder Besserungsanstalt. Zum anderen kannte er weder das Arbeitshaus noch den Verweis[14] als (Haupt)Strafmittel.

1. Todesstrafe

Die Todesstrafe war in § 9 des Entwurfs geregelt und sollte in einem umschlossenen Raum durch Enthauptung vollzogen werden. Abermals hatte man sich an der preußischen und der Mehrzahl der norddeutschen Gesetzgebungen orientiert, die die Todesstrafe als Strafmittel – anders als Sachsen, Oldenburg, Anhalt und Bremen – aufführten. Man hatte sie – wohl rücksichtlich der späteren Verhandlungen – auf drei Verbrechen beschränkt, womit man dem „Gesetze historischer Rechtsentwicklung“[15] zu folgen glaubte. Eine sofortige Abschaffung sei mit dem Rechtsbewusstsein des Volkes unvereinbar. Man sei insoweit auf die Rechtsanschauung und -überzeugung der Bürger und ihrer Zeit angewiesen.

Die Todesstrafe wurde beim Hochverrat gegen Bundesfürsten nach § 67 des Entwurfs und beim Mord, d.h. der vorsätzlichen und mit Überlegung ausgeführten Tötung eines Menschen, gemäß § 185 des Entwurfs absolut angedroht. Weiter war sie, sofern keine mildernden Umstände vorlagen, auch bei der tätlichen Beleidigung der Person eines Norddeutschen Landesherrn nach § 80 des Entwurfs auszusprechen. Die Motive befassten sich zunächst mit ethischen, christlichen, rechtsphilosophischen und kriminalpolitischen Gründen. Man bemerkte jedoch sogleich, dass diese „in glei-

12 Dazu zählten: Todesstrafe, Zuchthaus, Einschließung, Gefängnis, Haft, Unterbringung in eine Erziehungs- oder Besserungsanstalt, Einsperrung in ein Arbeitshaus als Besserungs-Nachhaft, Geldstrafe, Einziehung einzelner Gegenstände, Verlust der bürgerlichen Ehrenrechte, Unfähigkeit zur Bekleidung öffentlicher Ämter, Stellung unter Polizeiaufsicht und Verweisung aus dem Bundesgebiete.

13 Entwurf 1869, Bd. I, S. 137.

14 Dieser war als Strafmittel ungeeignet, da er einerseits bei einer Vielzahl von Verurteilten unwirksam, bei anderen dagegen wegen seines beschämenden Charakters unanwendbar war. Vgl. Entwurf 1869, Bd. I, S. 138.

15 Entwurf 1869, Bd. I, S. 150.

cher Weise das Rüstzeug für die eine, wie die entgegengesetzte Meinung herleihen müssen“[16]. So sei der einzig denkbare Weg eine historische Untersuchung der Todesstrafe. Dementsprechend war den Motiven eine Denkschrift beigegeben[17], die sich die Aufgabe stellte,

> „dieselbe historisch zu untersuchen und durch möglichst ausgiebige Sammlung des geschichtlichen und positiven Gesetzgebungs-Materials die gesetzgeberische Entscheidung des Norddeutschen Bundes vorzubereiten und zu erleichtern.“[18]

So lehre gerade die Geschichte jener Länder, die unvermittelt die Todesstrafe abgeschafft hätten, dass dies nirgends von nachhaltiger Dauer gewesen sei, sondern zu einer rückläufigen Bewegung geführt habe, die das Rechtsbewusstsein im Volk beirrt und damit die Strafrechtspflege jener Länder selbst geschädigt habe[19]. Kein Gebiet vertrage es weniger, zum Versuchsobjekt solcher gesetzgeberischer Experimente gemacht zu werden, als das des Strafrechts und am wenigsten dürfe dies mit der Todesstrafe geschehen.

Hinsichtlich des Rechtszustandes – insbesondere in Sachsen – verzeichneten die Motive schließlich:

> „Als eine große Unzuträglichkeit aber würde es empfunden werden müssen, und eine gesetzgeberische Anomalie schlimmer Art darstellen, wenn das neue Strafgesetzbuch, welches dazu bestimmt ist, eine Rechtseinheit auf dem Gebiete des gemeinen Strafrechts im Norddeutschen Bunde herzustellen, in dem System der Strafen, und noch dazu bei der höchsten, der Todesstrafe, eine Verschiedenheit in den verschiedenen Ländern bestehen ließe.“[20]

In § 10 des Entwurfs war zudem eine Regelung zur Form der Vollstreckung der Todesstrafe enthalten, die gleichfalls in Ansehung an das preußische Vorbild aufgestellt worden war und die besagte, dass der Leichnam des Hingerichteten den Angehörigen auf ihr Verlangen zur einfachen feierlosen Beerdigung zu übergeben sei.

---

16 Entwurf 1869, Bd. I, S. 149.

17 Historischer Überblick in den Motiven von 1870, Anlage 2, S. 1–47.

18 Entwurf 1869, Bd. I, S. 149.

19 Entwurf 1869, Bd. I, S. 149.

20 Entwurf 1869, Bd. I, S. 150.

2. Adelsverlust

Gemäß § 26 des Entwurfs umfasste der Verlust der bürgerlichen Ehrenrechte, der an die Todesstrafe, das Zuchthaus oder Gefängnis geknüpft sein konnte, auch den Verlust des Adels. Sachsen hatte auf diese Folge, ebenso wie die meisten norddeutschen Länder[21], nach intensiven ständischen Diskussionen bereits im Criminalgesetzbuch von 1838 verzichtet. Einzig Braunschweig, Waldeck, Lippe und Preußen führten den Adelsverlust noch auf. Aufgrund der Wichtigkeit, die dieser Angelegenheit vielfach beigelegt und die durch die unterschiedliche Behandlung in den einzelnen Ländern gefördert wurde, hatte man sie in den Motiven eingehend erörtert. Der Kernpunkt waren das Allgemeine Preußische Landrecht, die Entwicklung bis zum Preußischen Strafgesetzbuch und die Argumente für und gegen eine solche Bestimmung[22].

Die Motive begründeten ihre Verfahrensweise trotz ausgiebiger Ausführungen lediglich damit, dass man glaubte

> „am wenigsten fehl zu gehen, wenn [der Entwurf] das in dem größeren territorialen Umfange Norddeutschlands zur Zeit noch geltende Recht in der Frage bestehen ließe, und darum eine Abänderung der einschlagenden Bestimmungen des Preußischen Strafgesetzbuchs nicht in Vorschlag gebracht [hatte].“[23]

Folglich hatte man zwar so das größte Gebiet erfasst, jedoch den Großteil der norddeutschen Strafgesetze nicht berücksichtigt.

3. Beurlaubungssystem

Die bedingte Entlassung war in den §§ 19–22 geregelt und

> „hat sich in anderen Ländern, insbesondere im Königreiche Sachsen, [...], bewährt und [...] bietet sich als ein vorzugsweise geeignetes Durchgangs-Stadium dar, um den Uebergang aus dem Zustande absoluter Unfreiheit zu dem der vollen Freiheit durch einen Zwischenzustand beschränkter Freiheit zu vermitteln.“[24]

---

21 So auch Hessen, Mecklenburg-Schwerin, Sachsen-Weimar, Mecklenburg-Strelitz, Oldenburg, Meiningen, Altenburg, Koburg-Gotha, Anhalt, Schwarzburg-Rudolstadt, Sondershausen, Reuß älterer und Reuß jüngerer Linie, Schaumburg-Lippe, Lübeck, Bremen und Hamburg.

22 Vgl. hierzu die ständischen Beratungen zum Criminalgesetzbuch von 1838.

23 Entwurf 1869, Bd. I, S. 176.

24 Entwurf 1869, Bd. I, S. 157.

Voraussetzung nach § 19 des Entwurfs war, dass der zur Zuchthaus- oder Gefängnisstrafe Verurteilte bereits die Hälfte der zuerkannten Freiheitsstrafe verbüßt und sich während dieser Zeit gut geführt hatte. Lagen diese Kriterien vor, wurde der Strafgefangene – vorbehaltlich der Möglichkeit, diesen Status zu widerrufen – vorläufig entlassen. Er erlangte zwar nicht die Rechte eines freien Bürgers – insbesondere stand es ihm nicht zu, sich gegen die (notwendige) Polizeiüberwachung zu wehren –, doch sollte er sich so uneingeschränkt bewegen dürfen, dass er einen Erwerb finden und „sich durch Wohlverhalten die Rückkehr in die volle Freiheit verdienen [konnte]"[25].

Der Beschluss, wie auch der Widerruf, für eine vorläufige Entlassung sollte durch die der Strafanstaltsverwaltung vorgesetzte Aufsichtsbehörde erfolgen.

Detaillierte Bestimmungen über die Form der Entlassung, bspw. etwaige Bedingungen, die an den Entlassenen zu stellen seien, enthielt der Entwurf allerdings nicht. Dies gebiete bereits die im Bundesgebiet noch bestehende verschiedenartige Organisation der Gerichte und Strafanstalten, weswegen es fachgemäßer erscheine, wenn man die genauen Bestimmungen über die Ausführung des Systems der Anordnung der Einzelstaaten im Verwaltungswege vorbehalte[26]. Da sich nach Ansicht der Verfasser die hierzu ergangenen sächsischen Vorschriften – auch für eine Übernahme in den restlichen Staaten – als geeignet erwiesen hatten, waren sie in den Motiven vollständig abgedruckt worden.

4. Straf(rahmen)bestimmung

Die höchste Dauer der zeitlichen Zuchthausstrafe hatte man auf 15 Jahre festgesetzt und die kürzeste sollte ein Jahr betragen. Die Motive gaben zwar vor, dass sich aus dem Vergleich mit den anderen norddeutschen Strafgesetzen entnehmen lasse, dass teilweise ein noch kürzer bemessener Zeitraum als Minimalsatz vorkomme und hinsichtlich des Maximums wichtige Autoritäten der Ansicht seien, dass bereits zehn Jahre das Höchstmaß darstellen müssten, jedoch könne gerade beim Maximum ein zu plötzlicher Übergang „ein vielleicht nicht genug vermittelter und darum

25 Entwurf 1869, Bd. I, S. 157.

26 Entwurf 1869, Bd. I, S. 157.

gefährlicher [Schritt] sein"[27]. Auch wenn kaum mehr bestritten werde, dass nicht die Dauer der Strafe eine höhere Gewähr gegen künftige Rechtsverletzungen biete, sondern sie umgekehrt leicht das Gegenteil bewirke und die Rechtssicherheit eher vermindere als erhöhe, sei eine hastige Herabsetzung zu gewagt.

Auf die Strafe der Einschließung und das Gefängnis sollte nicht unter einem Tag und nicht über zehn bzw. fünf Jahren erkannt werden.

Der Entwurf bemühte sich ferner, ausgedehnte Strafrahmen aufzustellen, indem er beispielsweise keine Strafminima vorgab. Zudem nutzte er alternative Strafen, wenn auch nicht bei der Zuchthausstrafe. Gleichwohl fielen die Strafrahmen zu den einzelnen Tatbeständen in der Regel kleiner als im Revidierten Strafgesetzbuch Sachsens und seinen Vorgängern aus. Auch wurde die lebenslange Zuchthausstrafe bei weit mehr Delikten als im Revidierten Strafgesetzbuch absolut angedroht[28].

III. Versuch

Die Regelung des Versuchs schloss sich, abgesehen von redaktionellen Änderungen, an § 31 des preußischen Strafgesetzbuchs an. Die Definition des Versuchs in § 37 des Entwurfs lautete folgendermaßen:

> „Ein strafbarer Versuch liegt vor, wenn der Entschluß zur Verübung eines Verbrechens oder Vergehens durch Handlungen, welche einen Anfang der Ausführung enthalten, an den Tag gelegt und die Vollendung des Verbrechens oder Vergehens nur durch äußere, vom Willen des Täters unabhängige Umstände gehindert oder unterblieben ist."

Anders als in § 39 des Sächsischen Revidierten Strafgesetzbuchs, war der Versuch danach nicht bereits dann strafbar, wenn der Entschluss, einen Tatbestand zu verwirklichen, nach außen hervortrat, sondern erst, wenn die Vollendung der Tat durch bestimmte Umstände verhindert worden war. Sachsen hatte diesen „Rücktritt" in § 44 des Revidierten Strafgesetzbuchs geregelt und knüpfte die Straffreiheit an das gänzliche Aufgeben der Tat.

---

27 Entwurf 1869, Bd. I, S. 152.

28 Im Entwurf Friedberg waren es folgende achtzehn Delikte: §§ 68, 74, 75, 76, 79, 153, 154, 188, 189, 192, 202, 229, 285, 291, 295, 303, 304 sowie 306. Im Revidierten Strafgesetzbuch war beispielsweise der Totschlag auf der Flucht bzw., um zu fliehen gem. § 188 des Entwurfs, nicht mit lebenslangem Zuchthaus zu bestrafen. Gleiches galt für den Missbrauch einer Frau (unter 14 Jahren) mit dem Tod als schwere Folge nach

Weiter bestimmte § 39 des Entwurfs, dass der Versuch eines Vergehens nur dann strafbar sein sollte, wenn das Gesetz dies ausdrücklich vorsah. Dagegen war das versuchte Verbrechen immer strafbar. Auch hier orientierte man sich an den preußischen Regelungen, da das Interesse, das die Gesellschaft an der Bestrafung kleinerer Delikte habe, bereits so gering sei, dass es praktisch gegen Null gehe, wenn es sich um einfache Versuche handele[29].

IV. Strafausschließungs- und Strafmilderungsgründe

Die Strafausschließungs- und Strafmilderungsgründe waren im vierten Abschnitt des Entwurfs geregelt. Darin war nicht die in Sachsen seit Jahrzehnten bestehende Möglichkeit des Ersatzes enthalten.

1. Strafrechtliche Verfolgbarkeit von Kindern

Den Zeitpunkt der Zurechnungsfähigkeit von Kindern hatte man auf zwölf Jahre gesetzt und in § 49 des Entwurfs geregelt. Ausnahmsweise hatte man sich nicht am preußischen Vorbild orientiert – Preußen machte die strafrechtliche Verfolgbarkeit nicht von einem bestimmten Lebensalter abhängig –, sondern war anderen deutschen Gesetzgebungen[30] und dem Gutachten der wissenschaftlichen Deputation[31] gefolgt, das sich für diesen Zeitpunkt ausgesprochen hatte.

§ 49 des Entwurfs bestimmte weiter, dass jugendliche Übeltäter unter Umständen nach Befinden der vormundschaftlichen Behörde, in eine Erziehungs- oder Besserungsanstalt einzuweisen seien. Diese Maßnahme begründete man damit, dass „straffällige“ Handlungen im Kindesalter meist auf den Einfluss einer schlechten Erziehung zurückzuführen seien und demnach nicht vor den Strafrichter gehörten[32].

---

§§ 153, 154 des Entwurfs oder den Schwangerschaftsabbruch mit anschließendem Tod der Schwangeren gem. § 192 des Entwurfs.

29 Im Entwurf geht es um ein französisches Zitat. Siehe Entwurf 1869, Bd. I, S. 205.

30 Bspw. Art. 47 des Hessischen Strafgesetzbuchs, Art. 61 des Strafgesetzbuchs für die Thüringischen Staaten, Art. 38 des Oldenburgischen und § 41 des Lübeckschen Strafgesetzbuchs.

31 Dieses befindet sich in der Anlage 3 zu den Motiven von 1870.

32 Entwurf 1869, Bd. I, S. 224.

2. Mildernde Umstände

Zu den im Allgemeinen Teil aufgeführten Milderungsgründen traten im Besonderen Teil oftmals die Worte:

> „Sind mildernde Umstände vorhanden, so ist [...] zu bestrafen" bzw. „oder, wenn mildernde Umstände vorhanden sind, ist [...], zu bestrafen."

Demnach war nach dem Entwurf für einzelne Verbrechen und Vergehen, sofern mildernde Umstände festgestellt wurden, innerhalb eines bestimmten Strafrahmens auf eine niedrigere Strafe zu erkennen. Dem Richter sollte dadurch eine besondere Prüfung auferlegt werden, „ob nicht, falls dem Gesetzgeber selbst die Umstände des konkreten Falles vorgelegen hätten, eine mildere Strafbestimmung angebracht sein würde"[33]. Was unter mildernden Umständen zu verstehen war, gab der Entwurf jedoch nicht vor. Der Ausdruck „mildernde Umstände" sollte gleichwohl ein Hinweis darauf sein, „daß ebenso wohl die objektive wie die subjektive Seite des Falles in Betracht gezogen werden soll[t]e"[34].

Hinsichtlich der Anwendung einer milderen Strafe unterschied der Entwurf zwischen Verbrechen und Vergehen. Bei Erstgenannten *musste* beim Vorliegen mildernder Umstände auf eine andere Strafe, bei Letzteren *konnte* auf eine mildere Strafe erkannt werden.

Die Motive hierzu boten zunächst eine Zusammenfassung über die verschiedenen Wege, die Strafe zu regulieren, die deutsche wie außerdeutsche Gesetzgebungen eingeschlagen hatten, nachdem man das System der willkürlichen Strafen verlassen hatte. Sodann sprach der Entwurf unterschiedliche Punkte an, die von Kritikern der mildernden Umstände vorgebracht wurden, unterließ allerdings eine ausführliche Widerlegung mit dem Hinweis darauf, dass es „zu weit führen [würde], in eine Erörterung dieser und anderer Einwendungen einzutreten"[35]. Überdies war man der Auffassung,

> „daß es (Anm.: die entsprechende Gestaltung der Strafrahmen bei den einzelnen Delikten) sich um eine Aufgabe handelt, welche auf die Berücksichtigung individueller Verhältnisse angewiesen, unmöglich durch eine einfache auf alle strafbaren Handlungen gleich passende Formel gelöst werden kann."[36]

---

33 Entwurf 1869, Bd. I, S. 233.

34 Entwurf 1869, Bd. I, S. 233.

35 Entwurf 1869, Bd. I, S. 233.

36 Entwurf 1869, Bd. I, S. 233.

Schließlich führte man noch das Zitat eines französischen Rechtslehrers an, nach dem es dem Richter erlaubt sein sollte, in allen Fällen und angesichts jeder als schuldig befundenen Person, den vielen Handlungsumständen und Lebenssituationen, die den abstrakten Vorhersagen des Gesetzgebers zwangsläufig entgingen, und die bei jeder strafbaren Handlung die persönliche Vorwerfbarkeit ausmachten, Rechnung zu tragen[37]. Des weiteren könne die Justiz, wolle sie der Wahrheit gerecht werden, nicht auf die mildernden Umstände verzichten und von daher sei eine solche Institution in jeder guten Gesetzgebung nicht wegzudenken[38].

V. Antragsdelikte

Die Möglichkeit, bestimmte Verbrechen oder Vergehen nur auf Antrag zu verfolgen, sah der Entwurf in den §§ 54–58 vor. Die Antragsfrist war relativ kurz gehalten und umfasste drei Monate von dem Tage an, an dem der Antragsberechtigte von der strafbaren Handlung Kenntnis erlangt hatte. Da die Verbrechen oder Vergehen, die auf Antrag zu verfolgen waren, nur in zweiter Linie das öffentliche Interesse betrafen, sollte auch dort die Antragsfrist nicht zu lang ausfallen[39].

Daneben enthielt der Entwurf Bestimmungen über die Antragsberechtigung mehrerer, die Rechte von Minderjährigen sowie die Zurücknahme der Anzeige. Hierbei war als Zeitpunkt der möglichen Zurücknahme der Termin der gerichtlichen Untersuchung angeordnet worden.

Der Umfang der auf Antrag zu bestrafenden Delikte fiel größer als beim preußischen Strafgesetzbuch aus, blieb aber weit hinter der Anzahl Sachsens zurück. So waren im Vergleich zum Revidierten Strafgesetzbuch von 1868 keine Antragsdelikte[40]:

- Störung des Hausfriedens gem. § 214 des Entwurfs
- Leichte Körperverletzung gem. §§ 195 f. des Entwurfs
- Einsperrung zur Züchtigung gem. § 211 des Entwurfs
- Entwendung der eignen Sache gem. § 271 des Entwurfs
- Betrug bei Verträgen gem. § 237 des Entwurfs

---

37 Im Original französisches Zitat. Vgl. Entwurf 1869, Bd. I, S. 231.

38 Entwurf 1869, Bd. I, S. 231.

39 Entwurf 1869, Bd. I, S. 225.

40 Eine Gegenüberstellung findet sich bei *Held*, Bemerkungen, S. 16.

- Unterschlagung gem. § 224 des Entwurfs (in den Fällen des Art. 289 Nr. 3 des Revidierten Strafgesetzbuchs) und Fundunterschlagung
- Leichter Fall des Bankrotts gem. § 255 des Entwurfs (im Fall des Art. 306 des Revidierten Strafgesetzbuchs)
- Gebrauch fremder Warenbezeichnungen gem. § 269 des Entwurfs (im Fall des Art. 312 des Revidierten Strafgesetzbuchs)
- Erdichtung persönlicher Verhältnisse gem. § 117 des Entwurfs (im Fall des Art. 313 Nr. 1 des Revidierten Strafgesetzbuchs)
- Bevorteilung Unmündiger gem. § 263 des Entwurfs (im Fall des Art. 315 des Revidierten Strafgesetzbuchs)
- Entführung mit Flucht aus der Familie gem. § 207 des Entwurfs (im Fall des Art. 316 des Revidierten Strafgesetzbuchs)
- Hinterziehung der Hilfsvollstreckung gem. § 272 des Entwurfs
- Widerrechtliche Benutzung fremden Eigentums gem. § 225 des Entwurfs (im Fall des Art. 330 des Revidierten Strafgesetzbuchs)
- Beeinträchtigung fremden Grundeigentums gem. § 239 I Nr. 6, § 356 des Entwurfs (im Fall des Art. 332 des Revidierten Strafgesetzbuchs).

Sachsen war stets bemüht gewesen, den Kreis der Antragsdelikte zu erweitern.

B) Reaktionen auf den Entwurf Friedberg

Nach Beendigung der Druckarbeiten hatte man den Entwurf der Öffentlichkeit und der allgemeinen Beurteilung von Wissenschaftlern, Praktikern und allen, die sich dazu berufen fühlten, überlassen[41]. Infolgedessen wurden viele, teils schriftliche teils gedruckte, Gutachten veröffentlicht oder beim Justizministerium eingereicht.

I. Wissenschaft und Praxis

Die Motive zum Entwurf hatten zahlreiche Bestimmungen der außerpreußischen Strafgesetzbücher ausführlich aufgeführt[42]; dennoch kann von einer gewissenhaften Berücksichtigung, insbesondere des sächsischen Strafrechts keine Rede sein, weshalb gerade die sächsische Kritik außerordentlich streng ausfiel.

---

41 *Rubo*, Kommentar, S. 26.

42 S. Aktenstücke des Reichstags des Norddeutschen Bundes Anlage I – Zusammenstellung strafrechtlicher Bestimmungen deutscher und außerdeutscher Gesetzgebungen.

Als repräsentative Kritik an den allgemeinen Bestimmungen des Entwurfs können die Bemerkungen des Jenaer Oberappellationsgerichts gelten[43]. Darin führte man aus, der Entwurf vermittele den Eindruck, dass die Bestimmungen der verschiedenen Strafgesetzbücher weniger zu einer geistigen Einheit verarbeitet, sondern vielmehr nur mechanisch aneinander angepasst worden seien. Die Sprache sei nicht immer von gesetzgeberischer Kürze, die Strafandrohungen zu uneinheitlich und die Begriffsbestimmungen seien oft unbestimmt und nicht folgerichtig durchgehalten[44]. An Stellen des Besonderen Teils, der zu kasuistisch ausfalle, habe man im Allgemeinen Teil manches, was einer gesetzlichen Regelung bedürfe, der Wissenschaft und Kenntnis des Richters überlassen.

> „[A]llein ein Strafgesetzbuch soll nicht allein eine Anweisung für den Richter sein, sondern auch eine Richtschnur für das Volk, welches seine Handlungsweise nach demselben einrichten soll [...].“[45]

Man war der Auffassung, dass der Entwurf letztlich nicht annehmbar, so „wünschenswert und nöthig“[46] eine größere Rechtseinheit in Deutschland auch sei.

Held stellte bereits zu Beginn seiner Ausführungen fest, dass

> „selten [...] wohl zwei Gesetzgebungen zu einander in so starkem Gegensatze stehen, wie der Entwurf eines Strafgesetzbuchs für den Norddeutschen Bund und das in Sachsen geltende Strafgesetzbuch.“[47]

Er kritisierte, der Entwurf sei wenig bemüht gewesen, „den Verbrecher in der inneren Werkstatt seines Willens aufzusuchen und ihn nach dem Maße seiner sittlichen Schuld zu treffen“[48]. Vielmehr orientiere man sich an der

---

43 *Schubert*, Festschrift für Rudolf Gmür, S. 157 f. Zwar stammt die Kritik aus dem thüringischen Raum, entspricht jedoch überwiegend der vorherrschenden Ansicht der sächsischen Juristen und Behörden. Das Gutachten befindet sich im Hist. StA Altenburg, Nr. 730, Bl. 315 ff. Das sächsische Oberappellationsgericht Dresden hatte u.a. mit einem Hinweis auf den zeitlichen Aufwand und die ihm noch verbleibende Zeit (der Entwurf nebst Motiven und Anlagen war dem Gericht erst im August 1869 vom sächsischen Justizministerium zugesandt worden und im Oktober desselben Jahres sollten bereits die Sitzungen der Kommission beginnen) keine Begutachtung zum Entwurf abgegeben. S. dazu Sächisches Staatsarchiv, Hauptstaatsarchiv Dresden, 11021, Oberappellationsgericht Dresden, Akte 776.

44 Gutachten des Jenaer Oberappellationsgerichts, Nr. 730, Bl. 317.

45 Gutachten des Jenaer Oberappellationsgerichts, Nr. 730, Bl. 316.

46 Gutachten des Jenaer Oberappellationsgerichts, Nr. 730, Bl. 357.

47 *Held*, Bemerkungen, S. 3.

48 *Held*, Bemerkungen, S. 8.

objektiven Gefährlichkeit des Verbrechers, die auch maßgebend für die Bestimmung der Tatbestände der Verbrechen und Vergehen sowie die Strafdrohungen sei. Den Ausgleich sollten Richter und Geschworene mit Bezug auf mildernde Umstände bewirken.

Held bemerkte zwar auch, dass der Entwurf gewiss vielfach praktischer als das sächsische Strafrecht sei – insbesondere war im Allgemeinen Teil auf die Kürze der Bestimmungen geachtet worden; fraglich sei allerdings, ob er auch so gerecht sei.

Überwiegend positiv hingegen fiel die Kritik des sächsischen (Bezirks-) Gerichtsassessors *Poland* aus, der schrieb, dass

> „der Entwurf [...] eine wahre Freude [...] für Jeden [sein müsse], bei dem Urtheil, Wissenschaft und Erfahrung sich gleichmäßig die Waage halten, für Jeden, dessen Verstand nicht durch ein mit allerhand Einzelheiten und Streitfragen überladenes Gedächtnis, durch zu viel 'schätzbares Material' beeinträchtigt wird.“[49]

Dem unbefangenen Leser des Entwurfes trete hierin die Beherrschung des Stoffes, Entschiedenheit in der Wahl des Brauchbaren und vielseitige Erfahrung besonders in den „vortrefflich“[50] geschriebenen Motiven entgegen. Insgesamt schloss sich *Poland* damit hinsichtlich der hier behandelten Bestimmungen meist nicht dem Urteil seiner sächsischen Kollegen an.

1. Dreiteilung, mildernde Umstände und Straf(rahmen)bestimmung

Gegen die Aufnahme einer Dreiteilung, der mildernden Umstände und die Strafrahmengestaltungen sprachen sich zwar insbesondere sächsische Kritiker, allerdings auch nicht-sächsische Juristen, wie beispielsweise *John*[51], aus. Die Dreiteilung sei lediglich für die Strafbarkeit des Versuchs und das Strafverfahren von Bedeutung. Allein dies seien jedoch keine hinreichenden Gründe für die Aufnahme der Dreiteilung, zumal gerade die Erleichte-

---

49 *Poland*, Bemerkungen, S. 1.

50 *Poland*, Bemerkungen, S. 1.

51 *John*, Beurtheilung, S. IX ff., weiter *v. Kräwel*, Bemerkungen zu dem Entwurfe eines Strafgesetzbuches für den norddeutschen Bund, in: Allgemeine Deutsche Strafrechtszeitung, Band IX, 1869, S. 583–611; *Binding*, Entwurf, S. 44 ff.; *v. Wächter*, Kritik, S. 44 ff. Zwar hat dieser erst den zweiten Entwurf, der aus den Kommissionsberatungen hervorging, kommentiert, allerdings sind die zu beanstandenden Punkte gleich, da insoweit nichts (bzw. wenig) geändert worden war. Vgl. unter C) I.

rung des Strafverfahrens in die prozessualen Vorschriften gehöre[52]. So erwüchsen gerade im Hinblick auf die spätere Strafprozessordnung gewichtige Gründe *gegen* die Aufnahme der Dreiteilung. Durch diese greife man der Prozessgesetzgebung in ihrem wichtigsten Teil vor und lege dieser entweder in der Bestimmung der Kompetenzverhältnisse Fesseln an oder nehme eine andere Einteilung vor und mache sie dadurch gerade für die Funktion, die sie im wesentlichen erfüllen solle, bedeutungslos[53]. Auch sei sie keine deutsche Erfindung, was insbesondere *von Wächter* durch eine historische Darstellung der Entwicklung zu beweisen versuchte[54]. Daneben enthalte der Entwurf logische Fehler. Man habe bereits im preußischen Strafgesetzbuch von 1851 das Minimum von fünf Jahren Einschließung für die Begriffsbestimmung des Verbrechens aufgenommen, weil dieses entsprechend der vom preußischen Gesetzbuch aufgestellten Reduktionsskala[55] mit der zweijährigen Zuchthausstrafe, die die Minimalstrafe für Verbrechen war, übereinstimme. Der Entwurf habe aber nun das Minimum der Zuchthausstrafe auf ein Jahr herabgesetzt und trotzdem diese Skala beibehalten, weshalb die Minimalstrafe von fünf Jahren Einschließung nicht mehr passe[56]. Letztlich wirke sich die Dreiteilung nachteilig[57] auf den Entwurf aus, da bei einigen Strafdrohungen im Hinblick auf die Dreiteilung die schwereren Fälle bedacht und nach ihnen die einfacheren normiert worden seien[58].

Gegen die Aufnahme der Übertretungen sprach nach der Auffassung *Helds*, dass dem Bund hierfür die Kompetenz fehle. So sei unter dem Begriff des „Strafrechts", aufgeführt in § 4 Nr. 13 der Verfassung, nach dem allgemeinen Sprachgebrauch nur das Kriminal-, nicht jedoch das Polizeistrafrecht zu verstehen, das aufgrund der räumlichen Verschiedenheiten

---

52 *Held*, Bemerkungen, S. 19, so auch *v. Groß*, Bemerkungen, S. 465; *v. Wächter*, Kritik, S. 47 f.

53 *v. Wächter*, Kritik, S. 48; ähnlich, zumindest im Ergebnis *Geyer*, Kritische Vierteljahrschrift für Gesetzgebung und Rechtswissenschaft, Band XII (1870), S. 171.

54 *v. Wächter*, Kritik, S. 45 ff.

55 § 16 Preußisches StGB von 1851: 2 Jahre Zuchthaus = 3 Jahre Gefängnis, und 2 Jahre Gefängnis = 3 Jahre Einschließung.

56 *John*, Beurtheilung, S. X f.

57 So auch *Geyer*, der diese für gefährlich für das System und die Redaktion des Gesetzbuchs und erachtete. *Geyer*, Kritische Vierteljahrschrift für Gesetzgebung und Rechtswissenschaft, Band XII (1870), S. 164 ff. und *v. Wächter*, Kritik, S. 53.

58 *v. Groß*, Allgemeine Deutsche Strafrechtszeitung, Band IX, 1869, Sp. 468; *Held*, Bemerkungen, S. 20.

durch eine gemeinsame bundesdeutsche Gesetzgebung nicht geregelt werden könne[59]. *Poland* hingegen stimmte der Aufnahme zu, da sich zum einen die Grenze zwischen dem Kriminal- und Polizeirecht wissenschaftlich nicht mit Sicherheit ziehen lasse und zum anderen jedoch solche Handlungen, die auf der Grenze ständen, zweckmäßig in das Gebiet der Übertretungen verwiesen worden seien[60]. Eine differenzierte Auffassung vertrat das Oberappellationsgericht Jena, wonach der allgemeine Teil des Rechts der Übertretungen in den der Verbrechen und Vergehen eingearbeitet werden sollte und die eigentlichen Polizeidelikte in einem besonderen Abschnitt des zweiten Teils geregelt werden sollten; alle lediglich örtlichen Bestimmungen sollten der Landesgesetzgebung überlassen bleiben[61]. *Binding* und *John* wählten einen ähnlichen Mittelweg und sprachen dem Norddeutschen Bund grundsätzlich die Polizeistrafgesetzgebung zu, wollten jedoch einzelne Bestimmungen aus Zweckmäßigkeitsgesichtspunkten nicht in den Entwurf aufgenommen wissen[62]. *Binding* forderte deswegen „größte Discretion in der Aufstellung von ‘Uebertretungen’ im Bundesstrafgesetzbuch!“[63]

Wenig Anklang fand ferner das vom preußischen Strafgesetzbuch übernommene System der „mildernden Umstände“[64], das nach der Ansicht *Johns* allein durch die Dreiteilung begünstigt wurde. Das Revidierte Strafgesetzbuch Sachsens stellte indessen, wie auch seine Vorgänger, allgemeine Strafmilderungsgründe auf, gewährte dem Richter einen größeren Strafrahmen als der Entwurf den einzelnen Delikten in der Regel bot und gestattete diesem zudem, zu einer anderen Strafart überzugehen. Zugunsten des Systems der mildernden Umstände war dagegen im Entwurf eine Vielzahl von Strafmilderungs- und minderungsgründen verschwunden[65]. So wurde vielfach die Möglichkeit des Ersatzes als Strafausschließungs- und

59 *Held*, Bemerkungen, S. 74 f.

60 *Poland*, Bemerkungen, S. 5.

61 Gutachten des Jenaer Oberappellationsgerichts, Nr. 730, Bl. 354.

62 *Binding*, Entwurf, S. 4 ff.; *John*, Beurtheilung, S. IV ff.

63 *Binding*, Entwurf, S. 5.

64 *Poland* war anderer Ansicht. Vgl. unten seinen Kommentar zum Strafmaß bzw. *Poland*, Bemerkungen, S. 4.

65 So der Strafausschließungs- und Strafmilderungsgrund des Ersatzes sowie der tätigen Reue, der im Entwurf nur beim fahrlässigen Meineid gem. § 141 und latent im Begriff des strafbaren Versuchs nach § 37 auftrat, der Notstand und der Befehl.

Strafmilderungsgrund vermisst[66]. An der Aufstellung der mildernden Umstände wurde u.a. kritisiert, dass ihrer Annahme kein erkennbares Prinzip zugrunde liege; mal seien sie vorgeschrieben, mal nicht. Unter den Vergehen ließen sich nur sieben mildernde Umstände finden, im Bereich der Verbrechen dagegen 37. Doch könnten solche Faktoren, die zur Annahme von mildernden Umständen führten, bei jeder strafbaren Handlung vorkommen[67]. Dies bestätigte auch *John* in seiner Meinung, nach der durch die Aufnahme dieser die Ungleichheiten der Dreiteilung, die u.a. die alternative Androhung von Zuchthaus und Gefängnis verhinderte, ausgeglichen werden sollten. Dazu war für *Held* nicht nachvollziehbar, warum die Berücksichtigung der mildernden Umstände einerseits vorgeschrieben sei und andererseits in das Ermessen des Richters gestellt werde. Die Regelungen erweckten in der vorgeschlagenen Weise den Eindruck von Willkür und Prinzipienlosigkeit. Wolle man die mildernden Umstände für Verbrechen beibehalten, müsse man sie erweitern und auf allgemeinere Grundsätze zurückführen[68]. Zudem überlasse es der Entwurf dem freiesten Ermessen des Richters, welche Momente ihm geeignet erscheinen, mildernde Umstände anzunehmen[69]. Dies sei bereits bei rechtsgelehrten Richtern bedenklich, jedoch erst recht bei Laien, die in Schwurgerichten zu entscheiden hätten, da es sich hierbei um eine reine Rechtsfrage handele[70].

Zuletzt hänge das System der mildernden Umstände mit den relativ starren Strafdrohungen und Schwurgerichten zusammen und sei im wesentlichen nur ein Notmittel, das einer zu harten Gesetzgebung im Einzelfall abhelfen solle[71]. Seien die Strafrahmen dagegen flexibel genug, bedürfe es dieses Instituts nicht, weswegen das Jenaer Oberappellationsgericht in seinem Gutachten vorschlug, die Strafdrohungen der Art und dem Grade nach bei den einzelnen Delikten angemessen herabzusetzen und keine absoluten Strafen, namentlich Zuchthausstrafe, anzudrohen, sondern generell bei allen Verbrechen alternativ Gefängnis vorzusehen. Auch *Held* hielt die

---

66 *v. Groß,* Allgemeine Deutsche Strafrechtszeitung, Band IX, 1869, Sp. 486; *Held*, Bemerkungen, S. 36.

67 *v. Wächter*, Kritik, S. 69.

68 Gutachten des Jenaer Oberappellationsgerichts, Nr. 730, Bl. 335; *v. Wächter*, Kritik, S. 62 f.

69 *v. Wächter*, Kritik, S. 64.

70 *v. Wächter*, Kritik, S. 64 ff.

71 Gutachten des Jenaer Oberappellationsgerichts, Nr. 730, Bl. 334. Zum folgenden vgl. *Schubert*, Festschrift für Rudolf Gmür, S. 158 f.

absolute Androhung der Zuchthausstrafe nicht mehr für zeitgemäß und geboten[72]. Nach überwiegender Auffassung sollte dem Richter dagegen grundsätzlich in der Wahl der Strafart ein größerer Ermessensspielraum belassen werden. Es sollte dem Gericht nur vorgeschrieben werden, die Strafe je nach der Schwere des einzelnen Falles innerhalb des vorgegebenen Strafrahmens höher oder niedriger zu bestimmen. Daher seien auch die häufig auftretenden kleinen Strafminima nicht nachvollziehbar[73], durch die dem Richter unnötigerweise Beschränkungen auferlegt würden.

Dagegen hob *Poland* als maßgeblichen Vorzug und Fortschritt des Entwurfs die Einräumung eines größeren Strafrahmens bei den Freiheitsstrafen hervor[74]; er ließ allerdings offen, ob dies nur in Bezug auf das Vorbild – das preußische Strafgesetzbuch von 1851 – oder auch hinsichtlich des Revidierten Strafgesetzbuch Sachsens, galt. Der Entwurf von 1869 habe

> „möglichst wenig Mindestbeträge des Strafmaßes aufgestellt, und auch da, wo dies durch die Schwere oder Gemeingefährlichkeit des Verbrechens geboten erschien, mit richtiger Erkenntniß des wahren Bedürfnisses in einzelnem Falle und der Vielgestaltigkeit der Lebensverhältnisse das System der 'mildernden Umstände' [...] aufgenommen, vermöge deren in sehr vielen an sich schweren Fällen bedeutend milder unter den regelmäßigen Mindestbetrag herab erkannt werden kann."[75]

So dürfe es für den erfahrenen Experten besonders überraschend sein, mit welchem richtigen Takte die einzelnen Strafmaße mit wenigen Ausnahmen für die einzelnen Delikte aufgestellt worden seien.

2. Das Strafensystem

Grundsätzlich vermisst wurde von sächsischen Juristen[76] der gerichtliche Verweis, der sich in dem Land über Jahre hinweg bewährt und als praktisch erwiesen hatte. Im Hinblick auf das Schuldmoment, das die Vollziehung der Strafe (mit)bestimme, bemängelte *von Wächter*, dass eine gelindere, unter dem Zuchthaus stehende Strafe, wie das Arbeitshaus, fehle.

---

72 So sah es auch *Häberlin*, Bemerkungen, S. 7 ff., der die oftmals absolut angedrohten Strafen bemängelte und diese gänzlich aus dem Entwurf entfernt wissen wollte.

73 *Held*, Bemerkungen, S. 25.

74 *Poland*, Bemerkungen, S. 1.

75 *Poland*, Bemerkungen, S. 4.

76 So *Held*, Bemerkungen, S. 10.

a) Todesstrafe

Held sah in der Aufnahme der Todesstrafe in das Strafensystem einen erheblichen Rückschritt für Sachsen, wenngleich er dem Entwurf zugute hielt, dass die Zahl der mit ihr bedrohten Verbrechen eine geringe sei, die dadurch noch weiter abgemildert werde, dass man im Fall des § 80 des Entwurfs[77] auf mildernde Umstände erkennen könne. Umso weniger konnte er sich deswegen aber auch mit der Definition des Mordes gemäß § 185 des Entwurfs[78] einverstanden erklären, nach der unklar sei, ob auch die Fälle, die nach sächsischem Recht als Totschlag behandelt würden, als Mord aufgefasst werden dürfen.

Bernau hatte eine Abhandlung über die Todesstrafe im Hinblick auf den Entwurf verfasst, in der er sich zwar prinzipiell gegen die Todesstrafe erklärte, sie aber bei den schwersten politischen Verbrechen als Abschrekkung in Zeiten der Gefahr für den gesamten Staat beibehalten wollte. So gehöre zu den Erfordernissen einer rechtmäßigen Strafe, dass diese im gleichen Verhältnis und Maße wie die Schuld des Strafwürdigen größer oder geringer erscheine, vergrößert oder verringert werden könne, d.h. teilbar sei[79], was bei der Todesstrafe jedoch nicht möglich sei[80]. Weiter sei die Gnade, auf die sich oftmals die Verteidiger der Todesstrafe beriefen, kein geeignetes Korrektionsmittel. Vielmehr sei jede Handlung der Gnade ein Stoß gegen die Sicherheit der Strafrechtslehre und des Rechtsganges[81]. Der Abschreckung maß *Bernau* ebenso nicht die von den Befürwortern der Todesstrafe behauptete Bedeutung zu, da sie nur unter besonderen Umständen eine solche Wirkung äußere[82]. So lasse sich die Todesstrafe nicht hinreichend begründen.

> „Die Todesstrafe ist [vielmehr] die mit allem äußerem Beiwerke der Gerechtigkeit verzierte und verhüllte Handlung der Rache, und alle Gründe ihrer

---

77 Dieser betraf die Beleidigungen der Bundesfürsten und der Mitglieder bundesfürstlicher Häuser.

78 Sie lautete: „Wer vorsätzlich und mit Ueberlegung einen Menschen tödtet, begeht einen Mord und wird mit dem Tode bestraft.“ Zweifelhaft ist für *Held*, ob die Überlegung bei Fassung des Entschlusses, bei Ausführung der Tat oder bei beidem vorhanden sein müsse, vgl. *Held*, Bemerkungen, S. 21.

79 *Bernau*, Todesstrafe, S. 10.

80 Vgl. hierzu die Ausführungen unter der S. 10 ff.

81 *Bernau*, Todesstrafe, S. 27.

82 *Bernau*, Todesstrafe, S. 31 ff.

> Vertheidigung sind vielfache, wohlklingende Umschreibungen des Rufes nach Rache!“[83]

Weiter sprach sich u.a. *John* gegen die Todesstrafe aus: die Frage der Beibehaltung scheine eher eine theologische und politische als eine juristische zu sein. *John* befasste sich vornehmlich mit einer Tabelle aus der Denkschrift[84], die die Anzahl der erkannten und vollstreckten Todesstrafen in den Staaten des Norddeutschen Bundes innerhalb von fünf Jahren enthielt. Danach waren von 228 erkannten Todesurteilen nur 44 vollstreckt worden, was *John* wie folgt kommentierte:

> „Hieraus ergibt sich deutlich, was auch sonst nicht bezweifelt werden wird, dass die Todesstrafe ohne Begnadigung nicht denkbar ist. [...]
> Die vollstreckten Todesurteile sind also die Ausnahme, die nicht vollstreckten die Regel.
> Der Grundsatz, daß Cabinets-Justiz nicht stattfinden solle, bedeutet im Strafrecht, daß Niemand eine *andere* Strafe verbüßen solle, als diejenige, welche ihm vom Richter zuerkannt wird. Wenn nun bei todeswürdigen Verbrechen dieser Grundsatz in der Praxis dahin modificirt wird, daß der *Regel* nach Dasjenige nicht geschieht, was der Richter bestimmt hat, das geschehen solle, [...], so würde man nicht in Abrede stellen können, daß der Ausdruck ‘Begnadigungs-Instanz’ nicht blos abusive gebraucht wird, sondern daß thatsächlich für die vom Gesetz als todeswürdig bezeichneten Verbrechen eine Begnadigungs-Instanz existirt.“[85]

Häberlin fügte hinzu, dass in diesen vielen Begnadigungsfällen das Zugeständnis liege, dass die gesetzlich angedrohte Strafe in den seltensten Fällen mit der Verschuldung im Verhältnis stehe, sie in den meisten Fällen entschieden zu hart und dem Richter die Möglichkeit genommen sei, sie der Schuld des Täters anzupassen.

Schließlich bemerkte *Geyer*, dass, wenn der in den Motiven aufgestellte Satz, alle Gründe außer der historischen Darlegung seien gleich widerleglich, wahr wäre,

> „der Entschluß gefaßt werden [müsste], die Todesstrafe abzuschaffen und nicht sie beizubehalten, denn *in dubio in mitius*.“[86]

---

83 *Bernau*, Todesstrafe, S. 56.

84 S. Anlage A, S. 91. Auf diese Tabelle bezog sich auch *Häberlin*, der sich gegen die absolute Androhung der Strafen, also auch der Todesstrafe, aussprach. *Häberlin*, Bemerkungen, S. 11.

85 *John*, Beurtheilung, S. XII f.

86 *Geyer*, Kritische Vierteljahrschrift für Gesetzgebung und Rechtswissenschaft, Band XII (1870), S. 173.

b) Adelsverlust

Nicht akzeptabel erschien die Aufnahme des Adelsverlustes unter die Ehrenstrafen. So war nach Auffassung der sächsischen Regierung der Adel ein Recht,

> „dessen Quelle (Geburt, Verleihung) die richterliche Cognition ausschließt und daß die Aberkennung zu Ungerechtigkeiten gegen die Descendenz und in Bezug auf Vermögensrechte (Stipendien, Fideicommisse) führt.“[87]

Da auch die Ehefrau und Familie betroffen sein könnten, widerspreche die Aufnahme des Adelsverlustes zudem einem der wichtigsten Grundsätze des Strafrechts, dass die Strafe nur den wahrhaft Schuldigen, niemals aber einen Unschuldigen unmittelbar allein oder in Gemeinschaft mit dem Schuldigen treffen solle[88].

c) Beurlaubungssystem

Die meisten Kritiker[89] sprachen sich für die Aufnahme der bedingten Entlassung, wenn auch mit verschiedenen Verbesserungsvorschlägen, aus.

Held hingegen bezweifelte die Zweckmäßigkeit der Aufnahme in den Entwurf, so praktisch und wünschenswert die Beibehaltung der bedingten Entlassung auch sei. Diese könne lediglich als ein Ausfluss der Gnade angesehen werden, da es nur „im Wege der Gnade [...] möglich sein [darf und kann], eine vom Richter erkannte Strafe ganz oder theilweise zu erlassen“[90]. Andererseits schließe jedoch die Aufnahme dieses Instituts die Gnade nicht aus, was sich bereits daraus ergebe, dass der Entwurf die Beurlaubung eines zu lebenslänglichem Zuchthaus Verurteilten auszuschließen scheine, da für die bedingte Entlassung die Verbüßung der Hälfte der

---

87 *Held*, Bemerkungen, S. 27.

88 *Häberlin*, Bemerkungen, S. 22.

89 *Berner*, Kritik, S. 10, der diese jedoch erst mit dem letzten Viertel der Strafzeit bzw. frühestens im letzten Drittel zulassen wollte; *John*, Beurtheilung, S. XXI, der die bedingte Entlassung nicht nur bei einer Zuchthausstrafe von bestimmter Dauer eintreten lassen wollte; *Häberlin*, Bemerkungen, S. 17 ff., der hierin eine glückliche Vereinigung des Besserungszwecks mit dem Strafzweck (der Gerechtigkeit) sah und *Geyer*, Kritische Vierteljahrschrift für Gesetzgebung und Rechtswissenschaft, Band XII (1870), S. 186.

90 *Held*, Bemerkungen, S. 26.

Freiheitsstrafe vorausgesetzt sei und der Entwurf ein Geltungsverhältnis zwischen lebenslänglicher und zeitlicher Zuchthausstrafe nicht biete[91].

3. Versuch

Durch den Zusatz „und die Vollendung des Verbrechens oder Vergehens nur durch äußere, vom Willen des Täters unabhängige Umstände gehindert oder unterblieben ist“ in § 37 des Entwurfs sollte der freiwillige Rücktritt für straflos erklärt werden. Mit dieser Aufstellung konnten sich viele, überwiegend nicht-preußische Kritiker, nicht einverstanden erklären. Im o.g. Falle liege gleichwohl ein Versuch vor, der allerdings wegen des freiwilligen Aufgebens des Verbrechens straflos sein sollte[92]. Dies gehöre jedoch nicht in den Tatbestand. Vielmehr stelle es einen vielleicht später eintretenden Strafaufhebungsgrund dar, der deswegen auch in einer besonderen Bestimmung ausgesprochen werden müsse[93].

Darüber erschien die getroffene Beschränkung der Strafbarkeit des Versuchs bei Vergehen für anfechtbar und verfehlt[94]. So seien auch solche strafrechtlichen Handlungen – bei Betrachtung des angedrohten Strafrahmens und nicht nur belangloser Störungen – so erheblich, dass die Bestrafung des Versuchs hier notwendig sei[95]. Weiter bleibe anzubemerken, dass die Wahl der Vergehen, bei denen der Versuch strafbar sein solle, auf keinem Prinzip basiere und dass daher Ungleichheiten entstehen müssten[96]. Schließlich lasse sich aus dem, was die Motive als Begründung anführten, nur ableiten, dass der Gesetzgeber in gewissen Fällen Grund habe, den Versuch nicht zu strafen, und nicht, dass er in der Strafloserklärung so weit zu gehen habe, wie der Entwurf es vorsehe[97].

---

91 *Held*, Bemerkungen, S. 26 f.

92 *Häberlin*, Bemerkungen, S. 28.

93 *v. Groß*, Allgemeine Deutsche Strafrechtszeitung, Band IX, 1869, Sp. 481.

94 *v. Wächter*, Kritik, S. 51 f.; *v. Groß*, Allgemeine Deutsche Strafrechtszeitung, Band IX, 1869, Sp. 468.

95 *v. Groß*, Allgemeine Deutsche Strafrechtszeitung, Band IX, 1869, Sp. 468.

96 *Held*, Bemerkungen, S. 29.

97 *v. Wächter*, Kritik, S. 52.

4. Strafrechtliche Verfolgbarkeit von Kindern

Das beendigte zwölfte Lebensjahr als Beginn der strafrechtlichen Verfolgbarkeit wurde von den sächsischen Kritikern allgemein als zu früh empfunden. So lehrte nach Ansicht *Polands* die Erfahrung, „daß es auch einem noch so klugen und wohlunterrichteten Kinde [...] doch noch an der nöthigen Reife des Urtheils, an der nöthigen Fertigkeit des Willens gebricht“[98]. Der für die Ausdehnung der Zurechnungsfähigkeit beliebte, meist preußische[99] Hinweis auf häufig schwere und boshafte Verbrechen jugendlicher Täter schließe sich immer wieder an die objektive Seite der Verbrechen an und vernachlässige den dahinter stehenden „intellectus“, nach welchem auch die Bosheit zu bemessen sei[100]. Weiter hefte sich nicht die schlimme Tat, sondern die erlittene Strafe „als Hemmschuh [...] an die Sohlen des jugendlichen Sünders für seine Lebenszeit“[101]. Zudem erkenne der Entwurf an, dass selbst bei 16jährigen bei Begehung der Tat das Unterscheidungsvermögen fehlen könne;

> „[...] [w]enn aber diese Möglichkeit bei einem 16jährigen Menschen noch anerkannt werden muß, so darf das Gegentheil bei einem 12jährigen noch nicht präsumiert werden.“[102]

5. Antragsdelikte

Zu den Bestimmungen über die auf Antrag zu bestrafenden Delikte bemerkte *Held*, dass Sachsen stets bemüht gewesen sei, deren Kreis zu erweitern, und durch positive Erfahrungen bestätigt worden sei. Der Entwurf gehe hier nicht weit genug und führe zudem das Prinzip, das seiner Auswahl mutmaßlich zugrunde liegt, nicht konsequent durch[103]. Dieses ergab sich nach *von Wächter* zwar nicht aus den Motiven, jedoch lasse sich aus den Delikten entnehmen, dass es solche seien, bei denen entweder

> „durch ein solches Einschreiten die empfindlichste Störung und Verletzung der Interessen und der persönlichen Beziehungen des Verletzten selbst, beziehungsweise seiner Angehörigen erzeugt werden kann, [...] [oder] weil bei anderen das öffentliche Interesse eine Bestrafung dann nicht erheischt und

98 *Poland*, Bemerkungen, S. 6.

99 Vgl. nur *Berner*, Kritik, S. 27.

100 *Held*, Bemerkungen, S. 12.

101 *Held*, Bemerkungen, S. 12.

102 *Held*, Bemerkungen, S. 34.

103 *v. Wächter*, Kritik, S. 90.

> zurücktritt, wenn die Verletzten selbst die Handlung nicht als eine zu ahndende Verletzung auffassen und geltend machen."[104]

Dass die Zurücknahme der Anzeige auf den Termin der Einleitung einer gerichtlichen Untersuchung gemäß § 57 des Entwurfs beschränkt sei, entspreche nicht den Erfahrungen,

> „da in der Regel in der ersten Hitze denuncirt wird ohne einen Gedanken an dereinstige Rücknahme des Strafantrags, und nur durch Begünstigung der Letzteren die Behelligung der Gerichte vermindert und den Interessen der Parteien selbst gedient wird."[105]

Des weiteren dürfe jede erschwerte Rücknahmemöglichkeit als Unrecht gegen den Angeschuldigten bezeichnet werden, für dessen Strafbarkeit das Gesetz schließlich die Vorbedingung des Antrags voraussetze[106].

Poland war gegenteiliger Meinung. Er sah eine Erweiterung der auf Antrag zu strafenden Delikte entsprechend den Verkehrsverhältnissen und Rechtsgefühlen des Volkes[107]. Als Voraussetzung für diese Sichtweise galt jedoch die von ihm plädierte Aufnahme der Übertretungen in das Strafgesetzbuch.

II. Der sächsische Landtag

Der sächsische Landtag befasste sich 1869/1870 mit dem Entwurf Friedberg. Zu diesem lagen drei Anträge von den Abgeordneten vor.

Der Abgeordnete *Dr. Heinze* hatte am 24. November 1869 in der ersten Kammer den Antrag gestellt, dass der Entwurf dem Reichstag zur endgültigen Beurteilung nicht vorgelegt werden solle, bevor deutschen Fachmännern die zur gewissenhaften Prüfung und Beurteilung unentbehrliche Zeitfrist gegeben worden sei[108]. Beide Deputationen begutachteten diesen Antrag und stimmten, obwohl der Abschluss der Kommissionsarbeiten bzw. die Bundesratsberatungen bereits bevorstanden, im Hinblick auf die Wichtigkeit dieses Gesetzes für ihn. Zudem stellte die Deputation der zweiten Kammer den Zusatz auf, dass die Königliche Staatsregierung im Bundesrat dahin wirken möge, dass das Strafgesetzbuch gleichzeitig mit der zu erwartenden Strafprozessordnung Geltung erlange. Ansonsten sei in Sachsen

---

104 *v. Wächter*, Kritik, S. 91.

105 *Held*, Bemerkungen, S. 16 f.

106 *Held*, Bemerkungen, S. 17.

107 *Poland*, Bemerkungen, S. 5 f.

108 Mittheilungen über die Verhandlungen des Landtags (Sachsen) – 1869/70, I. Kammer, S. 188 f.

eine erhebliche Umarbeitung und Umgestaltung der erst kürzlich in Kraft getretenen revidierten Strafprozessordnung und anderer Gesetze durch eine nur auf kurze Zeit berechnete Novellengesetzgebung notwendig und unerlässlich[109]. Beide Anträge nahmen die Stände einstimmig an.

1. Antrag des Abgeordneten Graf von Hohenthal

Graf von Hohenthal hatte am 5. Dezember 1869 in der ersten Kammer den Antrag gestellt, dass die Königliche Staatsregierung im Bundesrat darauf hinarbeiten möge, dass diejenigen Bestimmungen, die sich im Entwurf auf das gemeine Polizeistrafrecht bezögen und damit nach Maßgabe des Art. 4 der Bundesverfassung der Bundesgesetzgebung nicht unterlägen, im Gesetze selbst keine Aufnahme finden sollten[110]. Die Deputation der I. Kammer hatte zunächst die Aufgaben der Rechtspflege und Polizei unterschieden. Danach hatte es die Rechtspflege mit bereits eingetretenen Rechtsverletzungen zu tun; anders war es bei der Polizei, deren Aufgabe in erster Linie das Gebieten und Verbieten von bestimmten Handlungen sei. Weiter lasse sich aus der Einteilung des Entwurfs, in dessen dritten Teil die Übertretungen gesondert behandelt wurden, entnehmen, dass dieser selbst eine Unterscheidung anerkenne[111]. Das Bedürfnis nach Gleichheit der Polizeistrafgesetze sei überdies unzweifelhaft ein weitaus geringeres als bei den Kriminalstrafgesetzen, was auf die verschiedenen Verhältnisse in den einzelnen Gebieten des Bundes zurückzuführen sei.

> „Polizeiliche Anordnungen und also auch die zur Aufrechterhaltung derselben gegebenen Strafvorschriften gründen sich häufig auf rein locale Verhältnisse, Volkseigenthümlichkeiten und wechselnde Zeitumstände, sie sind zu gewissen Zeiten an gewissen Orten nothwendig, während sie zu anderen Zeiten und anderen Orten zu nutzlosen Freiheitsbeschränkungen werden können."[112]

Deshalb könnten sie nicht zum Gegenstand einer gemeinsamen Gesetzgebung gemacht werden. Abschließend ließ sich nach Auffassung der Depu-

---

109 Sächsische Landtags-Acten 1869/70, Beilagen zu den Protokollen der II. Kammer, III. Abt., 1. Bd., 2. Th., S. 903.

110 Mittheilungen über die Verhandlungen des Landtags (Sachsen) – 1869/70, I. Kammer, S. 226 ff.

111 Sächsische Landtags-Acten 1869/70, Beilagen zu den Protokollen der I. Kammer, II. Abt., 1. Bd., S. 273.

112 Sächsische Landtags-Acten 1869/70, Beilagen zu den Protokollen der I. Kammer, II. Abt., 1. Bd., S. 273.

tation der Begriff des „Strafrechts“ in Art. 4 der Bundesverfassung nur restriktiv auslegen, weswegen sie der I. Kammer riet, den Antrag anzunehmen. Diese stimmte dem Vorschlag, nachdem sich weitere Kammermitglieder – größtenteils unter Berufung auf bereits vorgetragene Argumente – für den Antrag ausgesprochen hatten, einhellig zu[113].

Die Deputation der II. Kammer konnte dagegen keinen einheitlichen Entschluss fassen. Die Minderheit stimmte der Auffassung der Deputation der I. Kammer zwar grundsätzlich zu und argumentierte auch ähnlich, allerdings sollte der Antrag an die Staatsregierung um den Zusatz „insoweit sie [Anm.: die polizeilichen Bestimmungen] ihrer Natur nach besser der Partikulargesetzgebung zu überlassen sind“ erweitert werden.

Die Majorität der Deputation pflichtete dem in der ersten Kammer gefassten Beschluss nicht bei. So sei die Grenze zwischen dem polizeilich Strafbaren und dem kriminellen Unrecht zu schwankend und flüssig und auch die positive Gesetzgebung der einzelnen Länder gehe hier weit auseinander. Um jedoch ein gemeinsames Strafgesetz schaffen zu können, dürfe man sich nicht auf einen einseitigen territorialen Standpunkt stellen. Vielmehr müsse man diejenigen Strafbestimmungen zusammenfassen,

> „für welche ein gleichmäßiges Bedürfnis in allen angehörigen Ländern besteht, und welche deshalb überall gleichmäßig anwendbar sein werden, gleichviel, ob diese Bestimmungen in dem einen oder anderen Bundesstaate zeither vom Richter oder von einem Verwaltungsbeamten gehandhabt worden sind.“[114]

Weiter handele es sich bei der Anwendung des Art. 4 der Bundesverfassung um eine reine Interpretationsfrage, die seitens der Deputation nicht erörtert werden solle. Zudem sei die Aufnahme des Wortes „Strafrechts“ in den o.g. Artikel auf Anregung des Reichstags erfolgt,

> „also auf Anregung einer Körperschaft, deren überwiegende Mehrzahl aus Ländern entsendet war, wo ein großer Theil Dessen, was man in Sachsen Polizeistrafrecht nennt, längst einen integrirenden Bestandtheil der Strafgesetzgebung bildete – einer Körperschaft, die bei Fassung ihres Beschlusses

---

113 Mittheilungen über die Verhandlungen des Landtags (Sachsen) – 1869/70, I. Kammer, S. 455 ff.

114 Sächsische Landtags-Acten 1869/70, Beilagen zu den Protokollen der II. Kammer, III. Abt., 1. Bd., 2. Th., S. 905.

unmöglich von einem anderen, als dem ihr geläufigen Sinne des Wortes ausgegangen sein kann."[115]

Folglich hätte Sachsen bereits hier seine Stimme dagegen erheben müssen. Wenn es ihm zu jener Zeit aber nicht bewusst gewesen sei, „dann ist es nach Ansicht der Majorität [auch] nicht wohlgethan, auf *diesem* Felde den Kampf zu suchen"[116].

2. Antrag des Abgeordneten Petri

Der Abgeordnete *Petri* hatte im Oktober 1869 in der zweiten Kammer vorgeschlagen, bei der Königlichen Staatsregierung zu beantragen, diese möge im Bundesrat, in den Reichstags-, wie auch Kommissionsberatungen mit allen Kräften darauf hinwirken, dass

1. die Todesstrafe im Gesetz selbst keine Aufnahme finde und
2. die in § 26 des Entwurfs enthaltenen Worte „sowie den Verlust des Adels" beseitigt würden, da er hierin eine offensichtliche Beleidigung des bürgerlichen Standes erkenne[117].

Die Deputation der II. Kammer, die sich zuerst mit den o.g. Vorschlägen beschäftigt hatte, riet ihrer Kammer an, diesen zuzustimmen. Zur Todesstrafe führte sie aus, dass insbesondere die Gegner dieser in ihrer Wiedereinführung einen bedauerlichen Rückschritt erkennen würden und die Motive insoweit überholt seien, als in den Ländern, wo die Todesstrafe bereits aufgehoben sei, nicht mit der Abschaffung, sondern der Wiedereinführung ein gesetzgeberisches Experiment gemacht werde. Es würde eine rückläufige Bewegung eintreten, „welche das Rechtsbewußtsein im Volke beirrt und damit die Strafrechtspflege in diesen Ländern schädigt"[118]. Doch auch für die Verteidiger der Todesstrafe habe sich die Situation geändert und so sprächen gegen eine Wiedereinführung alle die Bedenken, „aus welchen man sich gegen das Schwanken und Wechseln der Gesetzgebung erklären

115 Sächsische Landtags-Acten 1869/70, Beilagen zu den Protokollen der II. Kammer, III. Abt., 1. Bd., 2. Th., S. 907.

116 Sächsische Landtags-Acten 1869/70, Beilagen zu den Protokollen der II. Kammer, III. Abt., 1. Bd., 2. Th., S. 908.

117 Mittheilungen über die Verhandlungen des Landtags (Sachsen) – 1869/70, II. Kammer, S. 75.

118 Sächsische Landtags-Acten 1869/70, Beilagen zu den Protokollen der II. Kammer, III. Abt., 1. Bd., 1. Th., S. 65.

muß“[119]. Fraglich sei also, ob es wohlgetan und politisch sei, wenn die erst zweijährige Erfahrung durch eine diametral gesetzgeberische Entscheidung wieder umgestoßen werden würde[120]. Schließlich habe man seit der Abschaffung der Todesstrafe keine negativen Erfahrungen gemacht, die gezeigt hätten, dass sich die Aufhebung nachteilig auf das sittliche Bewusstsein im Volk ausgewirkt habe.

Die Deputation der I. Kammer wies darauf hin, dass das Urteil über die Angemessenheit der Strafe und der dadurch bedingte Glaube an die Gerechtigkeit des Gesetzes wesentlich mit der Bildungsstufe des Volkes zusammenhänge. Wenn diese fortgeschritten und fähig sei, von der Idee der Vergeltung abzusehen, führe sie auch dazu, bereits in einem verhältnismäßig geringeren Strafübel eine ausreichende Sühne des Rechtsbruchs zu erkennen[121]. Sodann wurden die Erfahrungen, die in Sachsen seit Aufhebung der Todesstrafe gemacht worden waren, dargelegt und man bemerkte, dass zumindest das sächsische Volk auf einer Stufe stehe, die die Abschaffung zu tragen vermocht habe.

> „Man kann sich kein Urtheil darüber erlauben, ob die Stufe der Gesittung bei allen übrigen Stämmen des Norddeutschen Bundes die nämliche sei, hat aber auch keinen Grund, dies zu bezweifeln, vielmehr anzunehmen, daß die Idee von der Entbehrlichkeit der Todesstrafe, wie in Sachsen, so auch bei ihnen Wurzel fassen könne.“[122]

Selbst, wenn man sich täusche,

> „so würde daraus doch nicht folgen, daß die Gesetzgebung, weil sie den Vorschritt zu thun noch nicht für zeitgemäß hält, Sachsen [...] zu einem offenbaren Rückschritte [...] gezwungen sei.“[123]

Zum Adelsverlust bemerkte die Deputation der II. Kammer, dass jedes einzelne Kammermitglied mit seinem individuellen Gefühl ausmachen müsse, ob es die Motive des Abgeordneten als berechtigt anerkenne oder

---

119 Sächsische Landtags-Acten 1869/70, Beilagen zu den Protokollen der II. Kammer, III. Abt., 1. Bd., 1. Th., S. 65.

120 Sächsische Landtags-Acten 1869/70, Beilagen zu den Protokollen der II. Kammer, III. Abt., 1. Bd., 1. Th., S. 65.

121 Sächsische Landtags-Acten 1869/70, Beilagen zu den Protokollen der I. Kammer, II. Abt., 1. Bd., S. 271.

122 Sächsische Landtags-Acten 1869/70, Beilagen zu den Protokollen der I. Kammer, II. Abt., 1. Bd., S. 271.

123 Sächsische Landtags-Acten 1869/70, Beilagen zu den Protokollen der I. Kammer, II. Abt., 1. Bd., S. 271.

nicht. Für die Deputation selbst seien nicht die Gefühle, sondern vielmehr das Gesetz ausschlaggebend gewesen. Nach der sächsischen und der Verfassung des Norddeutschen Bundes, seien alle Untertanen gleich zu behandeln. Dieser Grundsatz finde nach § 55 der Verfassungsurkunde insbesondere auf die Rechtspflege Anwendung. Deswegen gelte für den sächsischen Richter kein Ansehen der Person und auch die ausgesprochene Strafe sollte für jeden Schuldigen die gleiche sein[124]. Hiervon enthalte jedoch § 26 des Entwurfs eine bedenkliche Abweichung, indem er eine gewisse Straffolge festsetze, die nur den adeligen und nicht auch den bürgerlichen Verbrecher treffe und somit eine Ausnahme zu dem o.g. Grundsatz schaffe. Zudem sei der Verlust des Adels u.U. eine sehr empfindliche Vermögensstrafe, da zahlreiche Familienstiftungen bspw. bei Erbschaften an die Eigenschaft des Adels knüpften, der jedoch infolge des gerichtlichen Straferkenntnisses verloren ginge[125]. Außerdem treffe die Strafe nicht nur den Schuldigen, sondern auch dessen Familie. Ähnlich äußerte sich die Deputation der I. Kammer, die in dieser Einführung einen Rückschritt für Sachsen sah.

Im Ergebnis wurden beide Vorschläge sowohl in der I. als auch in der II. Kammer einstimmig angenommen[126].

C) Revidierter Entwurf, Gutachten des Königreichs Sachsen und Reichstagsvorlage

I. Kommissionsberatungen

Noch vor der Fertigstellung des ersten Entwurfs war Anfang Juni 1869 eine Bundesratskommission berufen worden, die den vorgelegten Entwurf schnell und effektiv zwischen Oktober und Ende des Jahres 1869 überarbeiten sollte. Die Kom-

---

124 Sächsische Landtags-Acten 1869/70, Beilagen zu den Protokollen der II. Kammer, III. Abt., 1. Bd., 1. Th., S. 67.

125 Sächsische Landtags-Acten 1869/70, Beilagen zu den Protokollen der II. Kammer, III. Abt., 1. Bd., 1. Th., S. 67 f.

126 Vgl. die Mittheilungen über die Verhandlungen des Landtags (Sachsen) – 1869/70, II. Kammer, S. 687 ff. und Mittheilungen über die Verhandlungen des Landtags (Sachsen) – 1869/70, I. Kammer, S. 452 ff. Interessant ist, dass während der Verhandlungen in der ersten Kammer der anwesende Justizminister vollständig schwieg. Vgl. „Dresdner Nachrichten“ vom 11. Januar 1870.

mission bestand aus sieben Juristen[127] und trat am 1. Oktober 1869 erstmals zur Beratung zusammen. Sie beendigte ihre Lesungen am 31. Dezember 1869[128]. Daraufhin wurde dem Bundeskanzler noch am selben Tag der revidierte Entwurf übergeben. In den folgenden Wochen verfassten der Vorsitzende der Kommission *Friedberg* und der sächsische Generalstaatsanwalt *v. Schwarze* gemeinsam mit den Schriftführern *Rubo* und *Rüdorff* Motive zum revidierten Entwurf, die jedoch weder den übrigen Kommissionsmitgliedern zur Genehmigung, noch den des Bundesrates vor ihrer Abstimmung vorgelegt wurden[129]. Sie stimmen allerdings in vielen Punkten mit denen zum ersten Entwurf überein und sind teilweise sogar Wort für Wort übernommen worden.

1. Dreiteilung und Übertretungen sowie mildernde Umstände und Straf(rahmen)bestimmung

Budde hatte sich in einem unbezifferten Brief vom 15. September 1869[130], gerichtet an *Leonhardt*, ausführlich mit der Frage beschäftigt, ob ein allgemeines Strafgesetzbuch für den ganzen Norddeutschen Bund die Aufgabe habe, neben den Formen des *kriminellen* Unrechts (den Verbrechen und Vergehen) auch das *Polizeistrafrecht* (die Übertretungen) in seinen Bereich zu ziehen. So sei zwar die in den Motiven hervorgehobene Schwierigkeit einer scharfen Grenzbestimmung zwischen dem bloß polizeilich Verbotenen und kriminell Strafbaren anzuerkennen, allerdings habe sich in der Praxis dieser Übelstand nie fühlbar gemacht. Vielmehr habe man die Grenze zwischen der polizeilichen und strafrichterlichen Kompetenz stets mit der dem praktischen Bedürfnis genügenden Sicherheit zu ziehen gewusst[131]. Im weiteren Verlauf versuchte er, den Bereich des polizeilich Strafbaren vom Kriminellen abzugrenzen, begründete seine Meinung umfassend und stellte, nachdem er bemerkt hatte, dass „in allen Bundesstaaten die strafende Gerechtigkeit nach gleichen Gesetzen gehandhabt werde [...]“[132], den Antrag, „das Polizeistrafrecht in das Norddeutsche Strafgesetzbuch nicht aufzunehmen“[133].

In der ersten Lesung der Beratung über den Strafgesetzentwurf wurde daraufhin zunächst die „präjudicielle Principienfrage“, ob das Polizeistrafrecht in das Norddeutsche Strafgesetzbuch aufzunehmen sei, erörtert. Die Mehr-

127 Ihre Mitglieder waren die preußischen Juristen *Dr. Leonhardt*, *Dr. Friedberg*, *Bürgers* und *Dorn*, sowie *Dr. v. Schwarze* (Sachsen), *Dr. Budde* (Mecklenburg-Schwerin) und *Dr. Donandt* (Bremen).

128 *Rubo*, Kommentar, S. 27.

129 *Schubert / Vormbaum*, Entstehung des StGB I, S. XVIII.

130 Unbez. Brief, *Budde*, in: Schubert / Vormbaum, Entstehung des StGB I, S. 165 ff.

131 *Budde*, Unbez. Brief, in: Schubert / Vormbaum, Entstehung des StGB I, S. 165.

132 *Budde*, Unbez. Brief, in: Schubert / Vormbaum, Entstehung des StGB I, S. 166.

133 *Budde*, Unbez. Brief, in: Schubert / Vormbaum, Entstehung des StGB I, S. 166.

heit der Kommissionsmitglieder (vier gegen drei Stimmen) sprach sich jedoch gegen diesen Antrag aus.

Gleichwohl lag beim dritten Teil des Entwurfs, den Übertretungen, das Amendement vor, diese gänzlich zu streichen. Als Begründung wurde geltend gemacht, dass die Übertretungen im wesentlichen einen Teil des Polizeistrafrechts bildeten, dieses aber der Kompetenz des Bundes entzogen sei[134]. Hinzukomme, dass die Festsetzung der einzelnen Übertretungen zu sehr von den örtlichen Verhältnissen der verschiedenen Gegenden abhängig sei und es daher nicht ratsam erscheine, ein gemeinsames Gesetz für das ganze Gebiet des Norddeutschen Bundes aufzustellen. Dagegen wurde vorgetragen, dass sich die Übertretungen qualitativ nicht von den Verbrechen und Vergehen unterschieden, genauso wie auch ein sachlicher Unterschied zwischen Polizei- und eigentlichem Strafrecht nicht nachweisbar bestehe. Zur Gesetzgebung auf dem Gebiete des Ersteren sei der Bund befugt. Die Entscheidung zur Kompetenzfrage stehe der Kommission außerdem nicht zu, da ihr der vorliegende Entwurf lediglich zur sachlichen Begutachtung vorgelegt worden sei. Dass die Feststellung der einzelnen Übertretungen mannigfach durch die Verhältnisse der verschiedenen Gegenden bedingt sei, sei bedeutungslos. Der vorliegende Entwurf bezwecke schließlich nur die Aufstellung solcher Übertretungen, deren Festsetzung der Regel nach für alle Teile des Bundesgebietes erforderlich sei. Zuletzt wurde bemerkt, dass sich in Frankreich wie in Preußen seit geraumer Zeit die Aufnahme der Übertretungen in das allgemeine Landesstrafgesetzbuch als nützlich erwiesen habe, woraufhin der Antrag auf Streichung des dritten Teils abgelehnt wurde.

Dennoch folgte die Kommission teilweise den Vorschlägen des Jenaer Oberappellationsgerichts[135], indem sie dem Antrag *v. Schwarzes* nachkam[136], die Bestimmungen des von der Bestrafung der Übertretungen *im Allgemeinen* handelnden ersten Abschnitts, soweit sie nicht bloße Verweisungen enthielten, in den Allgemeinen Teil des Gesetzbuchs aufzunehmen. Auch die Zahl der Übertretungstatbestände wurde, obgleich nur geringfügig, vermindert. Die Motive zum Kommissionsentwurf rechtfertigten die

134 Vgl. hierzu wie zu den folgenden Argumenten: *Schubert / Vormbaum*, Entstehung des StGB I, S. 154.

135 Vgl. oben unter B) I. 1.

136 Antrag 454, *v. Schwarze*, in: Schubert / Vormbaum, Entstehung des StGB I, S. 240.

Aufnahme der Übertretungen und deren Behandlung ausführlich[137]. So setzte man sich insbesondere mit den Behauptungen auseinander[138],

> „die Bestimmungen in Artikel 4 der Bundesverfassung [...] auf das Strafrecht nicht zu beziehen, vielmehr dieses von dem Gebiete des ‘Strafrechts’ auszuscheiden sei, und daß eine Codifikation des ’Polizeistrafrechts’ in Verbindung mit der des ‘Strafrechts’ bei der tiefen materiellen Verschiedenheit beider unthunlich und unzweckmäßig, ja auch die freie Bewegung der Partikulargesetzgebung, welche auf dem Gebiete des Polizeistrafrechts bei den verschiedenartigen und wechselnden, von Zeit- und Ortsverhältnissen wesentlich mit bedingten Bedürfnissen, der polizeilichen Thätigkeit dringend nöthig sei, empfindlich schädigen werde.“[139]

Zudem sah sich *v. Schwarze* – wenn er auch selbst einige der von den Kritikern vorgebrachten Bedenken gegen die Aufnahme der Übertretungen teilte – dazu veranlasst, die Regelungen im Entwurf zu verteidigen. Er wies darauf hin, dass in der Monarchie Preußen, die in ihren einzelnen Teilen selbst verschiedenartig sei, die 1851 vorgenommene Kodifizierung des Polizeistrafrechts die freie Bewegung der Teile nicht gehindert und praktische Nachteile erzeugt habe, vielmehr als eine gute Maßregel bezeichnet worden sei[140]. Deswegen sei auch die gesamte Kodifizierung weder Zweck noch Aufgabe des Entwurfs gewesen, was jedoch nicht zu seinen Lasten ausgelegt werden könne. Letztlich berühre die Frage die Kognition des Bundesrates und Reichstages, der Kommission hingegen sei sie entzogen.

Ferner wurde in der ersten Lesung der von *v. Schwarze* gestellte Antrag[141], den § 1 des Entwurfs über Verbrechen, Vergehen und Übertretungen dem sächsischen Vorbild entsprechend zu streichen, beraten. Dieser Vorschlag wurde jedoch, ebenso wie der von *Budde* gestellte Antrag[142], eine jede strafbare Handlung mit dem allgemeinen Ausdruck „Verbrechen“ zu bezeichnen, abgelehnt.

In der zweiten Lesung, die sich über den ganzen Dezember des Jahres 1869 erstreckte, stellte *v. Schwarze* erneut den Antrag[143], § 1 zu streichen, wobei

---

137 Motive 1870, Anhang I, S. 86 ff.

138 S. auch *Schubert*, Festschrift für Rudolf Gmür, S. 167.

139 Motive 1870, Anhang I, S. 87.

140 *v. Schwarze*, Der Gerichtssaal, 1870, S. 164.

141 Antrag 1, *v. Schwarze*, in: Schubert / Vormbaum, Entstehung des StGB I, S. 171.

142 Unbez. Brief, *Budde*, in: Schubert / Vormbaum, Entstehung des StGB I, S. 168.

143 Antrag 532, *v. Schwarze*, in: Schubert / Vormbaum, Entstehung des StGB I, S. 385.

er sich zur Unterstützung auf die mittlerweile in mehreren der eingegangenen Gutachten gegen die Dreiteilung hervorgehobenen Gründe berief. Doch auch dieser Antrag wurde mit vier gegen drei Stimmen abgelehnt. In den Motiven zum revidierten Entwurf griff man teilweise auf Argumente aus den Motiven zum Entwurf Friedberg zurück, setzte sich aber auch mit den neueren Vorwürfen auseinander. So sei der Entwurf bemüht gewesen, zuerst das Strafensystem und die einzelnen Strafpositionen festzustellen, um dann im Hinblick auf das Ganze die Dreiteilung vorzunehmen, so dass die einzelnen strafbaren Handlungen je nach dem Maß ihrer Strafwürdigkeit in die einzelnen Abteilungen hätten eingegliedert werden können[144]. Schließlich wurde erneut auf den Nutzen derselben für das materielle Recht und das Strafverfahren hingewiesen. *v. Schwarze* selbst hatte sich nach Abschluss der Kommissionsarbeiten im Gerichtssaal zum Entwurf und den Kritiken[145] geäußert und bezeichnete es als bedenklich,

> „der Dreitheilung einen Einfluß auf den *materiellen* Inhalt der einzelnen Thatbestände einzuräumen und nach ihr den letzteren abzuändern, nur um die Dreitheilung durchzuführen und sonach der Form der systematischen Anordnung die Sachse selbst zu opfern."[146]

Der Entwurf habe deswegen diesen Satz ständig vor Augen gehabt und in dessen Gemäßheit wesentliche Änderungen vorgenommen. Man habe versucht, ihm dadurch Rechnung zu tragen, dass man die Dreiteilung nur als Hilfsmittel für die Systematik und Redaktion des Entwurfs gebraucht habe. So sei es nicht richtig, die Dreiteilung mit der häufig absoluten Androhung der Zuchthausstrafe in Verbindung zu bringen[147].

Weiter war es den nicht-preußischen Juristen in den Kommissionsberatungen verwehrt, das System der mildernden Umstände zu beseitigen bzw. eine allgemeine Bestimmung über Strafmilderungsgründe durchzusetzen[148]. Die Motive nahmen zwar im Anhang IV[149] die Bedenken auf, die gegen die Aufnahme der mildernden Umstände vorgebracht wurden und gaben gleichzeitig zu, dass diese teilweise durchaus gewichtig seien, woll-

---

144 Motive 1870, Anhang I, S. 31.

145 *v. Schwarze*, Der Gerichtssaal, 1870, S. 146–220.

146 *v. Schwarze*, Der Gerichtssaal, 1870, S. 162.

147 *v. Schwarze*, Der Gerichtssaal, 1870, S. 162 f.

148 *v. Schwarze*, Der Gerichtssaal, 1870, S. 203. Vgl., auch zum folgenden, *Schubert*, Festschrift für Rudolf Gmür, S. 159 f.

149 Motive 1870, Anhang IV, S. 105 ff.

ten sich aber dennoch dem preußischen Vorbild anschließen. Zwar stellten einige Strafgesetzgebungen, wie z.B. Sachsen, bestimmte Milderungsgründe auf, die den Richter berechtigten oder verpflichteten die Strafe in einem bestimmten Maße herabzusetzen, andere hingegen, u.a. Preußen, gingen noch weiter, indem sie sich zur Aufnahme der mildernden Umstände entschlossen hätten. Schließlich handele es sich um eine Aufgabe, die, auf die Berücksichtigung individueller Verhältnisse angewiesen, unmöglich durch eine einfache, gleich passende Formel gelöst werden könne[150]. Weiter führten sie zur nur teilweisen Aufnahme der mildernden Umstände aus, dass eine folgerichtige Durchführung des Grundsatzes, dass alle strafbaren Handlungen unter Umständen begangen werden können, die die vom Gesetz bestimmte Strafe auch in ihrem Minimum als zu hart erscheinen lasse, es mit sich bringen würde, den Richter weder in der Wahl der Strafart noch des -maßes zu beschränken, was jedoch eine Rückkehr zum System der willkürlichen Strafen bedeuten würde, das von den neueren Gesetzgebungen im Sinne der Rechtssicherheit und -gleichheit aufgegeben werden müsse[151]. Der Entwurf sei deswegen dem Grundsatz treu geblieben,

> „daß im Gesetz das Maß der Strafe für jede strafbare Handlung mit Rücksicht auf den individuellen Charakter derselben, wie er dem Gesetzgeber in Hinblick auf die erfahrungsmäßig *gewöhnlich* vorkommenden Fälle sich darstellt, sowie unter Beachtung der Natur der sich darbietenden Strafmittel festzusetzen ist."[152]

Bei zahlreichen, wenn auch nicht allen Delikten, war demnach die Berücksichtigung der mildernden Umstände vorgeschrieben oder zumindest gerechter erweitert worden. Zudem hatte man weitere Milderungsgründe in den Entwurf aufgenommen[153]. Im Regelfall stellte der Kommissionsentwurf weiter relativ bestimmte Strafen auf, teilweise auch alternative und nur ausnahmsweise „mit Rücksicht auf die für die Bestrafung nothwendig erachtete Strafart, nämlich bei der Todesstrafe und dem lebenslänglichem Zuchthause, absolute Strafen"[154]. Insgesamt hatte man beim zweiten Entwurf versucht, sich dem im sächsischen Revidierten Strafgesetzbuch vorherrschenden System der übergreifenden Strafen anzunähern. Dies er-

150 Motive 1870, Anhang IV, S. 106.

151 Motive 1870, Anhang IV, S. 106.

152 Motive 1870, Anhang IV, S. 107.

153 Als zusätzliche hatte man den Notstand und die tätige Reue festgesetzt; allerdings galt letztere nur beim Meineid.

154 Motive 1870, Anhang IV, S. 107.

kannte abschließend auch *v. Schwarze* an, der bis zuletzt die mildernden Umstände ablehnte, indem er eine gewisse Abkehr vom preußischen Recht nicht leugnete[155]. Dennoch blieb für ihn die Frage, ob nicht das System der alternativen Strafdrohungen richtiger sei und den Bedürfnissen mehr entspreche.

2. Strafensystem

Von *Donandt* lag der Antrag[156] vor, die lebenslängliche Zuchthausstrafe durch eine zehn- bis zwanzigjährige zu ersetzen. U.a. sei diese Strafe, wenn sie wie hier absolut angedroht werde, ungerecht. Dennoch dürfe sie – ebenso wenig wie die Todesstrafe – in das richterliche Ermessen gestellt werden. Zudem verliere sie ihren Zweck. Wenn ein Sträfling erfahrungsgemäß schon eine 15jährige Zuchthausstrafe nur selten und fast geistig abgestumpft sowie körperlich gebrochen überlebe, so würde jedenfalls nach 20jähriger Dauer das Leben im Zuchthause von dem Gefangenen nicht mehr als ein Strafleiden empfunden werden[157]. Vielmehr gehe das Zuchthaus in eine Alterversorgungsanstalt über. Außerdem sei, wenn man schon die zeitliche Zuchthausstrafe auf 15 Jahre beschränke, der weitere Schritt, die lebenslängliche zu beseitigen, zweifellos geboten.

Dem Antrag wurde nicht stattgegeben.

v. Schwarze hatte vorgeschlagen[158], den Verweis als Strafmittel aufzunehmen, da sich die in den Motiven geäußerten Bedenken[159] in Sachsen nicht bestätigt hätten. Diesem Antrag wurde zwar nicht stattgegeben, was *v. Schwarze* bedauerte, da sich der Verweis in Sachsen und Thüringen sehr gut bewährt habe[160]; gleichwohl hatte man ihn zumindest bei jugendlichen Verbrechern als Strafe zugelassen.

a) Todesstrafe

Zu § 9 des Entwurfs, der die Todesstrafe regelte, hatte *v. Schwarze* in erster Lesung den Antrag[161] gestellt, diese zu beseitigen, zumindest aber einen entsprechenden Vorbehalt für die Landesgesetzgebungen zuzulassen. Der Vorschlag fand jedoch keine Mehrheit, womit es bei der Beibehaltung der

155 *v. Schwarze*, Der Gerichtssaal, 1870, S. 172 und *Schubert*, Festschrift für Rudolf Gmür, S. 159.

156 Unbez. Brief, *Donandt*, in: Schubert / Vormbaum, Entstehung des StGB I, S. 168 ff.

157 Unbez. Brief, *Donandt*, in: Schubert / Vormbaum, Entstehung des StGB I, S. 169.

158 Antrag 2, *v. Schwarze*, in: Schubert / Vormbaum, Entstehung des StGB I, S. 173.

159 S. oben unter A) II. Fn. 13.

160 *v. Schwarze*, Der Gerichtssaal, 1870, S. 167.

161 Antrag 1, *v. Schwarze*, in: Schubert / Vormbaum, Entstehung des StGB I, S. 173.

Vorschrift blieb. Einen erneuten Versuch in der zweiten Lesung unternahm *v. Schwarze* nicht. Die Motive zum revidierten Entwurf beriefen sich im wesentlichen auf die zum Entwurf Friedberg dargelegten Ausführungen und die historische Untersuchung.

b) Beurlaubungssystem

Zu den die bedingte Entlassung betreffenden §§ 19–22 des Entwurfs wurde von zwei Mitgliedern der Antrag[162] auf Streichung gestellt.

Von einem der Antragsteller – den Anträgen und dem Inhalt der Ausführungen nach zu urteilen war es *v. Schwarze* – wurde in einem längeren Vortrag darauf hingewiesen, dass die Beurlaubung von Gefangenen nur im Wege der Gnade erfolgen könne. Die im Königreich Sachsen erzielten günstigen Resultate seien nur der Befolgung dieses Grundgedankens zuzuschreiben. Dagegen wurde vorgebracht, dass es sich aus dem Begriff der Landesherrlichen Gnade verbiete, dieselbe als eine regelmäßige Instanz zu betrachten und als solche für die Strafvollstreckung gewissermaßen reglementarisch zu gestalten.

Der andere Antragsteller wies auf die Gefahren hin, die für die Moralität der Sträflinge zu befürchten seien, wenn man denselben die Aussicht eröffne, durch möglicherweise erheucheltes Betragen den Erlass eines Teils der Strafe zu erlangen. Daraufhin schritt man zur Abstimmung, in der die Anträge auf Streichung der §§ 19–22 des Entwurfs mit fünf zu zwei Stimmen abgelehnt wurden. *v. Schwarze* hatte später darauf hingewiesen, dass der Entwurf dem Institut dennoch eine andere Basis gegeben habe, indem er eine Institution des Gnadenrechts gesetzlich normiert habe, auch wenn dies einen Anspruch auf Haftentlassung nicht gewähre[163].

Zu den jeweiligen Paragraphen wurden verschiedene inhaltliche Änderungen beschlossen. Man einigte sich insbesondere auf Wunsch von *v. Schwarze* dahingehend, dass die

> „zu einer längeren Zuchthaus- oder Gefängnißstrafe Verurtheilten [...], wenn sie zwei Drittheile, mindestens aber ein Jahr der ihnen auferlegten Strafe

162 Ein Antrag stammte von *v. Schwarze,* Antrag 1, *v. Schwarze*, in: Schubert / Vormbaum, Entstehung des StGB I, S. 173. Wer der zweite Antragsteller war, lässt sich nicht aus den Anträgen zur ersten Lesung entnehmen.

163 *v. Schwarze*, Der Gerichtssaal, 1870, S. 174 und *Schubert*, Festschrift für Rudolf Gmür, S. 165.

> verbüßt, sich auch während dieser Zeit gut geführt und Beweise der Besserung gegeben haben, vorläufig entlassen werden [können].“[164]

Weiter legte der revidierte Entwurf die Entscheidung über einen eventuellen Widerruf in die Hände der obersten Justizverwaltungsbehörde.

c) Adelsverlust

Zum Adelsverlust, geregelt in § 26 des Entwurfs, hatte u.a. *v. Schwarze* den Antrag[165] gestellt, die Worte „sowie den Verlust des Adels“ zu streichen. Diesem Gesuch wurde stattgegeben. Allerdings fand der Adelsverlust Aufnahme in § 27 des Entwurfs, der daraufhin lauten sollte:

> „Der Verlust der bürgerlichen Ehrenrechte bewirkt ferner die Unfähigkeit, während der im Urtheile bestimmten Zeit, folgende Rechte auszuüben:
> [...]
> 4. den Adel zu führen [...].“

In der zweiten Lesung wurden keine Änderungsanträge mehr gestellt. Dies bestätigen auch die Motive zum Kommissionsentwurf.

3. Versuch

Bei den Versuchsregelungen wurde zunächst die Diskussion darüber eröffnet, ob der Rücktritt vom Versuch lediglich einen Strafausschließungsgrund bilden sollte[166]. *v. Schwarze* hatte seinen Antrag damit begründet, dass die Schlussworte „und die Vollendung des Verbrechens [...]“[167] nicht zur Definition des Versuchs gehörten. Vielmehr werde die bereits vorhandene Strafbarkeit durch das freiwillige Absehen wieder ausgeschlossen. Statt dies aber auch so zu bestimmen, werde eine Negative in den Tatbestand des Versuchs, die nicht dorthin gehöre, aufgenommen[168]. Nach der jetzigen Fassung gestalte es sich folgendermaßen: Dieselbe Handlung sei als Versuch strafbar, aber (beim freiwilligen Rücktritt) an sich auch nicht strafbar; die bereits bestehende Strafbarkeit werde nachträglich verneint; sie sei also gleichzeitig vorhanden und nicht, was als logischer Fehler er-

---

164 § 20 Abs. 1 Entwurf erste Lesung bzw. § 20 Entwurf zweite Lesung.

165 Antrag 2, *v. Schwarze*, in: Schubert / Vormbaum, Entstehung des StGB I, S. 174.

166 Antrag 2, *v. Schwarze*, in: Schubert / Vormbaum, Entstehung des StGB I, S. 176 f.

167 S. oben unter A) III.

168 Antrag 2, *v. Schwarze*, in: Schubert / Vormbaum, Entstehung des StGB I, S. 176.

scheine[169]. Dieser Antrag wurde mit vier zu drei Stimmen angenommen. Hinsichtlich einer Regelung der Frage, inwiefern der Rücktritt die Straflosigkeit des Versuches begründe, wurde der Beratung der Antrag *Buddes*[170] zu Grunde gelegt, der einen eigenständigen Paragraphen zum Rücktritt in Anlehnung an den Bremischen Entwurf vorgeschlagen hatte, und schließlich folgender Beschluss gefasst:

> „Der Versuch bleibt straflos, wenn der Thäter von der Vollführung der beabsichtigten That gänzlich abgestanden ist, ohne an dieser Vollführung durch Umstände gehindert worden zu sein, welche von seinem Willen unabhängig gewesen sind."

Die Motive zum Kommissionsentwurf führten hierzu aus, dass man in Übereinstimmung mit den meisten deutschen Strafgesetzgebungen den Rücktritt als Ausschließungsgrund festgesetzt habe und die in der zweiten Lesung beschlossene Fassung[171], in der man auch den Rücktritt durch Absehen von der Tat für straflos erklärt hatte, auf kriminalpolitischen Gründen beruhe[172]. *v. Schwarze* lobte diese Regelung und wies darauf hin, dass dadurch die in der preußischen Praxis vielfach auftretenden Schwierigkeiten und Schwankungen beseitigt seien.

Zur Strafbarkeit des versuchten Vergehens hatte *v. Schwarze* den Antrag gestellt, den § 39 des Entwurfs, bei dem jene angeordnet war, zu streichen. Diesem Vorschlag wurde jedoch nicht entsprochen.

Einen ähnlichen Antrag[173] hatte *v. Schwarze* in der zweiten Lesung gestellt, in dem er forderte, die Bestimmung zu streichen, nach welcher der Versuch eines „Vergehens" nur in den ausdrücklich genannten Fällen strafbar sein sollte.

---

169 Antrag 2, *v. Schwarze*, in: Schubert / Vormbaum, Entstehung des StGB I, S. 176.

170 Antrag 11, *Budde*, in: Schubert / Vormbaum, Entstehung des StGB I, S. 183.

171 § 44 der Reichstagsvorlage lautete:
„Der Versuch als solcher bleibt straflos, wenn der Thäter
1) die Ausführung der beabsichtigten Handlung aufgegeben hat, ohne daß er an dieser Ausführung durch Umstände gehindert worden ist, welche von seinem Willen unabhängig waren, oder
2) zu einer Zeit, zu welcher die Handlung noch nicht entdeckt war, den Eintritt des zur Vollendung des Verbrechens oder Vergehens gehörigen Erfolges durch eigene Thätigkeit abgewendet hat."

172 Motive 1870, S. 53.

173 Antrag 533, *v. Schwarze*, in: Schubert / Vormbaum, Entstehung des StGB I, S. 385.

Zur Begründung führte er an, dass sowohl bei jedem „Verbrechen" als auch „Vergehen" der Versuch strafbar sein müsse. Diejenigen Vergehen, für die der Gesetzentwurf den Versuch nicht für strafbar erkläre, seien in zwei Unterarten einzuteilen[174]. Die eine Unterart bilden die Vergehen, bei denen ein Versuch überhaupt nicht denkbar sei, die andere würde hingegen durch Vergehen gebildet, bei denen mangels einer besonderen Strafandrohung die Straflosigkeit des Versuchs gelte. Die Zahl dieser Vergehen sei klein und es empfehle sich darum,

> „eine Vorschrift dahin zu geben, daß der Versuch eines Vergehens im Allgemeinen strafbar sei und diejenigen Fälle, in denen der an sich mögliche Versuch eines Vergehens straflos sein solle, ausdrücklich hervorzuheben."[175]

Dagegen wurde vorgetragen, dass sich zunächst nicht einschätzen lasse, in wie vielen Fällen die Vorschrift „Der Versuch sei straflos" geboten sei. Stehe aber nicht fest, ob die Zahl dieser Fälle eine kleinere sei als die Zahl derjenigen Fälle, in denen der Entwurf vorschreibe „Der Versuch ist strafbar", so sei es vorteilhafter, die Redaktion des Gesetzentwurfes in der ursprünglichen Fassung beizubehalten[176]. Daraufhin wurde der o.g. Antrag vorläufig zurückgezogen. Die Motive begründeten ihre Entscheidung damit,

> „daß durch den Versuch einer strafbaren Handlung, die staatliche Rechtsordnung umso weniger berührt werde, je weniger schwer die vollendete Handlung selbst sein würde, und dass insbesondere durch den Versuch einer Uebertretung die staatliche Ordnung nicht als verletzt gelten könne."[177]

4. Strafrechtliche Verfolgbarkeit von Kindern und weitere Strafausschließungs- und Strafmilderungsgründe

In der ersten Lesung abgelehnt wurde der von *v. Schwarze* zu § 49 des Entwurfs gestellte Antrag[178], anstatt des zwölften Lebensjahres das 14. als Termin für die strafrechtliche Verfolgbarkeit festzusetzen. Allerdings wurde auch der Vorschlag zurückgewiesen, nach dem die strafrechtliche Verfolgbarkeit bereits mit zehn Jahren eintreten sollte[179]. In der zweiten Le-

---

174 *Schubert / Vormbaum*, Entstehung des StGB I, S. 310.

175 *Schubert / Vormbaum*, Entstehung des StGB I, S. 310.

176 *Schubert / Vormbaum*, Entstehung des StGB I, S. 310.

177 Motive 1870, S. 53.

178 Antrag 43, *v. Schwarze*, in: Schubert / Vormbaum, Entstehung des StGB I, S. 188.

179 *Schubert / Vormbaum*, Entstehung des StGB I, S. 82.

sung wurden keine weiteren Anträge hinsichtlich der Altersgrenze gemacht und auch die Motive zum revidierten Entwurf sind wortgetreu aus den Begründungen zum Entwurf Friedberg übernommen worden.

v. Schwarze hatte in der ersten Lesung der Beratungen zum Besonderen Teil versucht, den sächsischen Strafausschließungs- und -milderungsgrund des Ersatzes aufnehmen zu lassen. Zu den Strafausschließungs- und Strafmilderungsgründen beim Diebstahl nach § 222 des Entwurfs, hatte er einen zusätzlichen Paragraphen, ähnlich den Bestimmungen im sächsischen Strafgesetzbuch, vorgeschlagen[180]:

> „Hat der Dieb zu einer Zeit, wo er sich noch nicht für entdeckt hielt, durch Rückgabe oder Werthserstattung vollständigen Ersatz geleistet, so ist bei dem ausgezeichneten Diebstahle auf Gefängniß zu erkennen, in den übrigen Fällen aber der Thäter für straflos zu erklären."

Dieses Gesuch fand jedoch eine Absage. Ebenso erging es dem zur Unterschlagung nach § 223 des Entwurfs beantragten Zusatz[181], nach dem die Aneignung fremder Sachen als eine solche bestraft werden sollte, wenn sie ohne Absicht und die wohlbegründete Überzeugung, rechtzeitig vollen Ersatz zu gewähren, vorgenommen wurde.

In der zweiten Lesung waren keine entsprechenden Anträge gestellt worden. Dennoch wies *v. Schwarze* später darauf hin, dass die Handhabung des Ersatzes in Sachsen und Thüringen, die sich seit Jahrzehnten bewährt habe, für dessen Richtigkeit spreche.

5. Antragsdelikte

Die Zahl der nur auf Antrag zu verfolgenden strafbaren Handlungen war – wenn auch nicht um alle Fälle, die von *Held* gefordert worden waren – erweitert worden. Zudem hatten die Bestimmungen zu den Antragsdelikten

---

180 Antrag 318, *v. Schwarze*, in: Schubert / Vormbaum, Entstehung des StGB I, S. 221.

181 Die Verpfändung der fremden Sache ist als Unterschlagung zu bestrafen, wenn sie ohne die Absicht und die wohlbegründete Ueberzeugung, die Sache rechtzeitig wieder einlösen zu können, vorgenommen wurde. Die Aneignung vertretbarer fremder Sachen ist als Unterschlagung zu bestrafen, wenn sie ohne die Absicht und die wohlbegründete Ueberzeugung, rechtzeitig vollen Ersatz zu gewähren, vorgenommen wurde." Antrag 320, *v. Schwarze*, in: Schubert / Vormbaum, Entstehung des StGB I, S. 221.

inhaltliche Änderungen erfahren, die hier allerdings nicht von Bedeutung sind[182]. Man hatte ungefähr 19 Delikte hinzugefügt, u.a.:

- die Beschimpfung des Andenken eines Verstorbenen gem. § 165 des Revidierten Entwurfs
- die gewaltsame Notzucht pp. (drei Fälle) gem. § 174 des Revidierten Entwurfs
- die leichte Körperverletzung gem. § 218 des Revidierten Entwurfs
- die Verbrechen und Vergehen wider die persönliche Freiheit gem. §§ 231–233 des Revidierten Entwurfs.

II. Abschließende Bemerkungen von Schwarzes

v. Schwarze hielt in seiner Beurteilung über den Entwurf fest, dass der tiefgreifende Unterschied zwischen dem preußischen Strafgesetzbuch und anderen Strafgesetzbüchern Deutschlands nicht zuletzt auf eine differenzierte Behandlung des Schuldmoments zurückzuführen sei. So nehme das Preußische Strafgesetzbuch, dem Französischen Gesetzbuch entsprechend, die Tat in ihrer äußeren Gestaltung zur Grundlage und versuche nicht, das Moment der Schuld, soweit es über die äußere Rechtsverletzung hinausgehe und den innersten Kern der sittlichen Verschuldung betreffe, zur gleichberechtigten Anerkennung zu bringen[183].

> „Es ist [jedoch] vorzugsweise das K. Sächs. Gesetzbuch v. J. 1855, welches das subjective Moment in voller Klarheit und sicherer Consequenz zur Anerkennung brachte.“[184]

Diese unterschiedliche Handhabung bedinge u.a. die verschiedenartigen Regelungen über den Versuch und die Abneigung gegenüber der tätigen Reue in ihren verschiedenen Formen (Ersatz).

> „Mit dieser Auffassung steht auch das Strafensystem selbst in Verbindung, – in ihr wurzelt der Ausschluß der sog. Surrogatsstrafen, – sie führt, weil sie die Härten ihrer Consequenz erkennt, zu dem Systeme der mildernden Umstände und schwächt mit der Annahme desselben das Ansehen des Gesetzes, das sie schützen will.“[185]

---

182 Die Motive zum Kommissionsentwurf enthalten ebenfalls keine relevanten Äußerungen hierzu.

183 *v. Schwarze*, Der Gerichtssaal, 1870, S. 186.

184 *v. Schwarze*, Der Gerichtssaal, 1870, S. 188.

185 *v. Schwarze*, Der Gerichtssaal, 1870, S. 187 f.

III. Stellungnahme des Königreichs Sachsens

Am 1. Januar 1870 wurde der revidierte Entwurf an die Bundesländer mit der Bitte weitergeleitet, ihre Bevollmächtigten zum Bundesrat der bevorstehenden Sitzungen zu unterweisen[186]. Daraufhin sandte das Königreich Sachsen am 24. Januar 1870 eine detaillierte Stellungnahme nach Berlin, die auch dem preußischen Justizminister *Leonhardt* vorlag und mit der sich das preußische Staatsministerium am 31. Januar 1870 in seinen Beratungen über den Kommissionsentwurf ausführlich befasste, sie allerdings zurückwies[187]. In der Beratung des preußischen Kronrats[188] vom 2. Februar 1870, die sich insbesondere mit der Todesstrafe und Aberkennung des Adels beschäftigte, wurde ebenfalls auf die sächsische Vorlage Bezug genommen, diese allerdings auch hier nicht berücksichtigt.

Sachsen wünschte, die Todesstrafe abzuschaffen. Man war der Meinung, dass es nahe liege, bei einer so wichtigen gesetzgeberischen Tat einen entscheidenden Schritt zu tun und eine für regelmäßige Zustände offenbar im Absterben begriffene Strafart mit einem Male ganz aufzugeben, anstatt sie nicht nur da, wo sie bereits nicht mehr existiere, wieder zu beleben und ihr zudem im ganzen Gebiete des Bundes das Leben für lange Zeit zu sichern[189]. Weiter sei die Gesetzgebung des Königreichs Sachsen nicht zur Aufhebung derselben geschritten, ohne zuvor die eingehendsten Erörterungen angestellt und die Frage der sorgsamsten Erwägung unterzogen zu haben. So, wie die Regierung damals in der Lage gewesen sei, sich auf die Stimmen der Wissenschaft, Praxis und einer Mehrheit des Volkes, besonders im gebildeteren Teil zu stützen, dürfe sie sich nun darauf beziehen, dass die Erfahrung seit Abschaffung der Todesstrafe keinen Nachteil ergeben habe, sondern gerade in dieser Zeit eine Minderung der sonst mit jener Strafe bedroht gewesenen Verbrechen eingetreten sei[190].

> „Hiernach ist die Nichtwiedereinführung der Todesstrafe, wenigstens für das Königreich Sachsen im Wege einer Sonderbestimmung im Einführungsgesetze, um so dringender zu wünschen, als auch dem Gerechtigkeitsgefühle des Staatsoberhauptes, von Welchem die hierländische mildere Gesetzgebung geschaffen worden ist, durch Wiedereinführung eines härteren Gesetzes Zwang angethan werden würde.“[191]

---

186 *Schubert*, Festschrift für Rudolf Gmür, S. 167.

187 *Schubert / Vormbaum*, Entstehung des StGB II, S. 15 ff.

188 Der Kronrat (Conseil) war eine Staatsministerialsitzung im Beisein des Monarchen. S. *Schubert* in: Schubert / Vormbaum, Entstehung des StGB II, S. XVI, Fn. 4.

189 *Schubert / Vormbaum*, Entstehung des StGB II, S. 11.

190 *Schubert / Vormbaum*, Entstehung des StGB II, S. 11 f.

191 *Schubert / Vormbaum*, Entstehung des StGB II, S. 12.

In einem dem Gutachten angefügten Schreiben des Außenministers *von Friesen* vom 24. Januar 1870 wurde zudem darauf hingewiesen, dass die Wiedereinführung der Todesstrafe zu einer tiefen Verstimmung im Rechtsbewusstsein des Volkes führen würde und eine Abschaffung auf der eigenen, von keiner Seite her beeinflussten, aus tiefen religiösen und sittlichen Motiven beruhenden Überzeugung des Landesherrn herrühre. So sei es für diesen eine „moralische Unmöglichkeit", ferner noch ein Todesurteil zu bestätigen[192].

Außerdem sprach man sich gegen eine Aufnahme der Übertretungen aus und „höchstens [sollten] einige allgem. Vorschriften z.B. über das bei Polizeivergehen einzubehaltende Strafmaß, über die Konkurrenz von Vergehen und Uebertretungen pp. aufgenommen werden"[193]. So sei zwar in § 4 Nr. 13 der Bundesverfassung auch das Strafrecht als Gegenstand der Bundesgesetzgebung aufgeführt, jedoch verstehe man hierunter ebenso das Polizeistrafrecht. Man möge den preußischen Institutionen, an die der Entwurf sich eng anschließe, entsprechen, nicht aber den Anschauungen anderer Länder, die das Polizeistrafrecht als etwas vom Kriminalrechte Verschiedenes und Getrenntes zu behandeln gewöhnt seien[194].

> „Diese Verschiedenheit ist auch keine willkürliche und zufällige, sondern eine in der Natur der Sache begründete, und so wenig auch das gemeine Recht eine strenge Abgrenzung beider Gebiete festgehalten hatte, so ist man doch in neuerer Zeit und namentlich im Königreiche Sachsen mehr und mehr bemüht gewesen, aus dem Strafrechte Alles dasjenige auszuscheiden, was seinem eigentlichen Wesen nach dem polizeilichen Gebiete angehört."[195]

Wenn somit eine Trennung grundsätzlich durchführbar sei, dürfe schließlich die sächsische Regierung ihre Auffassung umso mehr für beachtenswert halten, als auch Zweckmäßigkeitsrücksichten der Hinzuziehung des Polizeistrafrechts in die Bundesgesetzgebung widerstrebten[196].

---

192 *Schubert / Vormbaum*, Entstehung des StGB II, S. 8.

193 *Schubert / Vormbaum*, Entstehung des StGB II, S. 10.

194 *Schubert / Vormbaum*, Entstehung des StGB II, S. 9.

195 *Schubert / Vormbaum*, Entstehung des StGB II, S. 9.

196 *Schubert / Vormbaum*, Entstehung des StGB II, S. 10.

von Friesen fügte dem hinzu, dass man zwar

> „nicht die Absicht hat, die vielfach aufgeworfene und auch in der Beilage angedeutete Frage, inwieweit die Bundesgesetzgebung auch im Gebiete desPolizeistrafrechts für kompetent zu erachten sei, weiter zu verfolgen,“[197]

jedoch müsse eine Entscheidung im Sinne des zugrunde gelegten preußischen Verständnisses stets eine zweifelhafte bleiben.

Des weiteren sollte generell jeder Versuch eines Vergehens strafbar sein und das für diesen festgelegte Strafminimum entweder ganz aufgegeben oder herabgesetzt werden, damit die Strafe auch dem leichtesten, an die straflose Vorbereitungshandlung angrenzenden Fall, angepasst werden könne[198].

So sei die Klasse der strafbaren Vergehen im Entwurf keinem Prinzip zuzuordnen. Dort seien nicht etwa nur diejenigen Vergehen ausgeschieden, bei denen ein Versuch nach dem zur Vollendung erforderlichen Tatbestand nicht denkbar sei, sondern solche ausgewählt, bei denen schon der Versuch ohne Hinzutreten des die Vollendung bedingenden Erfolges einen Rechtsnachteil enthalte[199]. Für die Androhung der Strafbarkeit des Versuchs konnte vielmehr nur die Meinung des Bedürfnisses entscheidend gewesen sein[200]. Dieses Bedürfnis sei jedoch grundsätzlich bei jedem versuchten wie vollendeten Vergehen vorhanden.

> „[D]er gegen das Gesetz sich auflehnende und in die Handlung bereits übergetretene Wille erheischt die gesetzliche Sühne, gleichviel ob – was häufig nur vom Zufalle abhängig ist – die Summe der Vorbedingungen für Eintritt der vollen Strafe schon erfüllt sei oder nicht.“[201]

Ferner sprach man sich gegen das System der mildernden Umstände aus. So sei man zwar im revidierten Entwurf bemüht gewesen, dasselbe in gerechterer Weise auszudehnen, allerdings sei dadurch der Hauptfehler des Instituts nicht beseitigt worden. Die Entscheidung darüber, ob mildernde Umstände im konkreten Falle vorhanden sind oder nicht, sei in die Hand

---

197 *Schubert / Vormbaum*, Entstehung des StGB II, S. 7.

198 *Schubert / Vormbaum*, Entstehung des StGB II, S. 12.

199 *Schubert / Vormbaum*, Entstehung des StGB II, S. 12.

200 *Schubert / Vormbaum*, Entstehung des StGB II, S. 12.

201 *Schubert / Vormbaum*, Entstehung des StGB II, S. 12.

der nicht rechtsgelehrten Richter, Geschworenen und Schöffen gelegt worden[202].

> „Diese Entscheidung wird, da das Gesetz dafür, was unter mildernden Umständen zu verstehen sei, eine Anleitung nicht giebt und nicht wohl geben kann, nicht eine auf logischer Operation beruhende, wie die Entscheidung der Schuldfrage, sondern eine von dem individuellen Gefühle diktirte und der Rechtfertigung sich entziehende sein.“[203]

Dies sei wohl auch beim gelehrten Richter der Fall, wenn er innerhalb des ihm gewährten Ermessens im gebotenen Strafrahmen den Grad der Strafwürdigkeit des Verbrechens bemesse. Allerdings sei beim Laienrichter weder die erforderliche Vorbildung vorauszusetzen, noch die Erfahrung vorhanden.

> „Ihm [dem Laienrichter] wird vielmehr die Füglichkeit, das Vorhandensein mildernder Umstände anzuerkennen, auch ohne vorhandenes thatsächliches Anhalten zumeist ein willkommenes Auskunftsmittel sein, um sich die Gewissenslast zu erleichtern, welche ihm die Beantwortung der Schuldfrage aufbürtet [sic], nicht so wohl, weil er in seiner Ueberzeugung von der Schuld nicht sicher wäre, als vielmehr weil er vor der Schwere der Strafe zurückschreckt, welche ihm als nothwendige Folge seines Verdiktes vor Augen steht. Und in diesen Zwiespalt gesetzlicher Pflicht und persönlichen Gefühls versetzt ihn das Gesetz selbst, wenn es eine nur für die schwereren Fälle berechnete, im Durchschnitte aber zu harte Strafe als die regelmäßige hinstellt.“[204]

Aus diesem Grund wurde vorgeschlagen, im Interesse der Sicherheit der Rechtsübung das ungenaue Institut der mildernden Umstände aufzugeben und dafür die ausnahmsweise angedrohte geringere Strafe ebenfalls als regelmäßige neben die härtere zu stellen und damit die Strafabmessung in die sicherere Hand des Richters zu legen[205]. Dem Laienrichter könne man dagegen die Beurteilung der Strafwürdigkeit des von ihm für schuldig Erklärten eröffnen, und ihm so einen Gewissenskonflikt abnehmen.

Zuletzt plädierte man dafür, den Zeitpunkt der Verabschiedung des Gesetzes möglichst bis zur Fertigstellung der Strafprozessordnung hinauszuschieben. Hierzu wies *von Friesen* auf die Schwierigkeiten hin, die Sachsen aus einem zu raschen und plötzlichen Inkrafttreten entstehen würden.

---

202 *Schubert / Vormbaum*, Entstehung des StGB II, S. 10.

203 *Schubert / Vormbaum*, Entstehung des StGB II, S. 10.

204 *Schubert / Vormbaum*, Entstehung des StGB II, S. 11.

205 *Schubert / Vormbaum*, Entstehung des StGB II, S. 11.

D) Beratungen im Bundesrat und Reichstag

I. Bundesrat

Der Kommissionsentwurf wurde im Plenum des Bundesrates unter dem Vorsitz *Bismarcks* abweichend vom üblichen Verfahren behandelt. Dieser hatte in der ersten Beratung am 4. Februar 1870 ein unerwartetes Verfahren festgesetzt, da das neue Strafgesetzbuch wegen der bevorstehenden Reichstagswahlen so schnell wie möglich durchgebracht werden musste. So sollte nicht jede einzelne Vorschrift der Überprüfung durch den Bundesrat unterzogen werden, vielmehr sollten alle Bestimmungen des Entwurfs als vorläufig angenommen verstanden werden, wenn nicht in der Sitzung selbst Änderungsvorschläge gemacht und schriftlich eingereicht würden. Nur diese sollten dem Ausschuss für Justizwesen zur Prüfung zugeleitet werden, der daraufhin wiederum der Vollversammlung Bericht zu erstatten hätte. Zwar lässt das amtliche Protokoll der Sitzung[206] nicht eindeutig erkennen, ob Preußen hiermit die anderen Bundesstaaten überrumpelte und zu einer schnelleren Annahme des Entwurfs veranlasste, jedoch geht aus einem Bericht[207] des hamburgischen Bevollmächtigten *Dr. Kirchenpauer* vom 4. Februar 1870 ähnliches hervor:

> „Heute indessen [...] [ging] Graf Bismarck, als ob ein solches Verfahren gar nicht existire, [...] gleich in medias res ein und forderte diejenigen, welche zum Abschnitt I Amendements hätten, auf, solche schriftlich einzureichen oder doch deren Hauptinhalt mündlich anzugeben; [...] Alles war von dieser unerwarteten Ankündigung überrascht; niemand hatte sich auf eine Diskussion vorbereitet, niemand seine Amendements mitgebracht, fast niemand hatte den Entwurf mit, ja ich möchte hinzufügen, fast niemand oder doch nur sehr wenige hatten überhaupt den Entwurf angesehen. [...] Mein Nachbar Krüger [...] und ich suchten vergebens nach der Geschäftsordnung, in der Hoffnung darin Schutz gegen Ueberwältigung zu finden; die Geschäftsordnung war aber nicht aufzutreiben, ist gar nicht besonders gedruckt, muß aus verschiedenen Protocollen von 1867 und 1868 zusammen gesucht werden."[208]

---

206 *Schubert / Vormbaum*, Entstehung des StGB II, S. 27.

207 Trotz intensiver Suche konnte im sächischen Staatsarchiv, Hauptsstaatsarchiv Dresden, kein Bericht bzw. Brief gefunden werden, der die Verhandlungen aus sächsischer Sicht schilderte. Die Registrande des Außenministeriums vermerkten zwar unter der Nr. 415 des Jahres 1870 den Eingang eines Schreibens von dem Gesandten in Berlin vom 5. Februar 1870, jedoch konnte dieses weder in den Akten des Ministeriums, noch in denen der sächsischen Gesandtschaft für Preußen / beim Deutschen Reich sowie des Ministeriums der Justiz und des Gesamtministeriums gefunden werden. Zwar enthalten alle Bestände Briefe und Schreiben von sächsischen Gesandten in Berlin, allerdings fehlen solche zum Strafgesetzbuch, ebenso wie Vermerke o.ä.

208 Bericht auszugsweise abgedruckt bei *Schubert / Vormbaum*, Entstehung des StGB II, S. XVI f.

Die wenigen schüchternen Einwendungen, die es u.a. von sächsischer Seite gab, wurden von *Bismarck* gewandt zerstreut.

> „Kurz – man fügte sich endlich aller Seits in den Bismarck'schen Wunsch, welcher überdies durch die Erwägung unterstützt wurde, dass der Entwurf am 14. d. Mts. fertig dem Reichstag vorgelegt werden müsse."[209]

Zum § 11 des Entwurfs im ersten Teil hatte ein Bevollmächtigter Sachsens, der Geheime Legationsrat *von Könneritz*, den Antrag gestellt, dass durch eine in das Einführungsgesetz aufzunehmende Vorschrift zu bestimmen sei, dass im Königreich Sachsen und in den Bundesstaaten, in welchen die Todesstrafe gesetzlich abgeschafft sei, an die Stelle der Todesstrafe eine andere, näher zu qualifizierende treten solle. Diesem schloss sich Oldenburg an und man überwies § 11 des Entwurfs sowie alle übrigen sich auf die Strafe beziehenden Vorschriften wegen ihrer prinzipiellen Bedeutung an den Ausschuss.

Zu § 30 des Entwurfs hatte Preußen das Gesuch gestellt, hinter das Wort „Ehrenzeichen" „des Adels" zu setzen und dementsprechend zu § 31 des Entwurfs[210] beantragt

1) bei Nr. 3 hinter „Ehrenzeichen" „sowie des Adels" einzufügen und
2) Nr. 4 zu streichen[211].

Weiter hatte Sachsen zu § 41 des Entwurfs angetragen, den zweiten Absatz fortzulassen und dementsprechend die Erwähnung des Versuchs bei den einzelnen Vergehen in Wegfall zu bringen, bei denen er jetzt mit Strafe bedroht werde.

Hinsichtlich der Behandlung von Übertretungen hatten Sachsen und Mecklenburg-Strelitz gemeinsam beantragt, den 29. Abschnitt „Übertretungen" ganz aus dem Strafgesetzbuch zu nehmen.

---

209 *Schubert / Vormbaum*, Entstehung des StGB II, S. XVII.

210 Der Wortlaut von § 30 des Entwurfs:
„Die Aberkennung der bürgerlichen Ehrenrechte bewirkt den dauernden Verlust der aus öffentlichen Wahlen für den Verurtheilten hervorgegangenen Rechte, ingleichen den dauernden Verlust der öffentlichen Aemter, Würden, Titel, Orden und Ehrenzeichen, sowie für entlassene Beamte den dauernden Verlust von Ruhe- und Gnadengehalten."

211 Der Wortlaut von § 31 des Entwurfs war:
„Die Aberkennung der bürgerlichen Ehrenrechte bewirkt ferner die Unfähigkeit, während der im Urtheile bestimmten Zeit
[…]
4) den Adel zu führen; […]."

Zum Schluss hatte *von Könneritz* zu § 1 des Entwurfs des Einführungsgesetzes gefordert, das Strafgesetzbuch erst dann in Kraft treten zu lassen, wenn eine gemeinsame Strafprozessordnung für den Norddeutschen Bund fertig gestellt sei.

So war innerhalb von wenigen Stunden der ganze Gesetzentwurf bestehend aus 366 Paragraphen samt Einführungsgesetz erledigt und bis auf einige Amendements, die an den Ausschuss zurückgingen, genehmigt.

Am 7. Februar 1870 erfolgten die Beratungen im Justizausschuss[212], wobei auch hier strengstens darauf geachtet wurde, dass keine Anträge begutachtet wurden, die nicht vorher an denselben verwiesen worden waren. Zudem lehnte die preußische Seite jede, selbst die geringste Abänderung des Entwurfs, entschieden ab[213]. Ausgenommen waren lediglich Vorschläge *Bismarcks*, die allerdings wiederum von der Majorität des Ausschusses verworfen wurden[214].

Die Amendements Sachsens wurden sämtlich verworfen, ebenso wie die Anträge Preußens zu den §§ 30 und 31 des Entwurfs. Statt dessen einigte man sich sogar darauf bei § 31 des Entwurfs, den Satz unter Nr. 4 „den Adel zu führen" gänzlich zu streichen, womit dieser nun nicht mehr unter die Ehrenfolgen fiel[215].

In der fünften Plenarberatung vom 11. Februar 1870 wurden sodann die Ergebnisse des Ausschusses vorgestellt und über die Vorschläge debattiert.

---

212 Dessen Mitglieder waren der Präsident *Dr. Pape* für Preußen, der Geheime Justizrat *Klemm* für das Königreich Sachsen, Staatsminister *von Watzdorf* für das Großherzogtum Sachsen, Staatsminister *von Bertrab* für Schwarzburg-Rodelstadt und Ministerresident *Dr. Krüger* für Lübeck.

213 *Schubert / Vormbaum*, Entstehung des StGB II, S. XVII.

214 *Schubert / Vormbaum*, Entstehung des StGB II, S. XVII.

215 § 31 des Entwurfs lautete fortan:
„Die Aberkennung der bürgerlichen Ehrenrechte bewirkt ferner die Unfähigkeit, während der im Urtheile bestimmten Zeit
1. die Landeskokarde zu tragen;
2. in das Bundesheer oder in die Bundesmarine einzutreten;
3. öffentliche Aemter, Würden, Titel, Orden und Ehrenzeichen zu erlangen;
4. in öffentlichen Angelegenheiten zu stimmen, zu wählen oder gewählt zu werden oder andere politische Rechte auszuüben;
5. Zeuge bei Aufnahme von Urkunden zu sein;
6. Vormund, Nebenvormund, Kurator, gerichtlicher Beistand oder Mitglied des Familienraths zu sein, es sei denn, daß es sich um Verwandte absteigender Linie handele und die obervormundschaftliche Behörde oder der Familienrath die Genehmigung ertheile."

Die o.g. Anträge Sachsens wie Preußens wurden auch hier zurückgewiesen. Preußen hatte zwar erneut gefordert, zum dauernden Verlust des Adels zurückzukehren, erhielt jedoch nach *Kirchenpauer* unerwartet nur zwanzig Stimmen, mithin weniger als die Hälfte.

> „Bismarck war von dieser ungewöhnlichen Erscheinung (sich mit Herrn v. Bülow allein stehen zu sehen) so frappirt, daß er bei § 31 lieber selbst für die Streichung des Adels stimmte, die also jetzt einhellig beschlossen ist."[216]

Vor der Gesamtabstimmung über beide Gesetze erklärte *von Könneritz*, dass das Königreich Sachsen,

> „obwohl zu seinem lebhaften Bedauern keine einzige der von ihm im Interesse der Sache vorgebrachten Einwendungen gegen den Entwurf Beachtung gefunden hat, doch in Berücksichtigung des nationalen Zwecks und in der Voraussicht, daß eine Abstimmung gegen den Entwurf ohne Erfolg sein würde, nicht abfällig stimmen wolle, sich jedoch vorbehalte, auf dem in Artikel 9. der Bundesverfassung gedachten Wege bei der Berathung im Reichstage seine abweichende Meinung in Betreff der einzelnen Punkte, in denen Sachsen überstimmt worden ist, geltend zu machen."[217]

Schließlich erfolgte mit lediglich zwei Änderungen die Annahme der Gesetze gegen die drei Stimmen von Mecklenburg-Schwerin und Mecklenburg-Strelitz.

II. Reichstag

1. Erste Lesung

Bereits drei Tage nach der Beschlussfassung im Bundesrat wurde der Entwurf am 14. Februar 1870 in den Reichstag eingebracht[218] und am 22. Februar 1870 in erster Lesung beraten[219]. In dieser fand, dem üblichen Verfahren entsprechend,

216 Bericht auszugsweise abgedruckt bei: *Schubert / Vormbaum*, Entstehung des StGB II, S. XVI f.

217 *Schubert / Vormbaum*, Entstehung des StGB II, S. 43.

218 Die „Dresdner Nachrichten" vom 17. und 22. Februar 1870 schreiben wenig Schmeichelhaftes über die Reichstagsverhandlungen. So seien zur ersten Lesung des Entwurfes am Montag, dem 14. Februar 1870, nur 111 Mitglieder anwesend gewesen, während jedoch zur Beschlussfähigkeit 149 gehörten. Zwar habe man später die beschlussfähige Anzahl versammeln können, „wenn Alles, was in Lesezimmern, Corridoren und der Restauration zerstreut ist [und] durch Telegraphen herbeigeklingelt wird, aber [...] selbst [...] [das] gewährt noch einen beklagenswerthen Anblick. Er ist durch und durch langweilig, verdrießlich."

219 Die sächische Regierung hatte sich offensichtlich an die preußische mit der Bitte gewandt, den Reichstag nicht vor dem 21. Februar 1870 zusammenkommen zu lassen, da die sächischen Kammersitzungen noch nicht abgeschlossen seien. *von Könneritz* be-

keine vertiefte inhaltliche Auseinandersetzung statt. Statt dessen bildete die Frage der geschäftlichen Behandlung der Vorlage fast den alleinigen Gegenstand der Lesung.

Die Einleitung der Debatte erfolgte durch den Bundesbevollmächtigten Justizminister *Dr. Leonhardt*, der den Entwicklungsgang des Entwurfes darstellte und seine Rede mit dem Hinweis darauf schloss, dass dieser nicht allein mit juristischem, sondern insbesondere mit politischem Sinn begutachtet werden solle. Er war der Überzeugung, dass

> „wir [...] den Gedanken in den Vordergrund stellen [müssen], daß es für uns sich darum handelt, in einem wichtigen Zweige des Rechtslebens Einheit in Deutschland herzustellen, und gegenüber diesem Gedanken muß alles Untergeordnete, das rein Juristische in den Hintergrund treten."[220]

Der gleichen Auffassung war der Abgeordnete *Albrecht* aus Hannover und schlug vor, nur den 8. bis 29. Abschnitt des Besonderen Teils zur Vorberatung durch eine Kommission zu übertragen. Zur Begründung trug er u.a. vor, dass der Entwurf bereits in der Vorbereitung sorgsam durch die Kommission geprüft worden sei und das Gesetz ansonsten, würde es einer Kommission überwiesen, in der laufenden Reichstagssession nicht mehr zustande kommen würde.

Dagegen stellte der sächsische Abgeordnete *v. Schwarze* den Antrag, die gesamte Ausarbeitung einer Kommission zu übertragen, da die einheitliche Gestaltung des Werkes gefährdet sei, würde man nur einen Teil abgeben und den restlichen im Plenum beraten. Gerade bei einem Strafgesetzbuch trete die Notwendigkeit einer einheitlichen Behandlung daraus hervor,

> „daß diese innige Verwandtschaft [zwischen den einzelnen Materien und Paragraphen], diese gegenseitige Ergänzung der Grundsätze überall, beinahe

---

merkte dazu in einem Schreiben vom 4. Februar 1870, dass er sich deswegen mit *Graf Bismarck* und Staatsminister *Delbrück* getroffen habe, „um denselben die Gründe darzulegen, weshalb die Sächsische Regierung die Berufung des Reichstags nicht vor dem 21. dieses Monats wünschen muß." *Bismarck* meinte, dass eine solche Hinausschiebung nicht glücklich wäre, dass auch die preußischen Kammern vertagt seien, und „daß es zu keinen Unzuträglichkeiten führen würde, wenn der ein oder andere der sächsischen Abgeordneten, die gleichzeitig den sächsischen Kammern angehören, [...] früher hier [Anm. der Verf.: in Berlin] einträfen. Er erkannte an, daß die sächsische Regierung das Ihrige gethan habe, um die Erledigung der sächsischen Landesvertretung möglichst zu beschleunigen und fügte [...] hinzu: ultra posse nemo tenetur. Es wird daher für Graf Bismarck [...] überraschend sein, wenn der sächsische Landtag keine Vertagung erfährt und noch einige Tage während der bereits begonnenen Reichstagssession zusammen bleibt." Vgl. sächsisches Staatsarchiv, Hauptstaatsarchiv Dresden, 10717, Außenministerium, Akte 1404. Die „Dresdner Nachrichten" schreiben am 10. März 1870, dass der sächsische Landtag erst am 24. Februar 1870 geschlossen worden sei und der ersten Reichstagssitzung nur fünf sächsische Abgeordnete beigewohnt hätten. Siehe „Dresdner Nachrichten" vom 7. Februar 1870.

220 Sten. Ber. des Reichstags, 1870, in: *Schubert*, III. Band, S. 53.

> bei jedem Worte dem Gesetzgeber zur klaren Anschauung gekommen sein muß."[221]

Das Plenum lehnte jedoch mit großer Mehrheit den Antrag *v. Schwarzes* ab und verzichtete darauf, die Vorlage insgesamt einer Kommission zu übertragen, woraufhin lediglich der 8. bis 29. Abschnitt des Besonderen Teils der Vorberatung durch 21 Mitglieder[222] überlassen wurde. *Rubo* führte diese Entscheidung insbesondere auf die Rede des hannoverschen Abgeordneten *Dr. Windhorst* zurück, der sich zwar für den Antrag *v. Schwarzes* aussprach, jedoch bemerkte, dass er nicht davon ausgehe, dass das Gesetz noch in der laufenden Periode zustande komme, was ihm allerdings auch keine Sorgen bereite[223].

2. Zweite Lesung

a) Einleitende Bestimmungen und die Todesstrafe

In der zweiten Lesung, die am 28. Februar 1870 stattfand, begann man mit der Debatte über die Todesstrafe, da bereits § 1 des Entwurfes diese enthielt. Aufgrund ihrer unterschiedlichen Behandlung in den einzelnen Ländern bildete sie einen Schwerpunkt der Beratungen, weswegen sich auch die Diskussion zu dem Thema über zwei Sitzungen erstreckte. Von den Reichstagsabgeordneten, die sich äußerten, sprachen sich acht, u.a. *Leonhardt* und *Bismarck*, für die Beibehaltung der Todesstrafe und neun, so auch *v. Schwarze* und der sächsische Appellationsgerichtspräsident *Klemm*, dessen Rede vielfach Beifall gezollt wurde[224], gegen sie aus. Dabei beruhten die vorgetragenen Begründungen insgesamt mehr auf persönlichen Ansichten und der Wiedergabe bereits bestehender Nachweise als auf neuen Argumenten. Sowohl die Gegner als auch Verteidiger beriefen sich auf die Un- bzw. Rechtmäßigkeit, die Un- wie Zweckmäßigkeit sowie ethische, christliche, rechtsphilosophische und kriminalpolitische Gründe.

Von Beginn an befanden sich die Befürworter der Todesstrafe in der Defensive.

Die „Dresdner Nachrichten" führten aus, dass die Anhänger der Todesstrafe im ganzen keinen erhebenden Anblick boten und sich eine „schreckliche Gedanken-

---

221 Sten. Ber. des Reichstags, 1870, in: *Schubert*, III. Band, S. 52.

222 Dazu zählte auch der sächsische Generalstaatsanwalt *Dr. Schwarze*, der zugleich der Vorsitzende der Kommission war.

223 Allerdings könnte dieses Abstimmungsergebnis ebenso auf die allgemeine Verfassung des Reichstags zurückzuführen sein, dessen Verhandlungen wenig schmeichelhaft beschrieben wurden. Vgl. Fn. 218.

224 „Dresdner Nachrichten" vom 1. März 1870.

armuth"[225] fühlbar machte, „die zu verdecken Bibelsprüche aus den strengen mosaischen Glaubenssätzen in Hülle und Fülle angewendet wurden"[226].

Der Abgeordnete *Reichensperger*, der zu den Befürwortern und Führern der Katholiken strengerer Richtung zählte, ging davon aus, dass die Rechtmäßigkeit der Todesstrafe mit der Anerkennung des Strafrechts des Staates überhaupt zusammenfalle, der seinerseits etwas Absolutes sei und kraft der Natur der menschlichen Gesellschaft bestehe. So könne Gegenstand der Kriminalpolitik allein sein, ob eine bestimmte Strafe unter den bestehenden Umständen des Landes und Volkes notwendig und unerlässlich sei, was er im Hinblick auf die Todesstrafe bejahte[227]. Weiter wies er auf die Gesetzgebung Württembergs hin, die nach zehnjähriger Abschaffung der Todesstrafe diese wieder hergestellt hatte. Zum Schluss bemerkte *Reichensperger*, dass er sich

> „zu seinem Bedauern nur dahin resumiren [kann], daß [...] [er] die Todesstrafe wenigstens für das Verbrechen des Hochverraths und des Mordes für nothwendig und darum für rechtmäßig halte, und daß es der Zukunft und der Hoffnung für die Zukunft vorbehalten bleiben muß, ob vielleicht die Zeiten und Sitten sich einmal so bessern und heben werden, dass die Bedrohung der staatlichen und menschlichen Sicherheit ein so geringes Maß angenommen haben werde, daß man diese Gefährdung ertragen kann, ohne mit der Repression der Todesstrafe antworten zu müssen."[228]

Leonhardt, dessen Rede[229] sehr dürftig ausfiel, berief sich insbesondere auf die Volksmeinung, ausgenommen die der Rechtslehrer und Rechtsphilosophen, die schließlich keine repräsentative Mehrheit bildeten. Sie sei noch nicht soweit, sich für die Abschaffung der Todesstrafe auszusprechen.

---

225 „Dresdner Nachrichten" vom 5. März 1870.

226 „Dresdner Nachrichten" vom 5. März 1870.

227 Sten. Ber. des Reichstags, 1870, in: *Schubert*, III. Band, S. 63.

228 Sten. Ber. des Reichstags, 1870, in: *Schubert*, III. Band, S. 66.

229 Hierzu bemerkten die „Dresdner Nachrichten" vom 5. März 1870: „Was hatte man sich in Preußen von diesem Hannoveraner erwartet! Und wie hat er alle Erwartungen getäuscht! Sein ganzer Eindruck ist der des wohlgefälligen Bewusstseins, im Besitz einer der wichtigsten Stellen im Staate sich zu befinden. Eine wohlbeleibte Gestalt, [...] ruht er, die Hände über den Leib gefaltet, in seinem Sessel und blickt in den Reichstag darnieder, als wolle er sagen: Ich bin der Mann! Ich habe meine Situation – was Ihr da unten thut, ob Ihr liebt oder haßt, das ist ziemlich gleichgiltig. Die Worte drängen sich nur mühsam und schwerfällig ihm aus dem Munde, und was für Worte! Reden voller Missachtung gegen die deutsche Wissenschaft, Worte, die vielleicht ein Unteroffizier gebracht, wenn er über das „Schreibervolk" spricht, aber nicht Worte, die ein Justizminister wählen sollte, wenn er sich über die Wissenschaft auslässt."

Bundeskanzler *Bismarck* dagegen trat entschieden taktvoller auf[230], brachte sich mit seiner Rede allerdings weniger in die eigentliche Diskussion um die Todesstrafe ein, sondern agierte vielmehr politisch. Bereits zu Beginn seiner Rede bemerkte er, dass er kaum Gründe hinzufügen könne, die die Überzeugung des anderen bestärken oder erschüttern könnten.

> „Wenn ich dennoch das Wort ergreife, so geschieht es, um Zeugniß darüber abzulegen, daß die Argumente, die ich hier gegen die Todesstrafe gehört habe, meines Erachtens nicht die Kraft haben werden, die Ueberzeugung der Mehrheit des Bundesraths, der Mehrheit der politischen Regierungen, welche sich im Bundesrath für die Vorlage ausgesprochen haben, zu erschüttern – welche sich nach sorgfältiger Prüfung in allen Stadien, der technischen sowohl wie der politischen, für die Beibehaltung der Todesstrafe entschieden haben.“[231]

Auch die folgenden Worte appellierten mehr an das „Gefühl und Gewissen“ der Abgeordneten, als dass sachdienliche, diskutierbare Argumente vorgegeben wurden. So erklärte *Bismarck*, er halte sich seinerseits nicht für berechtigt, die Mehrzahl der friedlichen Bürger dem Experiment der Abschaffung der Todesstrafe ohne weiteres preiszugeben. Man müsse zudem bedenken, dass man zu dieser Zeit im Hinblick auf Menschenleben eigentlich nicht gerade zimperlich sei.

> „Wieviel Menschenleben werden bei uns für die öffentliche Bequemlichkeit, für die Förderung des Erwerbes heute auf's Spiel gesetzt; wie Viele Todesfälle kommen auf das Explodieren von Dampfkesseln, wie Viele kommen in Bergwerken, auf Eisenbahnen um, wie Viele kommen um in Fabriken, wo giftige Dünste ihre Gesundheit zerstören? [...] Kaum der Gedanke kommt bei uns zum Durchbruch, daß man den Leuten, die auf diese Weise mit täglicher Lebensgefahr kämpfen, [...] daß man ihnen mit der Gesetzgebung in so weit zur Hilfe kommt, als man vermöchte. Warum wendet sich denn das Gefühl gerade der Schonung des Verbrechers zu, ohne daß Sie nach jener Richtung schon gethan hätten, was Ihnen zu thun möglich ist.“[232]

Weiter liege eine Inkonsequenz darin, dass die Gegner die Todesstrafe als repressive Strafe abschaffen, als präventive Schutzmaßnahme aber erlauben wollen[233]. So dürfe zum Beispiel die Verschleppung einer Tierseuche

---

230 Dies bemerkten auch die „Dresdner Nachrichten“ vom 5. März 1870, die zudem anerkannten, dass seine Worte, wenn man ihnen auch nicht folgen könne, wenigstens auf einer konservativen Grundlage beruhten, die bei einem Mann von der Energie Bismarcks erklärlich sei.

231 Sten. Ber. des Reichstags, 1870, in: *Schubert*, III. Band, S. 95.

232 Sten. Ber. des Reichstags, 1870, in: *Schubert*, III. Band, S. 96.

233 Sten. Ber. des Reichstags, 1870, in: *Schubert*, III. Band, S. 96.

durch die Tötung eines Menschen verhindert werden. *Bismarck* stellte sich die Frage, warum die Abgeordneten überhaupt einen so großen Fortschritt, der in dem gemeinsamen Strafrecht liege, von dieser einzelnen Frage abhängig machen wollten. Das ganze Vorhaben sei gefährdet, falls der Reichstag gegen die Todesstrafe stimme.

Letzten Endes spielten solche Argumente jedoch für die meisten Konservativen keine bedeutende Rolle, war doch die Todesstrafe die gottgewollte Vergeltung[234]. „Wer Menschenblut vergießt, dessen Blut soll auch durch Menschen vergossen werden“[235]. Dies war das göttliche Gebot, dessen Durchsetzung das Recht und die Pflicht der „Obrigkeit“ als Teil der „göttlichen Ordnung“[236] war, das eine bloße gesetzgebende Versammlung nicht schmälern konnte.

Klemm führte insbesondere Sachsen als positives Beispiel für die Abschaffung an und bemerkte, dass auch die Motive zum Entwurf in ihrer Darstellung darauf hinwiesen, dass die Todesstrafe mit raschen Schritten ihrer Beseitigung entgegensehe. Es sei deswegen nicht ersichtlich, warum sie in den Ländern, in denen sie abgeschafft sei, wieder eingeführt werden sollte, nur um sie kurze Zeit später erneut abzuschaffen. Zudem sei es höchst ungerecht gegenüber verurteilten Mördern von Staaten, in denen die Todesstrafe (faktisch) abgeschafft sei, sie nur darum zu enthaupten, weil sie das Pech hatten, nach der Wiedereinführung der Todesstrafe durch ein neues Strafgesetzbuch verurteilt worden zu sein.

v. Schwarze, der eine rechte Auswahl an Argumenten getroffenen hatte, hob in seiner Rede zunächst hervor, dass die Frage keine streng juristische sei, sondern, dass sie „tief innig, wie das gesammte Strafrecht mit den religiösen und sittlichen Anschauungen und Zuständen des Volkes zusammenhängt“[237]. Er beschwor den Nationalstolz der Abgeordneten, indem er betonte, dass das Strafrecht der Spiegel sei, in dem man die Seele des Volkes erblicke:

> „die Geschichte des Strafrechts der Völker ist ein Stück Geschichte der Psychologie der Menschheit. *Und wenn es das ist* [...], ist die Gesetzgebung des Norddeutschen Bundes im Jahre 1870 vollkommen berechtigt, dem deut-

234 *Evans*, Rituale, S. 417.

235 Sten. Ber. des Reichstags, 1870, in: *Schubert*, III. Band, S. 110, 119, 134.

236 Sten. Ber. des Reichstags, 1870, in: *Schubert*, III. Band, S. 119.

237 Sten. Ber. des Reichstags, 1870, in: *Schubert*, III. Band, S. 67.

schen Volke das Zugeständniß machen zu dürfen, daß die Todesstrafe bei *seiner* Gesittung und *seiner* Stellung unter den Nationen der Welt vollkommen entbehrlich gemacht worden sei."[238]

Weiter wies *v. Schwarze* darauf hin, dass die bisher angenommene und oft angeführte Furcht des Verbrechers vor dem Tod nicht bestehe, denn wer ein solches begehe, glaube nicht, dass er entdeckt werde[239]. Damit erweise sich die Strafe als unwirksames Abschreckungsmittel, zumal gerade auch bei Kapitaldelikten oftmals Gnade vorwalte. Außerdem werde das Ansehen der Justiz durch die Beibehaltung der Todesstrafe weniger als durch eine effektive Strafverfolgung und -aufklärung gestärkt. Zuletzt erwähnte *v. Schwarze* den Justizmord[240], der das Furchtbarste sei, das in den Annalen der Rechtspflege nur gedacht werden könne und dessen einzige Sicherung die Abschaffung der Todesstrafe sei.

„Es ist eine furchtbare Verantwortung, die den Richtern auferlegt wird, wenn sie sagen sollen, der Mensch ist des Todes schuldig oder nicht; dann darf der Richter sich nicht dahinter verstecken, daß er sagt: bei der Krone liegt die Entscheidung, ob eine Begnadigung eintreten soll oder nicht. Der Regent läßt den Spruch des Richters vollstrecken [...]."[241]

Lasker, der sich ebenfalls gegen die Todesstrafe aussprach, griff in seiner Rede insbesondere die Ansätze von *Leonhardt* an und befasste sich ausführlich mit der Darstellung der moralischen und geistigen Entwicklung des Volkes. So sei es die Pflicht der Volksvertretung die öffentliche Meinung zu bilden und nicht ihr nachzulaufen. Im Vergleich zu Italien bemerkte er,

„der Staat müsse [sich] in seiner Existenz [...] schützen und könne diesen Schutz nur bewirken, indem er die Todesstrafe gestattet und den Einzelnen in der Form des Todes vernichtet; [...] [derjenige der anderer Auffassung ist] giebt der öffentlichen Meinung, [...] der Sittlichkeit und dem geistigen Stand unserer Nation nicht den richtigen Ausdruck."[242]

Die Todesstrafe sei, sofern sie noch bestehe, Ausdruck für eine gewisse untergeordnete Kulturstufe. Denn für *Lasker* als Liberalen war der Zusammenhang zwischen Beibehaltung dieser Strafe, autoritärem Staat und

---

238 Sten. Ber. des Reichstags, 1870, in: *Schubert*, III. Band, S. 67.

239 Sten. Ber. des Reichstags, 1870, in: *Schubert*, III. Band, S. 68.

240 Die Vollstreckung des Urteils eines unschuldig zu Tode verurteilten Menschen.

241 Sten. Ber. des Reichstags, 1870, in: *Schubert*, III. Band, S. 71.

242 Sten. Ber. des Reichstags, 1870, in: *Schubert*, III. Band, S. 81.

kultureller Rückständigkeit fast schon zu offensichtlich, um ausdrücklich erwähnt werden zu müssen[243]. Er verteidigte die Wissenschaft im Hinblick auf die von *Leonhardt* getätigten Äußerungen und bescheinigte ihr einen maßgeblichen Einfluss auf die bisherigen Ergebnisse. Sie seien schließlich in Beziehung auf die Rechtsausübung die Sachverständigen. Außerdem nannte er es eine ungebührliche Vermessenheit des Menschen, der göttlichen Gerechtigkeit in den Arm zu fallen.

Nachdem sich weitere Abgeordnete erklärt hatten, ging man zur Abstimmung über, die allerdings auf die Amendements von *Fries'* und *von Kirchmanns* beschränkt wurde. Das vorläufige Abstimmungsergebnis lag bei 118 zu 81 Stimmen für die Abschaffung der Todesstrafe, wobei alle sächsischen Abgeordneten gegen die Strafe stimmten[244]. Zu einem späteren Zeitpunkt wurde schließlich auch der § 1 des Entwurfs endgültig angenommen.

Durch die Worte *Bismarcks* verunsichert, hatte der konservative Abgeordnete *Graf von Lehndorff-Steinort* nach Abschluss der Beratungen über den Allgemeinen Teil des Strafgesetzbuchs den Antrag gestellt, mit Unterbrechung der zweiten Lesung die dritte Lesung eintreten zu lassen[245]. Da dieser jedoch von konservativer Seite gestellt worden war, hatte er den Eindruck erweckt,

> „es sei damit weniger auf den Bundesrath abgesehen gewesen, als auf Rettung der geliebten Todesstrafe. Wahrscheinlich haben die Konservativen, die wieder bis auf die knappe Beschlussfähigkeit herabgesunkene Zahl der anwesenden Abgeordneten sowie deren Verhältnis zu den verschiedenen Parteien berechnet und gehofft, bei der unerwartet vorzunehmenden dritten Lesung des I. Theiles die in zweiter Lesung abgeworfene Todesstrafe wieder angenommen zu sehen."[246]

Der Reichstag sollte direkt beschließen, ob er bei seinem früheren Votum verbleibe und die Todesstrafe abgeschafft wissen wolle. Wenn dies der Fall sei, müsse der Bundesrat den Entwurf ohne weiteres zurückziehen. Nach Ansicht des Antragstellers könne es deswegen nicht im Interesse des Reichstages sein, an einem so umfassenden Gesetz weiter zu arbeiten, solange man nicht die Sicherheit habe, dass es

---

243 *Evans*, Rituale, S. 412.

244 Dazu schrieben die „Dresdner Nachrichten" vom 13. März 1870: „Man juble über den Entschluß des Reichstags nicht zu früh! [...] Man muß nur wissen, wie an den Abgeordneten von der freiconservativen und von der nationalliberalen Fraction herumgearbeitet wird, dass wenigstens 30 von ihnen zuletzt noch für die Todesstrafe stimmen und man wird ein wenig mißtrauisch, ob alle die, welche im März gegen die Todesstrafe stimmten, noch im April das Gleiche thun werden."

245 Zum folgenden: *Rubo*, Kommentar, S. 64 f.

246 „Dresdner Zeitung" vom 6. März 1870.

auch zustande komme. Dagegen konterte *Bismarck*, dass der Bundesrat, um sich eine Meinung über den Entwurf zu bilden, den Gesetzentwurf im ganzen benötige. Zudem sei er überzeugt, dass die Bundesregierungen nicht sogleich den Entwurf zurückziehen würden, sondern vielmehr auf Grundlage der vom Reichstag getätigten Beschlüsse Verständigung suchen würden. Daraufhin wurde der Antrag abgelehnt.

Als die anschließenden Beratungen zu den noch verbleibenden Paragraphen des Entwurfs weiter gingen, schrieben die „Dresdner Nachrichten" am 9. März 1870, dass niemand Lust zum Arbeiten habe, da sich jeder sage, dass aller Fleiß vergeblich sei, wenn der Bundesrat letztendlich wegen der Aufhebung der Todesstrafe das ganze Gesetz ablehne. Doch es nütze alles nichts, denn Tag für Tag, Woche für Woche werde weiter beraten

> „und wenn man nach 3 bis 4 Wochen an den Paragraphen 'Bismarck' über die Todesstrafe gekommen sein wird – dann erntet der Kanzler vielleicht doch noch die Früchte dieses langsamen Ermattens der Abgeordneten. Jetzt freilich vermessen sich manche von den Abgeordneten, die jetzt noch gegen die Todesstrafe gestimmt haben, hoch und theuer, daß es bei der Todesstrafe keinen Compromiß gebe; indessen nicht umsonst wird der Reichstag mürbe gemacht. [...] Wenn es bisher in den Sitzungen recht ruhig herging, so thut das Gefühl der voraussichtlichen Erfolglosigkeit der ganzen Berathungen hierbei mehr, als die Abwesenheit einiger der äußersten Abgeordneten."[247]

b) Strafensystem, Strafrahmenbestimmung sowie bedingte Entlassung

Bei den Strafen einigte man sich darauf, dass nicht nur die zeitige, sondern auch lebenslängliche Festungsstrafe möglich seien und der Höchstbetrag nicht zehn, sondern 15 Jahre betragen sollte. Eine längere Diskussion entspann sich zudem zur Isolierhaft, zu der u.a. von sächsischen Abgeordneten das Amendement gestellt worden war, das Maximum auf ein Jahr herabzusetzen. Letztlich wurde das Höchstmaß von sechs auf drei Jahre reduziert.

Die bedingte Entlassung gem. § 19 des Entwurfs nach der zweiten Lesung[248] wurde auch auf Antrag des sächsischen Abgeordneten *Eysoldt* sowie anderer Mitglieder von der Einwilligung des Gefangenen abhängig gemacht, indem man die Worte „mit ihrer Zustimmung" eingefügt hatte.

Weiter wurde das lebenslängliche Zuchthaus in vielen Fällen nicht mehr absolut, sondern oftmals wahlweise mit zeitlicher Zuchthaus- oder lebenslänglicher Festungsstrafe angedroht. Ausgangspunkt dafür waren zunächst

---

247 „Dresdner Nachrichten" vom 9. März 1870.

248 Dieser lautete (auszugsweise): „Die zu einer längeren Zuchthaus- oder Gefängnisstrafe Verurteilten können, [...], mit ihrer Zustimmung vorläufig entlassen werden."

die politischen Verbrechen, zu denen verschiedene Anträge vorlagen. Das Zuchthaus sollte danach entweder alternativ mit Festungshaft, Gefängnis oder möglicherweise auch Einschließung festgesetzt bzw. ganz gestrichen werden. Viele dieser Amendements passten allerdings nicht zu dem bereits beschlossenen Strafensystem, weswegen eine längere Diskussion über das Strafensystem im Allgemeinen und insbesondere den Charakter der Zuchthausstrafe, der überwiegend als entehrend eingestuft wurde, entstand. An deren Ende einigte man sich jedoch auch auf die alternative Androhung des lebenslangen Zuchthauses. Zudem wurde vielfach das Strafminimum herabgesetzt sowie die Annahme mildernder Umstände vermehrt.

Der Verlust des Adels wurde in der zweiten Reichstagslesung nicht mehr angesprochen.

c) Versuch

Zum zweiten Absatz des § 41, der den Versuch von Vergehen regelte, hatten *v. Schwarze* und der Abgeordnete *Gebert* beantragt, diesen zu streichen und die Beratung hierüber bis zum Ende der Lesung auszusetzen. *v. Schwarze* trug zur Begründung vor, dass der Paragraph in einem engen Zusammenhang mit § 1 stehe, dessen Beschlussfassung ebenso aufgeschoben sei. Er wies darauf hin, dass die im Entwurf gefundene Lösung keine deutsch-rechtliche sei, auch, wenn sich die meisten Länder dieser angenommen hätten, sondern aus dem französischen Recht stamme. Sodann verglich er eine unbedeutende Münzfälschung mit einer falschen Denunziation „der allerniedrigsten Art“[249]; erstere war nach dem Entwurf als Versuch strafbar, letztere hingegen nicht.

Leonhardt, der die Beratung, ebenso wie die Abgeordneten *von Luck* und *Bürgers*, nicht ausgesetzt sehen wollte, war der Auffassung, dass ein Zusammenhang zwischen diesem Paragraphen und § 1 nicht bestehe. Zusätzlich bemerkte er in Weiterführung der von *v. Schwarze* aufgestellten Forderung, dass folglich auch die versuchten Übertretungen zu bestrafen seien. Die Entwurfslösung sei altgermanisch und römisch und es bestehe kein Bedürfnis den Versuch dahingehend auszudehnen, dass man allgemein bestrafe, was allein das preußische Recht bezeuge[250]. *von Luck* fügte dem hinzu, dass eine Annahme dieses Antrags eine bedeutende Schärfung des

249 Sten. Ber. des Reichstags, 1870, in: *Schubert*, III. Band, S. 166.

250 Sten. Ber. des Reichstags, 1870, in: *Schubert*, III. Band, S. 167.

ganzen Strafgesetzbuchs nach sich ziehen würde und *Bürgers* bemerkte, dass ihm die vorgebrachten Gründe nicht erheblich genug seien, dem Antrag zuzustimmen.

von Klemm, der sich für die Streichung des zweiten Absatzes aussprach, gab an, dass die Argumentation der Motive, ebenso wie die von *Leonhardt*, auf den Satz „minima non curat praetor" hinauslaufe. Würde es sich die Gesetzgebung jedoch zur Aufgabe machen, dieses Motto durchzuführen, verfiele sie in eine unergründliche Kasuistik[251]. Ein Gesetz müsse jedoch prinzipiell sein, weswegen, der Versuch bei Anordnung der Strafbarkeit auch bei allen Vergehen strafbar sein müsse.

In der sich anschließenden Abstimmung wurde weder die Beratung ausgesetzt noch der Antrag angenommen.

d) Strafausschließungs- oder Strafmilderungsgründe

Zur strafrechtlichen Verfolgbarkeit von Kindern wurden keine Anträge gestellt, so dass der entsprechende Paragraph unverändert angenommen werden konnte.

Bei den Antragsdelikten wurde die Frist zur Zurücknahme einer Anzeige dahingehend verändert, dass nicht mehr der Zeitpunkt der Eröffnung der gerichtlichen Untersuchung, sondern die Verkündung eines auf Strafe lautenden Erkenntnisses entscheidend sein sollte.

Zum neunzehnten Abschnitt des Entwurfs, der sowohl Diebstahl als auch Unterschlagung regelte, hatte der sächsische Abgeordnete *Génast* in der dritten Sitzung der Reichstagskommission folgenden Zusatz beantragt:

> „Straflosigkeit tritt ein, wenn der Strafttäter zu einer Zeit, wo er sich noch nicht für entdeckt hält, durch Rückgabe oder Wertherstattung vollständigen Ersatz leistet.
> Auf den schweren Diebstahl findet diese Bestimmung nicht Anwendung."[252]

In den Beratungen bemerkte *Friedberg*, dass in den Fällen, wo die wahre Reue die Rückgabe des Gestohlenen erwirke, Gnade walten solle, nicht aber das Gesetz eine Straflosigkeit bestimmen dürfe. *v. Schwarze* war anderer Meinung und gab an, dass der Grundsatz bereits seit Jahrzehnten in Sachsen und Thüringen mit bestem Erfolge bestehe. An der Erörterung

251 Sten. Ber. des Reichstags, 1870, in: *Schubert*, III. Band, S. 167.

252 Vgl. bei *Schubert / Vormbaum*, Entstehung des StGB II, S. 175.

beteiligten sich außerdem *von Luck*, *von Kirchmann*, *Evelt*, *von Bernuth* und *von Einsiedel*, der zusätzlich beantragte, dem Amendement „und wo er noch nicht entdeckt war" zuzufügen, wogegen sich allerdings der Referent *Génast* aussprach. Der Zusatz wurde sodann mit elf gegen sechs Stimmen angenommen.

Der Antrag *Génasts* mit dem Zusatz von *von Einsiedel* wurde jedoch mit zehn gegen sieben Stimmen abgelehnt.

e) Übertretungen

Zum dritten Teil des Entwurfs hatte der sächsische Abgeordnete *von Zehmen* u.a. den Vorschlag gemacht, die Paragraphen aus dem Entwurf zu entfernen, die sich auf die Spezialgesetzgebung der einzelnen Bundesstaaten bezögen. Die in den Entwurf aufgenommenen Bestimmungen ließen kein Prinzip erkennen. Zudem seien sowohl ihre Aufnahme dieser Bestimmungen als auch die Grenzlinien fraglich[253]. Dies bezeuge allein die verschiedene Handhabung der einzelnen Länder. Im weiteren Verlauf berief sich *von Zehmen* auf die oftmals gegen die Übertretungen angeführten Argumente und konstatierte, dass es letztlich besser sei, alle im Entwurf geregelten Materien der Landesgesetzgebung zu überlassen.

Dagegen wandte sich der Präsident *Friedberg*. Er berief sich auf die Kritik *von Wächters* am Entwurf, der die Regelung eines gemeinen Polizeistrafrechts, solange nicht lokale oder vorübergehende Gründe dagegen sprächen, nicht in Frage stelle. Seine Rede schloss *Friedberg* mit den Worten:

> „Demgemäß möchte ich darum bitten, daß die Herren Abgeordneten von Sachsen, deren Regierung in bundesfreundlichem Entgegenkommen soviel dazu beigetragen hat, daß wir bis zu diesem Stadium der Gesetzgebung haben gelangen können, nicht aus welcher partikularistischen Befürchtung einen Widerspruch gegen die Aufnahme dieses Abschnittes in das Norddeutsche Strafgesetzbuch erheben möchten."[254]

Daraufhin zog der Abgeordnete *von Zehmen* seinen Antrag zurück.

253 Sten. Ber. des Reichstags, 1870, in: *Schubert*, III. Band, S. 417.

254 Sten. Ber. des Reichstags, 1870, in: *Schubert*, III. Band, S. 418.

III. Stellungnahme[255] der Bundesstaaten und dritte Reichtagslesung

Die „Dresdner Zeitung“ meldete in ihrer Ausgabe vom 3. April 1870, dass *König Johann* in einem eigenhändigen Schreiben dem König von Preußen mitgeteilt habe, dass er das Majoritätsvotum des Reichstages hinsichtlich der Todesstrafe befürworte. In der Ausgabe vom 10. April 1870 wurde diese Aussage jedoch widerrufen.

Die preußische Regierung befasste sich in zwei ausführlichen Sitzungen mit den Beschlüssen des Reichstags, vornehmlich allerdings mit der Frage der Todesstrafe. In der Sitzung des Staatsministeriums einigte man sich darauf, diese Strafe auf den Mord zu beschränken. Entscheidend für den Beschluss der Mehrheit waren politische Erwägungen. Das Zustandekommen des Norddeutschen Strafgesetzbuches sei für die ganze Zukunft des Norddeutschen Bundes, dessen Erstarken als politische Institution und insbesondere für seine gesetzgeberischen Aufgaben von allergrößter Bedeutung[256]. Wenn demnach das Zustandekommen des unternommenen großen nationalen Werkes eines gemeinsamen Strafgesetzbuches an der seitens der Regierungen verlangten, und vom Reichstage verweigerten Aufrechterhaltung der Todesstrafe für den Hochverrat scheitern sollte, sei dies auf die ganze fernere Entwicklung des Norddeutschen Bundes sowie seiner Gesetzgebung von nachteiliger Rückwirkung[257].

Da der König diesem Entschluss jedoch nicht zustimmen und die Todesstrafe für den Hochverrat beibehalten wollte, unterrichtete Preußen am 19. Mai 1870 den Justizausschuss des Bundesrates und teilte mit, dass es bei der Todesstrafe für Mord und Mordversuch an Bundesfürsten verbleiben müsse[258]. Das Staatsoberhaupt sah in dieser Frage eine der Souveränität und nicht der Strafrechtspolitik, weswegen es aus „tiefster Ueberzeugung“ für die Beibehaltung der Todesstrafe beim Hochverrat eintrete[259]. Der einzige Kompromiss, auf den sich der König einlassen wollte, war die

255 Die „Dresdner Nachrichten“ die zwar keine offizielle Stellungnahme abgaben, beurteilten das Gesetz nach dem Ende der zweiten Lesung als aus sächsischer Sicht äußerst mangelhaft. „Das Strafgesetz ist – dank dem Fehlen so vieler liberaler Abgeordneter – jetzt ein so widerspruchsvolles Werk geworden, daß es einer gründlichen Sichtung in dritter Lesung bedarf, damit es – wenn es überhaupt zu Stande kommt, nicht total unanwendbar bleibt. Hoffentlich thun dann unsere sächsischen Abgeordneten ihre Schuldigkeit, damit das norddeutsche Strafgesetz nicht hinter unserem humanen Gesetzbuche zurückbleibe.“ „Dresdner Nachrichten“ vom 14. April 1870.

256 *Schubert / Vormbaum*, Entstehung des StGB II, S. 230.

257 *Schubert / Vormbaum*, Entstehung des StGB II, S. 230 f.

258 Vgl., auch zum folgenden *Schubert*, Festschrift für Rudolf Gmür, S. 185.

259 Dies geht aus einem Schreiben des Königs vom 14. April 1870 hervor. Siehe GStA PK Berlin Rep. 84a/7788. Ebenso *Evans*, Rituale, S. 424.

Abschaffung der Todesstrafe für den Mord[260]. Braunschweig schloss sich dieser Entscheidung an, hingegen blieben Sachsen und Lübeck bei ihrem Verlangen, die Strafe aufzuheben. Alle drei Länder erklärten sich allerdings auch damit einverstanden, diese eventuell auf Mord zu beschränken.

Am 20. Mai 1870 befasste sich der Bundesrat mit den Beschlüssen des Reichstages. Nachdem der Präsident *Klemm* über die Entscheidungen der zweiten Lesung berichtet hatte, erklärte *Leonhardt*, dass die Königlich Preußische Regierung in die vom Reichstage beschlossene gänzliche Abschaffung der Todesstrafe nicht einwilligen könne. Vielmehr müsse man deren Beibehaltung bzw. Wiederherstellung für folgende Verbrechen zur Bedingung der Annahme des ganzen Gesetzentwurfs machen: 1. Mord und 2. den schwersten Fall des Hochverrats, den Mordversuch gegen das Bundesoberhaupt oder den eigenen Landesherrn resp. denjenigen Bundesfürsten, in dessen Staat die Tat verübt worden sei. *Bismarck* machte dabei den Vorschlag, die Abschaffung sowohl für Mord als auch Hochverrat in Friedenszeiten aufzunehmen.

Der sächsische Abgeordnete *von Könneritz* trug dagegen vor, dass die Königlich Sächsische Regierung die Abschaffung der Todesstrafe wünsche und er daher in jedem Fall gegen ihre Beibehaltung zu stimmen habe[261]. Nachdem sich auch die Abgeordneten der anderen Bundesländer erklärt hatten, ging man zunächst zur Abstimmung über diejenigen Paragraphen (§§ 78, 91, 206 und 207) über, bei denen die Todesstrafe nach der Vorlage angedroht, laut den Beschlüssen des Reichstages aber durch Zuchthausstrafe ersetzt worden war. Die Anträge Preußens zum Hochverrat nach § 78 Nr. 1 und Mord gem. § 206 wurden mehrheitlich angenommen[262].

---

260 GStA Berlin Rep. 84a/7788.

261 In einem Schreiben vom 20. Mai 1870, das *von Könneritz* dem Außenministerium z.Hd. dem Freiherr *von Friesen* gesandt hatte, bemerkte er: „Gestern Abend 8 Uhr fand unter dem Vorsitz des Herrn Staatsministers Delbürck eine Plenarsitzung des Bundesrathes statt, welcher die angeschlossene Tagesordnung zu Grunde gelegt wurde. […] ad d) ist zu bemerken, daß das Strafgesetzbuch für den Norddeutschen Bund einstimmige Annahme fand. Ich bezog mich bei der Abstimmung im Wesentlichen auf die Erklärung, die ich bereits in der 5. Sitzung abgegeben habe." Vgl. sächsisches Staatsarchiv, Hauptstaatsarchiv Dresden, 10717, Außenministerium, 1404.

262 Die „Dresdner Nachrichten" schilderten den Verlauf am 24. Mai 1870 dagegen wie folgt: „Inzwischen ist der Kronprinz von Preußen vom Carlsbader Sprudal zurückgekehrt und lässt sich vom Geh. Rath Friedberg einen Vortrag erstatten, es findet unter Vorsitz des Königs von Preußen ein Minister-Conseil statt […]. Nun wird der Bundesrath eingeladen, sein Urtheil über die Sache abzugeben und natürlich wirft dieser die

Daraufhin teilte *Leonhardt* dem Reichstag am 21. Mai 1870 die Ergebnisse des Bundesrates mit, der die zuvor getätigten Beschlüsse einer sorgfältigsten Prüfung unterzogen habe und zu dem Ergebnis gelangt sei, dass die prinzipielle Beseitigung der Todesstrafe unannehmbar sei. Es ging also nicht mehr um eine Frage strafrechtlicher Grundsätze oder der Strafrechtspolitik, sondern nur noch darum, ob der Reichstag zu einem Kompromiss mit dem Bundesrat bereit war, um das neue Strafgesetzbuch zustande kommen zu lassen.

Darüber hinaus war der Beschluss der Bundesratsverhandlungen den Abgeordneten bereits in den Abendstunden des vorigen Tages zur Kenntnis gelangt, weswegen inzwischen eine Mehrheit die Meinung teilte, das Zustandekommen des Gesetzes nicht von der Abschaffung der Todesstrafe abhängig zu machen[263]. Um eine Einigung, auch für die generellen Gegner der Todesstrafe zu schaffen, beantragten die Abgeordneten *Planck*, *Dr. Stephani*, *von Puttkamer* und *Dr. Wagner*, folgende Bestimmung in das Strafgesetzbuch aufzunehmen:

> „In denjenigen Bundesländern, in welchen die Todesstrafe gesetzlich bereits abgeschafft worden ist, bewendet es hierbei und es tritt für diese Länder in denjenigen Fällen, für welche das gegenwärtige Gesetz die Todesstrafe bestimmt, an die Stelle derselben lebenslängliche Zuchthausstrafe."[264]

Da dieser Vorschlag jedoch erst am selben Tag eingegangen war, erklärte *Leonhardt*, dass die Landesregierungen nicht in der Lage gewesen seien, den Entwurf zu begutachten und es daher auch nicht möglich sei, eine Erklärung hierzu abzugeben. Daraufhin beschloss der Reichstag, die dritte Lesung bis zum 23. Mai 1870 zu vertagen.

> „[D]enn bis zum Montag kann (so flüstert man sich im Stillen zu) der Bundeskanzler aus Varzin kommen und durch die Macht seines Worts eine große Mehrheit für die Ausdehnung der Todesstrafe zusammenbringen."[265]

Zuvor hatte sich bereits die dritte Lesung über das Strafgesetzbuch immer weiter nach hinten verschoben, da der Bundesrat angeblich mit dem, was das Minimum seiner Forderungen darstellte, noch nicht fertig war. „In Wirklichkeit soll blos Zeit

---

Beschlüsse des Minister-Conseils nicht um. So ist die Sache wohl vorbereitet, der feierliche Pomp dieser Inscenierung blendet die Menge und nun erhebt sich am Sonnabend der Justizminister *Dr. Leonhardt*, um den lauschenden Reichstag zu verkünden: was die 'verbündeten Regierungen' beschlossen hätten."

263 *Rubo*, Kommentar, S. 70 f.; *Schubert*, Festschrift für Rudolf Gmür, S. 186.

264 Nr. 199 Abänderungsantrag zu Nr. 132 der Drucksachen. In: *Schubert*, Bd. II, S. 501.

265 „Dresdner Nachrichten" vom 24. Mai 1870.

gewonnen werden, damit recht viele von den Wankelmüthigen, die erst gegen die Todesstrafe gestimmt haben, nun meist blos für dieselbe im Prinzip stimmen“[266]. So mahnte seit 14 Tagen am Schluss jeder Sitzung *von Hoverbeck*, wann endlich das Strafgesetzbuch in die Tagesordnung komme.

Das preußische Staatsministerium, das am 22. Mai 1870 das *Planck'*sche Amendement beriet, lehnte nach einer entschiedenen Rede *Bismarcks* dieses ab.

Sachsen sprach sich jedoch in der Bundesratssitzung am 22. Mai 1870 für den Antrag aus. Daraufhin wurde seitens des Vorsitzenden im Namen der Königlich Preußischen Regierung erklärt, dass jene die Annahme des Amendements deshalb für unzulässig halte, weil durch dieses die einheitliche Rechtsbildung innerhalb des Norddeutschen Bundes in einem der wichtigsten Punkte beeinträchtigt würde[267]. Nachdem die übrigen Gesandten dem Bundesrat die Auffassungen ihrer Länder mitgeteilt hatten, wurde mit allen gegen die Stimmen des Königreichs Sachsen beschlossen, den *Planck'*schen Vorschlag für unannehmbar zu erklären.

Am 23. Mai 1870 nahm der Reichstag seine Beratungen wieder auf, und nachdem *Bismarck* den Beschluss des Bundesrates übermittelt hatte, erklärte er sich ausdrücklich gegen das Amendement. Es sei für ihn eine absolute Unmöglichkeit, ein volles Verleugnen seiner Vergangenheit, wenn er einem Gesetz zustimme, das das Prinzip bejahe, dass durch den Bund zweierlei Recht für die Deutschen geschaffen werde bzw. gewissermaßen zweierlei Klassen geschaffen würden;

> „eine Selekta, die vermöge ihrer Gesittung, vermöge ihrer Erziehung so weit fortgeschritten ist, dass selbst ihre üblen Subjekte des Richtbeils nicht mehr bedürfen, und dann das *profanum vulgus* von 27 Millionen, welches diesen sächsisch-oldenburgischen Kulturgrad noch nicht erreicht hat.“[268]

Dem könne er nicht zustimmen und so würde er lieber ein nach seiner Auffassung sehr viel mangelhafteres, aber einheitliches Strafgesetz in Kauf nehmen und sich entsprechend der Hoffnung hingeben, dass schon in einigen Jahren die Lücken ausgefüllt und die Irrtümer verbessert werden würden.

---

266 „Dresdner Nachrichten“ vom 24. Mai 1870. Ähnlich sah es auch die „Dresdner Zeitung“ in ihrer Ausgabe vom 29. Mai 1870, so sei die dritte Lesung immer weiter herausgeschoben worden, um „haltlose Karaktere herüberzuziehen.“

267 *Schubert / Vormbaum*, Entstehung des StGB II, S. 262.

268 Sten. Ber. des Reichstags, 1870, in: *Schubert*, III. Band, S. 444.

> „Aber das Verlassen unserer Grundprinzipien in Bezug auf die Einheit, die wir in Deutschland zu schaffen haben, das läßt sich niemals wieder gut machen. Ich kann von diesem Standpunkte aus hier kein Oldenburg und kein Preußen kennen, ich kenne nur Norddeutsche.“[269]

> „Ganz und gar am Gängelbande leitete [den Reichstag] nun der Graf Bismarck. Sein leidender Zustand erwarb ihm allein schon die Sympathien, man darf doch nicht durch ein Nein! Etwa die Genesung des Patienten aufhalten. Und nun muß man die Gedankenblitze, die glänzenden Randbemerkungen, die Schärfe und Energie, die sich in Bismarck's Reden ausspricht, vernehmen.“[270]

Bismarck bemerkte, dass ein einheitliches Strafrecht für die deutsche Nation die Zukunft sei. Er zog die nationale Trumpfkarte und erinnerte den Reichstag an seine in den letzten Jahren stets bewiesene Entschlossenheit, das zu „zermalmen, was der deutschen Nation in ihrer Herrlichkeit und Macht entgegenstand“[271].

Nach diesem Vortrag, dem vielfach Beifall und Zustimmung gezollt wurde, zog man den *Planck*'schen Antrag zurück und auch der Abgeordnete *Fries* hielt nicht an seinem Unteramendement[272].

Danach sprach der Abgeordnete *Lasker*, der versuchte, das von *Bismarck* heraufbeschworene national-liberale Dilemma zu lösen, indem er dem Entwurf zwar bedeutende Fortschritte und große Vorzüge zuerkannte, aber der Meinung war, dass die Mängel[273] doch so beachtenswert seien, dass es wohl angezeigt sei, eine erneute Revision zu bewirken und dessen Annahme in der laufenden Session abzulehnen. Freilich sei der Preis, um dessen Willen die Ablehnung erkauft werde, hoch und die sonst übliche Siegesfreude unter Politikern verhalten und gedämpft, allerdings stehe diesem auch ein hohes Ziel gegenüber: die Abschaffung der Todesstrafe[274]. Dies sei eine Kulturfrage, die in einem wohlgeordneten Staat an Wichtigkeit

---

269 Sten. Ber. des Reichstags, 1870, in: *Schubert*, III. Band, S. 444.

270 „Dresdner Nachrichten“ vom 31. Mai 1870.

271 Sten. Ber. des Reichstags, S. 1133.

272 „Den übrigen Bundesstaaten bleibt es überlassen, im Wege der Gesetzgebung ebenfalls zu verordnen, daß in denjenigen Fällen, für welche das gegenwärtige Gesetz die Todesstrafe bestimmt, an die Stelle derselben die lebenslängliche Zuchthausstrafe tritt.“

273 Vgl. Sten. Ber. des Reichstags, 1870, in *Schubert*, III. Band, S. 445 f. U.a. zählte er dazu die Dreiteilung, die Strafbarkeit von Vergehen, das Strafensystem, die mildernden Umstände sowie die absoluten Strafen.

274 Sten. Ber. des Reichstags, 1870, in: *Schubert*, III. Band, S. 449.

nahezu jede andere Frage der Gesetzgebung überrage. Zudem fehle es derzeit nicht an Strafgesetzbüchern, sondern

> „es ist die Idee der nationalen Einheit, welche uns begeistert, welche uns antreibt, mit allen Kräften auf das Gelingen des Werkes hinzuarbeiten; aber dagegen steht die große Kulturidee, welche endlich nach Jahrtausenden einzuzeichnen verlangt: nun hat die Gesellschaft sich auf einen Standpunkt hinaufgeschwungen, nun ist es in Deutschland so weit gekommen, dass der Tod durch das Richtschwert entbehrlich und nicht mehr zu dulden ist."[275]

Friedberg entgegnete, dass die Mängel im Entwurf nicht schwerwiegend seien, dass sie eine Ablehnung rechtfertigten. Zudem dürfe für die Frage nach der Beibehaltung oder Abschaffung der Todesstrafe nicht die Abstimmung der zweiten Lesung entscheidend sein, da sie keine sakramentale und ansonsten eine dritte Lesung überflüssig sei.

> „Verstehe ich ihre Geschäftsordnung recht, so heißt es: in der zweiten Lesung stelle ich das politisch Wünschenswerthe durch mein Votum fest, und in der dritten Lesung votiere ich für das politisch Erreichbare."[276]

Schließlich verwies er auf die seitens der Regierungen getätigten Kompromisse bei einzelnen Bestimmungen und betonte, dass ebenso die Aufgabe des Reichstages sei, zu einer Einigung zu gelangen.

Leonhardt war der Auffassung, dass die von *Lasker* angedeuteten Mängel durchaus existierten, sie jedoch nur durch eine gänzliche Änderung des Strafensystems zu beseitigen wären, was er zwar für wünschenswert halte, allerdings zu zeitaufwändig.

Der Abgeordnete *Miquel*, der ein Gegner der Todesstrafe war, schloss seine lange Rede mit den Worten:

> „Meine Herren, ich glaube nicht, dass wir durch das Blut, welches auf den Schaffoten fließen soll, das rechte Siegel der Zukunft dieses unseres jungen Staatswesens aufdrücken. Lehnen Sie ein solches Votum ab und Sie haben für die Erreichung der letzten Ziele der nationalen Einigung Deutschlands nach allen Seiten hin das beste gethan."[277]

Nachdem sich noch weitere Abgeordnete für und gegen die Aufnahme der Todesstrafe ausgesprochen hatten[278], erklärten sich in der abschließenden

---

275 Sten. Ber. des Reichstags, 1870, in: *Schubert*, III. Band, S. 449.

276 Sten. Ber. des Reichstags, 1870, in: *Schubert*, III. Band, S. 451.

277 Sten. Ber. des Reichstags, 1870, in: *Schubert*, III. Band, S. 456.

278 Die Rede *von Wedemeyers*, der ein Befürworter der Strafe war, kommentierten die „Dresdner Nachrichten" am 31. Mai 1870 wie folgt: „Und noch bedenklicher stand die

namentlichen[279] Abstimmung 127 für und 119 gegen die Wiederaufnahme der Todesstrafe, die danach mit acht Stimmen mehr prinzipiell[280] beschlossen worden war. Damit hatten viele der Mitglieder, die zuvor noch gegen die Todesstrafe gestimmt hatten, ihre Überzeugung zugunsten des ihnen eingebleuten „nationalen Zwecks" geopfert.

Zuletzt fanden auch die übrigen Forderungen des Bundesrates, die dieser als Vorbedingung für eine Genehmigung des Entwurfs aufgestellt hatte, die Billigung des Reichstages.

E) Strafgesetzbuch für den Norddeutschen Bund und Reichsstrafgesetzbuch

Nachdem der Reichstag in seiner Schlussabstimmung vom 25. Mai 1870 mehrheitlich die vom Bundesrat gewünschte Fassung genehmigt hatte – diese war in einer Nachtsitzung von Vertretern aller Parteien unter Beisein von *Friedberg* und dessen Hilfsarbeitern entsprechend den in dritter Lesung beschlossenen Abänderungen festgestellt worden[281] –, verhandelte der Bundesrat am selben Tag ein letztes Mal über die Beschlüsse des Reichstages. In dieser Sitzung erklärte der sächsische Gesandte *von Könneritz*, dass seine Regierung, obgleich die von ihr im Interesse der Sache vorgebrachten Einwendungen und Bedenken keine Beachtung gefunden hätten, in Berücksichtigung des nationalen Zwecks dem Gesetzesentwurf

---

Sache der Todesstrafsoldaten, als der Zufall den Herrn von Wedemeyer auf die Bühne führte, welcher mit so hinterpommerschen Gründen für die Erhaltung des Schaffots als eines der notwendigsten Erziehungsinstitute des Volkes sprach, daß er in diesen ernstesten aller Fragen unter lautem Gelächter von der Bühne stieg. Doch zu nachaltig hatte die Rede Bismarck's gewirkt, [...] als daß selbst das Ungeschick des Herrn von Wedemeyer eine selbstbeschlossene Sache hätte umändern können."

279 Eine namentliche Abstimmung fand immer dann statt, wenn entweder 50 Mitglieder sie forderten oder das Bureau nicht ganz überblicken konnte, ob sich die Mehrzahl der Abgeordneten erhoben hatte oder saß. Allerdings gestattete die jahrelange Übung des Präsidenten und der Schriftführer diesen eine solche Übersicht, dass sie bei etwa 200 Anwesenden, bis auf vier oder fünf Stimmen, genau wussten, wo die Mehrheit lag, so dass eine Anordnung ihrerseits nur bei der Unsicherheit über weniger als vier Stimmen erfolgte. Vgl. „Dresdner Nachrichten" vom 29. März 1870.

280 Zu diesem Zeitpunkt stand die endgültige Abstimmung über die einzelnen Paragraphen, die die Todesstrafe androhten, noch aus. Diese wurden am darauf folgenden Tag angenommen.

281 *Schubert*, in: Schubert / Vormbaum, Entstehung des StGB II, S. XXI f.; *Rubo*, Kommentar, S. 75.

ihre Zustimmung erteile. Ähnlich äußerten sich die übrigen Mitglieder, woraufhin einstimmig beschlossen wurde, sich mit dem Entwurf in der vom Reichstag gegebenen Fassung einverstanden zu erklären.

Am 31. Mai 1870 wurden das Strafgesetzbuch sowie Einführungsgesetz vom Bundespräsidium ausgefertigt und am 6. Juni 1870 im Bundesgesetzblatt verkündet.

Nach der Gründung des Deutschen Reiches erfolgte auf die Initiative Bayerns[282] eine Neuredaktion des Strafgesetzbuchs für den Norddeutschen Bund durch das Gesetz, betreffend die Redaktion des Strafgesetzbuchs für den Norddeutschen Bund als „Strafgesetzbuch für das Deutsche Reich" vom 15. Mai 1871.

282 *Schubert*, in: Schubert / Vormbaum, Entstehung des StGB II, S. XXII.

Neuntes Kapitel: Zusammenfassung und Würdigung

Eine eingehende Befassung mit den sächsischen Strafgesetzbüchern ist bis heute ausgeblieben, ganz im Gegensatz zum preußischen Strafrecht, insbesondere dem Strafgesetzbuch von 1851, das große wissenschaftliche Beachtung gefunden hat[1]. Wie bereits zu Beginn dargestellt, gibt es zudem zwar auch eine Vielzahl von Monographien, die sich den Regelungen des Reichsstrafgesetzbuchs widmen und in denen die sächsischen Strafgesetzbücher und Einzelvorschriften zumindest teilweise erwähnt werden. Ihre Bedeutung beschränkt sich jedoch auf kleinere Ausschnitte. Diese Gewichtung erfolgt freilich zu Recht, bedenkt man die bedeutende Stellung Preußens im 19. Jahrhundert und insbesondere die Tatsache, dass dem Entwurf für das NdbStGB das preußische Strafgesetz von 1851 als Grundlage diente. Im Laufe des 18. Jahrhunderts hatte das Königreich Preußen unter den (nord-)deutschen Staaten seine Vormachtsstellung ausgebaut und war zu einer Großmacht aufgestiegen. Ein Großteil der Bevölkerung des Norddeutschen Bundes gehörte zu Preußen. Daneben hatte bereits *Friedrich der Große* mit dem Allgemeinen Preußischen Landrecht eine Grundlage geschaffen, die über einen längeren Zeitraum Geltung entfaltete und wegen seiner technischen Fassung nicht nur seinerzeit Anerkennung genoss. Hieraus entwickelten sich sodann die Arbeiten zum Strafgesetzbuch von 1851, dem Vorläufer auf dem Wege zum Reichsstrafgesetzbuch. Dagegen war Sachsen nach der von Preußen 1815 auf dem Wiener Kongress erzwungenen Teilung des Königreiches als europäische Mittelmacht untergegangen und hatte nach dem preußischen Beitrittsdiktat zum Norddeutschen Bund 1866 seine staatliche Souveränität verloren.

---

1 Vgl. etwa, *Martysiewicz*, Die christliche Auffassung der Strafe in der preussischen Strafrechtswissenschaft bis Carl Ernst Jarcke, Münster 1951; *Schütz,* Die Entwicklung des Betrugsbegriffs in der Strafgesetzgebung vom Codex Juris Bavarici Criminalis (1751) bis zum Preussischen Strafgesetzbuch (1851), München 1988; *Kersten*, Die Entwicklung der allgemeinen Strafbestimmungen gegen den Landesverrat in Deutschland vom Preussischen Strafgesetzbuch von 1851 bis zur Gegenwart, Köln 1975; *Menzel*, Die Wertordnung der Rechtsgüter in der Legalordnung des preußischen Strafgesetzbuches von 1851 und in der Systematik der Zeitgenössischen Rechtslehre, Breslau 1934; *Class*, Der Einfluß des Ministeriums von Savigny auf das Preußische Strafgesetzbuch von 1851, Göttingen 1926; *Hartmann*, Der Einfluss des französischen Rechts auf das preussische Strafgesetzbuch von 1851, Göttingen 1922.

Allein deswegen vermag es kaum zu verwundern, dass sich rechtshistorische Untersuchungen, die das 19. Jahrhundert behandeln, vor allem auf das preußische Strafrecht beschränken, diente doch das Ergebnis der preußischen Entwicklung im wesentlichen als Vorbild für die Schaffung eines einheitlichen Reichsstrafrechts.

A) Allgemeine Betrachtungen

Zum sächsischen Strafrecht allgemein bleibt zunächst festzuhalten, dass sich dieses trotz der Divergenzen im Einzelnen weitgehend zeitgemäß entwickelte und in Übereinstimmung mit den Strafrechtskodifikationen anderer Staaten Züge aufweist, die den Geist der liberal-rechtsstaatlichen Epoche widerspiegeln.

Wie in vielen anderen deutschen Staaten versuchte man auch in Sachsen im Laufe des 18. Jahrhundert dem Gedankengut der Aufklärung Rechnung zu tragen und zu einem humaneren Strafrecht überzugehen. Dies geschah anfangs überwiegend auf dem Sektor des Gerichtsgebrauchs: Hier griff der erkennende Richter auf gekünstelte Auslegungen zurück, mit deren Hilfe er versuchte, die übermäßige Härte der geltenden Gesetze zu umgehen. Später erwies sich der landesherrliche Einfluss als förderlich, denn es wurden Verordnungen erlassen, die der aufgeklärten Vernunft entgegenkamen. So konnte die Kluft, die sich zwischen dem positiven Recht und den kulturellen Meinungen führender Schichten gebildet hatte, zunächst verringert werden. Doch diese aus einem kurzfristig bedeutsamen politischen Bedürfnis heraus erlassenen „Augenblicksgesetze“ konnten die Probleme, Widersprüche und Ungerechtigkeiten, die durch die geistige Entwicklung der Gesellschaft im 17. und 18. Jahrhundert entstanden waren, nur vorübergehend und selten zufriedenstellend lösen. So kam es, dass in Sachsen bereits 1810 der Plan gefasst worden war, die Kriminalgesetzgebung umfassend zu regeln, und dass man zu diesem Zwecke die Gelehrten *Erhard* und *Tittmann* mit Entwurfsarbeiten beauftragt hatte. Den Entwürfen kam jedoch keine weitere Bedeutung zu, und auch ein von *Stübel* ausgearbeitete und revidierte Vorschlag floss nicht in das spätere Criminalgesetzbuch ein, was vor allem auf die stetige Entwicklung der Wissenschaft und Gesellschaft zurückzuführen war. Erst zu Beginn der 1830er Jahre, nachdem sich auch die innenpolitischen Verhältnisse gewandelt hatten, griff man die Kodifizierungsbestrebungen wieder auf.

Hatten sich in den frühen Jahren des 19. Jahrhunderts noch wenige deutsche Länder[2] mit der wissenschaftlich-systematischen Verarbeitung des gesamten in Frage kommenden Rechtsstoffes befasst, waren in den 1820er Jahren zahlreiche strafrechtliche Gesetzesentwürfe verfasst worden. Sie konnten nun dem (Entwurf für das) Criminalgesetzbuch zugrunde gelegt werden. Dementsprechend hatte man sich bei den späteren Gesetzesarbeiten – anders als bei den ersten Entwürfen – weniger an das bisherige sächsische, positive Recht gehalten, sondern sich von wissenschaftlichen Erkenntnissen und der liberalen Tendenz des Jahrhunderts leiten lassen. Damit stimmte man im Ansatz mit vielen deutschen Staaten überein.

Die Änderungs- und Ergänzungsgesetze der 1840er Jahre betrafen dagegen zunächst die Weiterentwicklung des Strafrechts und suchten die durch das Criminalgesetzbuch entstandenen Streitfragen und Probleme zu lösen. Gleichwohl deuteten sie mit der Abschaffung der körperlichen Züchtigung und der Todesstrafe einen Fortschritt an, der aber durch die Novellen der 1850er Jahre und das spätere Strafgesetzbuch schnell wieder rückgängig gemacht wurde. Zwar sollte auch das Strafgesetzbuch von 1855 in erster Linie der stetigen Fortbildung der Strafrechtswissenschaft gerecht werden, doch entsprach es erneut dem Zeitgeist der übrigen Strafgesetzgebungen, der sowohl von Restauration als auch von Reform gekennzeichnet war. So war die Freiheitsentziehung, die nunmehr zur vorherrschenden Strafe geworden war, mit ihren verschiedenen Arten, Graden und rechtlichen Folgen als Regel festgesetzt. Zudem hatte man die Todesstrafe nach dem Verebben der Revolution wieder eingeführt und im Strafgesetzbuch von 1855 beibehalten, obgleich ihr Anwendungsbereich dadurch verkleinert worden war, dass man die Anzahl der Delikte, die mit dieser Strafe bedroht waren, verringert hatte.

Durch die Wiederaufnahme der Prügelstrafe und die gleichzeitige Ausdehnung derselben, wich Sachsen jedoch erheblich vom zeitgenössischen Strafrechtskurs ab. Die körperliche Züchtigung hatte zu diesem Zeitpunkt im größten Teil der deutschen[3] Strafsysteme keine Bedeutung mehr, da sie überwiegend als ungerecht und unzweckmäßig eingestuft worden war. Sachsen enthüllte damit in den 1850er Jahren eine übertrieben reaktionäre

2 Zu den ersten Gesetzbüchern gehörte das Bayrische Strafgesetzbuch von 1813.

3 U.a. in Preußen und Württemberg, vgl. auch *Schmidt*, Strafrechtspflege, S. 320 f.

und ängstliche Strafrechtspolitik, die allerdings eine Ausnahmeerscheinung im sächsischen Strafrecht darstellen sollte.

Mit der Einführung der Beurlaubung für Strafgefangene und der Abschaffung der Todesstrafe 1868 kehrte man schließlich der zeitweise reaktionär betriebenen Strafrechtspolitik den Rücken und wandte sich wieder liberalen-rechtsstaatlichen Forderungen zu. Dabei nahm Sachsen durch die Abschaffung der Todesstrafe eine besondere Position innerhalb der deutschen Länder ein. Es war nicht nur der erste große deutsche Staat, der die Todesstrafe aus dem Strafensystem verbannte, sondern die Initiative selbst ging von königlicher Seite aus.

B) Besondere Überlegungen

I. Dreiteilung und Übertretungen sowie Antragsdelikte, mildernde Umstände und Straf(rahmen)bestimmung

Im Einzelnen unterschied sich das sächsische Strafrecht in vielfacher Hinsicht von dem Strafrecht der übrigen deutschen Länder, insbesondere vom preußischen Strafrecht. Sachsen hatte sich insbesondere gegen die sogenannte Dreiteilung der strafbaren Handlungen, speziell gegen die Einteilung in Verbrechen und Vergehen gesperrt. So beinhalteten zwar die frühen ersten Entwürfe zum sächsischen Criminalgesetzbuch eine allgemeine Einteilung der strafbaren Handlungen, allerdings ging lediglich der erste Entwurf zum Strafgesetzbuch von 1850, den *Krug* ausgearbeitet hatte, von der Dreiteilung aus. Dieser ansonsten praktizierte Verzicht auf die Dreiteilung der strafbaren Handlungen stellt den bedeutenden Unterschied zum Preußischen Gesetzbuch von 1851 dar, das seinerseits eine Einteilung der strafbaren Handlungen enthielt und insoweit vom französischen Strafrecht geprägt war.

Die Dreiteilung der strafbaren Handlungen hatte Auswirkungen auf Strafrahmen, Strafmilderungs- und Strafausschließungsgründe sowie auf die Strafbarkeit des Versuchs. Denn im Gegensatz zu früheren Einteilungen waren bei der Dreiteilung feste Grenzen normiert, nach denen die entsprechenden Delikte jeweils einer Kategorie zugeordnet wurden. Hieraus folgte, dass jede Straftat nur einer Klasse angehören konnte und daher vom Gesetzgeber konsequent mit einer nur für diese Klasse normierten Strafe belegt werden musste. Weil es durch diese Praxis zu sachlich ungerechtfertigten Sprüngen in der Strafabstufung kam, entschied man sich für die

Aufnahme von Regelungen über mildernde Umstände, um Ungerechtigkeiten zu beseitigen. Hieran wurde jedoch oft[4] und zu Recht kritisiert, dass den mildernden Umständen kein erkennbares Prinzip zugrunde liege, und dass es dem freien Ermessen des Richters überlassen sei, welche Momente ihm geeignet erschienen, mildernde Umstände anzunehmen. Letztlich waren die mildernden Umstände zwar in das Strafgesetzbuch für den Norddeutschen Bund aufgenommen worden, jedoch sind sie im heutigen Strafgesetzbuch in dieser Form[5] nicht mehr enthalten. In Sachsen hatte man dagegen früh versucht, auf weite Strafrahmen zurückzugreifen, die dem Richter einen größeren Spielraum boten und es ihm sogar ermöglichten, von einer Strafart in die andere überzugehen. Der Richter konnte demnach in den jeweiligen Fällen zunächst den vorgegebenen Strafrahmen ausschöpfen und musste nur in besonderen Einzelfällen auf Strafmilderungsgründe zurückgreifen. Zwar enthielt auch das Preußische StGB von 1851 relative Strafrahmen, jedoch nur insoweit, als man sich in derselben Deliktskategorie[6] befand. Daneben hatte man in Sachsen überwiegend angenommen, dass die Dreiteilung für das materielle Strafrecht ohne Bedeutung und lediglich für die Zuordnung eines Delikts zu den einzelnen Gerichten, namentlich, um die Kompetenzen von Jury und Assisengerichten zu bestimmen, bedeutsam sei. Dementsprechend orientierte sich in Sachsen auch die Strafbarkeit des Versuchs nicht, wie im preußischen und im heutigen Strafgesetzbuch (§ 23 I, 12 StGB), an der Zuordnung eines Tatbestandes zu den Verbrechen, sondern war deliktsspezifisch und damit einzelfallabhängig geregelt.

Die Polizeiübertretungen hatte Sachsen anfangs aus seinen Kodifikationen ausgeschlossen, da man der Ansicht war, dass sie sich wegen ihrer unsteten Natur zu einer Normierung nicht eigneten. Später, als man von dieser Auffassung Abstand genommen hatte, waren sie dann zwar nicht als gesonderte Übertretungen, jedoch unter anderen Tatbeständen im Besonderen Teil des Strafgesetzbuchs enthalten. Gleichwohl war man im Grundsatz nie von der Auffassung abgewichen, dass die Polizeiübertretungen als eigenständige Zuwiderhandlungen behandelt und damit idealerweise in einem

---

4 Vgl. nur die Kritik zum Entwurf eines Strafgesetzbuchs für den Norddeutschen Bund, Kapitel neun, A) I. 1) der vorliegenden Arbeit.

5 § 213 StGB etwa spricht nur von minder schweren Fällen und stellt diesen einzelne Beispiele voran.

6 Der Begriff „Deliktskategorie“ soll in diesem Zusammenhang als Oberbegriff für Verbrechen und Vergehen verstanden werden.

eigenen Gesetz geregelt werden sollten. Allerdings konnte sich auch diese Sonderansicht Sachsens im Strafgesetzbuch für den Norddeutschen Bund nicht durchsetzen.

Als Ausgleich und zur Beschränkung des öffentlichen Strafanspruchs hatte sich Sachsen ebenfalls früh für eine Normierung der Antragsdelikte entschieden, die dem Betroffenen die Möglichkeit geben sollte, selbst über die Einleitung eines Strafverfahrens zu disponieren. Davon sollten die Fälle erfasst sein, in denen eine völlige Straflosigkeit nicht vertretbar erschien, die öffentliche Sicherheit aber allenfalls indirekt betroffen war. Daneben versuchte man, den Interessen der Betroffenen, denen es nicht immer an einer (öffentlichen) Bestrafung lag, gerecht zu werden. Zwar wurden die Antragsdelikte nicht erst durch die Initiative Sachsens in das Reichsstrafgesetzbuch eingeführt, jedoch war Sachsen insofern treibende Kraft, als es das Anwendungsgebiet der Antragsdelikte in seinen Kodifikationen beständig erweitert hatte und auf die Fortentwicklung dieses Instituts stets bedacht gewesen war. Bei den Beratungen zum NdbStGB war man deswegen fortwährend bestrebt gewesen, ihre Anwendbarkeit auszuweiten.

II. Ersatz

Da es in Sachsen keine „Generalklausel" zur Milderung der Strafen gab, hatte man zudem versucht, möglichst viele Strafmilderungs- oder gar Strafausschließungsgründe festzusetzen. Namentlich kannte Sachsen zusätzlich zu den im Reichsstrafgesetzbuch enthaltenen Gründen u.a. den Befehl, den Ersatz und die tätige Reue. Für die vorliegende Arbeit war dabei insbesondere der Strafausschließungs- und Strafmilderungsgrund des Ersatzes bedeutsam, dessen Prinzip aus dem früheren sächsischen Recht übernommen worden war. Der Ersatz galt speziell für Eigentumsdelikte und der ihm zugrunde liegende Grundgedanke der „tätigen Reue" war denen des Rücktritts nicht unähnlich. Der Ersatz übernahm grundsätzlich die Funktion einer „tätigen Reue" in Ergänzung zum Rücktritt, ging jedoch zeit- und teilweise, sofern er anwendbar war, weiter als der allgemeine Rücktrittgrund. Waren keine erschwerenden Umstände bei der Tatbegehung vorhanden und hatte der Täter das Opfer weitgehend schadlos gestellt, konnte er teilweise sogar noch nach Vollendung straflos bleiben. Damit war im Criminalgesetzbuch die Rechtsfolge des Ersatzes weitreichender als die des Rücktritts, der selbst bei Vorliegen der Vorraussetzungen nicht vollkommen von Strafe befreite. Dieser Widerspruch – bei einer

„nur" versuchten Tat konnte der Täter bestraft werden, bei einem vollendeten Eigentumsdelikt hingegen unter Umständen straffrei ausgehen – wurde allerdings im Strafgesetzbuch von 1855 beseitigt. Doch blieb es bei der eigenständigen Regelung des Ersatzes. Diese Regelung hatte sich gerade bei den Eigentumsdelikten als sinnvoll erwiesen, war dem Opfer doch die Möglichkeit gegeben, den meist entwendeten Gegenstand vom Täter zurückzuerhalten oder zumindest durch Wertersatz entschädigt zu werden. Kamen keine erschwerenden Umstände zur Tat hinzu, entsprach dieser Ausgleich den Interessen oftmals mehr als eine gesetzlich auferlegte Strafe und war für den Täter zugleich Anreiz, die Tat „rückgängig" zu machen. Selbst wenn das Motiv der Straffreiheit für den Täter im Vordergrund stand, konnte sich dieser für die begangene Tat verantwortlich zeigen und Wiedergutmachung leisten. Dies bedeutete ein konstruktives Umgehen mit Straftaten und eine gute Ergänzung zur bestehenden Strafrechtspraxis. Dem Übel der Tat musste nicht unweigerlich das Übel der Strafe entgegengesetzt werden. Ähnliche Motive finden sich heute beim Täter-Opfer-Ausgleich, der durch außergerichtliche Konfliktschlichtung vor allem Wiedergutmachung leisten, aber zugleich auch dem Beschuldigten die Möglichkeit bieten soll, Verantwortung für die Straftat zu übernehmen und gegebenenfalls Strafmilderung zu erhalten. Die Betroffenen sollen einbezogen werden. Trotz dieser Parallelen kann gleichwohl der Ersatz nicht als Vorbild oder gar Vorläufer des Täter-Opfer-Ausgleichs bezeichnet, respektive die sächsische Strafrechtspolitik insoweit als richtungweisend bezeichnet werden. In Sachsen standen wohl überwiegend praktische Gesichtspunkte im Vordergrund, als die Betroffenen in den Strafvorgang einzubeziehen, um einen (oftmals) sachdienlicheren und (teilweise) gerechteren Weg als das „normale" Strafverfahren zu gehen.

III. Versuchte Tat

Die sächsische Ausgestaltung des Versuchs und des Rücktritts, die bereits in dem vorherigen Zusammenhang angesprochen wurde, war bedeutsam für die Systematik des heutigen StGB. Im Entwurf zum Strafgesetzbuch für den Norddeutschen Bund hatte man sich zunächst den Bestimmungen des Preußischen Strafgesetzbuchs angeschlossen. Bereits der Tatbestand des Versuchs enthielt den – unter Umständen – später eintretenden Strafaufhebungsgrund des Rücktritts. Dagegen hatte Sachsen den Rücktritt als einen eigenständigen Straf(milderungs-) bzw. Strafausschließungsgrund festgesetzt, der bei Vorliegen der Voraussetzungen Straflosigkeit sicherte.

Diese Systematik wurde erst auf Antrag *v. Schwarzes*[7] in das Reichsstrafgesetzbuch aufgenommen. Der Rücktritt war folglich nach dem Vorbild und Antrag Sachsens zu einer eigenständigen Regelung festgesetzt worden.

IV. Bedingte Entlassung sowie Schuldunfähigkeit von unter 14jährigen

Die bedingte Entlassung und die Schuldunfähigkeit von unter 14jährigen stehen dagegen in keinem (engeren) Zusammenhang zu den zuvor aufgezählten Regelungen. Gleichwohl wurden sie in der vorliegenden Arbeit berücksichtigt, da ihre Ausgestaltung im Reichsstrafgesetzbuch wiederum auf Sachsen zurückzuführen ist. Sachsen hatte als erster deutscher Staat die bedingte Entlassung eingeführt und auch, wenn man diese im Strafgesetzbuch für den Norddeutschen Bund nicht als Ausfluss der Königlichen Gnade verstand, hatte man weitestgehend auf die hierzu erlassenen sächsischen Bestimmungen und positiven Erfahrungen zurückgegriffen. Betreuung, Aufsicht, Weisungen und auch der Druck mit einem möglichen Widerruf der Aussetzung sollten den Verurteilten in der Bewährungszeit unterstützen, zu einem gesetzestreuen Leben in der Freiheit zurückzufinden. Dabei sollte die spezialpräventive Frage, ob bereits mit der Teilverbüßung der Strafe der Strafzweck als erreicht gelten konnte und etwaige noch erforderliche Einwirkungen während der „Bewährungszeit" möglich waren, im Vordergrund stehen. Dieser Grundgedanke ist noch heute im Strafgesetzbuch in den §§ 57 ff. enthalten. Er dient neben einer Entlastung der Strafvollzugsanstalten, vor allem der Resozialisierung des Verurteilten. Dagegen hatte man sich bei den Beratungen zum Strafgesetzbuch für den Norddeutschen Bund nicht dazu entschlossen, das Alter der Unzurechnungsfähigkeit bei Kindern auf 14 Jahre festzusetzen. Zwar war man insoweit nicht dem preußischen Vorbild gefolgt, nach dem auch derjenige für zurechnungsfähig erklärt und bestraft werden konnte, der unter 14 Jahren oder sogar noch jünger war. Allerdings hatte sich Sachsen auch nicht gegenüber Preußen durchsetzen und die Grenze von 12 auf 14 Jahre hoch setzen können. Heute jedoch gilt in § 19 StGB, dass schuldunfähig ist, wer bei Begehung der Tat noch nicht 14 Jahre alt ist.

Der Grund für diese teilweise sehr tief greifenden Abweichungen des sächsischen Strafrechts, besonders zum preußischen Strafrecht, war vor allem

7 U.a. sächsisches Mitglied der Bundesratskommission zur Revision des Entwurfs, 1869.

auf die unterschiedliche Behandlung des Schuldmoments zurückzuführen. Das preußische Recht hatte, dem französischen Strafgesetzbuch entsprechend, die Tat in ihrer äußeren Gestaltung zur Grundlage genommen und das Moment der Schuld, soweit es nicht über die äußere Rechtsgutverletzung hinausging, weniger beachtet. Dagegen hatte insbesondere Sachsen versucht, die subjektive Seite der Tat herauszustellen und im Strafrecht zur Anwendung zu bringen. Hieraus resultierten u.a. die verschiedenartigen Regelungen über den Versuch und die Abneigung gegenüber dem Ersatz als besondere Form der tätigen Reue.

V. Zur Todesstrafe

Die eindrucksvollste Entscheidung Sachsens bleibt allerdings die Abschaffung der Todesstrafe 1868. Zum einen, weil Sachsen der erste große deutsche Staat war, der die Todesstrafe abgeschafft hatte und die Initiative sogar von der Königlichen Regierung ausgegangen war. Zum anderen, weil man diese Entscheidung trotz der bevorstehenden Aufgabe eines gemeinsamen deutschen Strafgesetzbuchs getroffen hatte. Insoweit hatte man in Sachsen gehofft, durch die in dieser Zeit gewonnenen Erfahrungen positiven Einfluss auf das spätere Strafgesetzbuch nehmen zu können. Mit dieser Annahme hatte sich Sachsen allerdings getäuscht.

Bereits in der ersten Bundesratsberatung zum Strafgesetzbuch für den Norddeutschen Bund hatte *Bismarck* die Abgeordneten damit überrascht, sofort, abweichend vom üblichen Verfahren, vorläufig über den Entwurf als Ganzes abzustimmen[8]. Nur die strittigen Punkte wurden an einen gemeinsamen Ausschuss überwiesen[9]. Gegen diese doch erhebliche Abweichung vom üblichen Verfahren wurden gleichwohl nur vereinzelte, schüchterne Einwendungen laut. Eine interne sächsische Darstellung dieser Ereignisse konnte jedoch leider nicht ausfindig gemacht werden[10]. In der folgenden Plenarsitzung, die nur eine Woche später stattfand, wurde der Entwurf schließlich ohne eine abweichende Vorschrift zur Todesstrafe vom Bundesrat angenommen. Der sächsische Abgeordnete *von Könneritz* hatte vor der Abstimmung vorgetragen, dass in Berücksichtigung des na-

---

8 Das amtliches Protokoll der Sitzung findet sich bei: *Schubert / Vormbaum*, Entstehung des StGB II, S. 27 ff.

9 Am 7. Februar 1870 erfolgten die Beratungen im Justizausschuss. *Schubert / Vormbaum*, Entstehung des StGB II, S. 33 ff.

10 Vgl. Achtes Kapitel, Fn. 208.

tionalen Zwecks und in der Voraussicht, dass eine Abstimmung gegen den Entwurf ohne Erfolg sein würde, man hier zwar für den Entwurf, im Reichstag jedoch eventuell an entsprechender Stelle dagegen stimmen werde. Aufgrund des großen Stimmenkontingents der preußischen Vertreter im Bundesrat hätte eine andere Haltung der sächsischen Vertreter allerdings ebenso wenig zu nutzen vermocht. Vielleicht hatte man sich bereits vor den Verhandlungen nicht allzu viele Chancen bei der Abstimmung im Bundesrat erhofft, jedoch waren durch das abweichende, rasche Verfahren zumindest noch weniger Möglichkeiten gegeben, auf die anderen Bundesratsmitglieder Einfluss zu nehmen. Sachsen hoffte insoweit auf eine Ablehnung im Reichstag. Doch auch dieser vermochte dem Druck der preußischen Regierung, der insbesondere durch *Bismarck* verübt wurde, nicht standhalten. Hinzu kam, dass sich der Reichstag während der ganzen Verhandlungen zum Strafgesetzbuch zögerlich, lustlos, müde und auch zaghaft gezeigt hatte[11].

In der ersten Lesung hatte der Reichstag noch die Abschaffung der Todesstrafe beschlossen, doch schon bald wurde den Abgeordneten klar, dass Bundesrat und Reichstag zu keinem Kompromiss finden konnten, zumal der Bundesrat und besonders das preußische Staatsministerium nach einer angemessenen Pause im Anschluss an die erste Lesung des Reichstags die Beibehaltung der Todesstrafe erneut bestätigt hatten. Diese Entscheidung war gleichwohl weniger eine Entscheidung der 'verbündeten Regierungen', sondern sollte lediglich dazu dienen, der Sache eine noch gewichtigere Bedeutung zuzumessen und den Druck auf die Reichtagsabgeordneten zu erhöhen. Hinzu kam, dass die abschließende Beratung des Reichstags immer weiter nach hinten verschoben worden war.

Hatten die Abgeordneten noch in der ersten Abstimmung die verfassungsrechtlichen Argumente *Bismarcks* in den Wind geschlagen und waren der Auffassung gewesen, dass über das Gesetz die Versammlung der Volksvertreter zu entscheiden habe, war man nun unsicherer geworden. Es ging nicht mehr um eine Frage des strafrechtlichen Prinzips oder der Strafrechtspolitik, sondern darum, ob der Reichstag zu einem Kompromiss mit dem Bundesrat bereit war, um das neue Strafgesetzbuch zustande kommen

---

11 Vgl. hierzu „Dresdner Nachrichten" vom 17. und 22. Februar 1870. So konnte etwa bereits zu Beginn der Arbeiten der Präsident erst nach mehreren Anläufen gewählt werden als endlich die vorgeschriebene Mindestanzahl an Abgeordneten vorhanden war.

zu lassen, das wegen der bevorstehenden Reichstagswahl so schnell wie möglich durchgebracht werden sollte. Bedingt durch geschicktes Taktieren der preußischen Spitzen und die Rede *Bismarcks*, in der er auf die nationale Einheit pochte, stimmte abschließend die Mehrheit der Abgeordneten für die Todesstrafe. Hatte diese Frage in der ersten Abstimmung keine Rolle gespielt, war es nun *Bismarck* zu verdanken, dass sie nunmehr an erster Stelle der Agenda stand. Immerhin war die Einheit des Rechts zumindest seit den 1840er Jahren ein liberaler Traum gewesen. Damit hatten viele der Abgeordneten, die zuvor noch gegen die Todesstrafe gestimmt hatten, ihre Überzeugung zugunsten des ihnen eingebläuten „nationalen Zwecks“ geopfert.

Bald danach wurde zudem deutlich, dass diese Abstimmung einen tiefer gehenden und weiter reichenden Meinungsumschwung betreffend die Todesstrafe als bis dahin erwartet ankündigte. Die Diskussionen zum Strafgesetzbuch für den Norddeutschen Bund sollten für fast ein halbes Jahrhundert die letzte große Debatte zu diesem Thema sein[12].

Der Umstand, dass sich Sachsen in dieser wichtigen Sache nicht hat durchsetzen können, ist demzufolge insbesondere auf seine politische Unterlegenheit gegenüber Preußen, aber auch auf seine Einstellung zur Todesstrafe zurückzuführen. So hatte Preußen nicht nur mehr Stimmen im Bundesrat und bildete gebietsmäßig einen Großteil des Norddeutschen Bundes, sondern auch auf die inhaltlichen Streitfragen, schien man sich besser vorbereitet zu haben. Weiter war für Sachsen die Abschaffung der Todesstrafe (lediglich noch) eine strafrechtliche Frage, für Preußen hingegen war sie vielmehr eine politische Angelegenheit. Der preußische König hatte im Thema der Todesstrafe eine Frage der Souveränität, nicht der Strafrechtspolitik gesehen, und trat aus tiefster Überzeugung für die Beibehaltung der Todesstrafe ein.

Allerdings blieb den einzelnen Ländern durch die Verfassung des Deutschen Reiches ihre Souveränität erhalten, so dass das Recht der Begnadigung weiterhin in der Hand der jeweiligen Landesfürsten lag. *König Johann* hatte seiner Überzeugung entsprechend seit 1866 kein Todesurteil bestätigt. Nach *Johanns* Tod folgte jedoch sein Sohn *Albert* auf den sächsischen Thron, von dem es zum einem hieß, dass er mit *Bismarck* auf besse-

12 *Evans*, Rituale, S. 431.

rem Fuße stehe[13]. Zum anderen hatten die Konservativen in Sachsen an Autorität gewonnen, und so wurden seit 1882 die Hinrichtungen in Sachsen wieder aufgenommen.

C) Résumé

Zum NdStGB bleibt schließlich zu bedenken, dass angesichts der großen partikularen Verschiedenheiten Vereinheitlichungskodifizierungen nur zustande kommen konnten, wenn alle am Gesetzgebungsverfahren Beteiligten die von den Kommissionen ausgearbeiteten Entwürfe im wesentlichen billigten[14]. Dies hieß nichts anderes, als dass insbesondere die mittleren Staaten auf eine Berücksichtigung ihrer Wünsche weitgehend verzichten mussten.

Dennoch bemühte sich Sachsen während der Gesetzgebungsarbeiten zum Strafgesetzbuch für den Norddeutschen Bund gegen eine zunächst überwiegend preußische Ausgestaltung des Entwurfs. Freilich gelang es nicht immer – bedenkt man allein, dass als Vorgänger für das Reichsstrafgesetzbuch nach wie vor das preußische Strafgesetzbuch von 1851 gilt –, doch in einigen, z.T. grundlegenden Fragen konnte sich Sachsen durchsetzen, so dass sich auch Preußen mit Kompromissen zufrieden geben musste. Dies ist nicht zuletzt auf die Arbeit *v. Schwarzes* zurückzuführen, der sich schon in Sachsen als herausragender Jurist bewährt und schließlich in den Kommissionsberatungen zum Strafgesetzbuch für den Norddeutschen Bund stets versucht hatte, sächsische Vorschriften sowie Grundgedanken einzuführen. So wurden durch die Initiative Sachsens und unter der Vorherrschaft *v. Schwarzes* u.a. die o.g. Regelungen eingeführt, die (zum Teil) noch im heutigen Strafgesetzbuch Bestand haben.

Sachsen kann kein quantitativ bedeutender Einfluss auf das Reichsstrafgesetzbuch zugesprochen werden, was bereits aufgrund der politischen Situation nicht möglich war. Jedoch wurde durch die Arbeit und Initiative Sachsens das Strafgesetzbuch für den Norddeutschen Bund in vielerlei Hinsicht bereits dadurch nach vorn gebracht, dass das Strafgesetzbuch für den Norddeutschen Bund nicht allein nach preußischen Vorstellungen zustande kam.

---

13 *Evans*, Rituale, S. 454.

14 *Schubert*, Festschrift für Rudolf Gmür, S. 150.

ANHANG

Quellenverzeichnis

A) Veröffentlichte Quellen[1]

1 Deutsches Partikularrecht

1.1 Quellensammlungen

1.1.1 Sammlung der deutschen Strafgesetzbücher, hrsg. von Melchior Stenglein.
Erstes Bändlein: Bayern, Oldenburg, Sachsen-Altenburg, Württemberg, Braunschweig.
Zweites Bändlein: Hannover, Hessen-Darmstadt und Frankfurt, Baden, Nassau.
Drittes Bändlein: Thüringisches Strafgesetzbuch, Preußen, Österreich, Sachsen.
München 1858.

1.1.2 Kodifikationsgeschichte Strafrecht, hrsg. von Werner Schubert, Jürgen Regge, Werner Schmid und Rainer Schröder.
Entwurf des Straf-Gesetzbuchs. Motive zum Entwurfe des Straf-Gesetzbuchs.
Revidierter Entwurf des Straf-Gesetzbuches. Motive zum revidierten Motive des Straf-Gesetzbuches.
Entwurf eines Straf-Gesetz-Buches für das Königreich Württemberg, mit Motiven.
Entwürfe des Strafgesetzbuchs für das Königreich Württemberg Stuttgart 1823 und 1832.
Frankfurt a.M. 1989.

1.2 Einzelquellen (alphabetisch nach Regionen)

1.2.1 *Großherzogthum Baden*

Strafgesetzbuch für das Großherzogthum Baden vom 6. Mai 1845, abgedruckt in: Stenglein (s.1.1.1), Bd. 2 Nr. VIII.

---

1 Veröffentliche Quellen sind so zitiert, dass sie über das Literatur- oder Abkürzungsverzeichnis erschlossen werden können.

1.2.2 *Königreich Bayern*

Bayerisches Strafgesetzbuch vom 6. Mai 1813, abgedruckt in: Stenglein
(s. 1.1), Bd. 1 Nr. I.

1.2.3 *Königreich Hannover*

Criminalgesetzbuch für das Königreich Hannover vom 8. August 1840, abgedruckt in: Stenglein (s. 1.1), Bd. 2 Nr. VI.

1.2.4 *Großherzogthum Hessen*

Strafgesetzbuch für das Großherzogthum Hessen vom 17. September 1841, abgedruckt in: Stenglein (s. 1.1.1), Bd. 2 Nr. VII.

1.2.5 *Kaiserthum Österreich*

1.2.5.1 Gesetzbuch über Verbrechen und schwere Polizey-Übertretungen für das Kaiserthum Österreich vom 3. September 1803. Zweyte Auflage mit anhängenden neueren Vorschriften. Wien 1815.

1.2.5.2 Das Strafgesetzbuch über Verbrechen, Vergehen, und Übertretungen für das Kaiserthum Österreich vom 27. Mai 1852, abgedruckt in: Stenglein (s. 1.1.1), Bd. 3 Nr. XII.

1.2.6 *Königreich Preußen*

1.2.6.1 Allgemeines Landrecht für die Preußischen Staaten vom 1. Juni 1794. Mit einer Einführung von Hans Hattenauer und einer Bibliographie von Günther Bernert. 2. Auflage. Neuwied / Kriftel / Berlin 1994.

1.2.6.2 Strafgesetzbuch für die Preußischen Staaten. Vom 14. April 1851. Nebst den Abweichungen der Strafgesetzbücher für das Herzogthum Anhalt-Bernburg vom 22. Januar 1852 und das Fürstenthum Waldeck und Pyrmont vom 15. Mai 1855, abgedruckt in: Stenglein (s. 1.1.1), Bd. 3 Nr. XI.

1.2.7 *Königreich Sachsen*

1.2.7.1 Entwurf zu einem Strafgesetzbuche für das Königreich Sachsen. Auf allerhöchsten Befehl gefertigt von Carl August Tittmann; Erster Band – Gesetzbuch über Verbrechen, Meißen 1813.

1.2.7.2 Entwurf eines Gesetzbuches über Verbrechen und Strafen für die zum Königreich Sachsen gehörigen Staaten von Christian

Daniel Erhard, auf Sr. Königl. Majestät allerhöchsten Befehl. Gera / Leipzig 1816.

1.2.7.3 Entwurf zu einem Criminalgesetzbuch für das Königreich Sachsen. Christoph Carl Stübel. Dresden 1824.

1.2.7.4 Entwurf zu einem Criminalgesetzbuch für das Königreich Sachsen. Johann Carl Groß. Dresden 1836.

1.2.7.5 Sächsische Landtags-Acten 1833/34, I. Abteilung, 1. Band.

1.2.7.6 Sächsische Landtags-Acten vom Jahre 1836/37
- I. Abteilung, 1. Band.
- II. Abteilung, 1. Band.
- Beilagen zu den Protokollen der I. Kammer, 1. Sammlung.
- III. Abteilung, II. Kammer, 1. Band.
- Beilagen zu den Protokollen der II. Kammer, 1. Sammlung.

1.2.7.7 Beilagen zu den Protokollen der II. Kammer, 2. Sammlung.

1.2.7.8 Mittheilungen über die Verhandlungen des Landtags (Sachsen), 1837.

1.2.7.9 Mittheilungen über die Verhandlungen des Landtags (Sachsen), I. Kammer, 1849/50.

1.2.7.10 Sächsische Landtags-Acten vom Jahre 1854
- I. Abteilung, 2. Band.
- Beilagen zu den Protokollen der I. Kammer, 1. Band.
- Beilagen zu den Protokollen der II. Kammer, 1. Band.
- II. Abteilung.

1.2.7.11 Mittheilungen über die Verhandlungen des außerordentlichen Landtags (Sachsen), 1854
- I. Kammer.
- II. Kammer.

1.2.7.12 Sächsische Landtags-Acten vom Jahre 1868
- I. Abteilung, 3. Band.
- Beilagen zu den Protokollen der I. Kammer, II. Abteilung, 3. Band.
- Beilagen zu den Protokollen der II. Kammer, III. Abteilung, 3. Band.

1.2.7.13 Mittheilungen über die Verhandlungen des Landtags (Sachsen), 1868
- I. Kammer.
- II. Kammer.

1.2.7.14 Sächsische Landtags-Acten vom Jahre 1869/70
- II. Abteilung.
- Beilagen zu den Protokollen der I. Kammer, II. Abteilung, 1. Band.
- III. Abteilung.
- Beilagen zu den Protokollen der II. Kammer, III. Abteilung, 1. Band, 1. Theil.
- Beilagen zu den Protokollen der II. Kammer, III. Abteilung, 1. Band, 2. Theil.

1.2.7.15 Mittheilungen über die Verhandlungen des Landtags (Sachsen), 1869/70
- I. Kammer.
- II. Kammer.

1.2.7.16 Strafgesetzbuch für das Königreich Sachsen vom 11. August 1855, abgedruckt in: Stenglein (s. 1.1.1), Bd. 3 Nr. XIII.

1.2.7.17 Das Revidirte Strafgesetzbuch für das Königreich Sachsen vom 1. October 1868 sammt den damit in Verbindung stehenden älteren und gleichzeitigen Gesetzen und Verordnungen und mit Verweisung auf die einschlagenden älteren Bestimmungen und auf die Literatur nebst einem ausführlichen Sachregister mit Angabe der Strafmaße. Dresden 1868.

1.2.8 *Königreich Württemberg*

Strafgesetzbuch für das Königreich Württemberg vom 1. März 1839, abgedruckt in: Stenglein (s. 1.1.1), Bd. 1 Nr. IV.

2 Gesetze und Materialien des Norddeutschen Bundes und des Deutschen Reiches

2.1 Quellensammlungen

2.1.1 Entstehung des Strafgesetzbuchs, hrsg. von Werner Schubert und Thomas Vormbaum, Kommissionsprotokolle und Entwürfe
- Bd. I: 1869, Baden-Baden 2002.
- Bd. II: 1870, Berlin 2004.

2.1.2 Schubert, Werner (Hrsg.): Kodifkationsgeschichte Strafrecht. Bd. 1. Entwurf eines Strafgesetzbuches für den Norddeutschen Bund nebst Motiven. Frankfurt a.M. 1992.

2.1.3 Schubert, Werner (Hrsg.): Kodifkationsgeschichte Strafrecht. Bd. 2. Entwurf vom 14.2.1870 (Reichstagsvorlage). Frankfurt a.M. 1992.

2.1.4 Schubert, Werner (Hrsg.): Kodifkationsgeschichte Strafrecht. Bd. 3. Verhandlungen des Reichsrates und Reichstages des Norddeutschen Bundes über den Entwurf eines Strafgesetzbuches. Frankfurt a.M. 1992.

2.2 Einzelquellen

2.2.1 Strafgesetzbuch für den Norddeutschen Bund. Vom 31. Mai 1870, in: BGBl. NdB 1870, 197.

2.2.2 Gesetz betreffend die Redaktion des Strafgesetzbuchs für den Norddeutschen Bund als Strafgesetzbuch für das Deutsche Reich. Vom 15. Mai 1871, in: RGBl. 1871, 127.

2.2.3 „Dresdner Nachrichten" vom 8. Januar 1870 bis Ende Mai 1870.

2.2.4 „Dresdner Zeitung" vom 6. März 1870 bis Ende Mai 1870.

B) Unveröffentlichte Quellen

1 Sächsisches Staatsarchiv Dresden

1.1 Hauptstaatsarchiv Dresden, 10717 – Ministerium des Auswärtigen Angelegenheiten, Akte 1404: Der (nord)deutsche Reichstag Bd. I 1868–76.

1.2 Hauptstaatsarchiv Dresden, 10717 – Ministerium des Auswärtigen Angelegenheiten, Akte 72: Registrande des Jahres 1870 Bd. I.

1.3 Hauptstaatsarchiv Dresden, 11021 – Oberappellationsgericht Dresden, Akte 776: Verfassungsarten des Oberappellationsgerichts, das Strafgesetzbuch des Norddeutschen Bundes und des Deutschen Reichs betr. 1869.

2 Bundesarchiv – Außenstelle Berlin-Lichterfelde

2.1 R 1401/639, 640, 640a
Reichskanzleramt Acta. Norddeutsches Strafgesetzbuch. –

Bundeskommission zur Beratung des Gesetzentwurfs: Gutachtliche Äußerungen.
Bd. 1, R 1401/639: Aug. 1869–Febr. 1870.
Bd. 2, R 1401/640: Okt.–Nov. 1869.
Bd. 3, R 1401/640a: Okt.–Dez. 1869.

2.2 R 1401/631, S 4
Brief von Friedrich von Eichmann an das Preußische-Justiz-Ministerium vom 26. Februar 1868 über die Aufhebung der Todesstrafe in Sachsen.

3 Geheimes Staatsarchiv Preußischer Kulturbesitz

I. HA Rep. 84a Nr. 7788
Allerhöchstes Schreiben Sr. Majestät des König Wilhelm I. vom 14. April 1870, betreffend Vollstreckung der Todesstrafe.

4 Thüringisches Staatsarchiv Altenburg

Ministerium zu Altenburg – Gesamtministerium, Nr. 730, Bl. 315 ff.
Gutachten des Gesammt-Oberappelationsgerichts zu Jena betreffend den Entwurf eines Strafgesetzbuchs für den Norddeutschen Bund, 1869.

5 Sonstiges

Geschichte der deutschen Länder. Entwicklungen und Traditionen vom Mittelalter bis zur Gegenwart. Werner Künzel und Werner Rellecke. Münster 2005.

Literaturverzeichnis

ABEGG, Julius Friedrich Heinrich: Beiträge zur Begutachtung des Entwurfes eines Strafgesetzbuches für das Königreich Sachsen im Jahre 1853. In: Neue Jahrbücher für sächsisches Strafrecht. Band VIII. 1853. S. 1–118.

AHRENDTS, Rudolf: Christoph Carl Stübels Straftheorie und ihre Wandlung. Leipzig 1937.

ALLGEMEINE DEUTSCHE BIOGRAPHIE, herausgegeben durch die Historische Commission bei der Königlichen Akademie der Wissenschaften.

– Band 36: Steinmetz – Stürenburg. Leipzig 1893.
– Band 38: Thienemann – Thunicius. Leipzig 1894.

AMELUNG, Knut: Rechtsgüterschutz und Schutz der Gesellschaft. Untersuchungen zum Inhalt und zum Anwendungsbereich eines Strafrechtsprinzips auf dogmengeschichtlicher Grundlage. Zugleich ein Beitrag zur Lehre von der „Sozialschädlichkeit" des Verbrechens. Frankfurt am Main 1972.

ANONYM: Rezension des Entwurfs eines Gesetzbuchs über Verbrechen und Strafen für das Königreich Sachsen. In: Allgemeine Literatur-Zeitung. Nr. 87, April 1817, Band 1. Spalte 689 ff.

BERNAU (preußischer Kreisrichter): Die Abschaffung der Todesstrafe. Anmerkungen zu dem Entwurf eines Strafgesetzbuches für den Norddeutschen Bund, vom Juli 1869. Berlin 1870.

BERNER, Albert Friedrich: Die Strafgesetzgebung in Deutschland vom Jahre 1751 bis zur Gegenwart (1861). Leipzig 1867.

BERNER, Albert Friedrich: Kritik des Entwurfs eines Strafgesetzbuches für den Norddeutschen Bund. Leipzig 1869.

BERNER, Albert Friedrich: Lehrbuch des Deutschen Strafrechts. Leipzig 1872.

BINDING, Carl: Der Entwurf eines Strafgesetzbuches für den Norddeutschen Bund in seinen Grundsätzen. Leipzig 1869.

BRUNOTTE, Heinz / WEBER, Otto: Evangelisches Kirchenlexikon, Kirchlich-theologisches Handwörterbuch. Göttingen 1958.

CZOK, Karl (Hrsg.): Geschichte Sachsens. Weimar 1989.

Dollmann, Carl Friedrich: Zur neuesten Codifikation des Strafrechts. Erster Teil. In: Kritische Überschau der deutschen Gesetzgebung und Rechtswissenschaft. Band 1. 1853. S. 150–176.

Erhard, Christian Daniel: Handbuch des Chursächsichen peinlichen Rechts, Leipzig 1789.

Evans, Richard J.: Rituale der Vergeltung. Die Todesstrafe in der deutschen Geschichte 1532–1987. Berlin 2001.

Geyer, A.: Bemerkungen zu dem Entwurf eines Strafgesetzbuches für den norddeutschen Bund. In: Kritische Vierteljahrschrift für Gesetzgebung und Rechtswissenschaft. Band XII. 1870. S. 161–227.

Gross, Johann Carl von: Criminalgesetzbuch für das Königreich Sachsen nebst einem Realregister und einigen gleichzeitig damit in Verbindung stehenden Gesetzen und Verordnungen, mit Anmerkungen zum practischen Gebrauche. Dresden 1838.

Gross, Johann Carl von: Bemerkungen zu dem Entwurfe eines Strafgesetzbuchs für das Königreich Sachsen. Erste Abtheilung, den allgemeinen Teil betreffend. Dresden 1853.

Gross, von: Bemerkungen zu dem Entwurf eines Strafgesetzbuchs für den norddeutschen Bund. In: Allgemeine Deutsche Strafrechtszeitung. Band IX. 1869. Sp. 465–487.

Grosse-Vehne, Vera: Tötung auf Verlangen (§ 216 StGB), „Euthanasie" und Sterbehilfe. Reformdiskussion und Gesetzgebung seit 1870. Berlin 2005.

Häberlin, F. C. J.: Kritische Bemerkungen zu dem Entwurf eines Strafgesetzbuchs für den Norddeutschen Bund. Erlangen 1869.

Held, Hermann Gustav: Bemerkungen zu dem Entwurfe eines Strafgesetzbuchs für den Norddeutschen Bund. Dresden 1870.

Held, Gustav Friedrich / Siebdrat, Gustav Albert: Criminalgesetzbuch und forststrafrechtliche Bestimmungen für das Koenigreich Sachsen, das Grossherzogtum Sachsen-Weimar-Eisenach, die Herzogtümer Sachsen-Altenburg und Sachsen-Meiningen und das Fürstentum Schwarzburg-Sondershausen. Nebst einem durchlaufenden Commentar zum Handgebrauche bei jeder Art des gerichtlichen Verfahrens, sowie für Universitätsstudien. Leipzig 1848.

Holtzendorff, Franz von: Handbuch des deutschen Strafrechts. Erster Band. Die geschichtlichen und philosophischen Grundlagen des Strafrechts. Berlin 1871.

HOLTZENDORFF, Franz von / JAGEMANN, Eugen von: Handbuch des Gefängniswesens. Erster Band. Hamburg 1888.

HOLTZENDORFF, Franz von / JAGEMANN, Eugen von: Handbuch des Gefängniswesens. Zweiter Band. Hamburg 1888.

HOLTZENDORFF, Franz von: Die Kürzungsfähigkeit der Freiheitsstrafen und die bedingte Freilassung der Sträflinge in ihrem Verhältnisse zum Strafmasse und zu den Strafzwecken. Leipzig 1861.

JOHN, Richard Eduard: Das Strafrecht in Norddeutschland. Beurtheilung des Entwurfes eines Strafgesetzbuches für den Norddeutschen Bund in Form eines revidierten Entwurfes. Göttingen 1870.

KELLER, Katrin: Landesgeschichte Sachsen. Stuttgart 2002.

KRUG, August Otto: Denkschrift über das System des Strafgesetz-Entwurfs. In: Neue Jahrbücher für sächsisches Strafrecht. Band VI. 1851. S. 1–26.

KRUG, August Otto: Commentar zu dem Strafgesetzbuche für das Königreich Sachsen vom 11. August 1855 und den damit in Verbindung stehenden Gesetzen. Erste Abtheilung. Allgemeiner Theil. Leipzig 1855.

KRUG, August Otto: Commentar zu dem Strafgesetzbuche für das Königreich Sachsen vom 11. August 1855 und den damit in Verbindung stehenden Gesetzen. Dritte Abtheilung. Besonderer Theil, Cap. XII–XVIII. Leipzig 1855.

KRÜGER, Friedhelm: Christian Daniel Erhard und sein Entwurf eines Gesetzbuches über Verbrechen und Strafen für das Königreich Sachsen. Bonn 1963.

MAREZOLL, Theodor: Das gemeine deutsche Criminalrecht als Grundlage der neueren deutschen Strafgesetzgebungen. Leipzig 1856.

MEYER, Oscar: Bedeutung und Wert der Dreiteilung der strafbaren Handlungen für das Deutsche Reichsrecht. Berlin 1891.

MITTERMAIER, Karl Josef Anton: Ueber den gegenwärtigen Standpunkt der Strafgesetzgebung mit Prüfung der Fortschritte derselben in Bezug auf die Gesetzgebungsarbeiten in Oesterreich, Preußen, Sachsen, Belgien, das Bundesgesetz der schweizerischen Eidgenossenschaft, die Gesetzbücher für Bern, Graubünden, Freiburg, Portugal, Malta und Niederlande. In: Archiv des Criminalrechts. Neue Folge. Ergänzungsheft zu 1853. S. 1–42.

MITTERMAIER, Karl Josef Anton: Die Gefängnißverbesserung insbesondere die Bedeutung und Durchführung der Einzelhaft im Zusammenhange mit dem Besserungsprinzip nach den Erfahrungen der verschiedenen Strafanstalten. Erlangen 1858.

Neue Deutsche Biographie, herausgegeben von der Historischen Kommission bei der Bayerischen Akademie der Wissenschaften und der Bayerischen Staatsbibliothek. Band 12: Kleinhans – Kreling. Berlin 1983.

Oehler, Dietrich: Wurzel, Wandel und Wert der strafrechtlichen Legalordnung. Berlin 1950.

Poland, Franz: Bemerkungen zum Entwurfe eines Strafgesetzbuches für den Norddeutschen Bund. Den Gebildeten aller Stände gewidmet. Leipzig 1869.

Roth, Andreas: Das Reichsstrafgesetzbuch von 1871 bis 1918; in: Thomas Vormbaum / Jürgen Welp (Hrsg.): Das Strafgesetzbuch. Sammlung der Änderungsgesetze und Neubekanntmachungen. Supplementband 1: 130 Jahre Strafgesetzgebung. Eine Bilanz. Berlin 2004. S. 1–37.

Rubo, Ernst Traugott: Kommentar über das Strafgesetzbuch für das Deutsche Reich. Berlin 1879.

Schlesinger, Walter: Handbuch der historischen Stätten Deutschlands. Band VIII. Sachsen. Stuttgart 1965.

Schletter, Hermann Theodor: Ueber den neuen Entwurf eines Strafgesetzbuchs für das Königreich Sachsen mit Berücksichtigung der von Abegg und Groß darüber veröffentlichten Kritiken. In: Hitzig's Annalen der deutschen und ausländischen Criminalrechtspflege. Neue Folge. Band 37. Jg. 1853. S. 283–292.

Schmidt, Eberhard: Geschichte der deutschen Strafrechtspflege, 2. unveränderter Nachdruck der 3. Auflage. Göttingen 1995.

Schubert, Werner: Die Quellen zum Strafgesetzbuch von 1870/71 – Zugleich ein Beitrag zur Entstehung der Bestimmungen über den Irrtum, den Versuch, die Teilnahme und die Notwehr. In: Goltdammers Archiv 1982. S. 191–203.

Schubert, Werner: Der Ausbau der Rechtseinheit unter dem Norddeutschen Bund. Zur Entstehung des Strafgesetzbuchs von 1870 unter besonderer Berücksichtigung des Strafensystems. In: Festschrift für Rudolf Gmür zum 70. Geburtstag. S. 149–189.

Schwarze, Oskar von: Zur Lehre von den auf Antrag des Verletzten zu untersuchenden Verbrechen. In: Hitzig's Annalen der deutschen und ausländischen Criminalrechtspflege. Neue Folge. Band 37. Jg. 1853. S. 1 ff.

SCHWARZE, Oskar von: Erfahrungen über das K. Sächs. Criminal-Gesetzbuch vom 30. März 1838. In: Archiv des Criminalrechts. Neue Folge. Jg. 1853. S. 259–290 und S. 291–340.

SCHWARZE, Oskar von: Der Entwurf des Strafgesetzbuchs für den Norddeutschen Bund und seine Kritiker. In: Der Gerichtssaal. Zeitschrift für Strafrecht und Strafprozeß. Erlangen 1870. S. 146–220.

SCHWARZE, Oskar von: Die Strafproceßgesetze im Königreich Sachsen. Leipzig 1868.

SCHWARZE, Oskar von: Die Beurlaubung von Strafgefangenen im Königreich Sachsen. In: Allgemeine Gerichtszeitung für das Königreich Sachsen und die Großherzoglich und Herzoglich Sächsischen Länder. Leipzig 1863. S. 207–215.

SCHWARZE, Oskar von: Die Beurlaubung von Sträflingen und die Polizeiaufsicht über (nach verbüßter Strafzeit) entlassene Sträflinge im Königreich Sachsen. I. In: Der Gerichtssaal. Zeitschrift für Strafrecht und Strafprozeß. Erlangen 1864. S. 271–314.

SCHWARZE, Oskar von: Die Beurlaubung von Sträflingen und die Polizeiaufsicht über (nach verbüßter Strafzeit) entlassene Sträflinge im Königreich Sachsen. II. In: Allgemeine Gerichtszeitung für das Königreich Sachsen und die Großherzoglich und Herzoglich Sächsischen Länder. Leipzig 1864. S. 81–94.

SCHWARZE, Oskar von: Die Beurlaubung von Sträflingen und die Polizeiaufsicht über (nach verbüßter Strafzeit) entlassene Sträflinge im Königreich Sachsen. In: Allgemeine Deutsche Strafrechtszeitung. Band IV. 1864. Sp. 419–435.

STÜBEL, Christoph Carl: System des allgemeinen Peinlichen Rechts mit Anwendung auf die in Chursachsen geltenden Gesezze besonders zum Gebrauche für academische Vorlesungen. Leipzig 1795.

STÜBEL, Christoph Carl: Allgemeine Bemerkungen über den besonderen Theil des Criminalgestezbuchs von Verbrechen und Strafen. In: Ueber den neusten Zustand der Criminalgesetzgebung in Deutschland. Mit Prüfung der neuen Entwürfe für die Königreiche Hannover und Sachsen. Heidelberg 1825.

VOLKMANN, Julius: Lehrbuch des im Königreich Sachsen geltenden Criminalrechts. Leipzig 1831.

WÄCHTER, Carl Georg von: Gemeines Recht Deutschlands insbesondere Gemeines Deutsches Strafrecht. Leipzig 1844.

Wächter, Carl Georg von: Das sächsische und das thüringische Strafrecht. Stuttgart 1857.

Wächter, Carl Georg von: Beitrag zur Geschichte und Kritik der Entwürfe eines Strafgesetzbuchs für den Norddeutschen Bund. Leipzig 1870.

Watzdorf, Christian Bernhardt von / Siebdrat, Gustav Albert: Einleitung. In: Criminalistische Jahrbücher für das Königreich Sachsen. Erster Band. Zwickau 1837.

Weiss, Christian Ernst: Criminalgesetzbuch für das Königreich Sachsen, mit erläuternden Bemerkungen zum praktischen Gebrauche und einer Vergleichung des Entwurfs, sowie der Criminalgesetzbücher für das Großherzogthum Sachsen-Weimar-Eisenach, die Herzogthümer Sachsen-Altenburg und Sachsen-Meiningen und das Fürstenthum Schwarzburg-Sondershausen. Dresden und Leipzig 1848.

Wilhelmi, Theodor: Vergleichende Zusammenstellung der Königlich sächsischen Strafgesetze von 1838 und 1855 mit einigen verweisenden und erläuternden Bemerkungen zum Handgebrauche. Leipzig 1856.

Juristische Zeitgeschichte.

Herausgeber: Prof. Dr. Dr. Thomas Vormbaum, FernUniversität in Hagen

Abteilung 1: Allgemeine Reihe

1 *Thomas Vormbaum (Hrsg.):* Die Sozialdemokratie und die Entstehung des Bürgerlichen Gesetzbuchs. Quellen aus der sozialdemokratischen Partei und Presse (1997)
2 *Heiko Ahlbrecht:* Geschichte der völkerrechtlichen Strafgerichtsbarkeit im 20. Jahrhundert (1999)
3 *Dominik Westerkamp:* Pressefreiheit und Zensur im Sachsen des Vormärz (1999)
4 *Wolfgang Naucke:* Über die Zerbrechlichkeit des rechtsstaatlichen Strafrechts. Gesammelte Aufsätze zur Strafrechtsgeschichte (2000)
5 *Jörg Ernst August Waldow:* Der strafrechtliche Ehrenschutz in der NS-Zeit (2000)
6 *Bernhard Diestelkamp:* Rechtsgeschichte als Zeitgeschichte. Beiträge zur Rechtsgeschichte des 20. Jahrhunderts (2001)
7 *Michael Damnitz:* Bürgerliches Recht zwischen Staat und Kirche. Mitwirkung der Zentrumspartei am Bürgerlichen Gesetzbuch (2001)
8 *Massimo Nobili:* Die freie richterliche Überzeugungsbildung. Reformdiskussion und Gesetzgebung in Italien, Frankreich und Deutschland seit dem Ausgang des 18. Jahrhunderts (2001)
9 *Diemut Majer:* Nationalsozialismus im Lichte der Juristischen Zeitgeschichte (2002)
10 *Bianca Vieregge:* Die Gerichtsbarkeit einer „Elite". Nationalsozialistische Rechtsprechung am Beispiel der SS- und Polizeigerichtsbarkeit (2002)
11 *Norbert Berthold Wagner:* Die deutschen Schutzgebiete (2002)
12 *Miloš Vec:* Die Spur des Täters. Methoden der Identifikation in der Kriminalistik (1879–1933), (2002)
13 *Christian Amann:* Ordentliche Jugendgerichtsbarkeit und Justizalltag im OLG-Bezirk Hamm von 1939 bis 1945 (2003)
14 *Günter Gribbohm:* Das Reichskriegsgericht (2004)
15 *Martin M. Arnold:* Pressefreiheit und Zensur im Baden des Vormärz. Im Spannungsfeld zwischen Bundestreue und Liberalismus (2003)
16 *Ettore Dezza:* Beiträge zur Geschichte des modernen italienischen Strafrechts (2004)
17 *Thomas Vormbaum (Hrsg.):* „Euthanasie" vor Gericht. Die Anklageschrift des Generalstaatsanwalts beim OLG Frankfurt/M. gegen Werner Heyde u. a. vom 22. Mai 1962 (2005)
18 *Kai Cornelius:* Vom spurlosen Verschwindenlassen zur Benachrichtigungspflicht bei Festnahmen (2006)
19 *Kristina Brümmer-Pauly:* Desertion im Recht des Nationalsozialismus (2006)
20 *Hanns-Jürgen Wiegand:* Direktdemokratische Elemente in der deutschen Verfassungsgeschichte (2006)
21 *Hans-Peter Marutschke (Hrsg.):* Beiträge zur modernen japanischen Rechtsgeschichte (2006)

Abteilung 2: Forum Juristische Zeitgeschichte

1 *Franz-Josef Düwell / Thomas Vormbaum (Hrsg.):* Themen juristischer Zeitgeschichte (1) – Schwerpunktthema: Recht und Nationalsozialismus (1998)
2 *Karl-Heinz Keldungs:* Das Sondergericht Duisburg 1943–1945 (1998)
3 *Franz-Josef Düwell / Thomas Vormbaum (Hrsg.):* Themen juristischer Zeitgeschichte (2) – Schwerpunktthema: Recht und Juristen in der Revolution von 1848/49 (1998)
4 *Thomas Vormbaum:* Beiträge zur juristischen Zeitgeschichte (1999)
5 *Franz-Josef Düwell / Thomas Vormbaum:* Themen juristischer Zeitgeschichte (3), (1999)
6 *Thomas Vormbaum (Hrsg.):* Themen juristischer Zeitgeschichte (4), (2000)
7 *Frank Roeser:* Das Sondergericht Essen 1942–1945 (2000)
8 *Heinz Müller-Dietz:* Recht und Nationalsozialismus – Gesammelte Beiträge (2000)
9 *Franz-Josef Düwell (Hrsg.):* Licht und Schatten. Der 9. November in der deutschen Geschichte und Rechtsgeschichte – Symposium der Arnold-Freymuth-Gesellschaft, Hamm (2000)
10 *Bernd-Rüdiger Kern / Klaus-Peter Schroeder (Hrsg.):* Eduard von Simson (1810–1899). „Chorführer der Deutschen" und erster Präsident des Reichsgerichts (2001)
11 *Norbert Haase / Bert Pampel (Hrsg.):* Die Waldheimer „Prozesse" – fünfzig Jahre danach. Dokumentation der Tagung der Stiftung Sächsische Gedenkstätten am 28. und 29. September in Waldheim (2001)
12 *Wolfgang Form (Hrsg.):* Literatur- und Urteilsverzeichnis zum politischen NS-Strafrecht (2001)
13 *Sabine Hain:* Die Individualverfassungsbeschwerde nach Bundesrecht (2002)
14 *Gerhard Pauli / Thomas Vormbaum (Hrsg.):* Justiz und Nationalsozialismus – Kontinuität und Diskontinuität. Fachtagung in der Justizakademie des Landes NRW, Recklinghausen, am 19. und 20. November 2001 (2003)
15 *Mario Da Passano (Hrsg.):* Europäische Strafkolonien im 19. Jahrhundert. Internationaler Kongreß des Dipartimento di Storia der Universität Sassari und des Parco nazionale di Asinara, Porto Torres, 25. Mai 2001 (2006)
16 *Sylvia Kesper-Biermann / Petra Overath (Hrsg.):* Die Internationalisierung von Strafrechtswissenschaft und Kriminalpolitik (1870–1930). Deutschland im Vergleich (2007)

17 *Hermann Weber (Hrsg.):* Literatur, Recht und Musik. Tagung im Nordkolleg Rendsburg vom 16. bis 18. September 2005 (2007)
18 *Hermann Weber (Hrsg.):* Literatur, Recht und (bildende) Kunst. Tagung im Nordkolleg Rendsburg vom 21. bis 23. September 2007 (2008)

Abteilung 3: Beiträge zur modernen deutschen Strafgesetzgebung Materialien zu einem historischen Kommentar

1 *Thomas Vormbaum / Jürgen Welp (Hrsg.):* Das Strafgesetzbuch seit 1870. Sammlung der Änderungen und Neubekanntmachungen; Vier Textbände (1999 – 2002) und drei Supplementbände (2005, 2006).
2 *Christian Müller:* Das Gewohnheitsverbrechergesetz vom 24. November 1933. Kriminalpolitik als Rassenpolitik (1998)
3 *Maria Meyer-Höger:* Der Jugendarrest. Entstehung und Weiterentwicklung einer Sanktion (1998)
4 *Kirsten Gieseler:* Unterlassene Hilfeleistung – § 323c StGB. Reformdiskussion und Gesetzgebung seit 1870. (1999)
5 *Robert Weber:* Die Entwicklung des Nebenstrafrechts 1871–1914 (1999)
6 *Frank Nobis:* Die Strafprozeßgesetzgebung der späten Weimarer Republik (2000)
7 *Karsten Felske:* Kriminelle und terroristische Vereinigungen – §§ 129, 129a StGB (2002)
8 *Ralf Baumgarten:* Zweikampf – §§ 201-210 a.F. StGB (2003)
9 *Felix Prinz:* Diebstahl – §§ 242 ff. StGB (2003)
10 *Werner Schubert / Thomas Vormbaum (Hrsg.):* Entstehung des Strafgesetzbuchs. Kommissionsprotokolle und Entwürfe. Band 1: 1869 (2002); Band 2: 1870 (2004)
11 *Lars Bernhard:* Falsche Verdächtigung (§§ 164, 165 StGB) und Vortäuschen einer Straftat (§ 145d StGB), (2003)
12 *Frank Korn:* Körperverletzungsdelikte – §§ 223 ff., 340 StGB. Reformdiskussion und Gesetzgebung von 1870 bis 1933 (2003)
13 *Christian Gröning:* Körperverletzungsdelikte – §§ 223 ff., 340 StGB. Reformdiskussion und Gesetzgebung seit 1933 (2004)
14 *Sabine Putzke:* Die Strafbarkeit der Abtreibung in der Kaiserzeit und in der Weimarer Zeit. Eine Analyse der Reformdiskussion und der Straftatbestände in den Reformentwürfen (1908–1931), (2003)
15 *Eckard Voßiek:* Strafbare Veröffentlichung amtlicher Schriftstücke (§ 353 d Nr. 3 StGB). Gesetzgebung und Rechtsanwendung seit 1851 (2004)
16 *Stefan Lindenberg:* Brandstiftungsdelikte – §§ 306 ff. StGB. Reformdiskussion und Gesetzgebung seit 1870 (2004)
17 *Ninette Barreneche†:* Materialien zu einer Strafrechtsgeschichte der Münchener Räterepublik 1918/1919 (2004)
18 *Carsten Thiel:* Rechtsbeugung – § 339 StGB. Reformdiskussion und Gesetzgebung seit 1870 (2005)
19 *Vera Große-Vehne:* Tötung auf Verlangen (§ 216 StGB), „Euthanasie“ und Sterbehilfe. Reformdiskussion und Gesetzgebung seit 1870 (2005)
20 *Thomas Vormbaum/Kathrin Rentrop (Hrsg.):* Reform des Strafgesetzbuchs. Sammlung der Reformentwürfe. Band 1: 1909 bis 1919. Band 2: 1922 bis 1939. Band 3: 1959 bis 1996 (2008)
21 *Dietmar Prechtel:* Urkundendelikte (§§ 267 ff. StGB). Reformdiskussion und Gesetzgebung seit 1870 (2005)
22 *Ilya Hartmann:* Prostitution, Kuppelei, Zuhälterei. Reformdiskussion und Gesetzgebung seit 1870 (2006)
23 *Ralf Seemann:* Strafbare Vereitelung von Gläubigerrechten (§§ 283 ff., 288 StGB). Reformdiskussion und Gesetzgebung seit 1870 (2006)
24 *Andrea Hartmann:* Majestätsbeleidigung (§§ 94 ff. StGB a.F.) und Verunglimpfung des Staatsoberhauptes (§ 90 StGB). Reformdiskussion und Gesetzgebung seit dem 19. Jahrhundert (2006)
25 *Christina Rampf:* Hausfriedensbruch (§ 123 StGB). Reformdiskussion und Gesetzgebung seit 1870 (2006)
26 *Christian Schäfer:* „Widernatürliche Unzucht“ (§§ 175, 175a, 175b, 182, a. F. StGB). Reformdiskussion und Gesetzgebung seit 1945 (2006)
27 *Kathrin Rentrop:* Untreue und Unterschlagung (§§ 266 und 246 StGB). Reformdiskussion und Gesetzgebung seit dem 19. Jahrhundert (2007)
28 *Martin Asholt:* Straßenverkehrsstrafrecht. Reformdiskussion und Gesetzgebung seit dem Ausgang des 19. Jahrhunderts (2007)
29 *Katharina Linka:* Mord und Totschlag (§§ 211–213 StGB). Reformdiskussion und Gesetzgebung seit 1870 (2008)
31 *Jürgen Durynek:* Korruptionsdelikte (§§ 331 ff. StGB). Reformdiskussion und Gesetzgebung seit dem 19. Jahrhundert (2008)

Abteilung 4: Leben und Werk. Biographien und Werkanalysen

1 *Mario A. Cattaneo:* Karl Grolmans strafrechtlicher Humanismus (1998)
2 *Gerit Thulfaut:* Kriminalpolitik und Strafrechtstheorie bei Edmund Mezger (2000)
3 *Adolf Laufs:* Persönlichkeit und Recht. Gesammelte Aufsätze (2001)
4 *Hanno Durth:* Der Kampf gegen das Unrecht. Gustav Radbruchs Theorie eines Kulturverfassungsrechts (2001)
5 *Volker Tausch:* Max Güde (1902-1984). Generalbundesanwalt und Rechtspolitiker (2002)
6 *Bernd Schmalhausen:* Josef Neuberger (1902-1977). Ein Leben für eine menschliche Justiz (2002)
7 *Wolf Christian von Arnswald:* Savigny als Strafrechtspraktiker. Ministerium für die Gesetzesrevision (1842–1848), (2003)
8 *Thilo Ramm:* Ferdinand Lassalle. Der Revolutionär und das Recht (2004)

9 *Martin D. Klein:* Demokratisches Denken bei Gustav Radbruch (2007)
10 *Francisco Muñoz Conde:* Edmund Mezger – Beiträge zu einem Juristenleben (2007)
11 *Whitney R. Harris:* Tyrannen vor Gericht. Das Verfahren gegen die deutschen Hauptkriegsverbrecher nach dem Zweiten Weltkrieg in Nürnberg 1945–1946 (2008)

Abteilung 5: Juristisches Zeitgeschehen Rechtspolitik und Justiz aus zeitgenössischer Perspektive

Mitherausgegeben von Gisela Friedrichsen („Der Spiegel“) und RA Prof. Dr. Franz Salditt

1 *Diether Posser:* Anwalt im Kalten Krieg. Ein Stück deutscher Geschichte in politischen Prozessen 1951–1968. 3. Auflage (1999)
2 Jörg Arnold (Hrsg.): Strafrechtliche Auseinandersetzung mit Systemvergangenheit am Beispiel der DDR (2000)
3 *Thomas Vormbaum (Hrsg.):* Vichy vor Gericht: Der Papon-Prozeß (2000)
4 *Heiko Ahlbrecht / Kai Ambos (Hrsg.):* Der Fall Pinochet(s). Auslieferung wegen staatsverstärkter Kriminalität? (1999)
5 *Oliver Franz:* Ausgehverbot für Jugendliche („Juvenile Curfew“) in den USA. Reformdiskussion und Gesetzgebung seit dem 19. Jahrhundert (2000)
6 *Gabriele Zwiehoff (Hrsg.):* „Großer Lauschangriff“. Die Entstehung des Gesetzes zur Änderung des Grundgesetzes vom 26. März 1998 und des Gesetzes zur Änderung der Strafprozeßordnung vom 4. Mai 1998 in der Presseberichterstattung 1997/98 (2000)
7 *Mario A. Cattaneo:* Strafrechtstotalitarismus. Terrorismus und Willkür (2001)
8 *Gisela Friedrichsen / Gerhard Mauz:* Er oder sie? Der Strafprozeß Böttcher/Weimar. Prozeßberichte 1987 bis 1999 (2001)
9 *Heribert Prantl / Thomas Vormbaum (Hrsg.):* Juristisches Zeitgeschehen 2000 in der Süddeutschen Zeitung (2001)
10 *Helmut Kreicker:* Art. 7 EMRK und die Gewalttaten an der deutsch-deutschen Grenze (2002)
11 *Heribert Prantl / Thomas Vormbaum (Hrsg.):* Juristisches Zeitgeschehen 2001 in der Süddeutschen Zeitung (2002)
12 *Henning Floto:* Der Rechtsstatus des Johanniterordens. Eine rechtsgeschichtliche und rechtsdogmatische Untersuchung zum Rechtsstatus der Balley Brandenburg des ritterlichen Ordens St. Johannis vom Spital zu Jerusalem (2003)
13 *Heribert Prantl / Thomas Vormbaum (Hrsg.):* Juristisches Zeitgeschehen 2002 in der Süddeutschen Zeitung (2003)
14 *Kai Ambos / Jörg Arnold (Hrsg.):* Der Irak-Krieg und das Völkerrecht (2004)
15 *Heribert Prantl / Thomas Vormbaum (Hrsg.)*: Juristisches Zeitgeschehen 2003 in der Süddeutschen Zeitung (2004)
16 *Sascha Rolf Lüder:* Völkerrechtliche Verantwortlichkeit bei Teilnahme an „Peace-keeping“-Missionen der Vereinten Nationen (2004)
17 *Heribert Prantl /Thomas Vormbaum (Hrsg.)*: Juristisches Zeitgeschehen 2004 in der Süddeutschen Zeitung (2005)
18 *Christian Haumann:* Die „gewichtende Arbeitsweise“ der Finanzverwaltung. Eine Untersuchung über die Aufgabenerfüllung der Finanzverwaltung bei der Festsetzung der Veranlagungssteuern (2008)

Abteilung 6: Recht in der Kunst

Mitherausgegeben von Prof. Dr. Gunter Reiß

1 *Heinz Müller-Dietz:* Recht und Kriminalität im literarischen Widerschein. Gesammelte Aufsätze (1999)
2 *Klaus Lüderssen (Hrsg.):* »Die wahre Liberalität ist Anerkennung«. Goethe und die Jurisprudenz (1999)
3 *Bertolt Brecht:* Die Dreigroschenoper (1928) / Dreigroschenroman (1934). Mit Kommentaren von Iring Fetscher und Bodo Plachta (2001)
4 *Annette von Droste-Hülshoff:* Die Judenbuche (1842) / Die Vergeltung (1841). Mit Kommentaren von Heinz Holzhauer und Winfried Woesler (2000)
5 *Theodor Fontane:* Unterm Birnbaum (1885). Mit Kommentaren von Hugo Aust und Klaus Lüderssen (2001)
6 *Heinrich von Kleist:* Michael Kohlhaas (1810). Mit Kommentaren von Wolfgang Naucke und Joachim Linder (2000)
7 *Anja Sya:* Literatur und juristisches Erkenntnisinteresse. Joachim Maass' Roman „Der Fall Gouffé“ und sein Verhältnis zu der historischen Vorlage (2001)
8 *Heiner Mückenberger:* Theodor Storm – Dichter und Richter. Eine rechtsgeschichtliche Lebensbeschreibung (2001)
9 *Hermann Weber (Hrsg.):* Annäherung an das Thema „Recht und Literatur“. Recht, Literatur und Kunst in der NJW (1), (2002)
10 *Hermann Weber (Hrsg.):* Juristen als Dichter. Recht, Literatur und Kunst in der NJW (2), (2002)
11 *Hermann Weber (Hrsg.):* Prozesse und Rechtsstreitigkeiten um Recht, Literatur und Kunst. Recht, Literatur und Kunst in der NJW (3), (2002)
12 *Klaus Lüderssen:* Produktive Spiegelungen. 2., erweiterte Auflage (2002)

13 *Lion Feuchtwanger:* Erfolg. Drei Jahre Geschichte einer Provinz. Roman (1929). Mit Kommentaren von Theo Rasehorn und Ernst Ribbat (2002)
14 *Jakob Wassermann:* Der Fall Maurizius. Roman (1928). Mit Kommentaren von Thomas Vormbaum und Regina Schäfer (2003)
15 *Hermann Weber (Hrsg.):* Recht, Staat und Politik im Bild der Dichtung. Recht, Literatur und Kunst in der Neuen Juristischen Wochenschrift (4), (2003)
16 *Hermann Weber (Hrsg.):* Reale und fiktive Kriminalfälle als Gegenstand der Literatur. Recht, Literatur und Kunst in der Neuen Juristischen Wochenschrift (5), (2003)
17 *Karl Kraus:* Sittlichkeit und Kriminalität. (1908). Mit Kommentaren von Helmut Arntzen und Heinz Müller-Dietz (2004)
18 *Hermann Weber (Hrsg.):* Dichter als Juristen. Recht, Literatur und Kunst in der Neuen Juristischen Wochenschrift (6), (2004)
19 *Hermann Weber (Hrsg.):* Recht und Juristen im Bild der Literatur. Recht, Literatur und Kunst in der Neuen Juristischen Wochenschrift (7), (2005)
20 *Heinrich von Kleist:* Der zerbrochne Krug. Ein Lustspiel (1811). Mit Kommentaren von Michael Walter und Regina Schäfer (2005)
21 *Francisco Muñoz Conde / Marta Muñoz Aunión:* „Das Urteil von Nürnberg". Juristischer und filmwissenschaftlicher Kommentar zum Film von Stanley Kramer (1961), (2006)
22 *Fjodor Dostojewski:* Aufzeichnungen aus einem Totenhaus (1860). Mit Kommentaren von Heinz Müller-Dietz und Dunja Brötz (2005)
23 *Thomas Vormbaum (Hrsg.):* Anton Matthias Sprickmann. Dichter und Jurist. Mit Kommentaren von Walter Gödden, Jörg Löffler und Thomas Vormbaum (2006)
24 *Friedrich Schiller:* Verbrecher aus Infamie (1786). Mit Kommentaren von Heinz Müller-Dietz und Martin Huber (2006)
25 *Franz Kafka:* Der Proceß. Roman (1925). Mit Kommentaren von Detlef Kremer und Jörg Tenckhoff (2006)
26 *Heinrich Heine:* Deutschland. Ein Wintermährchen. Geschrieben im Januar 1844. Mit Kommentaren von Winfried Woesler und Thomas Vormbaum (2006)
27 *Thomas Vormbaum (Hrsg.):* Recht, Rechtswissenschaft und Juristen im Werk Heinrich Heines (2006)
28 *Heinz Müller-Dietz:* Recht und Kriminalität in literarischen Spiegelungen (2007)
29 *Alexander Puschkin:* Pique Dame (1834). Mit Kommentaren von Barbara Aufschnaiter/Dunja Brötz und Friedrich-Christian Schroeder (2007)
30 *Georg Büchner:* Danton's Tod. Dramatische Bilder aus Frankreichs Schreckensherrschaft. Mit Kommentaren von Sven Kramer und Bodo Pieroth (2007)
31 *Daniel Halft:* Die Szene wird zum Tribunal! Eine Studie zu den Beziehungen von Recht und Literatur am Beispiel des Schauspiels „Cyankali" von Friedrich Wolf (2007)
32 *Erich Wulffen:* Kriminalpsychologie und Psychopathologie in Schillers Räubern (1907). Herausgegeben von Jürgen Seul (2007)
33 *Klaus Lüderssen:* Produktive Spiegelungen: Recht in Literatur, Theater und Film. Band II (2007)
34 *Albert Camus:* Der Fall. Roman (1956). Mit Kommentaren von Brigitte Sändig und Sven Grotendiek (2008)
35 *Thomas Vormbaum (Hrsg.):* Pest, Folter und Schandsäule. Der Mailänder Prozess wegen „Pestschmierereien" in Rechtskritik und Literatur. Mit Kommentaren von Ezequiel Malarino und Helmut C. Jacobs (2008)

Abteilung 7: Beiträge zur Anwaltsgeschichte

Mitherausgegeben von Gerhard Jungfer, Dr. Tilmann Krach und Prof. Dr. Hinrich Rüping

1 *Babette Tondorf:* Strafverteidigung in der Frühphase des reformierten Strafprozesses. Das Hochverratsverfahren gegen die badischen Aufständischen Gustav Struve und Karl Blind (1848/49), (2006)
2 *Hinrich Rüping:* Rechtsanwälte im Bezirk Celle während des Nationalsozialismus (2007)

Abteilung 8: Judaica

1 *Hannes Ludyga:* Philipp Auerbach (1906–1952). „Staatskommissar für rassisch, religiös und politisch Verfolgte" (2005)
2 *Thomas Vormbaum:* Der Judeneid im 19. Jahrhundert, vornehmlich in Preußen. Ein Beitrag zur juristischen Zeitgeschichte (2006)
3 *Hannes Ludyga:* Die Rechtsstellung der Juden in Bayern von 1819 bis 1918. Studie im Spiegel der Verhandlungen der Kammer der Abgeordneten des bayerischen Landtags (2007)

Bei Fragen zur Produktsicherheit wenden Sie sich bitte an:
If you have any questions regarding product safety,
please contact:

Walter de Gruyter GmbH
Genthiner Straße 13
10785 Berlin
productsafety@degruyterbrill.com